무엇을 할 것인가?

What is to be Done?

국립중앙도서관 출판시도서목록(CIP)

무엇을 할 것인가 / 워너 본펠드 ; 쎄르지오 띠쉴러 외지음 ;
조정환 옮김. -- 서울 : 갈무리, 2004
　　p. ; 　　　cm. -- (아우또노미아총서 ; 2)

원서명: What is to be done? : Leninism, anti-Leninist M-
arxism and the question of revolution today
원저자명: Bonefeld, Werner
원저자명: Tischler Visquerra, Sergio
참고문헌과 색인수록
ISBN　89-86114-62-3 04300 : \15000
ISBN　89-86114-21-6(세트)

342.8-KDC4
303.64-DDC21　　　　　　　　　　　　　　　　CIP2004000091

62 VERTUS 아우또노미아총서2

무엇을 할 것인가? What is to be Done?

지은이 워너 본펠드 · 쎄르지오 띠쉴러 외
옮긴이 조정환
펴낸이 장민성
책임운영 신은주 편집부 이택진 마케팅 오주형
용지 화인페이퍼 인쇄 한영문화사 제본 영신사

펴낸곳 도서출판 갈무리 등록일 1994. 3. 3. 등록번호 제17-0161호
초판인쇄 2004년 1월 31일 초판발행 2004년 2월 22일

주소 서울 마포구 서교동 467-1호 파빌리온 오피스텔 304호 (121-842)
전화 02-325-1485 팩스 02-325-1407
website http://galmuri.co.kr e-mail galmuri@galmuri.co.kr

ISBN　89-86114-62-3 / 89-86114-26-7 (세트) 04300
값 15,000원

무엇을 할 것인가?

What is to be Done?

워너 본펠드 · 쎄르지오 띠쉴러 외 지음

조정환 옮김

2004

이 책을 요하네스 아그놀리에게 바친다.

요하네스 아그놀리를 추도하며

이 책의 기고자이자, 친구이며 동지였던 요하네스 아그놀리가 2003년 5월 4일에 78세의 나이로 죽었다. 그는 이론과 실천 모두에서, 자본주의적으로 구성된 사회적 재생산의 형식을 부정하는 일에 결코 지침이 없었다. 그는 언젠가, '왜 당신은 국가에 고용된 한 사람의 교수로서, 국가형태를 인간의 인간에 대한 지배의 객관적이고 강제적인 힘이라고 감히 비판하는가?' 라는 질문을 받은 적이 있다. 그의 대답은, '내가 국가에 의해 고용되었다는 사실이, 국가의 진정한 정체를 드러낼 의무를 나로부터 면제시켜주지 않는다.'는 것이었다. 이 대답은, 상대방을 압도하는 아이러니와 학식 두 측면 모두에서, 징후적이었다. 대학에 대한 칸트의 투쟁(칸트는 '명예를 더럽히는 기독교 세계를 떠나라'는 프러시아 왕의 명령을 거부했다)에 관한 그의 언급은 파괴적 비판의 오랜 역사를 주목하게 했다. 그리고 그 언급은, 교수는 거짓말을 하기 위해 고용된 것이 아니며 그의 학자적 작업은, 그것이 진지함을 가지려면, 환경이나 정치권력의 명령이 무엇이건 간에, 구성된 질서의 거짓된 홍보를 폭로해야만 한다고 주장하는 것이었다.

그렇지만 그의 대응은 좀더 중요한 것을 드러낸다. 아그놀리에게 질문을 한 사람은, 사실상, 책임에 대한 베버적 윤리학을 제기한 것이다. 그리고 그는 그 윤리학을, 사람들로 하여금 자유롭게 그리고 두려움 없이 생각하지 못하도록 만드는 일종의 금지령으로 정식화했다. 달리 말하면 그 질문은 사회적 책임이라는 문제를, 부정적 비판에 대한 금지로서 제시한 것이다. 만약, 국가에 의해 고용된 사람은 누구나 국가의 진정한 사회적 정체를 드러낼 수 없어야 한다면, 그리고 같은 이유로, 만약 임금노동자로 고용된 사람은 누구나 자본을 비판하거나 착취를 폭로할 수 없어야 한다면, 대체 누가 남아 자본의 세계를 부정할 것인가? 요컨대, 책임의 윤리학에 대한 요청은, 사실상, 우리에게 존엄 속에서 정직하고 진지한 삶을 살도록 상기시키는 안내 원리로서의 윤리학과는 아무런 상관이 없다. 오히려 그것은, '당신을 먹여 살리는 사람들에게 책임 있게 행동하라, 그렇지 않으면!'이라는 식의 정치적 명령이 된다. 그것은 정치적으로 정확한 사상을 요청하며 그렇게 함으로써 그것의 실체로서의 강제를 드러낸다. 정치적 부정확성은 심한 책망과 금지의 대상이 된다. 부정적 사유가 투쟁의 형식으로 조직적 표현을 얻으면 그것은 박해의 대상이 되기 쉽다.

아그놀리와 그 질문자 사이의 대화의 중심에 놓여 있는 쟁점은 혁명적 사유와 실천의 문제를 드러낸다. 혁명적 사유와 실천은 부정적이다.

그것은 부르주아 사회에 대해 긍정적으로 말할 수 있는 것을 전혀 갖고 있지 않다. 그것의 실천은, 맑스가 『공산주의자 선언』에서 말한 바와 같은, 자유롭고 평등한 사람들의 사회의 아직-아님(not-yet)을 지향한다. 혁명의 어려움은 그것의 부정성 속에 놓여 있다. 우리 모두가 의존하고 있는, 그리고 우리 모두가 우리의 생존 필요를 충족시키기 위해서는 참가하지 않을 수 없는, 이 자본주의 체제를 어떻게 극복할 것인가?

혁명이론과 맑스의 물신주의 비판은 한 묶음에 속한다. 맑스의 물신주의 비판은, 인간의 사회적 관계가 사물들 사이의 관계라는 형식으로 그들 자신에 대립한다는 것을 분명히 밝힌다. 물신주의 비판의 과제는 물신주의의 실재성을 부정하는 것이 아니다. 그리고 그것은 상품물신주의가 '흐리거나' '감추는' 어떤 은폐된 존재론적 진리를 발견하는 것이 아니다. 결코 그런 것이 아니다. 맑스의 물신주의 비판이 의도하는 것은 결코 그런 것이 아니다. 그에게서 즉자와 대자 사이의 구분은 추상적 신비주의로 된다(「헤겔의 법철학 비판」). 그러므로 그의 물신주의 비판은 사물들 사이의 관계라는 전도된 형식으로 그 자신에 대립하여 존재하는 인간의 사회적 내용을 그것의 구성적 힘으로서 드러내는 것이다. 인간은 그들 자신의 노동을 통해 점점 더 그를 속박하는 현실을 생산한다. 인간의 사회적 실천은 자본의 외부에 존재하지 않으며 오히려 그 실천이 자본주의적 사회관계를 구성함과 동시에 또 그것에 갇힌다. 자본에 대항하는 혁명, 즉 인간해방과 자기결정을 위한 혁명은, 그러므로, 자본의 형식으로 자신의 속박을 창출하는 인간의 사회적 실천에 대항하는 혁명이어야만 한다. 이것이야말로 혁명의 전제 조건이다.

맑스는, 노동계급의 해방은 노동계급 자신에 의해서만 달성될 수 있다고 주장함으로써 이러한 통찰을 요약했다. 맑스는 이런 식으로 인간해방이라는 단순한 이념을 표현했고 그것의 실천적 개념화의 어려움을 제기했다. 그는 노동계급의 해방을 보편적 인간해방으로 생각했고 공산주의를 계급 없는 사회로 선언했다.

인간의 자기해방과 자기결정을 달성하기 위해서 우리는 무엇을 할 것인가? 분명히 자본주의를 비판하면서도 그것을 극복하기를 원치 않는 사람들은 그들 스스로 자기모순에 빠진다. 맑스의 물신주의 비판은 두 가지 중요한 것을 드러낸다. 우리는 부르주아 사회의 거짓된 총체성 속에서 정직한 삶을 살 수 없다. 그리고 정직한 삶은 부르주아 사회의 거짓됨에 대항하는 투쟁 속에서 이미 시작된다. 이 책은 이 투쟁에 초점을 맞추었다. 그리고 이 책은 공산주의를, 인간이 단순한 자원으로 저주받고 있는 인간 실존의 모든 형태들에 대해 부정하는 실재적 운동으로서 보여준다. 공산주의는 어떤 먼 미래에 실현되어야 할 이상이 아니라 자본주의적 생산양식의 비인간성에 대항하면서 인간존엄성을 쟁취하려 하는 진지하고 정직한 투쟁이다. 요컨대 공산주의를 위한 투쟁은 모든 계급투쟁을 끝내기 위한 투쟁이다. 인간적 역사의 시작을 위한 이 투쟁은 레닌주의적 전통을 벗어나 있어야 한다. 공산주의는, 레닌이 생각한 것과는 달리, 자본주의로부터 도출되어서는 안 되고 또, 레닌이 주장한 것과는 달리, 좀더 효율적인 노동 경제를 달성함에 있어서 자본주의보다 우월한 자본주의의 경쟁자여서도 안 된다. 역사가 보여주듯이, 공산주의는 우월하지도 않았고 인간의 불행에 대한 효과적 조절기제도 아니었다. 생산의 단순한 요소로서 실존하는 공산주는 실제로는 공산주의와 아무런 상관이 없다.

혁명을, 우리 시대에 사회적 자율을 달성하기 위한 투쟁의 문제로 제기할 시간이 분명히 다가왔다. 문제를 이렇게 제기하는 것은, 혁명을 레닌주의의 교의로부터 자유롭게 하여, 볼테르가 즐겨 말했던 것처럼, 교회나 국가 혹은 전제주의 혹은 여타의 지배 형식 등 그 어느 것으로 부터 유래하는 것이건 상관없이, 모든 형태의 공포를 부정하는 혁명의 힘을 드러내는 것을 의미하는 것이기도 하다.

워너 본펠드와 쎄르지오 띠쉴러

2004년 1월

다시 생각하는 '무엇을 할 것인가?'

주목받지 못한 채 지나가 버린 『무엇을 할 것인가?』 출간 100주년에 대해 우리가 미련을 가져야할 이유가 있을까? 이미 불명예와 분리할 수 없게 된 레닌이라는 이름을 다시 상기하는 것이 우리 시대에 의미를 가질 수 있을까? 그것은 이제는 잊어도 좋을 기억을 되살리려는, 혹은 알고 싶지 않은 것을 주입하려는 부질없는 욕망의 표현이 아닐까?

확실히 우리가 레닌의 유산에서 버려야 할 것들이 있는 것 같다. 그러나 그 많은 유산들 중에서 무엇을 버려야 할 것이며 무엇을 계승해 나가야 할 것인가? 이보다 더 중요하게, 우리가 그로부터 무엇을 새롭게 창조해 나가야 할 것인가? 사회주의 붕괴 이후 십수 년이 흘렀지만 이 질문에 대해 명확해진 것은 아무 것도 없다. 모든 것은 여전히 혼돈 속에 휩싸여 있다. 권위주의적 얼굴을 한 레닌의 동상은 끌어내려졌지만 그 자리에는 신자유주의와 신보수주의라는 두 얼굴을 가진 제국의 거친 칼바람이 휘몰아치고 있을 뿐이다. 그 어느 시대도 경험하지 못했던 화폐의 절대적 지배, 심화되는 빈부대립, 극단으로 치닫는 생태위기, 끊임없이 계속되는 전쟁과 학살, 그리고 삶의 모든 영역을 파들어가고 있는 착취의 검은 손길. 고통과 분노, 그리고 절망은 나날이 좀더 큰 규모로 재생산된다. 그럼에도 불구하고 우리에게 제시되는 선택은 '개혁인가 자살인가? 선거인가 묵종인가?'라는 강요된 양자택일뿐이다. 대안이 없고 그래서 근본적 희망은 없다는 이 비관적 문제설정은, 매시기마다 '압제인가 혁명인가? 제국주의 전쟁인가 내전인가? 짜르 권력인가 소비예뜨 권력인가?'라고 물었던 레닌의 낙관적 문제설정과 첨예하게 대비된다. 그래서 우리는 지금 다시, 아니 새롭게 묻게 된다. 레닌에게서 무엇을 버릴 것인가? 그로부터 무엇을 배울 것인가? 그리고 지금·여기에서 우리는 무엇을 할 것인가?

  탈맑스주의, 유로코뮤니즘, 사회민주주의, 제3의 길 등이 사회주의의 붕괴를 정리한 방식은 '혁명의 종말'을 기정사실화 하는 것이었다. 토니 블레어가 모범적으로 보여주듯이 이러한 정리는 오늘날 '전쟁의 시대'를 정당화하는 관념적 토대가 되고 있다. 이라크를 불바다로 만들면서 전 세계의 신자유주의 지배계급이 당당하게 혹은 수줍게 동참하고 있는 '테러리즘에 대한 전쟁'이 그것이다. 그것이 테러리즘에 대항하는 테러리즘이기보다 테러리즘을 생산하는 테러리즘임은 이제 주지의 사실로 되었다. 노무현의 개혁이 전쟁을 필요로 하는 것처럼 전 세계의 신자유주의적 개혁들은 오늘날 전 지구적 전쟁을, 배제된 사람들의 피와 살을 먹고 자란다.

다행스러운 것은 사회주의의 붕괴에 대한 다른 대응방식이 있어왔다는 것이다. 그것은 '혁명의 폐기'가 아니라 '새로운 유형의 혁명'을 창안하는 방식이다. 1994년 1월 1일 이후 2004년 1월 1일까지 치아빠스의 라깡도나 정글을 중심으로 공격과 방어, 장정과 잠적, 발언과 침묵으로 점철된 혁명 10년(창설 20년)을 보내온 사빠띠스따들의 투쟁이 그것을 보여준다. 이들은 레닌 및 볼셰비키와는 다른 방식으로 혁명이 수행될 수 있음을 실천으로 입증해 보이고 있다.

그렇다면 무엇이 레닌주의로부터 사빠띠스따를 결정적으로 구분짓는가?

두 가지가 있다.

하나는 혁명의 과제 설정에서 '국가권력의 장악'을 의식적으로 거부한다는 것이다. 사빠띠스따는 현존하는 국가권력의 장악이 아니라 다중의 자치와 자치의 확장을 통한 기존 국가권력의 공동화(空洞化)와 아래로부터의 변혁을 추구한다. 또 하나의 차이는 혁명의 주체성에 대한 이해방식에서 나타난다. 레닌주의가 민중에서 노동계급으로, 노동계급 대중에서 노동계급 전위로, 전위조직에서 중앙위원회로 이르는 위계적 중앙집권주의를 통해 혁명적 주체성을 창출하려 했음에 반해 사빠띠스따들은 여자, 어린이, 노인, 청년, 원주민, 생태주의자, 동성애자, 레즈비언, 후천성 면역결핍증(AIDS) 환자, 노동자, 지식인, 예술가, 농민, 학생 및 그밖에 신자유주의적 세계질서에서 배제당하는 모든 부류의 사람들이 스스로 조직하는 투쟁들에 주목하고 이 투쟁들의 연결을 추구한다.

이 책의 필자들 대부분은 사빠띠스따들이 개시한 이 새로운 유형의 혁명으로부터 영감을 받고 있다. 특히 홀러웨이와 띠쒈러는 레닌주의를 재고함에 있어서 좀더 직접적으로 사빠띠스따들을 참조하고 있다. 국가권력, 제도정치가 활력의 유통공간이 아니라 권력의 유통과 증식의 공간임을 암시하면서 제도정치를 통한 사회변화의 길을 거부하는 요하네스 아그놀리의 글도 국가권력 장악에 반대하는 사빠띠스따들의 새로운 사유와 연결된다. 이들은 신자유주의적 자본주의에 대항함에 있어, 레닌주의적으로 결집된 혁명적 주체성의 위기를 사회민주주의적 국가주의의 타협정치를 활성화시킬 기회로 삼고 있는 세계의 주류 좌파와는 전혀 다른 길, 즉 존엄에 기초한 혁명의 길이 가능함을 시사한다.

알베르또 본네뜨는 이 문제를 화폐의 명령이 지배의 직접적 수단으로 전화된 신자유주의적 지구화의 맥락 속에서 검토하고 노동의 불복종성이 어떻게 화폐명령의 위기를 규정하고 있는지를 면밀히 살핀다. 워너 본펠드는 국가권력 장악 없이 권력을 달성하는 것으로서의 코뮤니즘을 제시한다. 그리고 조지 카펜치스는 일반적 풍조와는 달리 그리고 이 책의 다른 필자들과도 달리 우리가 레닌으로부터 무엇을 배울 수 있는가를 사고한다. 그는 이 질문을 통해 오뻬라이스모와 자율주의적 맑스주의의 전략으로 널리 받아들여진 ('자본의 유통'에 대항하는) '투쟁의 유통'의 이론이 레닌에게서 깊이 숙고되었음을 밝힌다.

이러한 다각적 검토는 반레닌주의적 혁명이론의 역사적 발전과정에 대한 검토를 통해 보완된다. 반레닌주의적 혁명이론의 발전사는 물론이고 그것의 존재조차도 한국에서는 최근까지 거의 주목받지 못했음을 상기할 때 주로 이 책의 1부에서 제시되는 로자 룩셈부르크, 오토 륄레, 판네쾨크, 루카치, 코르쉬 등의 평의회 공산주의적 흐름에 대한 소개는 값진 것이 아닐 수 없다. 레닌주의의 실천적 문제점과 역사적 한계에 대한 성찰을 요구하는 이 논의들을 통해 우리는 20세기의 시험을 견뎌내지 못한 것이 부르주아 혁명과제에 직면했던 러시아의 특수한 역사적 조건에 의해 규정되었던 볼셰비즘이었지 맑스의 자본이론과 그에 입각한 혁명적 사상은 아니었다는 것을, 아니 맑스의 혁명적 사상은 '자본 외부에는 아무것도 실재하지 않는' 21세기의 지구화하는 신자유주의적 시대에 더욱 핍진한 영감을 우리에게 제시할 수 있다는 것을 통감하게 한다. 그람시는 러시아 혁명이 '『자본』에 반한 혁명'이라고 말한 바 있다. 그것이 선진 자본주의 나라들의 프롤레타리아에 의해 이루어진 것이 아니라 후진 자본주의 나라에서 노동자와 농민의 연합에 의해 이루어졌다는 의미에서였다. 이 책에서 (한국어로는 아마도 처음으로 본격적으로 소개되는) 1921년 크론슈타트의 반란은 볼셰비즘에 의해 억압되었던 프롤레타리아트의 혁명, 그래서 '『자본』에 부응하는 혁명'이라고 할 수 있는 것의 한 사례로 제시된다.

그러나 이 책은 고전적 맑스주의의 고고학적 복원을 의도하지는 않는다. 오히려 이 책은 '고전적 맑스주의 전통의 지속적 생명력'을 증명하고자 하는 의도로 편집되었던 『역사유물론』 3호의 기획 『레닌에 대해 말하지 않기』(한국어판, 김정한 외 옮김, 이후, 2000)와는 다른 편집의도를 갖고 있다. 왜냐하면 이 책은 맑스의 고전적 사상이 볼셰비즘에로 계승되었다는 생각, 즉 레닌과 뜨로쯔끼가 고전적 맑스주의의 계승자라는 생각에 반대할 뿐만 아니라 고전적 맑스주의를 변화된 상황 속에서 '새롭게' 사고하려고 노력하고 있기 때문이다. 물론 이 노력이 충분한가에 대해서는 의문을 제기할 수 있다. 자본주의적 생산과정의 변화, 비물질적 노동의 등장, 정보기술의 응용과 그 결과(특히 인터넷의 발전) 등이 충분히 분석되고 있다고 보기는 어렵다. 그리고 1968년 이후의 자본 재합성은 분석되지만 이와 연동된 혹은 이것을 규정한 계급 재구성은 만족스럽게 분석되는 것 같지 않다. 그러므로 레닌주의적 주체성의 위기와 붕괴의 상황 속에서 이 책에서 제시된 '무엇을 할 것인가?'라는 시의적절한 질문은, 우리로 하여금 변화된 상황에 대해 좀 더 치밀하게 숙고하도록 그리고 맑스주의 전통을 이 변화된 상황에 조응할 수 있게끔 새롭게 재창조하도록 재촉하는 질문으로 받아들여질 때 더욱 값진 효과를 발휘할 것이다.

이 책은 여느 책과 마찬가지로 여러 사람의 협력의 산물이다. 워너 본펠드는 내게 이 책을 한국어로 번역할 것을 권유했고 영어판이 출간되자마자 원본도서를 내게 보내주었다. 신승철은 이 책의 번역에 깊은 관심을 표명하고 일부의 초역 작업에 참여했다. 김정한은 사이먼 클락이 쓴 논문의 번역초고 파일을 기꺼이 제공해 주었다. 정남영, 고태경은 번역초고를 읽고 수정제안을 해 주었다. 갈무리 출판사의 사원들은 이 책이 독자들에게 더 가깝게 다가갈 수 있도록 많은 노력을 기울였다. 이제 이 원고는 출력, 인쇄, 제본, 배본을 담당할 여러 노동자들의 손을 거쳐 독자들에게 전달될 것이다. 이렇게 이 책의 출판에 참여한 모든 분들께 고마움을 전하면서 이 책이 독자들의 삶과 사유에 유익하게 사용될 수 있기를 기원한다.

2004년 1월 사빠띠스따 봉기 10주년에
조정환

차례

What is to be Done

한국어판에 부치는 편집자 서문 : 요하네스 아그놀리를 추도하며 | 7
한국어판 역자 서문 : 다시 생각하는 '무엇을 할 것인가?' | 13

서문 레닌주의, 반레닌주의적 맑스주의 그리고 오늘날 혁명의 문제

1장 무엇을 할 것인가?
『무엇을 할 것인가?』100년 | 27
신자유주의 위기와 '무엇을 할 것인가?' | 31
혁명정당 없는 혁명 | 35
책의 구성 | 39

1부 역사적이고 비판적인 관점에서 본 『무엇을 할 것인가?』

2장 크론슈타트
크론슈타트의 비밀 | 43
크론슈타트 반란과 볼셰비키 | 45
러시아 혁명이 프롤레타리아에게 미친 파급효과 | 48
러시아 혁명의 부르주아적 성격 | 50

What is to be Done

볼셰비키와 맑스주의 | 52

러시아 노동계급과 볼셰비키 | 54

크론슈타트의 반란과 그 결과 | 56

크론슈타트 프롤레타리아 혁명의 의의 | 59

3장 좌파 정치학에 관한 전망

글머리에 | 63

역사적 고찰 | 64

레닌에 대한 초기의 비판 | 67

노동자 운동과 해방 | 73

제1차 세계대전 | 88

혁명기 | 89

전쟁 이후 | 98

4장 레닌은 맑스주의자였는가?

인민주의와 러시아 맑스주의의 기원 | 101

플레하노프의 역사철학 : 변증법적 유물론의 인민주의적 기초 | 106

보론 : 맑스, 엥겔스 그리고 헤겔의 전도 | 122

What is to be Done

유물론적 역사개념? | 128

맑스주의에 대한 레닌의 인민주의적 해석 | 135

5장 노동의 변증법과 인간해방

서론 | 143

철학에 대항하는 맑스의 혁명 | 146

이론과 실천 | 159

결론 | 172

2부 무엇을 배울 것인가? 현대 자본주의와 부정의 정치학

6장 화폐-자본의 명령과 라틴 아메리카 위기

서론 | 181

태초에 위기가 있었다 | 186

부채의 확장과 사회화 | 192

화폐자본의 '위기-속의-명령' | 202

희망을 위해 | 218

What is to be Done

7장 국가, 혁명, 그리고 자기결정

공산주의와 인간해방 │ 221

레닌주의의 문제 │ 226

국가의 해방은 인간해방이 아니다 │ 235

노동의 사회적 자율을 위하여 │ 242

8장 혁명의 생산에 관한 레닌의 생각

서론 │ 256

비밀과 소통 │ 257

무엇을 배울 것인가? │ 267

9장 레닌주의적 주체의 위기와 사빠띠스따 사건

서론 │ 284

물신화 │ 286

당과 국가 │ 290

혁명과 민족국가 │ 295

변증법과 계급투쟁 │ 299

사빠띠스따 사건 │ 307

What is to be Done

3부 혁명은 어떻게? 목적과 수단

10장 해방 : 길과 목표

도입부 | 313

주요부 | 317

결말부 | 325

11장 반란과 혁명 혹은 꺼져버려, 자본!

모두다 꺼져버려 | 329

자본주의의 반발적 성격 | 331

반란과 혁명 | 335

'문지기–자본'을 넘어서 | 347

부록

참고문헌 | 353

글쓴 사람들 | 377

찾아보기 | 378

서문

레닌주의, 반레닌주의적 맑스주의
그리고 오늘날 혁명의 문제

1장 무엇을 할 것인가?

1장 무엇을 할 것인가?

레닌주의, 반레닌주의적 맑스주의 그리고 오늘날 혁명의 문제

워너 본펠드·쎄르지오 띠쉴러

『무엇을 할 것인가?』 100년

우리는 하나의 사실에 관해서만은 확신할 수 있게 되었다. 20세기의 이데올로기들이 완전히 사라질 것이라는 사실 말이다. 20세기는 지독한 세기였다. 20세기는 도그마들로 가득 차 있었다. 그 도그마들은 우리로 하여금 시간, 고통, 그리고 커다란 불의라는 대가를 차례차례로 치르게 만들었다.

—가르시아 마르께스[1]

---

1. Garcia Marquez, 1990.

전 지구를 가로지르는 반자본주의 운동이 한창 소생하고 있는 가운데, 2002년이 레닌이 『무엇을 할 것인가?』를 쓴 지 100주년이 되는 해라는 사실은 거의 주목받지 못한 채 지나가 버렸다. 레닌주의는 어려운 시대에 붕괴했다. 그리고 그것은 당연한 것이기도 했다. 레닌주의는 혁명의 쓴 맛을 남겼다. 혁명의 영웅적인 투쟁은 악몽으로 뒤바뀌어 버렸다. 그러므로 레닌주의에 대한 무관심은 이해할 만하다. 그러나 우리를 혼란스럽게 만드는 것은 혁명적 기획에 대한 오늘날의 무관심이다. 만약 반지구화가 자본주의에 대한 실천적 비판이 아니라면 반지구화의 현대적 형태 속에서 반자본주의는 무엇을 의미하는가? 그리고 만약 그것의 반자본주의가 인간해방이라는 혁명적 기획을 지지하지 못한다면 그것은 도대체 무엇을 달성하기 위한 것인가?

'혁명에 대한 반자본주의적 무관심'이란 말은 용어상 모순이다. 혁명에 대한 이론과 실천이 레닌주의로부터 자유롭게 되었을까? 그렇지 않다. 혁명조직을 당 형태로 보는 레닌주의의 생각과, 혁명의 도구로서 국가권력이 장악되어야 한다는 레닌주의의 국가관은 도전받지 않은 채 남아있다. 혁명이라고 하면 이제까지 레닌주의를 의미하는 것으로 간주되었다. 그것은 지금 뜨로쯔끼주의라는 온건한 형태로 나타나고 있다. 정통 맑스주의는 계급투쟁을 미리 구상된 조직 관념들에 통합시키려는 시도에 많은 에너지를 쏟아 부었다. 계급투쟁을 당의 지도 하에 관리 가능한 것으로 만들려고 하면서 말이다. 계급투쟁의 관리는 전통적으로 '국가형태에 집중한'(Marx, 1973, p. 108 참고) 부르주아지에게 속한다. 그리고 그 관리의 주요한 방법은 추상적인 평등의 형태 속에 계급투쟁을 봉쇄하고 조작하는 것이다. 교환관계의 형태 속에서 재산의 불평등을 추상적 평등에 종속시키는 것에는 인간성(humanity)에 대한 거부가 포함되어 있다. 이러한 경향은 노동자 국가에 대한 레닌주의적 생각에도 반영되어 있는데, 그러한 생각 속에서는 누구나가 평등하게 경제적 자원으로 취급될 뿐이다.

오늘날 혁명정당을 혁명의 조직형식으로 칭송하는 사람들은, 레닌주의의 도그마 뒤에 숨어서, 스딸린에 의해 이루어진 사회주의의 '왜곡'에 초점을 맞춘다. 그리하여 레닌주의를 정화하고 그것의 신화를 보존한다.[2] 러시아 혁명의 비극은 실제로 단지 지도력의 문제에만 달려 있는 것이었는가? 좋은 지도자로부터 권력을 이어 받은 나쁜 지도자에 의해 야기된 비극이었는가? 그리고 뜨로쯔끼가 레닌을 계승해야만 했는가? 그의 지도력은 '훌륭했을' 것인가? 그래서 혁명을 강제 노동 수용소라는 절망의 지하 감옥에서 구해냈을 것인가? 뜨로쯔끼가 만들어낼 수 있었을 차이가 무엇이었든, 혁명이 단지 인격들의 문제, 그들의 지도역량의 문제일 뿐일까? 정통적 설명들은 비판적 계몽의 가장 기본적인 문제, 즉 누가 이익을 보는가라는 문제를 제기하지 않는다. 그 대신 그 설명들은 의존적인 대중을 위해 혁명이 만들어져야 하며 모든 것은 계획에 따라서 진행되어야 한다는 믿음에 커다란 신뢰를 보여준다. 이 계획에는, 노동자 국가를 통해 경제적 자원인 노동을 계획하는 것도 포함된다. 공산주의가 계급 없는 사회라는, 그리고 '생산적 노동자가 되는 것은 … 행운이 아니라 불행이다.'(Marx, 1983, p. 477)라는

---

2. 예를 들어,『역사적 유물론』(*Historical Materialism*) no. 3의 기고문들 참조 [한국어판:『레닌에 대해 말하지 않기』(김정한 외 옮김, 이후, 2000) 참조 ─ 역자]

맑스의 통찰은, 전도된 형태로 시인된다. 프롤레타리아트에 대한 당의 지도가 불행했던 사람들에게 커다란 행운이라는 것이다. 인간해방의 기획을 진지하게 받아들이는 사람들은 가장 잘 아는 것이 당이라는 생각 속에서 아무런 편안함도 느끼지 못할 것이다. 오늘날의 반자본주의가 레닌주의적 혁명관념과 관계를 맺지 않는 것은 좋은 일이다. 그렇지만 오늘날의 반자본주의가 혁명에 대해 보이는 무관심은 그것의 반자본주의적 태도와 모순된다. 그러므로 이것은 해방이성이 재발견되어야만 한다는 것을 의미한다.

레닌의 혁명개념에 대한 그의 동시대의 비판가들은 그것의 권위주의적 성격을 강하게 거부했으며 그것의 수단들을 비판했고 그것이 인간해방이라는 혁명의 목적을 부정한다고 꾸짖었다. 안톤 판네쾨크는, '레닌의 자임한 맑스주의와 볼셰비키 당은 전설에 불과하다.'(1948, p. 71)고 결론지었다. 판네쾨크와 마찬가지로 평의회 공산주의의 관점에서 논의를 펼쳤던 칼 코르쉬도, 레닌은 본질적으로 부르주아 혁명의 철학자라고 말하면서 그와 의견을 같이했다. 로자 룩셈부르크는, 레닌주의의 혁명개념에 대경실색하면서, 혁명은 노동자들의 자기조직화에 대한 억압이 아니라 노동의 운동을 의미한다고 반박했다. 그녀의 관점에서 보면, 진실로 혁명적인 노동자들의 운동이 범한 실수들은 역사적으로 헤아릴 수 없을 만큼 많은 결실을 맺었으며 심지어 최상의 '중앙위원회'의 무오류보다도 더욱 값진 것이었다(Luxemburg, 1970, p. 88). 혁명의 이론과 실천은 레닌주의의 유산에서 해방되어야 한다. 그리고 '무엇을 할 것인가?'의 문제는 '무엇을 배울 것인가?', '무엇을 하지 않을 것인가?', 그리고 '무엇을 다르게 할 것인가?' 등을 의미해야 한다.

신자유주의 위기와 '무엇을 할 것인가?'

> 노동계급은 '실현할 어떤 이상도 갖고 있지 않으며 낡아 붕괴하고 있는 부르주아 사회 자체가 잉태하고 있는 새로운 사회의 요소들을 해방시켜야 한다'.
>
> — 맑스[3]

아담 스미스는, 자본주의가 국부를 창출한다고 확신하고 있었다. 헤겔은 이와 의견을 같이하면서 여기에 한 가지 견해를 덧붙였다. 부의 축적이, 자신들의 사회적 재생산을 위해 자신들의 노동력을 판매하는 것에 의존하는 사람들을 악화되는 조건 속에 몰아넣어 불안정하게 만든다는 견해가 그것이었다. 헤겔은 부르주아 사회가 부를 축적하지만 종속적 대중들을 진정시키는 것에서 가장 큰 어려움을 발견할 것이라고 결론지었다. 그리고 그는 국가형태를, 종속적 대중들을 봉쇄하면서 사회적 적대를 화해시키는 수단으로 생각했다. 리카도는 '잉여 인구'를 생산할 수밖에 없는 자본주의적 사회관계의 필연성을 정식화했다. 맑스는 이러한 통찰을 발전시켰으며 '평등권'이라는 이념이 원리적으로는 부르주아적 권리임을 보여주었다. 내용상에서 볼 때, 그것은 불평등의 권리이다(Marx, 1968 참조). 맑스는 형식적 평등의 부르주아적 형식에 반대하면서, 공산주의는 개인들의 평등에 의존한다고, 즉 개별적인 인간적 필요들의 평등에 의존한다고 주장했다.

---

3. Marx, 1948, p. 58

지난 10년 동안에 우리는 1990년대 초의 깊은 경기침체를, 1992년과 1993년의 유럽 통화 위기를, 그리고 전 세계 금융시장을 뒤흔든 1994년 겨울의 페소화 몰락을, 그리고 1997년의 아시아 위기를, 1999년의 브라질 위기를, 2001년의 아르헨티나 위기를 보았다. 일본은 경기 침체의 경계에서 시소놀이를 했고 그 후에 뉴욕 증시에서 투기적 거품이 일어났으며 극적이고 전 지구적인 하강이 이어졌다. 이또(Itoh 2000, p. 133)가 언급하듯이, '전면적인 세계 경제 위기의 악몽은 쉽게 추방될 수 없다'. 실제로 거품이 곧 꺼질 것이라는 경고가 없이 지나가는 날은 거의 하루도 없었다. 그리고 나서는 전쟁이 있었다. 냉전의 종말 이후에 얼마나 많은 전쟁들이 치러졌는가? 또 앞으로 얼마나 많은 전쟁들이 잇따를 것인가? 그리고 나서 테러리즘이 있었다. 9.11은 감각, 의미, 이성, 그리고 궁극적 진리와 같은 것이 무능함을 잔혹하게 입증했다. 인간적 질과 차이에 대한 부정은 절대적이었다. 그것들은 시체조차 남지 않았다. 그리고 그에 대한 반응들은? 국가 테러리즘과 테러리즘은 하나의 동전의 양면이다. 그것들 사이에는 아무것도 살아남도록 허용되지 않는다.

파울 마틱(Paul Mattick)은 1934년에 전간기의 전 지구적 위기를 배경으로, 자본주의가 항구적 위기의 시대에 진입했다고 주장했다. 위기의 주기성은 실제로는 가치와 가격의 새로운 수준에서 축적 과정을 반복적으로 재조직화하는 것에 불과하다. 이렇게 재조직된 가치와 가격의 수준이 다시 자본의 축적을 보장한다.[4] 만약 그러한 재조직화가 가

---

4. 이 부분은 Bonefeld and Holloway 1996(한국어판 : 워너 본펠드 · 존 홀러웨이, 『신자유주의

능하지 않으면 축적을 뒷받침하는 것도 가능하지 않을 것이다. 지금까지 혼란스럽게 나타났던, 그리고 그때그때 극복될 수 있었던 바로 그 위기가 이제 항구적 위기로 된다. 언제나 자본의 재구조화를 가져왔으며 갱신된 축적 시기를 가져왔던 자본주의의 이전의 위기들과는 달리 1930년대의 위기는 해결 불가능할 정도로 깊고 긴 것으로 나타났다. 마틱은, 위기가 주기적으로 재발하는 현상이기를 그쳤으며 자본주의의 전염적 특징으로 되었다고 주장했다.

마틱의 주장은, 비록 비관적인 것이었지만, 실제로는 지나칠 정도로 낙관적인 것이었음이 입증되었다. 위기는 [영구적으로 되지 않고 − 역자] 유혈적으로 해결되었다. 자본은 재구조화되었고 축적의 새로운 주기를 위한 기초가 창출되었다. 전후 자본주의는 이제 오랜 '황금시대'로 그려진다. 전쟁과 가스를 통한 유혈은 기억에 불과한 것으로 되었다. 그러나 다시 한번 우리는 항구적 위기의 상황 속에, 지구화에 의해 야기된 것이 아니라 오히려 지구화가 그것의 표현일 뿐인 그러한 위기 속에 있는 것 같다. 이 위기가 상황을 점차적으로 악화시키면서 항구적인 것으로 될 수도 있다. 물론 이 위기가 실제로 해결됨으로써 항구적으로 되지 않을 수도 있다. '항구적 위기'의 해결이 무엇을 의미하는가는 악몽 같은 미래에 대한 경고로 우리 뒤에 남아있다. '우리는, 세계 평화와 국제 조화의 전망을 지지하고 있던 전 지구적 번영의 시대가, 얼마나 빨리, 전쟁을 낳는 전 지구적 대결의 시대로 바뀌었는지 알고 있다. 만약 그러한 전망에 지금 가능성이 보이지 않는다면, 한 세기 전

와 화폐의 정치』, 이원영 옮김, 갈무리, 1999)에 의지한다.

에도 사정은 마찬가지였다'(Clarke, 2001, p. 91).

비교를 이용하는 이러한 관점이 환기시키는 우울한 전망은 필연적인 것이 아니다. 자본주의의 발전은 투쟁들 속에 '각인된다. 그리고 그 투쟁들이 발생시키는 결과는 어떤 경제적 논리에 의해 부과되지 않는다'(같은 책, 같은 곳). 오늘날 치아빠스에서부터 아르헨티나의 피께떼로에 이르는(Holloway and Peláez, 1998), 씨애틀에서 제노바에 이르는(de Angelis, 2001 ; Federici and Caffentzis, 2001) 반자본주의 운동들, 그리고 그 밖의 반자본주의 운동들은 낙관주의에 근거를 부여한다(Leeds, 2001). 그러나 자기도취가 있어서는 안 된다. 반자본주의가 의미하는 것이 무엇인가? '부활하는 민족주의의 이름으로 국제주의를 포기하는 것'은 가장 커다란 위험이다(Clarke, 2001, p. 91). 지구화에 대한 비판은, 그것이 자본주의적으로 구성된 사회적 재생산의 형식에 대한 비판이 되지 못하면 실패한다(Dinerstein and Neary, 2002 참조). 지구화에 대한 비판이 민족국가를 지지하는 비판으로 되면 '반지구화'는 가장 반동적인 세력들에게 굴복하게 된다. 보호주의, 민족적 자급자족, 그리고 '민족 화폐'의 역사는 언제나 세계시장의 역사였다(Bonefeld, 2000). 게다가 지구화에 대한 비판은, 만약 그것이 단지 투기자본에 대한 비판에 그친다면, 그리하여 생산적 축적을 지지하는 비판으로 되면 실패한다. 생산적 축적에서 화폐적 축적이 분리되도록 만든 것은 생산적 축적의 위기였다(Bonefeld and Holloway, 1996). 투기에 대한 비판은 사회적 재생산의 자본주의적 형식에 대한 비판이어야만 한다. 자본에 대한 그러한 비판이 없으면, 투기에 대한 비판은 반동적으로 된다. 그것은 '탐욕의 상인들로서의 금융, 은행들, 그리고 투기꾼들'이라는 생각을 불러일으킨다. 지난날 그러한 관점은 근대적 반유대주의를, 그리고 피와 흙의 공동체라는 이념을 떠받쳤다(Bonefeld, 1997). 나치즘이 '산업'을 신봉하면서, 자신이 흡혈귀라고 본 금융과 같은 것을 거부했다는 사실을 상기해 보라. 이것은 지구화에 대한 그러한 비판의 부패한 성격을 조명하기에 충분하다. 마지막으로 제3의 길의 이념이 폭로되어야 한다. 그리하여 그것의 의도, 즉 화폐가 노동 착취를 관리하고 조직해야 한다는 그것의 숨겨진 의도가 드러나야 한다. 1930년대와의 역사적 비교를 통해 우리는, 이것이 실제로 무엇을 의미하는가를 알 수 있다. 이른바 케인즈주의의 황금시대는 측량할 수 없을 만큼 거대한 인간적 재앙으로부터 나왔다.

혁명정당 없는 혁명

사람들은 부르주아 사회의 거짓 총체성 속에서 정직하게 살 수 없다는 아도르노의 진술은 단지 부분적으로만 올바르다. 정직한 삶은 부르주아 사회의 허구성에 맞서는 투쟁 속에서 이미 시작된다.

— 네그트5

요하네스 아그놀리(2001, p. 14)가 이와는 다른 맥락에서 주장했듯이, 역사는, 지배계급의 이익이 언제나 폭력과 파괴를 수반해 왔음을

---

5. Negt, 1984, p. 90.

보여준다. 그것은 우리에게, 자본주의적 생산양식을 부정하는 일에 참여하지 않는 사람들은 자유와 평화에 대해 말하지 말아야 한다는 것을 시사한다. 다르게 말하면, 사회적 개인으로서 진정으로 자유와 평등을 원하면서도 자본주의가 불안정하게 되는 것을 원치 않는 사람이 있다면 그 사람은 자기 자신과 모순된다는 것이다.

맑스는 노동계급의 해방은 오직 노동계급 자신에 의해서만 달성될 수 있다고 단호히 주장했다. 맑스에게 공산주의는 계급 없는 사회를 의미한다. 그는 인간(Man)[6]이, 인간이 더 이상 착취가능한 자원이 아니라 목적으로 되는 사회관계를 창출할 때에 비로소 인류사가 시작된다고 주장했다. 부르주아 사회에 대한 그의 비판은 그것의 진정한 성격(축적을 위한 축적의 피라미드에 인간기계를 축적하는 것)을 폭로하기 위한 것이었다. 하지만 그의 비판은 다른 목적도 갖고 있었다. 그는, 부르주아 사회관계의 구성된 형식이 인간의 사회적 실천의 형식임을 보여주고자 했다. 이것은 그의 혁명적 요구의 물질적 기초이다. 인간을 버림받은 존재로 만드는 모든 관계는 미래의 평등한 사회를 위해 폐지되어야만 한다. 그 사회는 인간에게, 다시 말해, 더 이상 스스로 부과한 추상에 의해 지배되지 않으면서 그 자신의 사회적 업무를 통제하며 그 자신을 소유하는 인간에게 모든 것이 돌려지는 인간존엄성의 사회이다.

맑스의 비판은 자본주의의 형식이, '공동체'의 전도된 형식으로서, 사물들에 의해 확립된 공동체로서 성립한다는 것을 보여준다. 그는, 개

---

6. 대문자 M을 쓴 '인간(Man)'은 여기서 그리고 이 책 전체에서 Mensch의 의미로 사용된다.

인들이 '개인들로서' 영원히 서로 관계 맺기 위해서는 이 추상적 공동체로부터 그들 자신을 해방시켜야만 한다고 주장한다(Marx and Engels, 1962, p. 70). 이 중심적 주장은 『독일 이데올로기』에 가장 단호한 어조로 나타나 있다. '공산주의가 창조하는 현실은, 이 현실이 개인들 자신에 선행하는 상호작용의 생산물인 한에서, 바로 개인들로부터 독립적으로 어떤 현실이 존재하는 것을 불가능하게 만들기 위한 현실적 기초이다'(같은 책, p. 70). 그러므로 이것은, 아무것도 사회적 개인으로부터 독립적으로 존재하지 않는, 사회적 자율로서의 공산주의 개념이다. 그러므로 자유롭고 평등한 사람들의 사회는 혁명정당에 의해 선포될 수도 없고 국가의 보살핌에 의해 실현될 수도 없다. 그것은 자본과 그 국가에 대한 실천적 비판을 통해서 전진한다. 이 비판은, 부르주아 사회에 대항하는 그들의 투쟁 속에서 새로운 사회의 요소를 기대하는, 종속적 대중들의 자기조직화 속에서 그 자신을 실천적인 것으로 만든다. 혁명의 수단은 그것의 목적에, 즉 인간해방에 적합해야만 한다. 그러므로 반지구화는 완전한 민주화를, 즉 연합한 생산자들 자신이 사회적으로 필요한 노동을 민주적으로 조직하는 것을 의미해야만 한다.

자유롭고 평등한 사람들의 사회를 위한 투쟁은 노동의 사회적 조직화의 원리를 둘러싼 투쟁이다. 사회적 노동의 생산물이 인간에 의해 통제되기보다 인간을 지배하는 것으로 나타나는 사회적 현실 대신에, 사회적 재생산이 '그[인간 – 역자]에 의해 통제되어야만' 한다(Marx, 1983, p. 85 참조). 그러므로 맑스의 정치경제학 비판은, 짐짓 경제 법칙에 대한 과학적 통찰을 확보하고서 국가의 훌륭한 직원들을 통해 그것을 적용하도록 만드는 당 지도부의 거시경제적 해석 속에 있지 않다. 오히려 그것은 그것의 부정 속에서 실현된다(Marcuse, 1979, p. 242). 요컨대 '모든 해방은 인간적 세계와 인간적 관계의 인간 자신에게로의 회복이다'(맑스).

자유롭고 평등한 사회라는 유토피아에 대한 이론적이고 실천적인 지향은, 자본의 세계시장 사회가 정립하는 비인간성으로부터의 유일하고 실제적인 이탈이다. 그러며 무엇을 해야 할 것인가? 혁명의 조직형식으로서의 혁명정당이라는 이념은 포기되어야 한다. 정당이라는 형태는 혁명의 내용, 즉 인간해방과 모순된다. 종속적 대중의 해방은 종속적 대중 자신에 의해서만 달성될 수 있다. 혁명의 수단으로서의 국가형태라는 개념은 사라져야만 한다. 종속적 대중을 위한 권력 장악이라는 이념은 있는 그대로의 모습 그대로, 즉 자유롭고 평등한 사회에 대한 부정이라는 모습으로 폭로되어야 한다. 자본의 '과도함'에 대한 불평은 멈추어야 한다. 한탄하는 식의 비판은, 자본에게 선의의 발전 논리를 채택할 능력을 부여하면서, 조금 더 공정한 자본주의를 창출하기 위하여 애쓰는 것일 뿐이다. 자본은 노동을 착취하는 과정에서 필연적으로 '과도하다'. 이것을 한탄하는 것은 그것의 사회적 구성을 오해하는 것이다. 혁명적 주체를 한정하려는 시도도 포기되어야 한다. 혁명적 주체는 자본의 '논리'로부터 분석적으로 도출될 수 없다. 그리고 혁명적 주체의 실존이, 마치 단순히 보병을 선발하듯, 당에 의해 선포될 수도 없다. 혁명적 주체는 자본과 그 국가와의 끊임없는 갈등을 통해 발전한다. 그리고 이 주체의 사회적 구성은 인간해방의 편에 서 있는 사람들에 의존할 것이다. 이론적인 용어로 말하면, 혁명적 주체는 인간적 존엄성으로서 규정될 수 있을 뿐이다. 인간해방이라는 문제는 이론적인 문제가 아니라 실천적인 문제이다. 인간해방의 기획에 대한 오늘날의 무관심에 대항하여, 자유롭고 평등한 사회에 대한 희망의 원리가 재발견되어야만 한다. '사회주의가 더욱 있을 법하지 않을수록, 사람들은 그것을 위해 더욱 필사적으로 일어서야만 한다'(Horkheimer, 1974, p. 253 참조). 그러면 무엇을 할 것인가?

책의 구성

이 책은 3부로 되어 있다. 1부의 기고문들은 레닌주의, 반레닌주의적 맑스주의의 이론적 뿌리를 검토하며 맑스의 노동 개념이라는 붉은 실을 공산주의의 구성적 힘으로서 논의한다. 1부는 카요 브렌델(Cajo Brendel)이 쓴 한 장에서 시작한다. 1921년 크론슈타트 봉기의 진압에 대한 그의 평가는 이 책 전체의 이론적이고 역사적인 맥락을 제공한다. 사이먼 클락(Simon Clarke)은, 레닌주의는 맑스가 반대했던 인민주의 전통에 뿌리를 박고 있음을 보여준다. 디에트하르드 베렌스(Diethard Behrens)는 레닌의 이론을 독일 사회민주당 내부 논쟁의 맥락 속에서 논의하며 로자 룩셈부르크와 안톤 판네쾨크를 포함하는 반레닌주의의 전통적인 주장들을 검토한다. 마이크 루크(Mike Rooke)가 쓴 장은, 레닌과는 달리, 맑스는 자유롭고 평등한 사람들의 사회를 혁명의 결과로 보지 않고 자본에 대항하는 계급투쟁의 구성적 힘으로 보았음을 보여준다.

2부는 오늘날의 세계에서 '무엇을 할 것인가?'라는 문제를 검토한다. 알베르또 본네뜨(Alberto Bonnet)는 지구화라는 배경에 비추어 레닌주의의 제국주의 이론에 대한 비판을 제공하며 라틴아메리카 사례를 참조하여 전 지구적 자본의 취약성을 이해할 수 있는 열쇠는 노동의 불복종성임을 보여준다. 워너 본펠드(Werner Bonefeld)는 혁명에 대한 레닌주의적 관념을 평가한 후 현대 자본주의 발전에 대한 평가로 끝을 맺는다. 조지 카펜치스(George Caffentzis)는 현대의 운동들이 투쟁의 유통에 대한 레닌의 생각으로부터 배울 수 있다고 주장하면서 하트와 네그리의『제국』을 평가한다. 그의 주장은 혁명에 대한 이 두 사람의 생각은 납득하기 어렵다는 것이다. 쎄르지오 띠쉴러(Sergio Tischler)는 계급투쟁의 변증법을 개념화한다. 그리고 그는, 혁명에 대한 정통 관념들의 위기를 배경으로, 혁명적 재건을 위한 사빠띠스따의 실천적이고 이론적인 함축들을 평가한다.

3부의 두 기고문은 이 책을 마무리한다. 요하네스 아그놀리(Johannes Agnoli)는 제도 정치에 대한 비판을 제공하며 그러한 정치가 어떻게 기존의 조건들을 긍정하거나 반영하는지를 보여준다. 그리고 그는 사회적 자율이 인간해방의 생산적 힘이라고 주장한다. 아그놀리의 관심은, 혁명은 권력 장악을 의미하지 않는다고 주장하는 존 홀러웨이(John Holloway)에 의해 속행된다. 홀러웨이가 주장하듯이, 혁명은 권력에 대항하는 투쟁이지 권력을 쟁취하기 위한 투쟁이 아니다. 다시 말해 혁명은 사회적 자율을 위한 투쟁이다.

1부

역사적이고 비판적인 관점에서 본
『무엇을 할 것인가?』

2장 크론슈타트
3장 좌파 정치학에 관한 전망
4장 레닌은 맑스주의자였는가?
5장 노동의 변증법과 인간해방

2장 크론슈타트

러시아 혁명이 프롤레타리아트에게 미친 파급효과

카요 브렌델

크론슈타트의 비밀

지금으로부터 50년도 더 전에 '1921년의 크론슈타트 반란'이라는 이름으로 역사적 연대기 속으로 들어온 (그리고는 신속히 그것으로부터 제거된) 역사적 사건에 대한 해석은 각각의 해석자들의 사회적 입장과 불가분하게 연결되어 있다. 아니 달리 말하면, 각각의 해석은 그 사회에서 일어나고 있는 계급투쟁에 대한 저자의 입장에 의해 각인되고 제약된다.[1]

---

1. 편집자의 주: 브렌델의 이 논문은 원래 크론슈타트 50주년인 1971년에 베를린 기술대학에

1917년 러시아 혁명을 사회주의 봉기로 해석하며 내전기에 확립된 볼셰비키 지배를 프롤레타리아 권력으로 생각하는 사람들은 필연적으로, 핀란드만의 섬 요새에서 발생한 크론슈타트 반란을 새로운 '노동자 국가'를 전복하려는 반혁명적 시도로 간주할 것이다. 다른 한편, 크론슈타트에서 일어난 사람들의 행동을 혁명적 행위로 간주하는 사람들은 조만간 러시아의 발전에 대한 그리고 러시아에서의 실제적 상황에 대한 정반대의 해석에 도달할 것이다.

이 모든 것은 자명하다. 그러나 거기에는 그 이상의 것이 있다. 볼셰비즘은, 당시에 (크론슈타트뿐만 아니라 뻬뜨로그라드, 우크라이나, 그리고 남동 러시아의 대부분에서) 미래를 알 수 없는 불안정한 상태에 놓여 있었던 하나의 경제형태 혹은 국가형태만은 아니었다. 볼셰비즘은 또한 러시아의 혁명 투쟁 속에서 성장했으며 러시아 상황에 맞춰진 하나의 조직 형태이기도 했다. 10월 혁명에서 볼셰비키가 승리한 이후에 이 조직 형태는 매우 다양한 정치적 입장의 대표자들에 의해 모든 나라의 노동자들에게 강제된, 그리고 여전히 강제되고 있는 조직형식이다.

볼셰비키에 대항하는 크론슈타트 주민들의 봉기는 권력이 자기들의 것이라는 볼셰비키의 주장에 대한 거부일 뿐만 아니라 당에 대한 전통적인 볼셰비키적 관념 및 당 그 자체에 대한 문제 제기이기도 했다. 바로 이것이, 노동계급의 조직 문제에 대한 다양한 견해들이 너무나 자주 크론슈타트에 대한 논의를 포함하게 되는 이유이며, 크론슈타트에 대한 모든 토론이 필연적으로 프롤레타리아 계급투쟁의 전술과 조직

서의 연설문으로 작성되었다. 그의 연설문의 원래 형태를 따랐다.

문제를 둘러싸고 차이들을 드러내는 이유이다. 그러므로 이것은, 크론슈타트 반란이 여전히 이미 반세기가 지났음에도 불구하고 꺼지지 않은 쟁점으로 남아 있음을 의미한다. 그것의 역사적 중요성이 아무리 거대하다고 해도, 오늘날의 노동자 세대에게 그것이 갖는 실천적 중요성보다는 덜 중요하다.

레온 뜨로쯔끼는 이것의 중요성을 이해하지 못했던 사람들 중의 한 사람이었다. 1938년에 쓴 에세이 「크론슈타트에 대한 항의」에서 그는, '사람들은, 크론슈타트 반란이 17년 전에 일어난 것이 아니라 어제 일어났다고 생각하곤 한다.'며 탄식했다.[2] 뜨로쯔끼는 이 말을, 그가 날이면 날마다 역사에 대한 스딸린주의적 허구화와 스딸린주의의 전설들을 폭로하기 위해 노력하던 바로 그 때에 썼다. 뜨로쯔끼가 스딸린주의에 대한 그의 비판에서, 레닌주의의 혁명적 전설의 경계를 결코 넘어서지 못했다는 것, 이것이 우리가 여기에서 조망할 수 있는 사실이다.

크론슈타트 반란과 볼셰비키

크론슈타트 반란은 하나의 사회적 신화를, 볼셰비키 국가에서 권력이 노동자들의 수중에 있었다는 신화를 파괴한다. 한편에서 이 신화가

---

2. 뜨로쯔끼의 에세이는 「크론슈타트에 대한 항의. 비난자들의 인민전선」(*The New International*, April 1938, p. 104)이라는 제목으로 영어로 쓰여졌다. 나는 그 글을, 그 에세이가 영어로 처음 출판된 직후에 재출간된 네덜란드의 뜨로쯔끼주의자 출판물에서 재번역하였다.

볼셰비키의 이데올로기 전체와 불가분하게 연결되어 있고 (또 오늘날도 여전히 그러하고), 다른 한편에서 진정한 노동자 민주주의가 크론슈타트에서 가장 온당한 모습으로 시작되었기 때문에, 크론슈타트 반란은 권력의 자리에 오른 볼셰비키에게는 치명적 위험이었다. 크론슈타트의 군사적 힘 — 그것은 반란 당시에 얼어붙은 핀란드만 때문에 크게 손상되었다 — 뿐만 아니라 반란의 탈신비화하는 효과는 볼셰비키 지배를 위협했다. 그 위협은 데니켄(Deniken), 콜차크(Kolchak), 유데니치(Judenitch), 랭겔(Wrangel) 등의 개입군에 의해 제기될 수 있었던 것보다 훨씬 더 강력한 것이었다.

이 때문에 볼셰비키 지도자들은 그들 자신의 관점에 따라 — 아니오히려 (그들의 관점에 자연스럽게 영향을 미치는) 그들의 사회적 입장의 결과로 — 크론슈타트 반란을 주저 없이 파괴하지 않을 수 없었다.[3] 뜨로쯔끼가 협박했듯이, 그 반란들이 '꿩처럼 사살되고' 있는 동안, 볼셰비키 지도부는 자신들이 통제하는 언론에서 그 반란을 반혁명으로 설명했다. 그때 이후로 이러한 사기 행위는 열심히 조장되었고 뜨로쯔끼주의자들과 스딸린주의자들에 의해 집요하게 유지되었다.

크론슈타트가 멘셰비키와 백위군 계열로부터 공공연한 동정을 얻었던 환경은 뜨로쯔끼주의적이고 스딸린주의적인 해석에 힘을 실어 주

---

3. 뜨로쯔끼도 그의 스딸린 전기에서 이러한 필요에 대해 말하고 있다. 이 책에서 그는 '소비예뜨 정부가 자신의 의지에 맞서 크론슈타트에서 했던 일은 비극적 필연성이었다.'라고 말한다. 그럼에도 불구하고 그는 곧 다음 문장에서, 전설과 보조를 맞추면서, 다시 '한줌밖에 되지 않는 반동적 농민들과 반역적 군인들'에 관해서 말한다. (Charles Malamuth에 의해 편집되고 주석이 달린 *Stalin : An Appraisal of the Man and His Influence*, London, 1947, p. 337.)

었다.[4] 그 공식적 전설을 그보다 더 유감스럽게 정당화하는 일은 아마도 거의 불가능할 것이다. 뜨로쯔끼 자신이 『러시아 혁명사』에서 밀류코프 교수의 정치적 입장과 사회적 분석에 대한 자신의 견해, 즉 밀류코프 교수는 크론슈타트 반란에 대한 반동적 공감자라는 견해를 경멸적으로 그리고 정확하게 표현하지 않았는가? 밀류코프와 백위군 언론 전체가 크론슈타트에 공감했기 때문에, 바로 이 때문에 크론슈타트 반란이 반동적이었던 것인가? 만약 이 견해에 따른다면 크론슈타트 직후에 도입된 신경제정책은 어떻게 평가되어야 하는가? 부르주아지인 우스뜨리알로브는 이 새로운 정책에 열렬한 찬사를 보내지 않았던가! 그러나 그것은 결코 볼셰비키로 하여금 신경제정책을 '반혁명적'이라고 비난하도록 만들지 않았다. 이 사실 역시 전설을 날조하는 데마고그적 방식 전체의 징후적 표현이다. 우리는 이 마지막 쟁점으로부터 딴 곳으로 우리의 주의를 돌릴 것이다. 물론 그것은 흥미로운데, 그 이유는 주로, 사건의 실제적 과정에, 사회적 발전의 과정에, 그리고 러시아 봉기의 사회적 성격에 기초해서만 이해될 수 있는 그 전설들의 사회적 기능 때문이다.

---

4. 멘셰비키와 백위군 계열의 일부가 공감했던 것이지, 그들 전부가 그랬던 것은 아니다. 이들이 주로 그 시기에 러시아 외부에 있었던 사람들이라는 주장이 있어 왔다. 동시대의 문서는 러시아에 있었던 패배한 백위군 잔당들이 정확한 본능에 따라 크론슈타트에서 출현하고 있는 프롤레타리아의 위협을 인식하고서 볼셰비키 지도부를 도와 반란을 진압하기 위해 무조건적으로 군복무를 지원했던 과정을 언급한다. 'Die Wahrheit über Kronstadad'(1921). 이 저작의 완전한 독일어판은 *Dokumente der Weltrevolution*, vol. 2, *Arbeiterdemokratie oder Parteidiktatur*, Ölten, 1967, p. 297 ff.

러시아 혁명이 프롤레타리아에게 미친 파급효과

1921년의 크론슈타트 반란은, 그것의 사회적 내용이 편법적으로 부르주아적인 것으로 정의되었던, 하나의 혁명의 극적인 정점이었다. 그 반란은 이 부르주아 혁명이 프롤레타리아트에게 미친 파급효과였다. 이것은, 거의 동일한 환경에서 1937년에 까딸로니아에서 일어났던 5월 사건이 스페인 혁명이 프롤레타리아트에게 미친 파급효과를 나타냈고, 1796년에 있었던 바뵈프의 음모가 프랑스 대혁명에서 출현한 프롤레타리아적 경향을 나타냈던 것과 똑같다.5 이 세 가지 사건들이 모두 패배로 끝났다는 사실에는 동일한 원인들이 작용하고 있다. 각각의 경우마다 프롤레타리아트의 승리를 위한 조건이나 전제가 결여되어 있었다. 짜르 러시아는 미개발 나라로서 제1차 세계대전에 참전했다. 러시아는 군사적 정치적 필요 때문에 산업화를 시작했고 그와 더불어 자본주의적 길로의 첫걸음을 내딛었다. 그러나 이러한 상황 속에서 등장한 프롤레타리아트는 거대한 수의 러시아 농민들에 비해 수적으로 너무 적었다. 확실히 짜르 절대주의의 정치적 분위기는 러시아 노동자들의 전투적 정신의 급격한 증가를 가져왔다. 그것은 그들로 하여금 발전하고 있는 혁명에 특정한 각인을 남길 수 있도록 했지만 그 혁명의 과정에 결정적으로 영향을 미치기에는 충분치 않았다. 푸틸로프 공장, 코가서스의 석유 공장, 도네츠 지대의 석탄 광산, 그리고 모스크바의 섬유

---

5. 이러한 사례들은 무한히 나열될 수 있을 것이다. 이것을 17세기 영국 혁명에서의 수평파 운동과 비교할 수도 있겠다.

공장 등이 있었지만, 농업은 여전히 러시아 사회의 핵심적인 경제적 토대였다. 1861년에 일종의 농민해방이 있었지만, 농노의 잔재는 결코 사라지지 않았다. 생산관계는 봉건적이었고 정치적 상부구조는 이에 상응했다. 귀족들과 성직자들이 여전히 군대, 경찰, 그리고 관료의 도움으로 대토지 소유자들의 거대 제국에서 권력을 행사하는 지배계급이었다.

결과적으로 20세기의 러시아 혁명은 봉건주의를, 그리고 그것의 모든 구성 요소들(예컨대 농노)을 폐지해야 하는 경제적 과업에 직면하고 있었다. 그것은 농업을 산업화할 필요가 있었고 그것을 근대적 상품생산의 조건에 내맡길 필요가 있었다. 그리고 그것은 기존 산업에 채워진 모든 봉건적 사슬들을 깨뜨려야 했다.

정치적인 측면에서 이 혁명은 봉건 귀족에게 주어진 특권을 폐지하고 혁명의 경제적 목표들의 달성을 정치적으로 보장할 수 있는 정부 형태와 국가기계를 발전시키면서 절대주의를 파괴해야 하는 과제를 갖고 있었다. 이 경제적 정치적 과제들이 서방에서 17, 18, 19세기의 혁명들에 의해 수행되어야 했던 과제들에 상응하는 것이었다는 점은 명백하다.[6] 그렇지만 러시아 혁명은 ― 이후의 중국 혁명과 유사하게 ― 특수한 성격을 갖고 있었다. 서유럽에서, 무엇보다도 프랑스에서, 부르주아지는 사회적 진보의 담지자였고 봉기의 예비적 제안자였다.

6. 'Thesen Über den Bolschewismus' (*Rätekorrespondenz*, no. 3, August 1934 Kollektiv-Verlag, Berlin, n. d ; Reprint in Kollektiv-Verlag, Berlin, n.d.)에 실린 1917년 러시아 혁명의 사회적 성격에 대한 언급을 참조하라.

동(東)에서는 위에서 언급한 이유들로 인하여 부르주아지가 약했다. 그리고 이 때문에 부르주아지의 관심사는 짜리즘의 관심사와 밀접하게 연결되어 있었다. 즉 러시아에서 부르주아 혁명은 부르주아지 없이, 더구나 부르주아지에 대항하여 수행되어야만 했다.

러시아 혁명의 부르주아적 성격

레닌은 러시아 혁명의 이러한 특수성을 정확하게 인식했다. 그는 '맑스주의자들은 러시아 혁명의 부르주아적 성격을 철저히 인식하고 있다. 그것은 무엇을 의미하는가? 그것은, 러시아에 필요한, 정치 질서의 민주적 변형과 그것의 사회민주주의적 변형이 자본주의의 매장에는 이르지 않으며 부르주아지 지배의 매장에도 이르지 않는다는 것이다. 오히려 그것은 자본주의의 광범하고 급속한 발전을 위한 토대를 처음으로 준비한다 …'[7]고 썼다. 다른 단락에서 그는, '러시아에서 부르주아 혁명의 승리는 부르주아지의 승리로서는 불가능하다. 그것은 역설적으로 보인다. 그러나 사실이 그렇다. 다수의 농민, 사회주의 당에 이미 조직되어진 프롤레타리아의 힘과 의식 — 이 모든 환경들이 우리의 부르주아 혁명에 독특한 성격을 부여한다. 그렇지만 이 독특함은

---

7. 'Zwei Taktiken der Sozialdemokratie in der demokratischen Revolution', W.I. Lenin, *Ausgewählte Werke*, vol 1, Berlin, Dietz Verlag, 1964, p. 558[한국어판, 「민주주의 혁명에서 사회민주당의 두 가지 전술」, 『레닌저작집』 3-2, 김탁 옮김, 전진, 1990].

그 혁명의 부르주아적 성격을 제거하지는 못한다.'[8]고 썼다.

그렇지만 여기에서 한 가지가 더 언급되어야 한다. 레닌이 말하는 당은 사회주의적이지 않았으며 그 속에 프롤레타리아트가 조직되었다고 주장할 수도 없다고 말이다. 물론 그 당이 여러 가지 점에서, 부르주아적인 의회 경기장에서 충성스런 반대파의 역할을 했으며, 가능한 모든 수단을 동원하여 자본주의 사회에서 사회주의 사회로의 변형을 저지하려 했던 서방의 사회민주당과 구별되어야 한다는 것은 사실이다. 그러나 레닌의 당은 사회주의적 의미에서 그것의 서방 맞짝과 구별되지 않는다.

러시아에서 레닌의 당은 사회관계의 혁명적 변형을 위해 노력했다. 그러나 레닌이 인정했듯이, 서방에서 다른 형태로 오래 전에 완수된 것이 러시아에서는 혁명의 문제로 제기되고 있었다. 이 사실이 러시아 사회민주주의 일반에, 그리고 특수하게는 볼셰비키에게 일정한 결과를 남기지 않을 수는 없었다.

레닌과 볼셰비키들은, 러시아에서의 계급관계 때문에 그들의 당이 자코뱅의 역할을 상속할 것이라는 견해를 갖고 있었다. 레닌이 사회민주당을 '대중과 연합한 자코뱅'으로 정의한 데에는 이유가 있었다. 그가 자신의 당을 전문 혁명가들의 위원회로 만든 데에도 이유가 있었다. 그가 『무엇을 할 것인가?』에서 자신들의 주요 과제는 자발성에 대항하

---

8. 이 말은 잡지 *Proletarian*에 1926년 9월에 실렸던 인사로프(N.Insarow)의 논문에서 레닌의 말을 간접 인용한 것이다. 인사로프는 러시아 국가 출판부에서 출간된 『레닌전집』의 러시아판을 이용하였다. 이 인용문은 그 책 vol, 2, Part 1, p. 28.에서 찾아볼 수 있다.

는 투쟁이라고 주장한 데에도 이유가 있었다.

　로자 룩셈부르크가 20세기 초에 그의 이러한 생각을 비판했을 때 그녀는 옳기도 했고 옳지 않기도 했다. 그녀는, 레닌의 음모적 조직이 전투적 노동자들의 자연적 조직형식과, 즉 자본주의적 관계에 근거를 두고서 계급적대로부터 성장해 나오는 조직형식과 아무 상관이 없다고 말한 점에서 옳았다. 그렇지만 그녀가 간과한 것은, 러시아에는 그러한 프롤레타리아 투쟁이, 있었다고 할지라도, 매우 적은 정도로만 있었다는 점이다.

　자본주의적 생산관계와 임금노동의 폐지가 지평에 오르지조차 않은 러시아에서, 그것은 다른 투쟁의 문제였다. 이 투쟁을 위해 볼셰비키 당은 매우 적합했다. 그것은 임박한 혁명의 필요를 완전히 충족시켰다. 이 당의 조직형식 — 이른바 민주집중제 — 이 당원 대중에 대한 중앙위원회의 독재로 귀결될 것이라는 로자 룩셈부르크의 예견은 완전히 올바른 것으로 입증되었다. 그리고 그것은 정확히 '독특한 성격의 부르주아 혁명'에 필요한 것이었다.

볼셰비키와 맑스주의

　볼셰비키 당은 자신의 지적 무기를 맑스주의로부터 끌어낸다. 당시로서 맑스주의는 볼셰비키 당이 달라붙을 수 있는 유일한 급진 이론이었다. 그렇지만 맑스주의는, 러시아에는 낯설었던 종류의 고도로 발전된 계급투쟁을 이론적으로 표현하는 것이었다. 그리고 그것은 러시아에서는 적절히 이해되지 못했던 이론이었다. 그래서 러시아에서 '맑스주의'는, 맑스주의라는 공통의 이름을 쓰지만, 실제로는 맑스와 엥겔스의 생각들보다는, 예를 들면 오귀스뜨 블랑끼(Auguste Blanqui)의 자코뱅 급진주의에 더 가까운 것으로 발전했다.

레닌은, 그리고 플레하노프도 역시 유물론에 대한 자연주의적 관념[자연과학적 유물론]을 블랑끼와 공유했다. 그것은 프랑스 혁명 전야에 귀족과 종교에 대항하는 투쟁의 주요 무기였으나 변증법적 유물론과는 매우 거리가 멀었던 것이다. 러시아에서 상황은 혁명 이전의 프랑스와 유사했다.

레닌이 이해했듯이, 그리고 그가 이해해야만 했듯이, 맑스주의는 그로 하여금 러시아 혁명의 핵심적 문제에 대한 심오한 통찰을 획득할 수 있게 했다. 바로 그와 동일한 맑스주의가 볼셰비키 당에게 자신의 과제, 또 자신의 실천과 너무나 분명하게 모순되는 개념적 도구들을 제공했다. 이것은, 1925년에 열렸던 지역 회의에서 쁘레오브라젠스끼가 공개적으로 승인했듯이, 러시아에서 맑스주의는 단지 이데올로기에 불과하게 되었음을 의미했다.

자연스럽게 러시아 노동계급 — 러시아에 하나의 노동계급이 있었던 한에서 — 의 혁명적 실천은 부르주아 혁명의 이익을 대표하는 볼셰비키 당의 실천과 조화되지 않았다. 1917년에 러시아 노동자들이 일어났을 때, 그들은 자신들의 계급적 성격에 조응하여, 부르주아 봉기의 한계를 훨씬 넘어섰다. 그들은 자신들의 운명을 노동자평의회의 도움을 받아 결정하려 했고 생산자들로서 그들 자신의 자기결정적 조직형식을 실현하려 했다.

'언제나 옳은' 그리고 노동계급에게 적합한 길을 가리켜 주리라고
가정되던 당은 (그 지도자들의 주장에 따르면 프롤레타리아트는 그 자
신의 힘으로는 적합한 길을 찾을 수 없으므로) 뒤에서 절뚝거렸다. 당
은, 거대한 소작농의 존재를 인정하지 않을 수 없었듯이, 노동자평의회
의 실재를 인정하지 않을 수 없었다. 노동자평의회도 거대한 소작농도,
조건이 미발전되었던 곳에서 일어난 이전의 모든 혁명 경험들을 반영
하는 당의 교의와 맞아떨어지지 않았다. 러시아에서 혁명적 실천은, 노
동자 편에서건 농민들 편에서건 오래 지속될 수 없었다. 그렇게 오래
지탱될 혁명적 실천의 물질적 조건이 존재하지 않았던 것이다.

러시아 노동계급과 볼셰비키

드러난 것은 다음과 같은 사실, 즉 (거의 발전되지 않은) 자본주의는
전복되지 않는다는 것이었다. 주지하다시피, 자본에 근거하고 있다고
맑스가 주장한 임금노동은 (역으로 자본이 임금노동에 근거하고 있는
것처럼) 여전히 남아 있었다. 러시아의 노동자들은 생산수단에 대한 통
제력을 획득하지 못했고 오히려 그 통제력은 당(혹은 국가)에게 주어졌
다. 따라서 러시아 노동자들은 잉여가치의 생산자들로 남아 있었다. 잉
여가치가 사적 자본가 계급에 의해 착취되지 않고 국가에 의해 혹은
국가를 통제하는 당 지도부에 의해 착취되었다는 사실도, 러시아의 경

제 발전이 (부르주아 계급의 부재 때문에) 서방의 경제 발전과는 다른 경로를 밟았다는 사실도 착취 대상으로서의 혹은 임금 노예로서의 러시아 노동자들의 지위에 어떠한 변화도 가져다주지 못했다. 우리는 러시아에서 노동계급에 의한 권력 행사가 있었다고 말할 수 없다. 짜르 국가는 실제로 붕괴했지만 노동자평의회의 권력은 자리를 잡지 못했다. 러시아 노동자들에 의해 자생적으로 형성된 평의회들은 볼세비키 정부에 의해 매우 신속하게, 이미 1918년 여름에 권력을 박탈당했다. 그 후 그들은 완전히 보잘 것 없는 존재로 몰아넣어졌다. 러시아의 경제적 기초는 이제, 이전의 농노제 혹은 의사봉건적 노예제 대신에, 뜨로쯔끼가 1917년에 '프롤레타리아트의 정치적 주권과는 양립불가능하다.'고 썼던 그런 종류의 경제적 노예제의 형식을 띠었다. 그렇지만 다음의 명제, 즉 볼세비키들이 자신들의 지배는 노동계급의 지배였다는 엉터리 선언을 한 이후에, 그들이 러시아 프롤레타리아트에 대한 압박을 극복하기 위해서라는 명분 위에서 실제로는 그들 자신이 정치권력을 장악했다는 명제는 올바르다. 그러나 실질적인 노동자 권력의 부재 때문에, 볼세비키의 정치적 지배는 해방의 수단이 아니라 억압의 수단으로 발전했다. 2월 혁명의 발발과 크론슈타트의 강제적 제거 및 신경제정책의 도입 사이에 볼세비키 러시아의 상황은 1848년 2월 혁명 당시의 프랑스 상황과 유사했다. 맑스는 이 혁명에 대해 다음과 같이 말했다. '프랑스에서 쁘띠 부르주아지는 일반적으로는 산업 부르주아지가 해야만 했을 것을 한다. 노동자들은 일반적으로는 쁘띠 부르주아지의 의무였을 일을 한다. 그러면 노동자들의 과제는 누가 풀 것인가? 프랑스에서 이 책임은 이행되지 않았다. 그것은 프랑스에서 단지 선언되었을 뿐이다'. 러시아에서도 이 책임은 계속 선언만 되었다. 그렇지만 크론슈타트 봉기와 더불어 혁명적 과정(10월은 이 혁명적 과정의 단지 하나의 상연장이었을 뿐이다)은 끝나게 된다. 크론슈타트는 혁명의 진자 운동이 왼쪽으로 가장 멀리 흔들렸던 혁명적 순간이었다.

결정적으로 중요했던 그 4년 동안에 한편에 볼셰비키 당과 볼셰비키 정부, 그리고 다른 편에 러시아 노동계급 사이에 깊은 균열이 드러났다. 이 정부와 농민 사이의 대립이 더욱더 크게 드러나면 날수록 이 균열도 더욱더 명백하게 되었다. 게다가 노동자와 농민 사이에도 모순이 있었다. 그것은 노동자와 농민 간의 계급동맹, 즉 이른바 스미치까(Smytschka)라는 덮개 아래에 묻혔다. 우리의 관점에서 볼 때 농민과 볼셰비키 정부 사이의 모순은 한 옆으로 치워질 수 있다. 우리는 그것을 지나가는 길에 잠깐만 언급한다. 왜냐하면 노동자, 볼셰비키 정부, 그리고 농민 사이의 다층적 모순들이 당 독재의 필연성을 설명해 주기 때문이다.

크론슈타트의 반란과 그 결과

혁명의 발발에서 1921년 사건 사이의 시간대 동안에 러시아 노동계급은 끊임없는 투쟁 속에 참가하고 있었다. 1917년의 과정 동안에 이 투쟁은 볼셰비키들이 의도한 것보다 더 멀리 전진했다. 1917년 3월에서 9월 말 사이에, 365건의 파업, 38건의 공장 점거, 그리고 111건의 기업경영자 해고 등이 있었다.9 이러한 상황에서 '생산에 대한 노동자 통제'라는 볼셰비키의 모토는 실패할 수밖에 없었다. 노동자들이 그들의 주도로 생산수단을 전유했기 때문이다. 이러한 행동은, 볼셰비키가 권력을 장악한 지 일주일(!)밖에 되지 않은 1917년 11월 14일에 노동자 통제령이 선포될 때까지 계속되었다. 1918년 5월 이후에는 중앙경제평의회가 '국유화'를 시행할 수 있었다. 그 얼마 전인 1918년 4월에는 기업경영자들의 개인적 책임 제도가 재도입되었고 기업경영자들은 이로써 더 이상 '그들의' 노동자들에게 자신들의 결정을 납득시키지 않아도 되었다.

공장평의회는 1918년 1월에 해체되었다. 그 이후 머지않아, 이른바 전시 공산주의가 극복되자, 상품생산 사회의 경제 법칙이 감지되었다. 레닌은 이렇게 한탄했다. '타륜(舵輪)이 손에서 빠져 나갔다 … 전함이 제대로 운전되지 않으며 타륜 앞에 앉아 있는 사람이 상상하는 방식으로도 거의 움직이지 않는다'. 러시아의 노동조합 신문은 1921년에 총 18만 4천 명이 참가한 477건의 파업이 있었다고 보도했다. 또 다른 통계들에 따르면, 1922년에는 15만 4천 명이 참가한 505건의 파업이 있었다. 1924년에는 267건의 파업이 있었는데 그 중 151건은 국영 공장에서 있었다. 1925년에는 199건의 파업이 있었는데 99건이 국가 공장에서 있었다.10

9. 이 수치들은 폴락(F. Pollock)의 책 *Die planwirtschaftlichen Versuche in der Sowjetunion* (1917~1927, Leipzig, 1929, p. 25) 그리고 코텔니코프(Y.G. Kotelnikow)와 맬리어(V.L. Melier)의 책(이 책에는 파업들과 노동자의 정치적 행동들에 관한 사실들이 수록되어 있다) *Die Bauernbewegung*(1917)에서 가져온 것이다.

통계를 보면 노동자 시위의 완만한 감소를 확인할 수 있다. 운동은 1921년에 크론슈타트 반란과 더불어 그 정점에 도달했다. 1921년 2월 24일에 뻬뜨로그라드 노동자들은 파업에 나섰다. 그들은 '모든 노동자들에게 자유를, 특별 법령의 폐지를, 평의회에 자유선거를' 요구했다. 이것들은 크론슈타트에서 며칠 뒤에 제기될 것과 같은 요구였다. 보편적 불만이 나라를 사로잡았다. 1920년에서 1921년으로 넘어가는 때에 볼셰비키 러시아는 깊은 적대의 무대였다. 이것은 즉각적으로 '노동자 반대파'를 낳았는데, 이것은 두 사람의 전직 금속 노동자에 의해 지도되었다. 이 반대파는 볼셰비키 당의 배제, 당 독재의 폐지, 그리고 생산하는 대중의 자치로의 대체를 요구했다. 한마디로 말해, 반대파는 평의회 민주주의와 공산주의를 요구했다!

그 직후, 위에서 언급한 크론슈타트 기록은 러시아의 일반적 상황을 정확하면서도 간략하게 설명한다. '교활한 선전을 통해 노동하는 인민의 아들들은 당으로 끌려 들어갔고 엄격한 규율에 종속되었다. 공산주의자들이 스스로 충분히 강하다고 느꼈을 때, 그들은 다른 종류의 사회주의자들을 차례차례 추방했다. 그들은 마침내 노동자와 농민을 국가라는 배의 키로부터 밀어 버렸다. 그러면서도 그들은 계속해서 노동자와 농민의 이름으로 그 나라를 지배했다'.[11] 1921년에 뻬뜨로그라드

---

10. 파업들과 파업 참여자에 대한 통계는 러시아 노동조합 신문인 *Voprocy Truda*(1924, no. 7/8)에서 가져왔다. 편집자들은 그 수치가 결코 완전하지는 않다고 쓰고 있다. 우리는 앞에서 인용한 폴락(Pollock)의 책을 다시 한번 인용한다. 메리 맥컬레이(Mary McAuley)는 그녀의 책 *Labour Disputes in Soviet Russia, 1957~1965* (Oxford, 1969, p. 15)의 앞 (역사적) 부분에서, *Truda*, 1924, no. 5~6, pp. 154~160에 실린 러시아 파업의 수에 대한 정보도 제공한다. 이 수치는 폴락의 것과 일치한다.

에서 강력한 시위가 발생했다. 프롤레타리아 시위대들은 도시의 외곽 지대를 거쳐 행진했다. 적군은 이 시위대들을 깨뜨리라는 명령을 받았다. 병사들은 노동자들을 쏘기를 거부했다. 오히려 그들은 '총파업!'이라는 말로 응답했다. 2월 27일에 총파업은 사실로 되었다. 28일에 정부에 충성하는 믿을 만한 군대가 뻬뜨로그라드로 결집했다. 파업 지도자들은 체포되었다. 노동자들은 공장으로 되돌려 보내졌다. 저항은 파괴되었다. 그럼에도 불구하고 같은 날 전함 뻬뜨로빠블로스크의 승무원들은 크론슈타트 부근의 항에 정박하고서 노동자평의회를 위한 자유선거와 노동자들을 위한 언론과 결사의 자유를 요구했다. 전함 세바스또뽈의 승무원들이 이 요구에 가담했다. 다음날 1만 6천 명이 크론슈타트 항에 모여 뻬뜨로그라드 파업자들과의 연대를 선언했다.

크론슈타트 프롤레타리아 혁명의 의의

크론슈타트 반란의 중요성은 아무리 강조해도 지나치지 않다. 그것은 봉화불과 같은 것이다. 반란자들은 자신들의 신문에 이렇게 썼다. '우리는 무엇을 위해 싸우고 있는가? 노동계급은 10월 혁명에서 자신들의 자유를 쟁취하기를 원했다. 그러나 그것의 결과는 좀더 심한 억압이다. 볼셰비키 정부는, 정치 위원과 관료들의 편안한 삶을 지키기

---

11. 'Die Wahrheit über Kronstadt 1921', *Dokumente der Weltrevolution, op. cit.*, vol. 2, p. 288.

위해, 노동자 국가의 유명한 상징인 망치와 낫을 총검과 감옥으로 바꾸었다'. 이 모든 것은, 마치 1848년 프랑스 프롤레타리아트의 6월 시기가 급진적 프랑스 공화국의 진실의 순간이었듯이, 크론슈타트에서 볼셰비키 지배의 진실의 순간이 도래했음을 의미한다. 거기에서처럼 여기에서도 프롤레타리아트의 매장지는 자본주의의 탄생지로 되었다. 프랑스에서 프롤레타리아트는 부르주아 공화국으로 하여금 그것의 진정한 색깔을 드러내도록, 즉 그것의 승인된 목적이 자본 지배의 영구화인 그러한 국가로서 나타나도록 강제했다. 이와 마찬가지로 크론슈타트 승무원들과 노동자들은 볼셰비키 당으로 하여금 그것의 진짜 색깔을 드러내도록, 즉 노동자에게 노골적으로 적대적이고 그것의 유일한 목적이 국가 자본주의의 건설인 그러한 기관으로 보이도록 강제했다. 반란의 패배와 더불어 그 목적에 이르는 길이 깨끗이 청소되었다.

파리 거리에서 까비냑 장군은 프롤레타리아트의 희망을 피에 빠뜨렸다. 크론슈타트 반란은 레온 뜨로쯔끼에 의해 진압되었다. 1921년 3월에 뜨로쯔끼는 까비냑이, 다시 말해 러시아 혁명의 구스따브 노스케가 되었다. 역사의 아이러니에 걸맞게, 영구혁명이론의 가장 유명하고 가장 존경받는 대표자인 뜨로쯔끼는 1917년 10월 이후로 혁명을 영구화하기 위한 가장 진지한 시도를 저지했다.

그렇지만 이 과정은 피할 수 없는 것이었다. 크론슈타트에는 프롤레타리아트의 승리를 위한 물질적 전제가 부족했다. 그들을 도울 수 있었던 유일한 것은 정확히 우리가 언급했던 혁명의 저 영구성이었다. 크론슈타트 노동자들 자신은 이것을 알았고 또 이해했다. 그 때문에 그들은 러시아 본토에 있는 자신들의 동지들에게 적극적 지원을 요청하는 전신을 계속 보냈다.

크론슈타트 노동자들은, 러시아의 수많은 프롤레타리아트들이 크론슈타트에서 제3의 혁명을 희망했던 것과 똑같이, '제3의 혁명'에 희망을 걸었다. 그러나 '제3의 혁명'이라고 불린 것은, 상대적으로 노동계급이 적고 원시적 경제를 갖고 있던 당시의 농업적 러시아에서는 하나의 환상에 지나지 않았다. 레닌은 크론슈타트 전설이 이제 막 구축되기 시작했을 때에, '크론슈타트에서 그들은 백위군의 권력을 원치 않았다. 그들은 우리의 권력도 원치 않았다. 그러나 거기에는 어떤 다른 권력도 없었다.'고 말했다.[12]

그 순간에 어떤 다른 선택의 여지도 없었다는 것, 적어도 러시아에 선택의 여지가 없었다는 점에서 레닌은 옳았다. 그러나 크론슈타트 노동자들은, 독일 노동자들과 마찬가지로, 또 다른 권력 형식의 가능성을 보여주었다. (볼셰비키가 아니라) 노동자들은, 자신들의 코뮌으로써 그리고 자유롭게 선출된 자신들의 평의회로써, 프롤레타리아 혁명과 노동자 권력의 원형을 제공했다.

우리는 '공산주의자 없는 평의회'라는 슬로건에 당황하지 말아야 한다. '공산주의자'란 저 강탈자들, 뻬뜨로그라드 노동자들의 파업을 진압하는 국가 자본주의의 볼셰비키 챔피언들이 그들 자신을 부르는 말이었으며 지금도 여전히 (그리고 부당하게) 그들 자신을 부르는 말이다. '공산주의자'라는 이름은 1921년에 크론슈타트 노동자들로부터, 1953년에 동독의 노동자들로부터, 그리고 1953년에는 헝가리의 노동

---

12. *Dokumente der Weltrevolution, op. cit.*, vol, 2. p. 288.

자들로부터 미움을 받았다. 그렇지만 크론슈타트의 노동자들은, 다른 노동자들과 마찬가지로, 자신들의 계급 이익을 따뜻하게 받아들였다. 따라서 그들의 프롤레타리아적 투쟁 방법은 오늘날도 여전히, (그들이 어디에 있든) 그들 고유의 투쟁을 수행하고, 그들의 해방은 그들 자신의 업무여야 한다는 것을 경험으로부터 배우는 모든 계급 동지들에게 가장 커다란 중요성을 갖는다.

3장 좌파 정치학에 관한 전망

사회주의 정치학의 반레닌주의적 구상의 전개에 관하여

디에트하르드 베렌스

글머리에

소련의 실패한 역사는 오늘날 '사회주의'의 역사로 해석된다. 스딸
린주의의 범죄는 레닌, 뜨로쯔끼, 그리고 심지어 맑스에게까지 그 그림
자를 드리운다. 그렇지만 이것은 러시아 혁명 이후 소련의 역사를 레
닌의 이름과 연관된 성공의 역사로 보았던 이전의 해석[2]을 뒤집어 놓

---

1. 그래서 예를 들어 콜라코프스키(Kolakowski)는 사회민주주의자들의 저작들을, 그로 하여금
   스딸린주의를 변호하도록 만들었던 레닌주의적 시각을 통해 읽는다. 그는, 레닌의 특징이
   이론들에 대한 도구적인 평가라고, 즉 혁명에 있어서 '그 이론들이 누구에게 득이 되는
   가?'를 탐구한 것이라고 주장한다. 많은 다른 사람들처럼, 그는 레닌주의적 변호론에 사로
   잡혀 있다. 특히 Leszek Kolakowski, *Die Hauptströmungen des Marximus*, vol. 2, Munich-Zurich,

은 것에 불과하다. 두 경우 모두에서 사회주의는 러시아 혁명의 사건들과, 그리고 레닌의 정치적-이론적 생각들과 동일시된다. 레닌의 이론적 성찰들은 사회주의 정치학의 정당화로 제시된다. 그러나 즉각적으로 떠오르는 질문은 '이것이 어떤 종류의 혁명인가?'라는 것이다. 이것은 어떤 종류의 정치학인가? 그때 이후로 좌파 정치학은 어떤 전망으로부터 주제화되었는가?

1920년대 이래로 이 혁명의 성격에 대한, 그리고 레닌의 정치(학)의 중요성과 유효성에 대한 광범한 토론이 있었다. 이 토론은 그때 이후로 좌파 정치(학)이 주제화되는 전망에 영향을 미쳤다.

역사적 고찰

『이스크라』가 창간되기 전까지 플레하노프가 청년 레닌의 이론적-정치적 준거점이었듯이, 1914년에 전쟁이 시작될 때까지 레닌은 카우츠키를 이론적 권위로 삼는 독일 사회민주주의를 신봉했다.[3] 개념적으

1978, p. 429 ff. 참조

2. 1917년 이후 경제와 정치에 관한 레닌주의적인 생각들에 대한 비판으로는 다음을 참조할 것. Diethard Behrens and Kornelia Hafner, 'Auf der Suche nach dem "wahren Sozialismus" : Von der Kritik des Proudhonismus über die Modernisierungsdiktatur zum realsozialistischen Etikettenschwindel', in Anton Pannekoek, Paul Mattick et al, *Marxistischer Anti-Leninismus* with an introduction by Diethard Behrens,Freiburg, 1991, p. 205 ff.

3. '다른 한편으로 레닌은 그가 정치적으로 맞서 투쟁하고 있었던 사람들의 이론적 교의들에 더욱 긴밀하게 묶여 있었다. (그의) … 분석 속에서, 그의 이론은 제2인터내셔널 이론가들

로 레닌은 사회민주주의의 중간파, 즉 맑스주의 중앙파4에 가장 가깝다고 느꼈다. 그런데 이 파는 레닌을, 사회에 외재적인 생산관계의 폐지만을 목표로 삼는, 자본주의와 혁명에 대한 기계론적 이해5로 이끌었다. 1905년 말경, 「민주주의 혁명에서 사회민주주의의 두 가지 전술」6에서 그는 여전히 자신의 정치(학)과, 베벨과 카우츠키의 정치(학)의 동일성을 주장했다.

이것은 여러 가지 것을 함축한다. 1903년 런던에서 열린 러시아 사회민주노동당 제2차 당 대회를 위해 구상된 논문인 『무엇을 할 것인가?』(1902)에서 레닌은, 카우츠키에 기대면서, 사회민주당이 사회주의적 통찰들을 발전시켜야 한다는 주장을 강조했다. 그리하여 이 사회주의적 통찰들이 외부로부터 노동자에게로 가져와져야 한다는 것이었다.7 당은 '전위이자 조직가요, 지도자이자 노동자들의 이데올로그'로 승인되었다.8 이와 유사한 해석적 체계를 사용하는 노동자 운동의 역사가들

의 경제학적 토대 위에 구축되어 있다'. Ulysses Santamaria and Alain Manville, 'Lenin, und das Problem der Übergangsgesellschaft', in Claudio Pozzoli (ed), *Jahrbuch Arbeiterbewegung*, vol.5, Frankfurt, p. 54 f. 참조.

4. 분파들의 이러한 분류는, 심지어 사람들이 '맑스주의 중앙파'를 중간파가 아닌 것으로 처리하여 그것을 사회민주주의의 온건 좌파로 설명한다고 할지라도 여전히 타당하다.

5. Ulysses Santamaria and Alain Manville, 'Lenin, und das Problem der Übergangsgesellschaft', loc ., pp. 57, 65 f. 참조 레닌에게 주요한 경제적 목표는 생산력과 노동생산성을 증가시키는 것이었다(Lenin, LW 27, p. 247. 참조). 그리고 그의 정치적 목표는 더 나은 행정이었다(LW 27, p. 232 f. 참조). 국가 자본주의에 대한 그의 관념은 자본주의적 형태들을 유지하는 것을 포함했다. 이에 대해서는 Ulysses Santamaria and Alain Manville, 'Lenin, und das Problem der Übergangsgesellschaft', loc cit., pp. 75 참조

6. 레닌 저작집 9, p. 54 : Kolakowski, *Haupströmungen* …, vol. 2, p. 428.

7. Annette Jost, 'Rosa Luxemburgs Lenin Kritik'. in Claudio Pozzoli (ed), *Jahrbuch Arbeiterbewegung*, vol. 5 : *Kritik des Leninismus*, p. 79 참조

에게서와 마찬가지로 콜라코프스키에게서도 인정되지 않는 것이 있다. 그것은, 무엇보다도, 플레하노프와 레닌의 유사성이 플레하노프의 기계적 유물론9을 포함했던 것과 마찬가지로, 레닌과 카우츠키의 근접성이 카우츠키의 진화주의10를 포함했다는 것이다. 둘째로 카우츠키가 노동자들에 비해 과학적 사회주의를 더 높이 평가했다는 점은 단순한 전위주의적 관념을 전면에 부각시켰을 뿐만 아니라 그와 더불어 '사회주의' 지식인들의 특권화를 가져왔다. 이것은 '사회적 케사르주의(social caesarism)'라는 라쌀레의 관념에서 거리가 멀지 않은 것이었으며 지식인들에게 독재적 권력을 부여하는 것이었다. 이렇게 지식인들에게 부여된 기능은 당에 의해 접수되어야 했다. 조직적으로 볼 때, 이러한 가정은 '민주집중제' 모델의 기초가 되었다. 이것의 중대한 결과는 러시아 사회민주주의가 볼셰비키와 멘셰비키로 분열된 것이었다.

콜라코프스키는, 제2인터내셔널의 전통적 맑스주의 관념에 비해 레닌이 이룬 혁신 세 가지가 성공적인 '볼셰비키 혁명'에 결정적이었다고 강조한다.11

1. 프롤레타리아트와 농민의 동맹
2. 민족문제에 대한 인식, 그리고

---

8. Kolakowski, loc cit., p. 433.
9. 플레하노프의 저작들에서, 유물론에 대한 매우 다양한 해석들은 사라지며 기계적 유물론과 변증법적 방법은 합치한다.
10. 물론 엥겔스가 변증법을 협소화하는 길을 미리 준비했다. 이에 대해서는 Diethard Behrens, *Zur Krtik der marxistisch-leninistischen Naturtheorie* (Ph.D. thesis), Frankfurt, 1984 참조.
11. Kolakowski, loc cit., p. 431.

3. '자생적 노동자 운동에 대립하는 당'의 특별한 역할[12] — 그것은, 레닌이 말하곤 한 것처럼, 노동자들의 '노동조합 의식'에 반대하는 것이었다.

좀더 최근의 문헌들에 나타나는 설명들에 따르면, 첫 번째 논점은 '나로드니키 강령'의 수용(볼셰비키들에 의해서는 매우 늦게야 채택된 강령)으로 입증되었고 권력 정치에 의해 결정된 채로 남아 있다. 두 번째 논점, 즉 민족자결의 문제는 러시아 혁명 동안에 체결된 동맹에서 실질적 역할을 수행했다. 그렇지만 실제로 중요했던 것은 민족주권의 조건의 발전, 부르주아 사회의 구성, 국내시장의 확립, 그리고 세계시장에의 참여였음이 드러난다. 이 모든 것은 그 내부에 '결국에는' 사회주의 이데올로기를 버리도록 만들 힘을 포함하고 있다. 그래서 단지 세 번째 논점, 즉 반사회주의자들, 그리고 레닌에 대한 사회주의적 반대파들 모두로부터 소비예뜨형 '사회주의'의 본질적 특징이라고 비판받은 레닌의 당 관념만이 논쟁의 문제로 남는다.

레닌에 대한 초기의 비판

레닌의 입장에 대한 가장 초기의 그리고 가장 선진적인 비판은 제1차

---

12. ibid.

세계대전 이전 시기로부터 비롯된다. 그것은 로자 룩셈부르크로부터 나왔다. 그녀는, 볼셰비키가 러시아와 폴란드 사회민주주의의 다른 분파에 대해 자율적이라는 레닌의 정치적 주장을 거듭해서 비판했다.[13]

레닌의 「일보전진, 이보후퇴」[14]에 대한 그녀의 응답인 논문 「러시아 사회민주주의의 조직 문제」[15]에서 로자 룩셈부르크는 '초중앙주의'[16]에 대한 비판을 발전시킨다. 로자는 그것을 '자코뱅-블랑끼주의적' 당 유형의 전통[17]으로 간주한다. 여기에서 그녀는 사회민주주의가 자코뱅

13. 로자 룩셈부르크는, 제2인터내셔널의 국제사무국에 부친 그녀의 제안문 중 하나에서 러시아 사회민주주의 당의 재통합을 요구하였으며, 레닌의 분파적 전술을 비판하였다. 그녀는 1912년 당 대회에서 멘셰비키를 배제하고 볼셰비키 당을 창립한 것에 대해서 언급하고 있다. *Vorwärts*, no. 306, 21 Nov. 1913 ; from Rosa Luxemburg, *Gesammelte Werke* vol. 3, Berlin 1978, p. 356 f. 참조.

14. Lenin, 'Ein Schritt vorwärts, zwei Schritte zurück', in Lenin, *Werke*, vol. 7, Berlin, 1963, pp. 199 - 430.

15. Rosa Luxemburg, 'Organisationsfragen der russischen Sozialdemokratie', in *Gesammelte Schriften*, vol. 1/2, Berlin, 1979, p. 422 ff. 참조

16. Rosa Luxemburg, 'Organisationsfragen der russischen Sozialdemokratie', loc cit., p. 425. 이 정식화 속에서 중앙위원회는 '당의 진정으로 능동적인 핵심'이다. 다른 모든 조직들은 단지 도구에 불과하다. 로자 룩셈부르크의 생각이 대중의 '자기-중앙주의'(Jost, 'Rosa Luxemburg …', loc cit., p. 80)를 목표로 하는 반면, 레닌의 생각은 오히려 관료적이며 위계적이다. (Lenin, 'Ein Schritt …', loc cit., p. 418 참조). 로자 룩셈부르크가 러시아 혁명에 대한 그녀의 논문에서 제기했던 비판은 주민에 대한 한 집단의 지배로, '새로운' 엘리트의 지배로, 부르주아 독재로 귀결될 이러한 집중주의에 대한 비판이었다. (Jost, 'Rosa Luxemburg …', loc cit., p. 95 참조).

17. 이것의 사례로는 Maurice Dommanget, 'Blanqui - ein Vorläufer der Bolshewiki', in *Arbeiter-Literature*, Sonderheft 1, Vienna, 1924, pp. 71~87 ; Hugues Portelli, 'Jacobinisme et antijacobinisme de Gramsci', in Dialectiques, no. 4/5, mars 1974, pp. 28~43 ; Bernd Rabehl, Wilfried Spohn, Ulf Wolter, 'Der Einfluss der jacobinischen und sozialdemokratishen Tradition auf das leninistische Organisationskonzept', in *Probleme des Klassenkampfes*, no. 17/18, pp. 99~142 참조

의 상속자였다는 (레닌과 그 밖의 사람들에 의해 주장된) 입장을 비판한다.[18] 그녀의 관심은 사회민주주의적 집중주의와 블랑끼주의적 집중주의의 차이를 강조하는 것이었다.[19] 사회민주주의는 자기 자신에 대립하는, 그러면서 지도될 수 있는 주민 집단을 전혀 갖지 않는다. 따라서 그녀는, 레닌이 악성 기회주의에 대한 투쟁을 근본 문제로 정식화하고 그것을 조직적 규율에 의해 패퇴시키고자 한 것[20]을 환상이라고 비판했다. 프롤레타리아트와 인텔리겐챠는 계급의식 대 기회주의라는 대극으로 배정될 수 없다.[21] 인텔리겐챠가 기회주의적으로 행동하느냐 않느냐는 역사적 상황에 의존한다. 러시아에서 그 상황은 모호하다. '인민에게로 가기'의 이론은, '순수' 프롤레타리아트의 이론과 마찬가지로, 무엇보다도 이데올로기적 계기들이다. '순수' 프롤레타리아트의 이론이 산업적 낭만주의와 결부되어 있는 것과 마찬가지로 '인민에게

---

18. 레닌은 '프롤레타리아트의 조직으로부터 분리할 수 없는, 자신의 계급이익을 의식하게 된 자코뱅, 그것이 정확하게 혁명적 사회민주주의이다.'라고 쓰고 있다. Lenin, 'Ein Schritt …', loc cit., p. 386. 「반비판」에서 레닌은 자신이 아니라 악셀로드(Axelrod)가 이것을 표명했다고 말한다. 그 자신은, 그런 비유는 단지 혁명적 익(翼)과 기회주의적 익(翼) 사이, 자코뱅파와 지롱드파 사이의 차이를 가리키는 맥락에서만 허용될 수 있다고 언급했다(앞에서 인용된 글, p. 483). 또 Diethard Behrens, *Zur Kritik der marxistisch-leninistischen Naturtheorie* (Ph.D. thesis), Frankfurt, 1984도 참조하라.

19. 맑스도 집중주의에 반대한다고 표현한다. Karl Marx, '*Letter to Baptist von Schweitzer*', 13. 10. 1868, MEW 32, p. 570 참조

20. Lenin, 'Ein Schritt …' loc cit., p. 271과 p. 400 f.

21. '무엇보다도, 사회민주주의적 조직화를 향한 프롤레타리아트의 타고난 능력의 강력한 발전 속에는, 그리고 사회민주주의적 운동의 '아카데미적' 요소에 대한 의심 속에는, 아직까지 "맑스주의적-혁명적"이라고 불릴 만한 것은 없다고 말해져야만 한다. 오히려 그러한 생각들은 기회주의적 입장들과 관련되어 있는 것으로 쉽게 보일 수 있다'(Rosa Luxemburg, 'Organisationsfragen …', loc cit., p. 436).

로 가기'의 이론은 농업적 낭만주의를 통해 발전하고 있다.[22] 기회주의에 대항하는 조직과 투쟁의 문제는 그렇게 비매개적이고 직접적인 방식으로 연결될 수는 없다. 그녀는 한편에서, 기회주의는 정말로 유연하다고 주장되지만 다른 한편에서 그것은 집중적이고 사회적으로 지향된 조직들 속에서 더 잘 기능한다고 주장한다.[23] 이 때문에 기회주의는 조직적 규율과 '초집중주의'에 의해 적절하게 억제될 수 없다.[24] 비록 '기회주의가 노동자 운동 그 자체의 산물로 보인다.'고 할지라도, 그리고 기회주의가 '노동자 운동의 역사적 발전의 피할 수 없는 계기'로 또 미성숙으로 보인다고 할지라도, 이것은 레닌의 관념과는 분명히 다르게 이해될 필요가 있다.[25]

---

22. 로자 룩셈부르크가 보기에, 러시아는 '프롤레타리아트 혁명이 아니라 부르주아 혁명' 직전에 놓여 있었다(loc cit., p. 440).

23. '레닌처럼, 기회주의에 어떤 특정한 조직 형태에 대한 열광―탈집중화라고 부르자―을 귀속시키는 것은 그것의 성질을 잘못 보는 것이다 … 그러나 만약 우리가, 레닌처럼, 기회주의를, 독립적이고 혁명적인 프롤레타리아트의 계급운동을 부르주아 인텔리겐차의 권력 욕망에 봉사하도록 만들기 위해 길들이려는 시도로 이해한다면, 이러한 목표는 노동자 운동의 시작 단계에서 탈집중주의를 통해서는 아무리 해도 도달할 수가 없고, 오히려 아직 미성숙한 프롤레타리아트 운동을 머리끝에서 발끝까지 소수의 지도자들에게 넘겨주는 엄격한 집중화를 통해서만 도달할 수 있을 것이다'(loc cit., p. 439).

24. loc cit., p. 441 참조

25. '노동자 운동의 초기에 당장, 이런저런 조직적 규율의 정식화를 통해 기회주의적 경향의 등장을 막을 수 있다고 하는 것은, 더욱 더 이상한 생각으로 보인다. 서류 같은 수단을 가지고 기회주의에 대항하려는 시도는 사실은 기회주의의 살을 자르려는 것이 아니라 사회민주주의의 살을 자르려는 것이다 … 그러한 시도는 기회주의적 경향에 저항할 능력뿐만 아니라 … 현존하는 사회적 질서에 저항할 능력조차도 약화시킨다'(loc cit., p. 443). '중앙위원회의 고양된 권위'에 맞서기 위해서는 다른 수단들이 강조되어야 한다. '이런 식으로 대담한 곡예사는, 조종사와 같은 이러한 좌우회전을 할 수 있는 유일한 주체, 그리고 역사적 변증법을 배울 수 있기 위하여 언제나 그 나름의 실수를 서슴지 않는 유일한 주체는 노동계급의 대중-나[Massen-Ich]뿐이라는 것을 간과한다. 결국 우리는 우리들 사이에서

그러므로 조직 문제는 구 사회민주주의의 토론에서 그리고 20세기 초 노동운동에서 등장했던 '새로운' 조직 형성에서 핵심 문제들 중의 하나로 전면에 부각된다. 이 운동에서도 역시 조직이, 그것의 발생과 형식이 초점이 된다. 만약 노동하는 인민이 중앙위원회를 통해 조직될 수 있다면 뿌리깊이 박힌 권위의 관념뿐만 아니라 의존의 구조와 관계도 여전히 남아 있게 된다.

그렇다면 이러한 조건 하에서 어떻게 사회주의적 의식이, 즉 사회관계를 이해하고 변형시킬 수 있는 의식이 출현할 수 있을 것인가? 노예화하고 소외시키는 모든 관계들의 폐지에 대한 전망인 사회주의 의식이 어떻게 제 자리를 잡을 것인가? 로자 룩셈부르크가 올바르게 강조했듯이 조직은 선험적 방식으로 가정될 수 없다. 그것은 기존의 사회관계로부터 추상될 수 없다. 요컨대 조직은 기존의 사회관계를 전제로 삼을 수 없으며 언제나 정치적-사회적 협력의 형식이다. 사회민주주의의 특유한 형식은 1848년 혁명의 결과에서 발전했다. 요컨대 그것은, 사회관계가 자본주의적 조건 속에서 충분히 발전되지 못한 역사적 맥락에서 출현했다. 룩셈부르크가 보기에 이것은 우리에게 생각할 여지를 제공할 뿐만 아니라 조직 문제를 새롭게 그리고 더 곰곰이 생각하도록 만드는 것이었다.

정치적 태도는 지금 가장 유리한 조건에 자신을 적응시킨다는 우려,

공개적으로 말해야만 한다 : 진정 혁명적인 노동자 운동이 범하는 실수가 최고의 "중앙위원회"의 무오류성보다 역사적으로 측정할 수조차 없을 정도로 더 풍부하고, 더 가치있다고 말이다'(loc cit., p. 444).

다시 말해 정치적 태도는 근본 원칙을 유리한 기회에 (대개는 개인의 출세를 위한 기회에) 희생시킬 준비가 언제나 되어 있다는 우려는 중앙 집권적 조직 모델에서도 없어지지 않는다. 이 모델들에서는 그러한 기회주의적 행동의 여지가 더 크기도 하다. 그리고 기회주의는 지식인들에게만 한정되지 않는다. 레닌은 노동귀족에 대한 그의 테제에서 이것을 인정했다. 그럼에도 불구하고, 미숙련 노동과 숙련 노동 사이의 구분은 기회주의를 설명하는 개념적 수단으로서는 매우 부적절하다. 계급적 귀속은 내용에 대해서 아무것도 말해 주지 않는다. 확실히 기회주의적 요소들은 상이한 지도부 집단들에서도 발견될 수 있다. 집중주의[26]는 기회주의의 단순한 이면으로 나타난다. 기회주의라는 말은 오히려, 사람들이 기존의 사회적 맥락 속에서 적대적 경쟁자일 뿐만 아니라 동시대인들이라는 문제를, 그들이 노동자들일 뿐만 아니라 유통영역에 참가하는 인간들[Menschen]이라는 문제를 흐린다. 단순한 조직 모델이 포기되면, 노동하는 사람들이 참가하는 갈등의 형식에, 노동자들이 자신들의 투쟁 과정 속에서 겪는 경험에 초점을 맞추는 길이 열릴 것이다. 이곳이야말로 사회주의의 가능성의 의식이 형성되는 곳이다. 사회주의적 관점에서 볼 때, '국가 자본주의 더하기 전기'라는 공식으로 요약된 바 있는 소비예뜨 권력의 특징은 부르주아 사회에 대한 대안을 제공하지 못한다. 레닌은 자신의 정치학을 생산력으로부터 자율적인 것으로 생각된 생산의 사회적 관계 위에 정식화했다. 이 정식에서, 생산

---

26. 독일과 러시아의 사회민주적 집중주의 역시 그들 각각의 사회들 즉, 빌헬름 제정과 짜르 제정의 구조의 유산이다.

의 사회적 관계는 자본주의를, 생산력은 사회주의를 대표한다. 이러한 정식은, 자본주의가 제대로 이해되지 못했음을 말해줄 뿐이다. 맑스가 『공산주의자 선언』에서 이미 인정했다시피 생산력의 해방은 자본주의적 동학의 진보적 계기이다. 로자 룩셈부르크에 의해 제공된 몇몇 암시들에도 불구하고, 이 '해방'이 사회주의적 관점에서 볼 때 무엇을 의미할 수 있는가에 대한 논쟁은 전혀 시작되었다고 볼 수 없다.

노동자 운동과 해방

이 절은 사회민주주의 내부에서 그리고 그 경계에서 발생한 좌익 반대파의 역사를 간략하게 요약하고 레닌주의에 대한 반대의 전사(前史)를 제공한다.

1914년 이전에 독일 사회민주주의는 유럽 노동자 운동 속에서 가장 강력한 당이었다. 그것은 1848년 혁명의 결과들 속에서 시작했다. 성장하는 '노동자 주민'의 집중과 조직화, 그리고 출현하고 있는 '빌헬름주의적' 사회와 국가에 대한 저항이 그것의 초기 목표였다. 그것의 주요한 힘은 수공업과 공업[27]에 종사하는 '장인'[28]을 조직한 것에 있었다.

---

27. Thomas Welskopp, '*Das Banner der Brüderlichkeit'. Die deutsche Sozialdemokratie vom Vormärz bis zum Sozialistengesetz*, Bonn, 2000 참조.
28. 당은 자신의 산업적 기반인 숙련 노동자층에 초점을 맞추었다. 그리고 이것은 제1차 세계대전 이후에도 그대로 계속되었다.

이것은 형성적 측면(숙련노동자들의 사회편성)과 신분 혹은 길드적 측면('룸펜 프롤레타리아트'로 규정된 낮은 사회층의 배제)을 갖고 있었다.[29] 정치적으로 또 사회민주주의는 부르주아 반대파 부분을 위한 초점으로 기능했다. 사회민주주의는, 비록 민주주의에 대한 이해가 점차 논쟁적으로 되었지만, '민주적 독일'의 주요한 전통을 물려받았다.

'사회주의자 법률'은 당과 그 추종자들을 일정하게 급진화시켰다. 그 법률의 폐지 이후에 당과 노동조합은 느슨해져서 역할을 방기하게 되었다. 이것이 좌익 반대파가 출현하여 형성된 계기였다. 좌익 반대파는 자신의 요구를 '사회적 해방', 자기결정, 그리고 민주주의로 정식화했다.

좌익 반대파의 다섯 분파가 구분될 수 있는데, 그것들 일부는 역사적 계열 속에서 나타나며 또 일부는 동시대적으로 나타난다.

1. 이른바 '젊은이들(Young Ones)', 세기말의 독일 아나키즘, 아나코-생디칼리즘;

2. 생디칼리스트들;

3. '로자 룩셈부르크' 분파;

4. 급진적 지식인: 율리안 보르카르트(Julian Borchardt), 하인리히 라우펜베르크(Heinrich Laufenberg), 칼 리프크네히트(Karl Liebknecht), 프란쯔 프펨프페르트(Franz Pfempfert), 프리츠 볼프하임(Fritz Wolffheim);
그리고

5. '브레멘 급진파': 판네쾨크(Pannekoek), 크니에프(Knief), 고르터(Gorter).

---

29. 이러한 신분적 용어는 레닌주의적 전통에 의해 계승되었다.

'젊은이들'의 반대

'사회주의자 법률'의 폐기 이후에 그리고 '새로운 정치'의 개시 이후에, 좌파 사회민주주의자들[30](그들의 일부는 '사회주의자 법률'에 대한 반대를 이끌었던 사람들이다)은 당과 노동조합의 정치에 저항하기 시작했다. 사회민주주의 반대파는 무정부주의적 윤곽을 가진 반대파와는 구별될 수 있었다.

당 및 노동조합 지도부와의 이러한 갈등의 와중에, '젊은이들'이라는 '분파'가 형성되었다.[31] 그들도 역시 반(反)의회적이었고 반(反)집중주의적이었으며 연방주의적 조합 운동을 채택했다. 그들의 비판이 겨냥한 또 다른 표적은 당과 조합 운동에서의 점증하는 관료화였다. 그들은 또 당의 '개혁 노선'을 단순한 적응 노선에 불과하다고, 노동조합 속에서 부르주아지와 프롤레타리아트 사이에서 균형을 취하는 정치에 불과하다고, 당 조직 속에서 민주적 원칙 대신에 지도 원칙을 채택하는 것에 불과하다고 비판했다.[32] 그 결과 '젊은이들'의 대부분은 당과

---

30. 독일 자유노동자 연합(생디칼리스트들), 독일 일반 노동조합, 그리고 독일 공산주의 노동자당의 역사와 사회학에 대해서는 Manfred Bock, *Syndikalismus und Linkskommunismus von 1918~1923*, Meisenheim, 1969, p. 2 ff. 참조. 그리고 ibid., *Geschichte des 'linken Radikalismus' in Deutschland. Ein Versuch*, Frankfurt, 1976도 참조

31. Jacques Droz, 'Die deutsche Sozialdemokratie (1875~1914)', in ibid. (ed), *Geschichte des Sozialismus*, vol. 4 (1974), Frankfurt-Berlin-Wien 1975, p. 39 참조

32. Bock, *Syndikalismus und Linkskommunismus* von 1918~1923, loc cit., p. 10 f. 도멜라 니에우-벤후이스(Domela F. Nieuwenhuis)도 이러한 반란을 지지하였다. 니에우-벤후이스의 정치학이 보여주는 바에 따르면, 통합을 위한 기회가 실제로 있었다. 통합 능력의 부족은 SPD(독일 사회민주당)의 역사에서도 종종 드러난다. 다른 한편 엥겔스는 그 운동을, 자신들이 거대 도시들의 노동자들 속에 닻을 내리고 있다는 사실을 무시하는 지식계급과 학생계급의 반란이라고 비난했다.

노동조합에서 강제로 쫓겨났다.[33]

생디칼리스트 반대파

1890년에 '사회주의자 법률'이 폐지되고 나서 레기엔(Legien)은 노동
조합 활동을 위한 총 위원회를 설립했다. 이전에 반합법 노동조합들의
행동은 직장 위원들의 네트워크에 의해 수행되었다. 할베르스타트에서
열린 1892년의 노동조합 회의 이후에, 대규모의 중앙집중적 조직들[34]
이 만들어졌다. 그렇지만 그 조직들의 존재는 정치적 활동의 포기에
의존하고 있었다.

이미 이 회의에서 소수파는 지역에 뿌리박은 조직들에, 그리고 정치
적 활동에 종사할 권리에 투표를 했다. 이 소수파는 '지역주의자들'이
라고 불렸다.[35] 그들은 '정부 건축사' 구스타브 케슬러(Gustav Kessler)

---

33. 반대파의 축출에 대한 반응으로, <독립 사회주의자 연합>(Vereinigung unabhängiger
   Sozialisten)은 그것의 선전 기관지인『사회주의자』(Sozialist) 지와 함께 창립되었다. 이 집단
   은 아나키즘적인 이념, 개인적인 윤리적 사회주의, 그리고 좌파 사회민주주의 입장 사이
   에서 이리저리 동요했다. 그러나 초기 사회주의 이념들에 대한 수용은 명백했다. 정의, 노
   동에 대한 윤리적 교육, 사회적 윤리, 동지적이고 사회주의적인 살아있는 공동체 등이 그
   것이었다. 일반적으로 그들은, 혁명은 민중이 원하기만 한다면, 언제든지 가능하다고 주장
   했다. 독일 아나키즘의 역사에 대해서는 Ulrich Linse, *Organisierter Anarchismus im deutschen
   Kaiserreich von 1871*, Berlin, 1969 참조
34. 중앙 노동조합들은 1891년에는 약 340,000명의 조합원을, 1914년에는 약 250만 명의 조
   합원을 갖고 있었다. Bock, *Syndikalismus und Linkskommunismus von 1918~1923*, loc cit., p.
   22 참조
35. '지역주의자들'은 처음에는 약 만 여명의 회원을 갖고 있었다. 그 후 회원 숫자가 약간
   감소하였다가 끝에 가서는 다시 약 17,000명가량으로 되었다. 그들은 대개 도시 노동계급
   으로 구성되어 있었다. 그들은 건축 노동자들 속에서, 특히 베를린에서 가장 강력했다.

에 의해 지도되었다. 1897년 이래로 그들의 홍보기관지는 『통일』지였다.[36] 그들의 요구들은 사회민주주의 정치와 노동조합 활동의 분리를 제거하는 것을 목표로 삼았다. 노동자들에 대한 경제적 지원을 위한 기금 및 요금 협정의 실존은 '싸울 의지를 누그러뜨리기' 위한 수단으로 비판되었다. 1901년에 그들은 자신들을 '독일 노동조합 자유 연맹'이라고 불렀다.

이 갈등의 처음에 SPD(독일 사회민주당)는, 노동조합 운동의 두 날개를 재통합하려 하면서, 중립을 지켰다. 그렇지만 '대중파업 논쟁'에 의해 특징지어지는 국면에서 이러한 태도는 바뀌었다. 노동조합이 대중파업을 거부한 반면 '지역주의자들'은 그것을 지지했다. 형식적으로, SPD는 베벨의 영향을 받아 대중파업을 지지했다. 하지만 모든 대중파업을 저지하기로 한 노동조합 지도부와 당 지도부 사이의 비밀협약이 '지역주의자들'에 의해 폭로되었다. 그렇지만 이것은 '지역주의자들'이 거둔 단지 하나의 짧은 승리였을 뿐이다.

그 결과 '지역주의자들'은 무정부주의적 분파와 사회민주주의적 분파로 나뉘었다. 케슬러가 죽은 뒤, 프리데베르크 치하의 아나코-생디칼리스트들이 지도부를 장악했다.[37] 이제 분열은 생디칼리즘의 문제를 둘러싸고 나타났다.[38] 1914년까지 그들의 정치적 활동의 초점은 반종

---

36. 이 신문은 1914년에 금지되었다.

37. 프리데베르크의 지도 하에서, 그들은 엄격한 반의회주의의 입장으로 돌아섰으며, 총파업을 봉기의 출발점으로 선동했다. 이것이 대중파업을 계급투쟁의 도구로 이해하던 사회민주주의와 대비되는 점이다. Bock, 'Syndikalismus …', loc cit., pp. 28~30 참조 혁명적인 생디칼리즘 지향성은 오직 CGT(프랑스 노동총동맹)에서만 발견된다.

38. 카테르(Kater)와 프리데베르크 사이의 논쟁의 결과로 약 17,000명의 회원 중에서 8,000명

교적 선전, 프롤레타리아 맬더스주의의 관점에서 산아 제한에 관한 계몽, 그리고 반군사주의 등에 맞추어졌다.

그 시대에 노동자 운동 속에서 잠시 동안 그들과 정치적으로 가깝게 활동했지만 점차 비판적으로 변해간 것은 로베르트 미헬스(Robert Michels)였다.[39] 그도 역시 SPD의 '쁘띠 부르주아'적 성격을 비판했고 그것을 관료화의 결과로 생각했다.[40]

'부르주아적' 지도자들에 대한 불만이 점차 보편화되었다. 특히 사회주의적 '호민관'이었던 베벨과 리프크네히트가 뒤로 물러나면서 세인들로부터 잊혀졌다. 이 시기에 근대적인 대규모 조직들에서 협력과 위계의 계기로 발전한 경향들(바로 이 경향들을 비판가들은 부르주아적 인습에의 적응과 종속이라고 보았다)이 점차 뚜렷하게 나타났다.

'로자 룩셈부르크 분파'

로자 룩셈부르크는 혁명적 사회민주주의의 가장 중요한 인물 중의 한 사람이다. 사회민주주의가 취해야 할 방향을 둘러싼 투쟁에서 그녀는, 당시에는 여전히 카우츠키의 지지를 받으면서, 베른쉬타인의 개량주의와 투쟁하는 쪽을 선택했다. 그녀의 에세이 「사회개혁인가 혁명인가?」는 이 싸움에 바쳐졌다.[41]

가량이 중앙 노동조합으로 돌아갔다. 1914년 기준으로 약 6,000명이었던 잔류자들은 카테르의 생디칼리즘에 투표했다.

39. Bock, *Syndikalismus* …, loc cit., p. 35 참조

40. 그가 말한 '과두제의 철칙'은 SPD(독일사회민주당)에 초점을 맞추고 있다.

41. Rosa Lunxemburg, 'Sozialreform oder Revolution?' in ibid., *Gesammelte Werke*, vol. 1/1, Berlin,

로자 룩셈부르크의 비판은, 사회성의 새로운 형태인 사회주의가 개혁들을 통해 한 걸음 한 걸음 도달될 수 있으며 따라서 맑스의 이론은 이제 단지 역사적 관심사일 뿐이라는 관념에 초점을 맞춘다. 그녀는, 노동조합과 사회민주당의 지속적 성장이 다소간 자동적으로 사회주의에 이르게 할 것이라는 베른쉬타인의 개념[42]을 비판했다. 그녀는 이러한 생각이 사회주의와 자본주의의 혼혈 잡종을 의미한다고 생각했다.[43] 그녀는, 베른쉬타인이 경제 이론의 맥락에서 부르주아 경제주의자들의 보증만을 받을 뿐이라고 비난했다.[44] 요컨대 베른쉬타인의 시도는 고전 사회민주주의의 기회주의의 시도라는 것이다. 동일한 방식으로 그녀는, 베른쉬타인이 이론과 실천의 관계에 대한 성찰을 포기한 것을 비판했다. 이 비판은 대부분의 좌파들에 의해 공유되었다. 이 덕분에 베른쉬타인에 대한 공격 속에서, 로자 룩셈부르크는 맑스주의 중앙파에서부터 '브레멘 분파'에 이르기까지 모든 분파로부터 일정한 지지를 얻었다.

20세기 초의 파업 운동에 의해, 무엇보다도 1905년 러시아 혁명에 의해 촉발된 대중파업 논쟁에서 혁명적 프롤레타리아의 전략이라는 문제가 다시 제기되었다. 여기에서 로자 룩셈부르크는 중도적 입장을

1979, pp. 367~466. [한국어판 : 로자 룩셈부르크, 『사회개혁이냐 혁명이냐』, 김경미 · 송병헌 옮김, 책세상문고, 2002)]

42. Oskar Negt, 'Rosa Luxemburg : Zur materialistischen Dialektik von Spontaneität und Organisation', in Claudio Pozzoli (ed), *Rosa Luxemburg oder Die Bestimmung des Sozialismus* (Frankfurt : 1974), p. 191.

43. Rosa Luxemburg, 'Sozialreform …', p. 420 참조

44. loc cit., p. 438 참조

취했다. 한편에서 그녀는, 당시에 수많은 대중파업이 발생하고 있었던 관계로 대중파업이라는 투쟁 형태에 집착했지만 그럼에도 불구하고 대중파업과 총파업에 대한 무정부주의적 동일시를 비판했다. 그리고 다른 한편에서 그녀는, 독립적이고 능동적인 대중들을 폭도로 보았던, 노동조합과 당의 지도부를 비판했다. 러시아에서의 파업 운동과 그에 수반된 정치 운동 과정을 배경으로 하여 로자 룩셈부르크는, 대중파업에 관한 그녀의 에세이[45]에서 설명되고 있듯이, 이론과 실천에 대한 특유한 이해를 발전시켰다.

그녀는 파업 형태를 시위파업, 투쟁파업, 대중파업 등으로 나누었다. 그녀가 보기에 대중파업은 경제적 동기에 의해 유발되는 파업일 뿐만 아니라 무엇보다도 정치적 무기이기도 했다.[46] 그녀는 아나코-생디칼리스트들에게, 대중파업들은 이유 없이 일어나지 않는다고 대답했다.[47] 이와 더불어 그녀는 고전적인 노동조합 입장에 관해서 다룬다.[48] 대중파업은 다른 길을 갖고 있다. 그것들은 더욱 격동적이고 더욱 강렬하다.[49] 대중파업은 '노동자들의 경험과 필요의 창조적 표현 형식'을 입증한다.[50] 여기에서 추동력은 자발적이다.[51]

---

45. Rosa Luxemburg, 'Massenstreik, Partei und Gewerkschaften', in ibid., *Gesammelte Werke*, vol. 2, 1974, pp. 91~170 (Hamburg, 1906).

46. Peter Nettl, *Rosa Luxemburg* (Köln-Berlin, 1969), p. 183 참조.

47. Rosa Lunxemburg, 'Massenstreik …', loc cit., p. 130 f.

48. loc cit., p. 166 참조.

49. Peter Nettl, *Rosa Luxemburg*, loc cit., p. 188 참조.

50. Oskar Negt, 'Rosa Luxemburg …', loc cit., p. 160 참조.

51. Nettl, *Rosa Luxemburg*, loc cit., p. 188 참조.

오스카 네그트(Oskar Negt)는 프롤레타리아적 공공 영역의 장소이기도 한 대중운동[52]에 대한 로자 룩셈부르크의 생각 속에서 변증법에 대한 그녀의 이해가 발견될 수 있다고 주장한다.[53] 물론 자발성 이론의 창안자라는 평가[54]와는 달리, 룩셈부르크는 어떤 때는 추동하는 힘일 수 있고 다른 때에는 방해하는 힘일 수 있는 자발성의 양가적(兩價的) 역할을 지적한다.[55] 투쟁의 초점이 경제투쟁에서 정치투쟁으로 부단히 변화할 수 있듯이, 자발성의 성격 역시 사회관계를 의식하게 되는 과정과의 관계 속에서 고찰될 수 있다. 만약 조용한 시기에 당과 노동조합 사이의 분업이 합당하다고 하더라도[56] 혁명적 시기에 그것은 이데올로기가 된다. 왜냐하면 그러한 시기에는 경제투쟁과 정치투쟁의 통일이 실제적으로 형성되기 때문이다.[57] 그러한 시기에는 경제투쟁과 정치투쟁의 분리가 극복되며[58] 서로 융합되기 때문이다.[59] 그 결과 이

---

52. Oskar Negt, 'Rosa Luxemburg …', loc cit., pp. 171, 193 참조. 부르주아적 공공 영역의 문제에 대해서는 Jürgen Habermas, *Der Strukturwandel der Öffentlichkeit* (Neuwied-Berlin, 1969) [한국어판 : 위르겐 하버마스, 『공론장의 구조변동』, 한승완 옮김, 나남출판, 2001] 참조

53. Negt, 'Rosa Luxemburg …', loc cit., p. 160. 그녀에게 '변증법은 그 내용의 자기운동의 방법, 형식, 의식이었다.' loc cit., p. 161. — 그 자신에게 형식을 부여하는 내용이라는 형상 속에서 무엇이 변증법적인가?

54. 이것은 대부분 그녀를 반대하는 사람들의 창조물이다. 사회민주주의, 레닌주의, 스딸린주의는 이 점에서 일치한다.

55. Rosa Lunxemburg, 'Massenstreik …', loc cit., p. 132 참조

56. 로자 룩셈부르크는, 이러한 분업이 부르주아 사회의 특히 평화적인 국면에서 그 역사적 정당화를 얻는다고 강조했다. loc cit., p. 156 참조

57. loc cit., p. 162 참조

58. loc cit., p. 155 참조 이런 시기에 경제투쟁과 정치투쟁 사이의 구분은 사라진다.

59. 경제적인 것과 정치적인 것은 더 이상 분리되지 않는다. loc cit., p. 127, 128, 154. 맑스도 노동일 단축을 둘러싼 투쟁을 예로 들어, 경제투쟁과 정치투쟁 사이의 밀접한 관계에 대

출현하는 통일성은 다른 조직형식을 갖는다. 그리고 이 형식은 선포될 수 없고 기술적-주의주의적 방식으로 정의될 수도 없다.[60] 특정한 지점에서 대중파업은 민중운동으로 된다. 이 때문에 미조직 노동자들의 잠재력을 과소평가하는 것은 이 운동을 분석하는 데에 해가 된다. 비록 사회민주주의가 자연스럽게 노동계급의 조직된 중심이 되었지만 말이다.[61] 사회민주주의가 그 자체로 운동의 일부이기 때문에 그것은 물론 운동에 개입해야 하고 전술적으로 또 후원적으로 그 운동을 뒷받침하여 그것의 잠재력 전체를 펼칠 수 있도록 만들어야 한다.[62] 그러나 사회민주주의는, 대중들이 추구하고 있는 것이 무엇인가에 관한 계몽을 확산시키는 한에서만 이 일을 할 수 있다.[63] 이러한 상황에서 조직은 그러한 대중 활동의 산물이자 정수(精髓)로 나타난다.[64]

조직과 자발성의 관계를 '변증법적-민주적 과정'[65]으로 생각하려는 시도는, 정치적 권력과정을 좌우할 정도의 영향력을 갖기 위해 전통적

해 지적했다. Karl Marx, 'Letter to Friedrich Bolte', 23.11.1871, in MEW 33, p. 332 f. 참조

60. 독일 공산당의 창립대회(1918년 12월 30일에서 1919년 1월 1일)에서 노동자 운동의 경제적 조직과 정치적 조직의 통합에 대한 반대를 밝힌 로자 룩셈부르크의 연설에 대해서는 ibid., *Gesammelte Werke*, vol. 4 (Berlin, 1979), pp. 483~485 참조. 또 Bock, *Syndikalismus* ···, loc. cit., p. 44 도 참조

61. Rosa Lunxemburg, 'Massenstreik ···', loc. cit., p. 133 참조

62. loc. cit., p. 133 참조

63. 그녀는 지도에 대하여 이렇게 쓴다. '사회민주당은 가장 계몽되어 있고, 가장 계급의식적인 프롤레타리아트의 전위이다 ··· 그것은 사건들의 앞에서 그것들을 가속시키기 위해 애써야 한다. 이렇게 할 수 있으려면 사회민주주의는 프롤레타리아트의 가장 폭넓은 층으로 하여금 혁명적 시기로의 진입의 필연성과, 그 시기의 가장 중요한 사회적 계기들과 정치적 결과들을 이해할 수 있도록 만들어야 한다(loc. cit., p. 145 f.).

64. 네틀(Nettl)은 특히 이 점을 지적한다. ibid., *Rosa Luxemburg*, loc. cit., p. 188 참조

65. 좀더 자세한 논의로는 Diethard Behrens, *Elemente einer Demokratietheorie*, loc. cit., p. 53. ff. 참조

의회주의에 참가한다는 생각에 대한 다른 이해 방식을 함축한다.[66] 이러한 시도는 직접적으로 민주적 과정의 뿌리 자체에 박혀 있다. '자발성과 조직의 과정'은 '학습과 경험의 과정'으로 이해되어야만 한다. 그녀가 보기에 실제의 민주주의 속에서 이 경험의 과정은 프롤레타리아적 공공 영역을 발생시키는 것에 그치는 것이 아니다. 그것은 또한 조직을 발생시킨다. 그러므로 그것은 의식을 발생시키는 과정이기도 하다. 그것은, 계급으로서의 자기 자신을 극복할 것을 의식하고 있는, 계급 관점에 대한 이론적이고 실천적인 주장 속에서 그리고 그 주장을 통해 조직과 의식을 발생시킨다. 특유한 행동을 통해 매개된 '프롤레타리아의 자기지식'은 정치적·경제적 경험을 포함한다. 그리고 룩셈부르크가 이해했듯이 이것들은 자기조직화뿐만 아니라 새로운 조직형식들을 낳는다. 이론과 실천을 서로 매개하기 위해서는 '프롤레타리아적' 의사소통의 가능성이 필요하다. 경험을 교통하고 매개하는 것은 이러한 비판적 이해이다. 그것은 또 자기소통과 자기이해의 과정이기도 하다. 본래 분리되어 있던 사회적 현실의 차원들 — 분배 정의를 위한 경제투쟁과, 국가 지향적인 정치의 관점 — 은 단지 외관상으로만 독립적이다. 그것들의 외관상의 분리는 환상으로, 단순한 현상으로 인식될 것이다. 그리고 이것은, 그에 대해서 선험적으로는 아무것도 말해질 수 없는, 실천적이고 이론적인 과정이다. 이러한 경험이 역사적 순간에 아무리 짧게 나타날지라도 그것들은 분석과 가일층의 발전을 필요로 한

---

66. 이 초기 논의들이 갖고 있는 취약점은, 국가와 법에 의해 제기되는 문제에 관한 무지이다. 이것은 당시의 토론 참여자 거의 모두에게 해당된다.

다. 다시 그것은 하나의 이론적이고 실천적인 과정이 된다.

다양한 입장의 사회민주주의자들은 로자 룩셈부르크 주위의 써클에 속했다. 비록 이 사람들이 (여성 문제에서 제트킨이나 문화 문제에서의 메링, 그리고 청년운동과 평화운동에서의 리프크네히트처럼) 노동자운동의 다양한 부문에서 활동했지만 그들은 함께 모여 '좌파'를 형성할 수 있었다. 그리하여 '동맹'은 프란츠 메링, 클라라 제트킨, 칼 리프크네히트 같은 사람뿐만 아니라 라덱과 카르스키 같은 사람도 포함했다. 1910년에 당 지도부가, 프러시아에서 투표권을 위한 운동에 관한 룩셈부르크의 논문을 거부하자, '좌파'와 사회민주당의 분열이 돌이킬 수 없게 되었다.[67] 그러나 전쟁에 대한 반대에서 이 상이한 분파들은 한 번 더 결집했다.

급진적 지식인들

1911년 2월에 프란쯔 프펨프페르트(Frantz Pfempfert)는 베를린에서 발간되는 『행동』(*Die Aktion*) 지의 편집자가 되었다.[68] 많은 중도좌파 필자들은 이 잡지에 그들의 작품을 발표했다. 그들은 다양한 독자군을 갖고 있었다.[69] 그들이 선언한 바의 목표는 '좀더 거대한 독일 좌파'를 건설하는 것이었다.[70] 프펨프페르트의 발기(發起)는 무엇보다도 '지식인'의 조직화를 목표로 삼았다. 『행동』 지는 로자 룩셈부르크와 연대

---

67. Bock, Syndikalismus …, loc cit., p. 46 f. 참조
68. 로자 룩셈부르크도 『행동』 지에 그녀의 가장 중요한 후기 논문들을 발표했다.
69. 청년 호르크하이머(Horkheimer)도 그 독자층 가운데 한 사람이었다.
70. *Die Aktion*, 1911, No. 2 참조

하고 있었지만 이미 일찍부터 SPD로부터의 조직적 독립을 선호하고 있었다. 프뗌프페르트는, 오토 륄레와 더불어, 새로운 '생디칼리스트 노동자 당'을 선택했다.[71]

1913년 9월에 율리안 보르카르트(Julian Borchardt)는 『빛줄기』(*Lichtstrahlen*)지의 편집자가 되었다. 1914년 이후에는 그도 역시 <독립 반대파 노동자 당>[72]을 지지했고 <독일 국제 사회주의자들>(ISD)의 대오 속에서 활동했다.

카톨릭 중앙당에서 SPD로 온 하인리히 라우펜베르그(Heinrich Laufenberg)와 메링은, 노동자 운동의 역사를 쓰기 위해 함부르크로 가겠다고 주장했다. 그는 좌파적 요구를 했다는 이유로 1912년에 당에서 쫓겨났다. 그는 전쟁 기간 동안에 함부르크의 좌익 분파 속에서 커다란 역할을 수행했다. 이론적으로, 그는 다른 동료들보다는 자발성의 개념에 더 비판적이었다. 프리츠 볼프하임(Fritz Wolffheim)과 함께 그는 KPD(독일 공산당)의 좌파 대표자 중 한 사람이 되었다. 나중에 그는 KAPD(독일 공산주의 노동자당)에서 짧은 기간동안 활동했는데 그와 볼프하임 두 사람은 독일 민족 볼셰비즘의 대표자로 지목되어 추방되었다.

유명한 변호사인 칼 리프크네히트(Karl Liebknecht)는 전쟁 전에 SPD의 청년운동과 반전운동을 조직하기 위해 노력했다. 그는 윤리적-사회주의의 입장을 옹호했고 전쟁이 발발한 뒤에는 신속히 전쟁 공채 반대운동에 뛰어 들었다. USPD(독일 독립 사회민주당)와 <스파르타쿠스

---

71. Bock, *Syndikalismus* …, loc cit., p. 47 참조.
72. loc cit., p. 48 참조.

동맹>에서의 그의 작업은 그를, 로자 룩셈부르크에 버금가는, 청년 공산주의 운동의 지도자 중 한 사람으로 만들었다.

'브레멘 급진주의자들'

1914년 이전에 로자 룩셈부르크 다음으로 좌파 사회민주주의에서 중요했던 이론가는 당연히 천문학자 안톤 판네쾨크(Anton Pannekoek)였다. 그는 메링의 추천으로 1905년 이후 SPD의 당 학교에서 가르쳤다. 헤르만 고르터(Herman Gorter)와 헨리에떼 로란트-홀스트(Henriette Roland-Holst)와 더불어, 네덜란드 민주당의 급진 반대파의 이론적 요소들이 분명히 드러났다. 1907년부터 그는 사회주의 반대파 신문인 『데 트리부네』(De Tribune)를 발행했다. 1909년에 SDP가 창립되면서 그는 사회민주주의로부터 거리를 두었다.[73]

판네쾨크의 저작의 정치적 이론적 영향력은 요하네스 크니에프 (Johannes Knief)가 편집 책임을 맡고 있던 『브레머 시민 신문』(Bremer Bürgerzeitung)과 브레멘의 『노동자 정치』(Arbeiterpolitik), 그리고 브레멘과 함부르크의 좌파에까지 미쳤다. 그의 글쓰기의 초점은 대중파업이었다.

전통적 입장들에 대한 그의 반대는 그와 카우츠키의 논쟁에서 분명히 밝혀졌다.[74] 카우츠키는 조직된 대중과 조직되지 않은 대중의 이해

---

73. 네덜란드 사회민주당의 3만여 당원들 중에서 수천 명도 이와 동일한 선택을 했다. Bock, *Syndikalismus* …, loc cit., p. 49. KPN(네덜란드 공산당)은 1918년에 SDP에서 분리되어 나왔다.
74. *Die Neue Zeit*, 1912, vols. I and II 참조.

는 동일하지 않다고 주장했다. 그리고 그는 좌파들이 정치적 침해를 하고 있다고 주장했다. 이에 반대하면서 판네쾨크는 결정적인 권력은 의회 너머에 놓여 있다고 강조했다. 그리고 그는 카우츠키가 '조직에 대해서 너무 기계적인 생각'[75]을 갖고 있으며, 조직과 제도를 동일시하며, 혁명을 두려워하고 있다고 비난했다. 사실상 조직의 기반은 다양하며 더욱 자발적인 것이다. 그러므로 당은 오직 '행동을 위한 대중들의 힘'[76]의 일부로만 이해되어야 한다. 보크(Bock)는 조직 문제에 관련한 판네쾨크의 입장을 요약하면서 이렇게 쓰고 있다. '조직을 이해하기 위한 기초는 무한정한 토론의 자유를 갖고서 행동에 나선 대중들의 자발적 규율이다'.[77] 그럼에도 불구하고 당은 지도부를 자임해야만 한다. 이러한 운동이 지향하고 있는 대중파업은 오직 프롤레타리아트의 권력에 기초해서만 일어날 수 있을 것이다. 보크가 분명히 했듯이, 판네쾨크에게 조직이란 '소속의 영혼'에 의해 규정된다.[78] 맑스주의 이론은

---

75. Bock, *Syndikalismus* ⋯, loc cit., p. 52 참조
76. Ibid.
77. loc cit., p. 53. 이러한 테제는 경제가 직접적 원인으로 될만한 유효함을 갖고 있으며, 대중들로 하여금 반응하도록 만든다는 생각에 의존한다.
78. loc cit., p. 54. 이후에 독일 공산주의 노동자 당(KAPD)은 로란트-홀스트에 의해 대중화되었던 디츠겐(Dietzgen)의 저작들에 체계적으로 의존하였다. Henriette Roland-Holst, *Joseph Dietzgens Philosphie gemeinverständlich erläutert in ihrer Bedeutung für das Proletariat* (Munich, 1910) 참조 보크가 보여주듯이, 디츠겐의 노력을 계승하였던 판네쾨크는 디츠겐에 대해서 이렇게 말한다. (*Neue Zeit*, 1913, vol. II, pp. 37~47) '맑스는 세계, 사회, 경제가 민중에게 어떻게 영향을 미치는지, 그리고 그것들이 어떻게 민중에게 특정한 내용을 제공하는지를 보여줌으로써, 그것들이 갖고 있는 유효함을 보여주었다. 디츠겐은 이러한 내용에 정신 자체가 특별한 형태를 부여함으로써 갖게 되는 그것의 유효함을 보여주었다.' Bock, *Syndikalismus* ⋯, loc cit., p. 55. 이 순수한 신관념론!

주체적인 요소를 포함함으로써 완벽하게 만들어져야만 한다.[79] 판네쾨크의 입장이 생디칼리즘의 입장과 다르지만 그럼에도 불구하고 그것과 유사성을 갖는다는 것은 분명하다. 여기서 주체적 덕성은 혁명을 향한 단순한 의지로 재등장한다.

제1차 세계대전

제1차 세계대전과 시민적 평화의 정치는, 즉각적이지는 않았지만 얼마 지나지 않아서, 다양한 반대파들을 결집시켰다. 이것은 칼 리프크네히트(1914년 12월)와 오토 륄레(1915년 3월)가 전쟁 공채에 투표하기를 거부하면서 시작되었다. 1915년 말까지 벌써, 공채에 반대하는 투표를 한 독일 제국의회 대의원들이 15명이나 되었다. 그 집단은 처음에는 <사회민주주의 연구 집단>으로 조직되었다가, 이후에 USPD(독일 독립 사회민주당)으로 조직되었다. 이어 1916년에는 다수파인 SPD(사회민주당)의 권력 정치에 반대하기 위해 <스파르타쿠스 동맹>이 창립되었다.[80] <사회민주주의 연구 집단>에는 좌파들, 이전의 맑스주의

---

79. 렌크(Lenk)에 동의하면서, 보크(Bock)는 이것을 루카치와 코르쉬가 이후에 채택했던 입장에 대한 예상으로 해석한다. Kurt Lenk, *Ideologie, Kritik und Wissenssoziologie* (Neuwied, 1961), p. 37 참조

80. 독일 사회민주당 다수파는 중앙파 신문인 『전진』(*Vorwärts*)의 사무실이 군 당국에 의해 점령되도록, 그리고 편집 위원회가 해산되도록 내버려두었다. Bock, *Syndikalismus* …. loc cit., p. 59 참조 제1차 세계대전과 바이마르 공화국의 전반적인 역사에 대해서는, Karl Dietrich Bracher, Manfred Funke, Hans-Adolf Jacobsen (eds), *Die Weimarer Republik 1918~1933*

중앙파, 핫세(Hasse) 분파, 레데보우르(Ledebour), 그리고 일부의 개혁주의자들 등이 포함되어 있었다. 이 집단은 전쟁에 대한 반대로 뭉쳤다. 어떻게 조직할 것인가를 둘러싸고 USPD, 스파르타쿠스 동맹, 그리고 '브레멘' 좌파들로부터 나온 다양한 의견들이 있었다. USPD는 적절하게 탈중앙화된 요소들을 채택하여 조직되었다. 스파르타쿠스 동맹은 혁명적 인터내셔널이라는 맥락 속에서 온건한 집중주의를 표방했지만 음모적 행동은 거부했다. 탈집중적 경향들도 거부되었다. 브레멘 좌파와 함부르크 좌파[81]는 초기에 짐머발트(Zimmerwald) 운동과 협력했다가, 이후에는 USPD와 <스파르타쿠스 동맹>의 '사회민주주의'에 반대하는 입장을 선택했다. 점차적으로 그들은 자신들을, 레닌을 자신들의 대변자로 삼는 짐머발트 좌파의 일부로 이해하게 되었다.

혁명기

1917년의 혁명들은 유럽 내에서 혁명적인 경향들을 강화시켰다.[82]

(Bonn, 1987) ; Arthur Rosenberg, *Entstehung der Weimarer Republik* (Frankfurt, 1961). 이 시기 사회사에 대해서는 cf. Jügen Kocka, *Klassengesellschaft im Krieg* (Götingen, 1978) ; Hans-Joachim Bieber, *Gewerkschaften in Krieg und Revolution*, 2 vols.(Hamburg, 1981) 참조

81. 이것은 베를린에서 발간된 신문 『빛줄기』 지와 결부된 사람들도 포함하고 있었다.

82. 러시아의 발전과정에 대한 암묵적으로 변론론적인 해석임이 밝혀진 연구로는 Rainer Rotermundt, Ursula Schmiederer, and Helmut Becker-Panitz, '"Realer Sozialismus" und realer Sozialismus : Bedingungen und Chancen einer sozialistischen Entwicklung in Gesellschaften sowjetischen Typs', in Claudio Pozzoli (ed), *Jahrbuch Arbeiterbewegung*, vol. 5, loc cit., pp. 9~37. 이 저

이러한 상황에서, 경제 침체는 과거와의 단절[83]로, 하나의 새로운 시대로 보였다. 전쟁 이전의 시대는 많은 동시대인들에 의해 이미 위기의 시대로 인식되었다. 이러한 인식을 갖게 한 것은 유럽 지도자들이 입은 정치적-군사적 타격뿐만 아니라 심각한 경제 위기의 징후였다. 세계대전은 경제 후퇴를 가속시켰다. 러시아 혁명은 제1차 세계대전의 종말뿐만 아니라 전통적 권력의 종말을 알려 주는 것이었다. 그래서 혁명, 경제 위기, 그리고 정치 위기는 통일된 것으로 해석되어 그 자체로 하나의 역사적 분기점으로 인식되었다. 이러한 연구의 주체들은 사회주의 속에서 대안을 발견했고 1917년은 획기적 단절로, 하나의 새로운 시대, 즉 사회주의의 시작으로 보였다.

전쟁 말기에 일어난 파업들 이후에 공산당의 창건이 완수되었다. 공산당은 다음과 같은 세 개의 분파를 포괄했다. USPD와의 통합을 목표로 하는 분파, 로자 룩셈부르크를 포함하여 대중 지향적 전략을 따르는 분파, 노동자평의회 혹은 소비에뜨 공화국을 가장 강력하게 지지했던 브레멘, 함부르크, 그리고 베를린의 좌파들. 좌파들은 '생디칼리즘'이라고 비난되었고 이 때문에 이들은 레비(Levi)에 의해 독일 공산당

작은 러시아의 지연된 발전이라는 테제를 반복하면서, 소비에뜨가 서구를 따라잡을 필요가 있을 뿐만 아니라 소련을 '실제로 존재하는 사회주의의 대체물'로 보는 테제를 반복한다. 특히 pp. 19 f., 21, 22를 보라.

83. 새로운 시대가 시작된 것처럼 보였다. 맑스가 산업적 약탈자에 대해서 썼던 것은 더 강력한 법칙임이 입증되었다. 자본의 전반적 집중에 관련하여, 산타마리아(Santamaria)와 만빌레(Manville)는 이렇게 주장한다. '자본주의적 생산양식의 경계 내부에서 자본을 폐지한 것의 결과는 단지 형식적인 폐지에 불과했다. 맑스는 … 이러한 폐지가 강제로 부과된 것임을 보여준다. 자본의 출현을 위한 역사적 형식, 사적 소유에 기반을 둔 형식은 폐지되지만 관계 그 자체는 폐지되지 않는다 …'(Santamaria and Manville, 'Lenin …', loc cit., p. 61).

(KPD)으로부터 축출되었다. 그 후에 이들은 새로운 KAPD(독일 공산주의 노동자 당)를 조직한다.[84] 이 새로운 당은 세 분파로 나누어져 있음이 입증되었다. 국가 볼세비키주의자, 정치를 거부하는 생디칼리스트 분파, 그리고 진정한 좌익 공산주의 분파 등이 그것이다. KAPD의 절정기는 1918년부터 1924년까지의 시기이다. 그 후에 그것은 붕괴되었으며, 여러 번 해체된다. 그 구성원의 일부는 사회민주당으로 돌아갔고, 다른 일부는 작은 그룹들 속에서 계속 활동했다.

볼세비즘에 대한 비판

일찍부터, 조직에 대한 반레닌주의적 관념들의 분명한 윤곽이 드러나고 있었다. 그 후에 레닌에 대한 비판은 그의 철학에로까지 확장되었다.[85] 좌파의 정치적 사고의 초점은 '소비에뜨' 운동 또는 '평의회' 운동에 맞춰져 있었다. 이 시기 동안에 이탈리아에서도 이와 유사한 생각들을 발견할 수 있다. 볼세비즘에 대한 비판이 일반화되었던 것이다.[86]

<네덜란드의 국제 공산주의자 그룹>에 의해 작성된 '볼세비즘에

---

84. 독일 공산당(KPD)안에서 분권주의적(federalist) 원칙은 형성되지 않았다. 특히 리프크네히트의 죽음 이후에, 독일 공산당은 좌파 공산주의가 수행하는 기획의 중심점이 되었다.

85. Anton Pannekoek, 'Lenin als Philosoph', in *Rätekorrespondenz*, vol. 1, 1938 (and New York, 1948) ; reprinted in Anton Pannekoek et al., *Marxistischer Antileninismus* with an introduction by Diethard Behrens (Freiburg, 1991).

86. Gruppe Internationaler Kommunisten Hollands, 'Thesen über den Bolschewismus' (August 1934), in *Rätekorrespondenz*, no. 3. See Gottfried Mergner (ed), *Gruppe Internationaler Kommunisten* (Reinbek, 1971) and in Anton Pannekoek, Paul Mattick et al., *Marxistischer Anti-Leninismus*, loc cit., p. 19. ff.

대한 테제들'은 전쟁에 맞선 레닌의 투쟁을, 그리고 그가 러시아 혁명을 결정적으로 이끈 것을 칭송하는 것에서 시작한다. 러시아 혁명의 전제 조건들에 관한 토론과 관련하여 이 '테제들'은, 자신의 해석을 다음과 같은 논리 위에 기초 지운다. '러시아 역사는 두 개의 대립하는 경향들에 의해 결정되어 왔다. 러시아는 지정학적으로는 유럽과 아시아 사이에 위치하고 있고 정치경제적으로는 봉건제[87]와 자본제[88] 사이에 붙들려 있다'. 물론 러시아적 상황의 특유성은 도식적으로 서구적 구조들을 러시아로 옮겨 놓는 식의 이 같은 기계적 해석으로는 파악될 수 없는 것이다.

그런 이유 때문에, 그 테제들의 세부사항들이 부분적으로는 올바른 사실들에 기반하고 있지만, 다음과 같은 테제들은 문제적이기도 하다. 가령 19세기 말의 러시아는 유산계급들 사이의 균형에 기반하고 있었고 또 산업화라는 과제에 직면해 있었던 것으로 간주된다. 이 때문에 부르주아 혁명의 특정한 형태가 예정되어 있었다는 것이다. 그 '테제들'은 이러한 상황이 어느 정도는 혁명전의 프랑스 상황과 비교될 수 있다고 주장했다. 테제들은 러시아 상황의 결정적 차이를 특히 다음과 같은 사실에서, 즉 계급들이 자신들의 이해관계 속에서 양가적(兩價的)이었다는 사실에서 찾는다. 한편에서 그들은 당연히 자신을 짜리즘의

---

87. 러시아 봉건제는 일반적으로 서구에서 봉건제의 지배와 유사한 지배형태로 생각되어 왔다. 그러나 이러한 유비는 뻬뜨리네 개혁 이후 러시아 관료적 귀족제의 특수한 구조를 무시한다.
88. 자본주의적인 농업을 발전시키기 위한 단지 얼마 되지 않는 기도(企圖)가 있었다. 그렇지만 이 기도들은 러시아 농촌 공동체의 파괴를 가져왔을 뿐이며 그 결과로서 커다란 비참함을 초래했다. loc cit., p. 20. f. 참조

적대자로 느꼈지만 다른 한편에서 그들은 짜리즘과 협력했다. 1917년 이전에 러시아 귀족은 절대주의 국가에 자신의 영향력을 확대하려 시도했던 반면 부르주아지는 연약했고 짜리즘에 의존적이었으며 궁극적으로는 '개혁적 짜리즘'의 프로그램에 서명했다. 러시아 농민들은 쁘띠 부르주아였으며 다른 사회 집단들과의 연합에 의존하고 있었다. 이후에, 즉 1917년에 있었던 투쟁 국면에, 농민은 반혁명적으로 되었다고 주장된다. 그럼에도 불구하고 농민은 대토지소유자들에 대립하는 그들 자신의 이익을 표현함으로서 혁명의 승리를 보장해 주었다고 이해된다. 다른 한편에서 러시아 프롤레타리아트는, 비록 수적으로는 적었지만, 싸울 만반의 준비를 갖출 정도로 발전했다고 말해진다. 끝으로 쁘띠 부르주아 인텔리겐챠, 즉 자코뱅들이 혁명에 '각인'을 찍었다.[89] 러시아 혁명은 이처럼 짜리즘, 봉건주의, 농민과 프롤레타리아트에 대립하는 부르주아지로 구성된 계급-삼각형 내부에서 발생했던 것으로 가정된다. 그리고 농민들은 너무나 의존적이고 노동자들은 너무나 소수여서 볼셰비즘이 대용품으로 등장했던 것으로 간주되는 것이다.[90]

볼셰비즘은 '혁명적 부르주아 정치의 핵심적 경향들'에다가 '계급들의 운동 법칙에 대한 통찰'이라는 맑스주의적 통찰을 더해 갖고 있는 것으로 간주된다. 볼셰비즘은 혁명적 사회민주주의로, '대중들과 연합한 자코뱅'(레닌)으로 간주된다. 요컨대 그것은 프랑스 혁명의 혁명적 쁘띠 부르주아지와 비교될 수 있다. 이 점은 볼셰비즘의 정치와 조직

---

89. loc cit., p. 24.
90. loc cit., p. 25.

속에서 가장 분명하게 나타나는 것으로 이해된다. 이론적으로 레닌의 이론은, '철학적 관념론으로 미끄러지는 것'을 막지 못하는 부르주아 유물론에 연결되어 있는 것으로 간주된다. 볼셰비키 정치학이 러시아 절대주의에 대항하는 것을 목표로 삼는 한에서, 그것은 정당화되는 것으로 간주된다. 짜리즘에 대항하는 연합을 맺었던 집단들 사이에서 볼셰비키 정치는 도구적이었다. 이 도구주의는 또 맑스주의와 관련되는 이론적 측면을 갖고 있음이 강조된다.[91] 이 지점에서 '테제들'에서 전개된 비판이 스딸린주의에 대한 비판이라는 관점에서 발전되었다는 것이 분명해진다. '인민 혁명'에 대한 강조는, 러시아 혁명이 부르주아 혁명임을, 즉 대중이 부르주아지의 지도하에 놓이는 혁명임을 드러내는 것으로 간주된다.

이에 반해 노동자평의회에 관한 슬로건은 단지 전술적인 것으로 간주된다. 평의회 모델[92]은, 볼셰비키들이 사회혁명당에 대항하는 자신들의 투쟁을 수행할 다른 수단들을 발견했을 때 사실상 포기되었다.[93] 평의회 모델은 크론슈타트에서 끝났다. 그때 이후로 노동자평의회 민주주의라는 생각은 노동자 반대파에 의해서만 표현되었는데 그것은 이 반대파에 대한 박해를 가져왔을 뿐이다.

1917년 사건이 처음에는 부르주아 혁명으로 그 다음에는 프롤레타리아 혁명으로 단계적으로 발전해 나간 것으로 보는 통상의 구분법과

---

91. loc cit., p. 29. f.
92. 러시아의 평의회 운동에 대해서는 Oskar Anweiler, *Rätebewegung in Russland* (Leiden, 1958) 참조
93. loc cit., p. 31.

는 달리, '테제들'은 혁명의 전 시기가 근본적이고 단일한 사회 재구조화의 과정으로, 즉 짜리즘의 붕괴에서 시작하였으며 하나의 부르주아 혁명 과정으로 설명될 수 있는 하나의 과정으로 간주되어야만 한다고 주장한다. '짜리즘-봉건귀족-부르주아지'로 구성된 낡은 권력 삼각형은 '볼셰비즘-농민-노동계급'으로 구성된 새로운 권력 삼각형에 의해 해체되었다.[94]

혁명은 블랑끼주의적인 것으로 간주된다. 그리고 그것은 '자코뱅적 음모 정치'의 요소들, 부르주아 혁명의 요소들을 부르주아지에 대항하는 것으로 바꾸어 놓는다. 혁명이 끝난 후에 부르주아적 요소는 산업 정치에 집중한다. 하지만 그것의 당면 문제는 사회화가 아니라 '자본주의적 생산을 노동자들에 의해 통제하는 것'[95]이었다. 즉 사회주의가 아니라 국가 경제였다. 그래서 볼셰비즘은 무엇보다도 '자코뱅 인텔리겐차의 독재적 지도'로, 그 자체가 부르주아 혁명의 근대적 형식으로 간주되었다. 이 점에서, 볼셰비즘은 프롤레타리아 투쟁에 대한 가장 큰 장애물로 간주되었다.

평의회 공산주의자들이 갖고 있는 것과 유사한 분석적 계기들은 루카치에게서, 특히 코르쉬에게서 찾아볼 수 있다. 루카치[96]가 『역사와 계급

---

94. 44번째 테제 : ' … 짜리즘의 국가 장치가 두 개의 유산계급에 대해 자율적으로 지배할 수 있었듯이, 새로운 볼셰비키의 국가 장치도 역시 그것이 기반하고 있었던 두 개의 계급들로부터 자율성을 획득할 수 있었다(앞의 책, p. 33.).

95. loc cit., p. 34.

96. 여기서 문제가 되는 루카치는 정치적 루카치이다. 사회이론가이자 철학자로서 루카치가 갖는 중요성은 정치적 루카치와는 비교할 수 없을 만큼 크다. 그의 이론적 작업은 사회, 물화, 물신주의 그리고 지식 등에 집중된다. 이러한 쟁점들은 다른 곳에서 다루어져 한다.

의식』[97]을 주체 지향적 요소에서 시작하여 레닌주의의 수용으로 끝맺는 반면,[98] 코르쉬의 레닌 비판은 그가 KPD와 단절한 후에는 더욱 근본적으로 된다.[99] 코르쉬의 비판의 초점은 인식론의 문제와 실천 개념으로 구성된다. 이 점에서 그가 좌파 공산주의자들에게 더욱 가까이 있다는 것은 분명하다.

좌파 정치의 딜레마

1920년대에 좌파 정치가 직면한 딜레마는 다음과 같이 서술될 수 있다.

1. KPD의 일반적 정치(학)는 러시아적 관계들 및 러시아적 정치(학)의 수용에 의해 설명될 수 있다. 여러 다른 분파들이 관련되어 있기 때문에 이 정치(학)는 때때로 성공적이지 못했다. 당의 볼셰비키화가 특수한 역사적 상황에서 무엇을 의미하는가에 관한 질문은 열린 채 남아 있었으나 그것은 결국 완수되었다. 레닌에 대한 좌익적 반대의 방식으로 이루어진 반대파 운동은, 나중에 레닌-동맹을 결성한 피셔(Fisher)와 마슬로프(Maslow)의 경우처럼, 이 틀을 넘어서지 못했다.

2. 파시스트 운동과 파시스트 당을 바라봄에 있어서, 공산당 반대파

---

97. Georg Lukács, *Geshichte und Klassenbewusstsein* (Berlin, 1923).

98. 여기서 루카치는, 독일공산당(KP) 속에서 여전히 말해질 수 있는 것이 무엇인가, 즉 당 언론의 한계에 대해 관심을 갖는다. 이것이 그로 하여금 많은 노선변화, 자기비판 그리고 철회를 하도록 만들었다.

99. Karl Korsch, 'Lenins Philosophy', in *Living Marxism*, Nov. 1938, p. 138~144. Karl Korsch, *Die materialistische Geschichtsauffassung und andere Schriften*, edited by Erich Gerlach (Frankfurt, 1971). 코르쉬의 비판은 카우츠키에 대해 말하고 있지만, 실제로는 레닌을 겨냥한 것이었다.

의 정치(학)는 SPD 및 노동조합들과의 긴밀한 협력을 지향했다. '보나빠르뜨주의 테제'[100]로 알려진 탈하이머(Thalheimer)의 분석은 당시의 사회적 상황을 파시즘 운동의 배경으로 연구했다. 이러한 시도들은 대개 당의 중앙조직들에 의해 무력화되었다. 이러한 정치(학)의 단점은 명백하다. 그것은 단기적 협력과 정보 교환을 지향했지만 대개는 당과 노동조합 내에서 사회민주주의 정치(학)의 업무를 받아들이지 않으면 안 되었다. 그리고 그것은 사회적 갈등과 밀접한 실리주의적 관계를 맺었다.

3. 생디칼리스트적 지향은 노동조합 안팎에서 일정한 영향을 미쳤다. 그것의 연방주의적 프로그램은 부분적으로 많은 공산당들의 좌파에게 받아들여졌다. 이와 유사하게, 좌파 공산주의의 정치(학)는 주기적으로 일정한 영향을 미쳤다. 노동자평의회를 지향한 그리고 노동계급에게 집중한 민주적이고 연방주의적인 집단으로서 좌파 공산주의는 (부분적으로는 레닌 비판을 통해) 당일치기 정치(학)를 넘어서는 다양한 관점들을 정식화했다. 그렇지만 '순수 프롤레타리아트'에 대한 요구는, 그 자체에 예언적 가치가 없었던 것은 아니지만, 자발성 이론의 전제들뿐만 아니라 혁명은 언제나 가능하다는, 즉 혁명은 단지 행위 주체의 의지에 달려 있을 뿐이라는 (생디칼리즘과 사회적 아나키즘에서 채용한) 통찰과도 모순되었다. 혁명에 대한 그것의 전망이 명확한 만큼, 혁명에 대한 그것의 개념은 불명확했다. 그렇지만 이론적 관점에서

---

100. Nils Kadritzke, *Faschismus und Krise. Zum Verhältnis von Politik und Ökonomie im Nationalsozialismus* (Frankfurt/New York, 1976) 참조.

는, 혁명에 대한 다른 개념을 정립하며 경험에 대한 새로운 개념 규정
으로 연결되는 시도들을 낳았던 질문들이 제기되었다.

전쟁 이후

　　민족 사회주의적 및 스딸린주의적 정치(학)의 결과로 전쟁 이후에
모든 공산주의 그룹들은 다시 한번 그들 자신이 주변화된 것을 발견했
다. 비록 여러 그룹들이 지역적으로 중요한 위치를 개척해 낼 수 있었
음에도 불구하고 이 점은 사실이었다.[101] 독일의 좌파 공산주의는 미국
으로 이민을 간 것으로 보인다.[102]

　　그렇지만 여러 명의 초기 추종자들은 여러 대학 도시들에 틀어박혔
고 1956~60년에 베를린, 프랑크푸르트, 기센, 괴팅겐, 스투트가르트
등지에서 독립 조직을 꾸린 SDS(독일 사회주의 학생 연맹)에 일정한
영향을 미쳤다. 비록 반대파로서는 다소간 소박하게 절합되었다고 할
수 있지만, 1968년과 연결된 투쟁의 결과로, 그리고 정치적 토론에 대
한 마오주의적 재교리화와 소비예뜨적 재교리화의 결과로서 평의회
운동의 이념이 다시 출현한 것은 놀라운 일이 아니다. 이 재출현하는
토론의 과정에서 고전적 아나키즘은 주변화되었다. 왜냐하면 그것의
부르주아적-개인주의적 형식이 다시 한번 드러났고 그 결과 그것이 자

---

101. 다른 그룹들 중에서도 브레멘에 있는 KPO 그룹이 그러했다.
102. 파울 마틱(Paul Mattick)의 저작이나 그에 대해서 쓴 저작들을 참조하라.

유주의의 분파로서 이해되었기 때문이다. 그렇지만 평의회 공산주의의 '고유한 역사', 평의회 공산주의 전통에 대한 연구는 전적으로 불충분했다. 극소수의 사람들만이 이 일에 적임이었던 것이다.[103]

소련의 붕괴는 어느 정도는 새로운 논쟁과 새로운 정치(학)를 위한 가능성을 열어 주었다. 레닌의 정치(학)를 둘러쌌던 후광이 걷혔다. 소비예뜨 정치(학)의 취약한 기반이 명백하게 드러났다. 우리가 레닌의 정치(학)가 혁명에 대한 부르주아적 관념을 따르고 있다는 발견에 동조한다 할지라도, 우리의 기억에는 가능성들을 열어 놓은 배치들이 남아 있다. 그 중 많은 것이, 다수의 내외적 이유로 인하여 실현되지 못했지만 말이다. 그 중 두 가지가 즉각적으로 마음에 떠오른다. 국제주의, 그리고 경제적인 것에 대한 생각이 그것이다.

특수한 국제적 배치가 러시아 혁명을 가능하게 만들었다. 그러나 그것이 가능했던 것은 단지, 그것이 자기 자신을 전쟁에 맞서는 운동이자 동시에 국제적인 운동으로 생각했기 때문이다. 프롤레타리아트 국제주의에 대한 요구, 조심스럽게 정식화해 볼 때 제1인터내셔널의 저작들에서 이미 발견되는 이 요구는 보편적인 것으로 되었다. 그러나 1917년 이후의 정치에서 국제주의는 실제적으로 추구되지 않았다. 이 때문에 노동자 운동을 국제화하는 것은 여전히 근본적인 과제이다.

레닌의 경제에 대한 이해가 지금까지 광범하게 논의되어 왔다. 그러나 자본주의 경제에 대한 근본적인 이해와 근본적인 비판이 레닌에게

---

103. 보르디가(Bordiga)의 영향력은, 비록 전반적으로 어떤 비판적 평가도 없었지만, 독일의 토론 과정에서 처음으로 인식되었다.

서는 발견될 수 없다.

만일 경제적 형식에 대한 이해가 독단적 술어로 주어질 수 없다면, 우리는 '자본주의 경제란 실제로 무엇인가'라는 질문에 틀림없이 직면할 것이다. 무엇이 경제를 '자본주의적인 것으로' 만드는가? 이 질문은 어떻게 그것을 극복할 것인가라는 좀더 나간 질문으로 이끈다. 이 점을 고려하면, 정치적인 것과 사회적인 것 사이의 관계를 문제시할 필요가 있다. 그리고 또 그것들이 어떻게 경제적인 영역에서 서로 결합되는지에 대해 설명할 필요가 있다. 이러한 개념화는 외부로부터 만들어 질 수는 없다. 즉, 사람들이 사물들을 이해하고 자신들의 이해를 통해 그것들을 비판하기 위해서는 사물들 안에 서 있어야 한다. 그러므로 우리가 경험에 대한 로자 룩셈부르크의 개념과 그것에 대한 추가적 설명을 다시 상기하고 그것을 비판적 사유와 반성을 위한 테마로 다시 적용하고 또 갱신하는 것은 매우 가치있는 일일 것이다.

4장 레닌은 맑스주의자였는가?

맑스-레닌주의의 인민주의적 뿌리

사이먼 클락

인민주의와 러시아 맑스주의의 기원

레닌의 이름은 '맑스-레닌주의' 이론의 공동 창설자로서 맑스의 이름과 짝을 이루어 왔다. 하지만, 혁명이론의 역할에 대한 강조에도 불구하고, 맑스주의의 발전에 대한 레닌의 독창적인 이론적 기여는 아주 제한적이었다. 그의 재능은 체르니쉐프스키의 인민주의적 전통에 속해 있는 결연한 혁명가, 탁월한 선전선동가이자 정치적 조직가라는 데 있었다. '맑스-레닌주의'에 대한 그의 기여는 플레하노프의 '변증법적 유물론'에 입각하여, 혁명적 인민주의의 정치적 조직적 원리를 맑스주의로 통합하는 그런 방식으로 맑스주의의 정설을 수정했다는 데 있었다. 플레하노프의 특이한 맑스주의 해석은 레닌의 항상적 안내자였고 그의 영감(靈感)의 원천이었다. 이 논문에서 내가 논증하고 싶은 것은 레닌이 결코 러시아 인민주의의 이론적, 정치적 전통과 단절하지 않았으며, 맑스주의를 인민주의라는 매우 다른 이론적 틀거리와 동화시킴으로써 플레하노프의 기획을 완성시켰다는 것이다.

맑스-레닌주의의 정설에 따르자면, 인민주의와 맑스-레닌주의는 두 가지 근본적으로 대립적인 정치적 이론적 전통을 구성한다. 하지만 이것은 완벽하게 잘못된 규정인데, 왜냐하면 러시아 맑스주의는 직접적으로 인민주의로부터 출현했으며, 따라서 맑스-레닌주의의 특이성은 직접적으로 러시아 인민주의의 이론적 전통으로 거슬러 올라가야 규명될 수 있는 것이기 때문이다.

러시아에서 맑스주의는 인민주의 운동에 대항해서가 아니라 그 내부에서 발생했다. 초기 인민주의자들은 낭만적인 자본주의 비판가들이었으며, 헤겔적인 역사철학, 특히 헤겔의 부정 및 초월 과정으로서의 역사 변증법을 혁명적으로 해석하는 청년 헤겔주의에 크게 의존했다. 비록 낭만적인 자본주의 비판가들이었다고 할지라도, 초기 인민주의자들은 종교의 폭정 및 전제정치와 결합되어 있었던 관념론에 대한 격렬한 반대자였다. 그래서 그들은 자유, 평등, 공동체의 가치들이 어떤 정신적인 세계로부터 도출되는 것이 아니라 기존의 농민 생활을 이루는 제도들, 무엇보다도 농촌 코뮨에 내재되어 있다는 관점에 의거하여, 헤겔적 변증법에 관한 유물론적 해석을 발전시켰다. 또한 유물론적 역사 해석은 1860년대에 다윈의 진화론을 통해 보완되었다. 가장 영향력 있는 철학자는 루드비히 포이에르바하였는데, 그의 자연주의적 유물론은 벨린스키와 체르니쉐프스키 모두를 직접적으로 감화시켰다. 그럼에도 불구하고 그들은 여타의 인민주의자들과 마찬가지로, 자신들의 유물론을 낭만적 유토피아론과 결합시켰다.

인민주의자들이 직면했던 이론적인 문제는 자신들만의 유토피아적 전망을 농민층의 보다 세속적인 열망과 결부시키는 데 있었다. 농민층의 생활 조건은 그러한 전망의 현실화에 물적 토대를 제공해 준다고 가정할 수 있었지만 그들의 무지와 제한적인 문화적 지평이 사회주의적 전망을 그들 자신의 것으로 만들어내는 것을 방해하고 있었다. 그러므로, 그런 물적 토대가 농민층의 열망을 이루고 있었을 수는 있지만, 새로운 사회에 관한 가치와 사상은 지식인층의 것이었다. 이런 문제는 인민주의 운동 내부에 주요한 분열을 가져오는 기초를 제공하였다. 그 분열은, 사회주의적 가치가 주민 대중의 생활 조건에 내재해 있다고 믿었으며 따라서 선동을 일차적으로 강조하는 사람들과, 사회주의적 가치의 영역은 지식인의 전문적인 영역이며 따라서 교육을 일차적으로 강조하는 사람들 사이에 존재했다.

인민주의 내부의 분열은 이데올로기적이고 정치적인 단일한 문제에 대하여, 즉 작은 규모의 소수파 지식인층에 의해서만 신봉되고 있었던 사회주의적 가치를 정당화하고 현실화시키는 문제에 대하여 상이한 해법을 표현했던 것임을 반드시 강조해야 한다. 였다. 이런 의미에서 그들은 맑스가 '유토피아적 사회주의'로 규정했던 것의 두 가지 변종이었다. 인민주의는 그러한 가치들을 현실화시킬 수 있는 정치 운동에 인민적 토대를 제공하기 위해 농민층의 물질적 요구들에 주목했다. 이런 의미에서는 인민주의는 '유물론' 철학에 전념했던 것이지만, 인민주의자들이 현실화시키려 했던 것은 농민층의 열망이 아니라 지식인 자신들의 가치였기 때문에, 그 '물질적 요구들' 자체는 지식인층에 의해 이데올로기적으로 정의되었고, 이런 의미에서는 인민주의가 반대했던 바로 그 관념론적인 철학에 전념한 셈이었다.

1870년대의 분열은, 특히 바꾸닌에 의해 고무된 무정부주의자들과, 특히 라브로프와 미하일노프스키에 의해 고무된 '주관적 사회학자들'을 결별시켰다. 하지만, 두 분파 모두 농민층을 대상으로 선전선동을 수행하기 위해 농촌마을로 내려갔던 만큼, 그것은 인민주의 운동 내부의 주로 전술적인, 심지어 수사학적인 분열에 불과했다. 1890~1891년의 기근의 결과로 농민층에서 인민주의적 신념이 붕괴하자 이 분열이 보다 커다란 중요성을 갖게 되었고, 사회민주주의자들은 한편으론 '합법적 맑스주의자들', 다른 한편으론 무정부주의자들 및 '경제주의자들'과 결별하게 되었다.

맑스주의는 인민주의 발전의 초기 단계부터 러시아에서 영향력을 획득했다. 왜냐하면 맑스가 근대 자본주의에 관한 가장 강력한 비판과 자본주의의 발전에 저항하기 위한 가장 강력한 논증을 제공했기 때문이다. 그러나 맑스주의의 가장 커다란 중요성은 그것이 낭만적 인민주의와 근대 사회주의 사이에 이데올로기적 다리를 놓아주면서, 인민주의의 오류를 설명해줄 뿐만 아니라 새로운 앞길을 가리킬 수 있는 과학적 이론을 제공했다는 데 있었다. 맑스의 '정치경제학'은 시장의 결여가 러시아 자본주의의 발전을 불가능하게 만든다고 하는 인민주의적 신념에 반대하여, 자본주의 전개의 가능성을 확증하였고, 또한 자본주의의 한계를 드러내면서 그것을 전복시킬 사회 세력이 프롤레타리아트임을 밝혀냈다. 하지만 1890년대의 맑스주의자들은, 1870년대의 인민주의자들이 농민들의 조건에 관심을 기울였던 것과 달리, 프롤레타리아트의 조건에 별로 관심을 기울이지 않았다. 농민층으로부터 프롤레타리아트로의 선회는 프롤레타리아트가 겪는 고통이 농민층보다 심했기 때문에 발생한 것이 아니었으며, 프롤레타리아트가 다수 인구를 구성했기 때문도 아니었고, 오히려 프롤레타리아트를 오랜 인민주의적 희망의 새로운 매개체, 사회주의적 가치들의 현실화를 위한 '물적 토대'와 동일시했기 때문이었다. 이런 의미에서, 러시아 맑스주의는 경제적, 사회적, 정치적 상황의 변화에 대응하는 과정에서, 직접적으로 러시아 인민주의로부터 발전했던 것이다.

플레하노프의 맑스주의는, 플레하노프가 자신의 혁명적 희망의 기초로서 농민층으로부터 프롤레타리아트로 선회함에 따라, 1880년대 러시아 인민주의 내부의 논쟁들에 기초하여 발전했다. 역사유물론의 법칙은, 인민주의자들의 즉각적 희망을 파괴하고 있었던, 자본주의의 발전이 궁극적으로 그들의 희망을 현실화시킬 것임을, 그리하여 혁명운동이 자본주의의 발전을 사회주의로 가는 도정의 필연적인 단계로 받아들이도록 보증해 주었다. 하지만 이것은 혁명가들이 뒤로 물러앉아 불가피하게 일어날 혁명을 기다려야 한다는 의미는 아니었다. 플레하노프의 맑스주의는 역사 발전의 속도를 결정하는 데 있어서 사상과 정치적 조직화가 수행하는 능동적인 역할을 강조했다. 그렇지만 다른 한편에서, 역사적 과정이 성숙할 때까지 사회주의를 성취하는 것은 불가능했다. 그러므로 플레하노프는 '주관적 사회학자들'의 주의주의(主意主義)에 격렬하게 반대했다. 혁명운동을 향해 열려있는 행동의 자유는 역사 법칙의 결정력을 초월하는 주체의 능력에 의해 규정되는 것이 아니었으며, 오히려 그런 법칙을 인식할 수 있도록 하는, 그래서 역사 발전의 속도를 촉진(또는 지체)시키는 혁명운동의 능력에 의해 규정되는 것이었다— 이것이 과학적 사회주의와 유토피아적 사회주의의 차이점이었다. 엥겔스의 헤겔 해석을 뒤쫓아서, 플레하노프는 자유를 필연성에 관한 인식으로, 따라서 지금껏 이해할 수 없는 힘으로 작동해 왔던 자연과 역사의 법칙을 통제할 수 있는 능력으로 정의했다. 이런 관념이 플레하노프의 경직된 결정론적 유물론과 정력적인 정치적 행동주의의 핵심에 놓여 있었다. 플레하노프는 그런 관념을 표현하기 위해 발전시킨 철학을 '변증법적 유물론'이라고 불렀는데, 그것은 '기계적 유물론'에 함축된 운명론과 '주관적 사회학'에 함축된 주의주의 모두에 반대하는 것이었다.

플레하노프의 역사철학 : 변증법적 유물론의 인민주의적 기초

그 용어는 플레하노프가 창안했지만, '변증법적 유물론' 철학에 관한 통설은 종종 그 책임을 엥겔스에게 뒤집어씌운다.[1] 하지만 플레하노프가 '변증법적 유물론'에 부여한 특성은 의미심장하게도 엥겔스가 '유물변증법'에 부여한 특성과 다르고, 맑스 자신의 부르주아 철학 비판과도 다르다. 그 차이는 아주 근본적인데, 왜냐하면 플레하노프의 '변증법적 유물

---

1. 플레하노프는 『신시대』에 발표한 1891년 논문에서 '변증법적 유물론'이라는 용어를 사용했다. 레닌은 그 용어를 1894년 『'인민의 벗'이란 무엇인가』에서 채택했다. '유물론적 역사관'이란 표현은 맑스의 『정치경제학 비판』에 대한 엥겔스의 1859년 서평에서 유래하는 것이지만, '역사유물론'이란 용어는 엥겔스가 『유토피아적 사회주의와 과학적 사회주의』의 영역판에 부친 1892년 서문에서만 사용되었다.

론'은 인민주의적 포이에르바하 추종자들의 철학적 유물론, 맑스와 엥겔스가 매우 통렬한 비판을 가했던 바로 그 철학에 다름 아니기 때문이다.[2]

플레하노프는 '인간의 신념은 환경에 의해 결정된다.'는 관점과 '환경은 신념에 의해 결정된다.'는 관점 사이의 모순을 예로 들면서, 18세기 유물론이 유물론적 원리를 일관되게 지지하지 못한다고 비판했다(Plekhanov, 1956, p. 21). 그 때문에 18세기 유물론이 신념과 환경, 관습과 정치질서가 상호작용하는 힘이라는 관점으로 퇴보하여, "기존의 사람들의 관습과 그 정치질서 모두를 생산해냈던, 그럼으로써 상호작용의 가능성 바로 그것까지도 창출해냈던 역사적 요소"(ibid., p. 24)를 이해하지 못했다는 것이다.

왕정복고 시대의 프랑스 역사가들은 그런 이원론을 뛰어넘어, 관습과 정치질서 모두를 인간의 시민으로서의 조건 속에, 특정한 계급 이해를 결정하는 특정한 소유관계 속에 위치 지우는 방향으로 나아갔다. 하지만 그것은 그 양자의 모순을 해결하지 못했는데, 왜냐하면 소유관계는 본질적으로 법적이고 정치적인 관계라고 생각되었기 때문이었다. 소유관계의 역사적 발전은 감정의 유아기로부터 정념의 청년기를 거쳐 이성의 성인기에 이르는, 인류의 정신적 발전에 입각하여 설명되고 있었던 것이다.

유토피아적 사회주의들, 특히 생시몽은 소유의 발전을 생산의 발전에

---

2. 플레하노프 철학의 인민주의적 뿌리와 엥겔스 사이에는 일정한 연관성이 존재한다. 청년기의 엥겔스는 제1세대 러시아 인민주의자들에게 철학적 감화를 불러일으켰던 청년 헤겔 집단의 구성원이자 포이에르바하의 추종자였기 때문이다. 실제로, 헤겔에 대한 포이에르바하적 비판을 발전시켰던 엥겔스 자신의 청년기 논문들 중의 하나는 1840년대의 러시아에 상당한 충격을 주었다.

연관시키는 가운데서, 그 수수께끼의 해결책을 어렴풋이 알고 있었다. 하지만 생산의 발전은 궁극적으로 인간의 지적인 발전의 부가적 표현으로 간주되었다. 이는 과학적이고 기술적인 지식의 발전을 표현하는 것이었지만 다른 한편에서는 왕정복고 시대의 역사가들이 인간 본성의 역사적 발전과 유아기에서 청년기를 거쳐 성인기로 나아가는 개인의 발전을 동일시했던 것을 반복하는 셈이었다.

유물론적 역사개념에 관한 이러한 상이한 정식화들은 모두 마지막 장애물을 넘지 못하고 역사 발전을 인간 본성에 새겨진 도덕적이고 지적인 발전으로 환원시켰다. 그 결과는 역사를 만들어 나감에 있어서 인간적 주체성의 역할에 대한 심각한 동요였다. 그들은 극단적 운명론과 극단적 주의주의 사이에서 동요했다. 한편에서 도덕적이고 지적인 발전이 자연 법칙의 결정에 종속되어 있다고 하는 믿음은 운명론을 야기했다. 다른 한편으로, 자연 법칙에 관한 지식은 역사 법칙이나 제도적 제약을 전혀 유념하지 않고, 인간의 본성에 따라 인간의 제도를 개혁하려는 유토피아적인 계획표에 기초를 마련해 주었다. '해야만 하는 것'에 대한 유토피아적 몰입은 따라서 존재하는 것에 대한 근원적인 무시와 결합되었다. 특히, 현존하는 정치제도와 정치적 갈등은 유토피아적인 계획표의 실현과 무관할 뿐만 아니라 그에 부적절한, 단지 도덕적이고 지적인 발전의 뒤떨어진 단계를 표현하는데 불과한 것으로 생각되었다. 그것은 물질적, 정치적 이해관계의 동원이 아니라, 관념의 실현에 달려있는 것이었다. 그리하여 결국 유물론은 무기력한 운명론에 빠지지 않는 대신, 관념론으로 되돌아간다.

플레하노프에게 있어서 헤겔의 중요성은 변증법의 관점을 채택하여

'형이상학적' 유물론의 핵심에 있는 모순을 극복한 인물이 바로 그였다는 데 있었다. "변증법은 현상들을 정확히 그것들의 발전 속에서, 따라서 그것들의 상호연관성 속에서 연구한다"(ibid., p. 92). 역사 과정에 관한 변증법적 연구는 "현실적인 사실의 실재적인 진행에 대한 주의깊은 태도를 전제"로 하기에 변증가들은 "추상적인 원리로부터 나오는 추상적인 결론에 만족하지 못한다"(ibid., p. 101 또한 pp. 108~9 참조). 헤겔 변증법의 중요성은, 모든 것은 자신에게 알맞은 공간과 알맞은 시간 속에서 유용하다는 것, 그렇지 않다면 유해해진다는 것을 보여주면서, 모든 장소와 모든 시간에 이상적인 타당성을 제공하는 온갖 유토피아를 쫓아 버린다는 데 있다. 마찬가지로 헤겔은 불변하는 인간 본성이란 관념을 폐기하여 유토피아론의 기초를 파괴했다. 헤겔은 분명히 보편적인 역사 원리, 이성의 원리를 존속시켰다. 하지만 그것은 결코 계몽 사상가들이 말하는 인간의 이성이 아니라, 오히려 객관적인 이성이었으며, 철학자는 단지 그 발현에 관한 과학적인 연구를 통해서 그것을 사후적으로 인식할 수 있을 뿐이었다. 헤겔에게 있어서 "이성은 … 법칙에의 순응이라는 의미에서 역사를 지배한다"(ibid., p. 126). 이것은 지적 발전에 대해 형이상학자들과는 근본적으로 상이한 개념화로 나아갔다. 형이상학자들은 제각각 자신들이 진리를 달성했으며 이에 반해 모든 다른 사유체계들은 단지 오류일 뿐이라고 믿었다. [이와는 달리 헤겔에게서 ─ 역자] 지적 발전이란 변화하는 역사적 필요들에 적응하는 과정에서, 인간의 제도 못지않게 역사 법칙의 지배를 받는다. 그러므로 "철학은 그 고유의 시대의 지적인 표현이다 … 모든 철학은 그 고유의 시대에 대해서만 타당하며, 그 밖의 다른 시대에 대해서는 타당하지 않다"(ibid., p. 127).

헤겔주의적 변증법은 의심할 바 없이 관념론이다. 그러나 보다 중요하게 그것은 일원론으로서, 유물론의 기존 형태들이 항상 의식과 주관성의 역할을 재발견하고자 하면서 빠져들었던 이원론을 비켜간다. 헤겔뿐만 아니라 라이프니츠와 스피노자를 포함하는 일관된 관념론에 있어서, 인간과 자연 세계는 보편적으로 인간의 의식 및 의지와 독립적으로 작동하는 결정 법칙의 지배를 받는다. 하지만, 역사 발전이 그와 같은 법칙의 지배를 받는다는 사실은 결코 인간의 자유를 침해하지 않는다. "물질적 필연성의 법칙 자체는 정신의 행위 법칙 이외의 어떤 것이 아니다. 자유는 필연성을 전제하며, 필연성은 전적으로 자유를 향해 나아간다"(ibid., p. 130). 그러므로 결정론에 대한 헤겔의 엄격한 몰입은 그와 동시에 이원론자들이 했던 것보다 자유의 범위를 훨씬 넓혀준다. 그들은 "자유로운 활동과 필연적인 활동의 경계를 설정하려고 노력하는 동안 … 그렇게 하여 자유의 왕국을 찢어내서 … 필연성의 몫으로 남겨둔다"(ibid., pp. 130~1).

이런 명백한 역설은 나의 자유의 효과적인 행사 가능성이, 내 행위의 결과를 지배하는 필연성에 대한 인식에 좌우된다는 사실을 통찰할 수 있도록 한다. 자유의 행사는 필연성의 인식에 기초할 때만 가능할 수 있다. "자유로운 인간 행위의 바로 그 근원에, 행위자의 인식이 접근할 수 있는 필연성이 위치해 있지 않다면, 모든 개인이 각자 갖고 있는 자유로운 (의식적인) 역사적 활동의 가능성은 영점으로 환원된다"(ibid., p. 132). 내가, 나의 행동의 결과를 지배하는 필연성을 의식하지 못한다면, 그 결과는 내가 의도했던 것과는 다른 것으로 귀결할 것이다. 그리하여 그 결과는 나의 자유 의지가 아니라, 필연성에 의해 결정될 것이다. 그와 같은 행위의 필연적인 결과가 이번에는 개별 행위자들의 상황을 변경시킬 것이고,

그리하여 그들이 자유롭게 추구하게 될 새로운 목적을 결정할 것이다. 그러므로 자유와 필연은 이원론자들이 가정했던 상호배제적인 범주가 아니라, 서로 침투하는 대립물이다. 개인의 자유로운 행위의 결과는 필연적인 법칙에 따라서 결정되고, 그 결과는 자유롭고 의식적인 활동의 새로운 형태에 지반을 제공해 준다. 자유와 필연의 이러한 상호침투도 "또한 일정한 법칙에 따라서 발생하는데, 그것은 이론적 철학을 통해서 발견될 수 있고 발견되어야만 한다"(ibid., p. 134). 그리고 이론적 철학이 "사회적이고 역사적인 과정의 법칙"을 발견할 경우, "나는 내 목적들에 따라서 그 과정에 영향을 미칠 수 있다"(ibid., p. 135). ─ 자유는 오직 필연성에 관한 인식으로부터만 나올 수 있다.

헤겔의 일원론은 역사 과학에 아주 견고한 초석을 제공한다. 하지만 헤겔은 사회적 관계의 역사를 이념(Idea)의 역사로 환원시키는데, 이념은 역사 발전을 결정하는 원인일 수 없다. 왜냐하면 그것은 "우리 자신의 논리적 과정의 인격화"(ibid., p. 137), 역사에 관한 반영의 산물에 불과하기 때문이다. 남은 과제는 헤겔의 철학을 유물론적 초석 위에 배치하는 일이다. 그 길은 포이에르바하를 통해 밝혀졌는데, 그는 헤겔의 이념을 물질 범주로 대체시키면서, 사유와 존재에 관한 헤겔주의적 관계를 전도 시켰다. 이것은 "맑스와 엥겔스에 의해 채택되었고 그들의 철학의 기초가 되었던"(Plekhanov, 1929, p. 7) 관점이다. 그러나 포이에르바하의 유물론 은 불완전했으며, 여전히 선행했던 유물론들의 결함으로 인해 고통 받고 있었다. 포이에르바하에게 있어서, 존재와 사유의 관계는 사유가 물질을 수동적으로 반영하는, 순수하게 사변적인 것이었으며, 그리하여 역사 법칙은 다시 한번 본성의 법칙으로 환원되었다. 맑스가 마침내 「포이에르바하에 대한 테제」에서 이 문제를 해결하는데, 그는 인간과 자연의 관계는 사변적인 것 아니라 실천적인 관계이며 실천이 역사 발전의 열쇠를 제공한다고 주장함으로써 "포이에르바하의 사상을 완결짓고 또 심화시킨다"(ibid., pp. 11~12). 인간의 본성은 불변하는 현상이 아니다. 왜냐하면, 맑스의 『자본』에서 주목되었듯이, '인간은 외부 자연에 작용함으로써 그것을 변화시키는 동시에, 그 자신의 본성도 변화시키기'(ibid., p. 13에서 재인용) 때문이다. 역사 발전을 지배하는 법칙은 부르주아 유물론자들이 말하는 불변하는 인간 본성 속에도, 또한 헤겔이 말하는 실체 없는 정신 속에서도 발견될 수 없다. 그것은 인류와 자연의 구체적인 물질적 상호작용 속에, 생산의 발전 속에 위치시켜야만 한다. 이런 식으로 맑스는 사회적, 정치적 제도들의 실재적인 내용과 그 상호작용의 형태를 결정하는 공통적인 토대를, 인류와 자연의 관계를 매개하는 생산수단의 발전 속에 위치시킴으로써 일원론적이고 역사적인 유물론을 제시했으며, 또한 생산이 진행되는 사회적 관계를 규정함으로써 인간 사회의 발전에 대한 유물론적 설명을 제시했다.

플레하노프는 분명히 진보적이고 자율적인 생산력의 발전이 역사 발전에서 결정적인 역할을 수행한다고 생각했다.[3] 플레하노프의 역사유물론의 기반은, 다음과 같은 언급을 통해 알 수 있듯이, 사회의 '경제적' 관계가 아니다.

사회의 경제와 그 심리학은 사람들의 '삶의 생산', 생존을 위한 투쟁이라

---

3. Plekhanov 1956, pp. 156~7, 187, 197, 198, 229 참조.

는 하나이자 동일한 현상의 두 가지 측면을 표상한다. 그 속에서 사람들은 생산력의 특정한 상태 덕분에 특정한 방식으로 집단을 이룬다. 생존을 위한 투쟁은 경제를 창출하고, 이와 동일한 기초 위에서 그들의 심리학이 같은 방식으로 발흥한다. 경제 자체는 심리학과 마찬가지로 파생물이다 ⋯ 누구든 오로지 통속적인 발언을 할 때만 경제가 모든 사회적 현상들의 일차적인 원인이라고 이야기할 수 있을 것이다. 그것은 일차적인 원인이기는커녕 그 자체로 일종의 결과, 즉 생산력의 '기능'이다 (Plekhanov, 1956, p. 207).[4]

플레하노프에게 있어서 포이에르바하 유물론의 불충분성은 물질세계의 역사적 변화의 원리를 발견하지 못하는 데 있다. 맑스가 이룬 탁월한 진보는 역사의 원리를 자연에 도입하여, 그것을 생산력의 발전 속에 위치시켰다는 것이다. 그러므로 맑스의 유물론은 포이에르바하, 또는 선행하는 부르주아 유물론의 기존 형태와 질적으로 구별되는 것이 아니었다. 맑스의 유물론은 유물론 철학을 완성하여 완벽하게 만들었을 뿐이다.

플레하노프는 자신의 부르주아 철학 비판이 맑스와 엥겔스의 것이라고 주장한다. 하지만 그는 자신의 비판을 맑스와 엥겔스의 저작들을 참조하여 전개하지 않는다. 부분적으로 플레하노프의 그와 같은 태만은 용서받을 수 있다. 왜냐하면, 맑스가 부르주아 철학에 대한 비판을 전개했던 많은 초기 저작들을 플레하노프는 이용할 수 없었기 때문이다. 그럼에도 불구하고 문제가 있다. 맑스의 부르주아 철학 비판이 대체로 그러한 미발

---

4. 플레하노프는 또 지리학적인 결정론으로 후퇴한다. 이에 대해 소비에뜨 편집자들은 가혹한 비난을 퍼붓는다. Plekhanov 1956, pp. 161~3, 270~1.

간 초기 저작들에 포함되어 있지만, 맑스는 일생 동안 부르주아 유물론의 가장 발전되고 세련된 설명인 고전 정치경제학에 대한 비판을 발전시키는 데 전념했다. 그리고 플레하노프는 맑스주의 철학에 대한 그의 설명에서 이 비판의 중요성을 거의 완전히 무시한다. 그렇게 함으로써, 플레하노프는 헤겔적 관념론 및 프랑스 유물론에 대한 자신의 비판이 맑스의 것이 아니라, 스미스와 리카도의 고전 정치경제학 및 포이에르바하의 철학에 의거한 것이라는 사실을 비켜갈 수 있었다. 플레하노프는 맑스가 단지 포이에르바하의 유물론을 그것의 결론에까지 발전시켰을 뿐이라는 생각을 일생 동안 분명하게 유지했다. 『유물론의 옹호』에서 플레하노프는 다음과 같이 분명하게 주장한다.

> 포이에르바하 철학의 근본적인 사상 가운데 아무것도 논박되지 않는다. 맑스는 그런 관념들을 수정하고, 포이에르바하가 적용한 것보다 더 일관되게 적용해야 한다고 주장하는 데 만족한다 … 맑스와 엥겔스의 유물론적 관점은 포이에르바하 철학의 내적인 논리가 가리키는 방향 속에서 정교화되었다(1956, pp. 21~2).

『유물론과 경험비판론』에서 레닌은 맑스주의를 속류 유물론으로, 헤겔적 관념론의 글자 그대로의 전도로, 그리고 포이에르바하적 유물론과의 단순한 동일시로 환원하면서 플레하노프보다 훨씬 더 멀리 나갔다. 레닌은 플레하노프의 유물론을 일관되지 못한 유물론이라고 비난했다. 그 이유는, 플레하노프가 관념들을 글자 그대로 '현실 사물의 복사'가 아니라 오히려 상징 또는 '상형'이라고 믿었기 때문이라는 것이다(Lenin,

n. d. a, p. 238). 이리하여 레닌은 플레하노프를 따라가면서, 엥겔스가 당시까지의 기존 유물론이 갖고 있던 기계론적인 특징(화학적이고 유기적인 자연을 기계의 원리로 환원시키려는 시도)과 변증법적인 특징(절대적 진리와 상대적 진리의 관계를 이해하는 데 실패한 것을 비판했다는 사실에 주목한다. 마하주의자들은, 진리들은 상대적이기 때문에 인간으로부터 독립적인 어떠한 절대적 진리도 있을 수 없다고 믿는다. 레닌에 따르면 그들은 '절대적 진리는 발전과정 속에 있는 상대적 진리들의 총합에서 유래한다; 상대적 진리는 인간으로부터 독립적으로 존재하는 대상의 상대적으로 충실한 반영들을 나타낸다; 이 반영은 점점 더 충실하게 된다; 모든 진리는, 그것의 상대적 성질에도 불구하고, 절대적 진리의 요소를 포함한다.'는 것을 이해하지 못한다(ibid., p. 321). 이것은 순전히 헤겔주의적이고 관념론적인 과학관이다. 레닌은 다음과 같이 강조한다. "오직 그런 세 가지 논점에서만, 그리고 오직 그런 한계 내에서만, 엥겔스는 18세기 유물론과 뷔히너 및 그 동료들의 교의를 반박한다! 이외의 좀더 기본적인 유물론의 문제들에 있어서 … 한쪽의 맑스-엥겔스와 다른 쪽의 과거 모든 유물론자들 사이에는 아무런 차이점도 없으며 있을 수도 없다"(ibid., p. 247).

플레하노프의 오해가 맑스의 초기 저작 대부분에 대한 그의 무지 탓일 수만은 없다는 사실은 데이비드 라자노프의 비판을 통해 분명하게 드러난다. 라자노프는 『유물론의 옹호』에 붙인 자신의 서문에서 포이에르바하의 주장이 갖는 한계에서 분명히 벗어나 있었다. 이곳에서 그는 포이에르바하가 맑스주의의 철학적 기초를 제공했다는 플레하노프의 단언을 거부한다. 플레하노프는 "존재가 사유의 조건이지, 사유가 존재의 조건이 아니다. 존재는 그 자체로 자신의 조건이며, 그 자체로 자신의 근거를 이룬다."고 하는 포이에르바하의 테제가 "맑스와 엥겔스에 의해 채택되었고 또 그들의 유물론적 역사관의 기초를 형성했던, 존재와 사유의 관계에 관한 관점"이라고 주장한다. "그것은 대체로 포이에르바하 자신이 이룩해낸 헤겔적 관념론 비판의 가장 중요한 성과였다."(Plekhanov, 1956, p. 7)는 것이다. 하지만 라자노프는 이런 단언을 한정시키면서, 다음과 같이 강조한다. "맑스는 포이에르바하의 테제가 추상적이고 비역사적이며 '신'이나 '이성'의 자리에 '인간'을 대입시킬 뿐이기 때문에, 그것을 근본적으로 정정하고 보충했다". 그리고 나서 그는, 포이에르바하에 대한 맑스의 일곱 번째 테제를 전거로 삼아 "사유와 존재의 관계를 해명하려고 하는 모든 철학 체계의 기본적인 오류는, 그들이 포이에르바하와 마찬가지로, '그들에 의해 분석되는 추상적 개인이 실제로는 특정한 사회 형태에 속한다.'는 사실을 무시한 데 있다."(Ryazanov in Plekhanov 1956, p. xiii)고 결론을 내린다. 이런 점에 비추어 볼 때, 라자노프가 스탈린에 의해 숙청당했다는 사실은 놀라운 일이 아니다.

맑스를 유물론자로 보는 통상적인 해석과 달리, 맑스는 유물론과 관념론을 대립시키지 않았다는 사실을 밝혀내는 일이 가장 중요하다. 『독일 이데올로기』를 비롯한 여러 곳에서, 맑스는 자신의 출발점을 '유물론'으로 규정한다. 하지만 그 용어는 철학적 유물론이 아니라, "현실의 개인들, 그들의 행동" 그리고 "완전히 경험적인 방식으로만 확인"될 수 있는 "그들의 물질적 생활 조건들"을(Marx and Engels, 1964, p. 31), 요컨대 맑스가 '실천적 유물론자, 즉 공산주의자'의 관점과 동일시했던 관점을 가리킨다

(ibid., p. 56). 엥겔스는 맑스의 작업을 으레 '유물론'으로 특징짓고 있다. 하지만 그것은 오직 "더 이상 다른 과학들 위에 군림하는 어떤 철학도 필요로 하지 않는"(Engels, 1962a, pp. 39~40) 근대 과학의 운동에 그것을 동화시킨다는 의미에서일 뿐이다. 철학의 과제는 '유물론적 변증법'을 정식화하는 것일 뿐인데, 이것을 엥겔스는 근대 과학의 특징적인 방법으로 간주했다. 맑스는 유물론과 관념론의 대립이 허위라고 믿었다. 왜냐하면 '물질'은 '관념'만큼이나 관념론적 개념이며, 따라서 '추상적 유물론은 물질에 관한 추상적 유심론'이기 때문이다(Marx, 1975c, p. 88).

맑스는 '물질'과 '관념'을 매개하는 개념인 사회에 초점을 맞춤으로써 그런 허구적 대립을 극복하려고 애썼다. 그러나 사회는 또 다른 추상으로서가 아니라, 현실적 인간 존재의 하루하루의 실천적 활동으로 파악되었다. 사회로부터 개인의 분리가 바로 계몽주의가 강조하는 허위적 반명제이다. 그것은 인류와 자연, 관념과 물질, 주체와 객체를 매개하는 개념을 제거시킨다. 그러므로 초기 저작에서, 맑스는 유물론과 관념론을 "인간의 감성적 활동성, 실천…, '실천적-비판적 활동'", "인간적 사회 혹은 사회화된 인류"(Marx, 1975b, pp. 421~2)에 입각하여 똑같이 비판했으며, 자신의 입장을 유물론이 아니라 인간주의적 자연주의 또는 자연주의적 인간주의 혹은 현실적 인간주의로 특징지었다 : "완성된 자연주의 혹은 인간주의는 관념론과 유물론 모두와 구별되며, 동시에 둘 모두를 통합하는 진리를 구성한다"(Marx, 1975a, p. 336). 마찬가지로, 맑스는 인간과 자연의 허위적 반정립을 똑같이 거부했다 : "사회는 인간과 자연의 완전한 통일이다 … 완성된 인간의 자연주의 그리고 완성된 자연의 인간주의"(ibid., p. 298). 이런 정식화가 철학적 문제에 대해 '사회학적' 해답을 제시하는 것으로 해석되어서는 안 되며, 철학적 문제를 사회역사적 문제로 전화시키는 것이라고 해석되어야 한다. 맑스는 관념론에 대한 유물론의 승리를 선언한 것이 아니라 철학에 대한 사회과학의 승리를 선언했다.

맑스의 초기 비판은 아담 스미스와 헤겔 모두를 겨냥하고 있으며, '관념론적' 헤겔에 반대하여 '유물론적' 스미스를 지지했던 것은 분명히 아니다. 맑스의 입장은 두 이론이 똑같이 관념론으로서, 물질과 관념, 개인과 사회, 인류와 자연의 범주적 대립에 의존하고 있다는 것이었다 — 이런 대립을 맑스는 공허한 추상이라고 주장했으며, 어떤 규정적 존재에도 부합하지 않는 개념이고 따라서 아무런 규정적 효과도 가질 수 없는 개념이기 때문에 공허하다고 했다. 그러나 이것은 스미스에 대한 비판일 뿐만 아니라 헤겔에 대한 비판이기도 하다. 그러한 개념적 대립들은 계몽주의로부터 유래하는 만큼, 부르주아 사상 일반을 구성하고 있는 것이기 때문이다.

맑스에게 있어서, 부르주아 유물론의 약점은 사회관계를 자연주의적으로, 즉 생산의 물질적 조건에 의해 규정되는 것으로 간주되는 물질적 기반으로 소급하여 설명하려는 데 있었다. 그것은 현실 속에 존재하는 역사적으로 특정한 사회적 관계들을, 즉 특수한 사회적 기반을 자연화시키는 결과를 야기했다. 그러므로 맑스는, 그리고 나중에 엥겔스는 초기의 유물론이 체계적인 역사적 관점을 결여하고 있으며, 역사를 포착할 수 없는 자연주의적 세계관을 갖고 있다고 비판했다. 이런 한계 안에서 플레하노프가 포이에르바하에 대한 맑스의 비판에 부여한 특징은 올바른 것이다. 그러나 맑스는, 포이에르바하의 오류는 역사를 자연 외부에 위치시키는 식으로 불충분하게 유물론적이라는 데 있는 것이 아니라, 역사를 자연사로 환원시키는 식으로 지나치게 유물론적이라는 데 있다고 보았다. 확실히 맑스는 포이에르바하의 정적인 자연관을 비판했다. 하지만, 포이에르바하 철학은 부르주아 유물론의 최종판이 아니었다. 포이에르바하의 유물론은 인간 본성에 대한 고정된 관점에 머물렀지만, 고전 정치경제학의 유물론은 그렇게 제한되어 있지 않았다.

플레하노프가 유물론의 역사에 관하여 광범위하게 논의하면서도 고전 정치경제학의 역할뿐만 아니라, 스코틀랜드 계몽주의의 역사유물론을 전적으로 무시한다는 사실은 아주 의미심장하다. 왜냐하면 스코틀랜드 계몽주의는 플레하노프가 맑스의 철학적 혁명에 부여한 특징과 정확히 일치하는 역사철학을 제창했기 때문이다. 대륙적 유물론이 제창한 다양한 형태의 인종적 인구학적 풍토적 결정론에 반대하면서, 스코틀랜드 계몽주의는 '생존 양식'의 발전 단계 바로 그것에 입각하여 관습, 도덕 및 정치질서의 발전을 설명하는 역사철학을 제시했다. 생존 양식이, 플레하노프에게서처럼, 생산수단이나 지리적 조건으로 거칠게 환원되지는 않지만, 그것은 플레하노프가 맑스의 것이라고 설명하는 바로 그 '역사적' 유물론을 제시하고 있다. 맑스는 포이에르바하에 대한 열 번째 테제에서 그런 형태의 유물론이 갖는 한계를 다루었다. "낡은 유물론의 입지점은 시민사회이며, 새로운 유물론의 입지점은 인간적 사회 혹은 사회적 인류이다". 맑스에게 지금까지 존재해온 유물론의 오류는 인간 본성이라는 입지점을 채택한 것에 있었던 것이 아니라, '사회적 관계의 총체'(여섯 번째 테제)로부터 인간 개인의 추상(이것이 부르주아 사회의 역사적 특징이다)이라는 입지점을 채택한 것에 있었다. 맑스의 입지점은 물질적 생산 행위가 아니라, '인간적 사회 혹은 사회적 인류'이다. 그러므로 맑스는 헤겔의 관념론에 반대하여 정치경제학의 유물론을 옹호했던 것이 아니다. 그는 이 양자가 모두 관념론적 역사 이론이라고 비판했던 것이다.

이와 유사하게, 스코틀랜드 계몽주의 철학자들은 정확히, 자유와 필연의 관계를 바라보는 헤겔주의적 관점을 견지하고 있었다. 플레하노프는 이것이 맑스의 관점이라고 설명한다. 스코틀랜드 계몽주의 철학자들이 사회의 발전 법칙을 드러내 줄 수 있는 과학으로서 정치경제학 연구로 돌아섰던 이유도 여기에 있었다. 정치경제학자들은 프랑스 계몽 사상가들의 낭만적 관념론에 반대하면서 사회 개혁의 유일한 기초는 자신들의 새로운 과학이 제시하는 역사의 물질적 기반에 관한 지식이라고 믿었다. 하지만 맑스에게서 '과학'은 부르주아 유물론의 이원론에 해답을 제공해 주지 못한다. 맑스는 포이에르바하에 대한 세 번째 테제에서 다음과 같이 강조했다.

환경의 변화와 교육에 관한 유물론적 교의는 환경이 인간들에 의해 변화되며 교육자 자신도 교육되어야 한다는 것을 잊고 있다. 그러므로 그 유물론적 교의는 필연적으로 사회를 두 부분으로 탐구하지 않을 수 없었는데 그 중 한 부분은 사회보다 상위에 놓여 있다(Marx, 1975b, p. 422).

맑스에게 지식은 의심할 바 없이 혁명의 무기지만, 혁명을 만드는 것은 지식이 아니라 프롤레타리아트이다. 지식은 그것이 프롤레타리아 운동 속에서 구체화될 경우에만 혁명적 무기를 구성한다. 볼셰비키 정치학의 철학적 뿌리는 맑스의 정치경제학 비판의 유의미성에 대한 플레하노프의 근본적인 오해로까지 곧장 거슬러 올라갈 수 있다.

헤겔의 저작에서, 부르주아 이성은 자신의 총괄을, 그리고 자신의 가장 체계적인 표현을 발견한다. 맑스에 따르면, 헤겔의 커다란 장점은 부르주아 이성을 그 극한까지 밀고 나갔다는 것, 그리하여 그것의 사변적 기반이 보편과 특수의 모순 속에서 적나라하게 드러난다는 것이었다. 헤겔은 그 모순을 단지 이성의 변증법적 발전 속에서 사변적으로 해결할 수밖에 없었던 것이다. 정확하게 동일한 방식으로, 스미스는 (그리고 나중에 리카도는) 인간의 보편적 욕구 및 열망들과 자본주의적 생산 체계의 특수한 사회적 관계들 사이의 현실적인 모순들을 인식했다. 하지만 그들은 또다시 그런 모순들을 사변적으로, 즉 자연의 변증법적 발전 속에서 해결했다. 역사를 만드는 초인간적인 힘을 이성이라고 부르든 자연이라고 부르든 아무래도 상관이 없다. 이를테면 헤겔주의적 관념론에 대한 맑스의 비판은, 얼핏 보기에 정치경제학이 아무리 '유물론적'으로 보일지라도, 즉각적으로 정치경제학의 관념론에 대한 비판으로 해석될 수 있다. 왜냐하면 그것은 공통적인 이데올로기적 기반에 대한 비판이기 때문이다. 맑스는 포이에르바하의 작업을 완성시키지 않았던 것처럼, 정치경제학의 '작업을 계속' 진행시키지도 않았다(Lenin, n. d. b 참조). 헤겔주의적 철학 및 정치경제학의 이데올로기적 기반은 부르주아적인 사회적 관계들을 이성과 자연을 종합시키는 역사의 정점으로 제시하려고 시도한다는 데 있다. 이것이 바로 부르주아적인 특징을 구성하는 것이다. 결국, 맑스의 헤겔 비판은 관념론인가 유물론인가를 막론하고 모든 형태의 부르주아적 사회사상이 취하는 이데올로기적 기반에 대한 비판이다.

맑스는 헤겔의 추상적 사변론을 비판하면서 발전시킨 방법을 정치경제학 비판에 적용할 수 있었다. 왜냐하면 그 이론들은 같은 동전의 양면이었기 때문이다. 헤겔처럼, 정치경제학도 사회적 존재의 소외된 형태들을 묘사하는 데 만족한다. 그리하여 정치경제학은 그것들의 사회적 특성을 인간적 기원이 아닌 낯선 힘(한편에서는 이념, 다른 한편에서는 자연)에 귀속시킨다.

보론 : 맑스, 엥겔스 그리고 헤겔의 전도

맑스주의가 철학적 유물론이라는 레닌과 플레하노프의 설명을 뒷받침하는 주요 전거는 『자본』의 독일어 제2판 후기에 나오는 유명한 구절이다. 맑스는 이렇게 쓰고 있다. "나의 변증법적 방법은 헤겔의 그것과 근본적으로 다를 뿐만 아니라 그것과는 정반대의 것이다.… 나에게 있어서 … 관념적인 것은 물질적인 것이 인간의 두뇌에 반영되어 사고의 형태로 변형된 것에 지나지 않는다". 헤겔에게 있어서 변증법은 "거꾸로 서 있다. 신비한 껍질 속에 들어 있는 합리적인 알맹이를 찾아내기 위해서는 그것을 바로 세워야 한다"(Marx, 1976, p. 103).

이 구절에 대한 정통적 해석은 전도를 철학적인 것으로 간주하여, 맑스가 헤겔의 관념론적 일원론을 그와 대칭적인 유물론적 일원론으로 대체함으로써 합리적 기반 위에 변증법적 방법을 정립했다는 것이다. 플레하노프는 다음과 같이 주장했다.

유물론은 관념론의 직접적인 대립물이다. 관념론은 정신의 이러저러한 성질들을 통해서, 자연의 모든 현상들, 물질의 모든 성질들을 설명하려고 노력한다. 유물론은 정확히 정반대 방식으로 작용한다. 그것은 물질의 이러저러한 성질들을 통해서, 인간 또는 보다 일반적으로 동물의 신체에 있는 이런저런 기관을 통해서, 심리적 현상들을 설명하려고 한다(Plekhanov, 1940, pp. 13~14).

이를테면 변증법적 방법이 사유의 법칙이 아니라 물질의 법칙이라는 것을 인정할 경우, 헤겔의 변증법적 방법은 타당하다는 것이다. 레닌에 따르면, 『대논리학』 후반부에서 헤겔이 전개하는 "논리적 이념에서 자연으로의 이행"은 "우리를 유물론의 손아귀 속으로 데려간다". 실제로,

'절대 이념'에 관한 장 전체는 … 특별히 관념론인 것을 거의 함유하고 있지 않으며, 그 주요 주제는 변증법적 방법이다. 헤겔 논리학의 요점, 결론 및 정수는 변증법적 방법이다 — 이것은 무엇보다 주목할 만한 가치가 있다. 또 한 가지가 더 있다: 헤겔의 저작 중에서 가장 관념론적인 이 저작에는 최소의 관념론과 최대의 유물론이 존재한다(Lenin, 1961, p. 234).

이상의 해석과 달리, 맑스가 자신의 전도를 헤겔의 존재론에 대한 전도가 아니라, 바로 그 방법의 전도로 규정했다는 사실에 주목해야 한다. 정통적인 해석은 이 문제가 맑스의 비판에서 다뤄지지 않았다고 간주한다. 앞에서 강조했듯이, 맑스는 자신의 철학을 '유물론'이 아니라, '인간주의적 자연주의' 또는 '자연주의적 인간주의'로 특징지었다. 그가 '유물론'이란 용어를 긍정적으로 사용했을 경우, 그것은 '과학'의 동의어였다. 『그룬트리세』의 1857년 서문에 나오는, 방법에 관한 맑스의 광범위한 논의는, 헤겔의 논의와는 대조적으로, 과학 지식의 공들인 발전을 사변

철학을 통한 과학 지식의 재현과 대비시킨다. 그러므로 맑스의 변증법적 방법은 과학적 노동의 방법인 반면, 헤겔의 방법은 사변 철학의 방법이다. 맑스의 헤겔 변증법에 대한 전도는 일원론적 관념론을 일원론적 유물론으로 대체시키는 철학적 전도의 문제가 아니라, 과학과 철학의 관념론적 관계를 전도시키는 문제이다.

엥겔스는 맑스와 플레하노프 사이 어디쯤에 위치하고 있을까? 충분히 적절한 대답을 찾자면 그 중간 어디쯤이다. 『루드비히 포이에르바하』에서 엥겔스는 헤겔의 체계가 "방법과 내용 면에서 관념론적으로 거꾸로 선 유물론"이라고 언급했다(Engels, 1962b, p. 372, 강조는 필자의 것).

엥겔스는 확실히 맑스와 다르게, 철학적 유물론을 지지했다. 그리하여 그는 "인간의 두뇌의 산물도 종국적으로는 자연의 산물인 이상, 그것이 나머지 자연의 상호연관들과 모순되지 않고 그것들에 조응하는 것은 자명한 일이다"라고 주장했다(Engels, 1962a, p. 55). 그리고 그는, 변증법 ―"자연, 인간 사회, 사유 등의 일반적인 운동 법칙과 발전 법칙에 관한 과학"(ibid., p. 194) ― 을 현실의 흐름이 "사유하는 뇌에 그대로 반영된 것"에 불과하다고 규정한다(Engels, 1962b, p. 363).[5] 이런 주장들은 직접적으로 포이에르바하로부터 유래한다. 포이에르바하는, 자신이 사유를 물질로 환원시키지 않고 양자를 통합(사유는 물질의 효과가 아니라 그것의 속성의 하나이다)함으로써 사유와 물질의 이분법을 극복했다고 믿었다. 하나의 자연존재로서의 나는 객체를 관조하는 주체가 아니며 그 자신을 반성하고 있는 객체의 일부이다. 따라서 사유와 존재의 모순이란 있을

---

5. 또 이와 같은 정식들은, 특히 『자연 변증법』에서 훨씬 많이 찾아 볼 수 있다.

수 없다. 하지만 엥겔스는 포이에르바하의 유물론을 거부했다. 포이에르바하의 유물론이 현실적인 역사적 관계가 아니라 '인간'과 '자연' 따위의 추상 개념에 의존한다는 점에서 헤겔의 관념론만큼이나 형이상학적이라고 보았다. 엥겔스에게서 그의 유물론이 의거하는 '자연'은 철학적 범주가 아니라 과학적 범주이다. 유물론의 상이한 형태들은 과학에서 유래하는 자연에 관한 상이한 개념화에 조응한다. 역사유물론은 자연에 관한 새로운 개념화의 발전에 의해 가능해졌다. 이것은 세계를 서로 기계적으로 관계 맺는 사물들로 파악하는 것이 아니라 변화하는 과정들로 파악한다. 그리하여 엥겔스의 포이에르바하적 주장은 형이상학적 받침대로 이용되는 것이 아니라, 실용주의적 인식론으로 전환된다. 이 인식론에서 사유와 존재의 관계는 '실험과 산업'의 역사적 실천적 관계로 된다. 그러나 이런 주장은 엥겔스에 의해서는 사용되지 않는다. 왜냐하면 그러한 주장이 유물론적 변증법의 법칙들이라는 진리에 대한 존재론적 보증으로서, '변증법적 유물론'에 의해 이용되었기 때문이다.

엥겔스가 사용한 '반영'이라는 단어는, 레닌이 엥겔스의 것으로 귀속시킨, 지식의 반영론이나 진리의 상응이론을 함의하지 않는다. 엥겔스는 "인류의 역사는 … 이른바 절대적 진리의 발견을 통해 지적 완결에 도달할 수 없다."(Engels, 1962a, p. 38)고 반복해서 강조한다. 그리고 그는 모든 지식의 가설적이고 제한적인 성격을 역설하는데, 이것은 그가 자신과 맑스의 저작에 적용하는 원리이다(Engels, 1962a, pp. 57, 83, 92, 125, 129, 207~9 ; Engels, 1962b, pp. 362~3, 377~8 참조). 레닌은 신칸트주의자에 대항하여 상대적 진리들이 절대적 진리로 계속적으로 접근해 간다고 주장했다. 이 주장은 '사유' 속에 확립된 관계들과 '물질' 속에 존재하는 연관들의 대응을 특징으로 하는 것이었다. 이와는 대조적으로 엥겔스는 실용주의적 진리관을 갖고 있었다. 그래서 그는, 흄과 칸트의 회의주의를 '절대적 진리'에 대한 황당무계한 추구의 산물로 간주하여 기각한다. 우리가 "실증 과학의 길을 따라 도달할 수 있는 상대적 진리"만을 추구할 수 있다는 사실이 일단 인정되면, '절대적 진리'란 아무런 유의미성도 갖고 있지 않으며, "실험과 산업"이라는 실증과학의 방법들이 "물자체(物自體)"를 "우리를 위한 사물"로 만든다는 것이다(Engels, 1962b, pp. 363, 371). 엥겔스의 칸트 폐기는 순진한 일일지 모른다. 하지만 그의 유물론은 비합리주의적인 과학 비판으로 구실하기는커녕, 철학에 대항하여 과학을 옹호하는 데 도움을 준다. 또 그의 유물론은, "의식"을 "주어진 것으로, 애초부터 존재 내지 자연과 대립하는 것으로"(Engels, 1962a, p. 55) 받아들이면서 사유와 현실 사이에 간극을 설정하고 그 간극은 형이상학적 유물론이든 사변적 관념론이든 형이상학을 통해서만 메워질 수 있다고 보았던[6] 칸트주의의 인식론적 이원론에 대항하여 자신의 실용주의를 뒷받침하는 데도 도움을 준다.

엥겔스는 맑스의 헤겔 전도를 철학적인 것이면서 동시에 방법론적인 것으로 간주하지만, 그가 끊임없이 강조하는 것은 방법론적인 측면이다. 이른바 맑스의 철학혁명은 그 방법론적 측면 아래에 종속된다. 엥겔스는

---

6. 엥겔스의 『자연 변증법』도 이와 마찬가지로 소박한 것일 수 있다. 하지만, 그것은 변증법의 법칙들을 적용함으로써 자연과학에 혁명을 일으키려는 것이 아니라, 오히려 근대 자연과학이 성취한 결과들을 포괄적으로 조사하여 변증법적 법칙들의 보편성을 예증함으로써 맑스주의와 근대과학을 동화시키려는 것이다. 엥겔스는 자신의 유물론이 어떤 과학적 진보를 이루었다고 주장하는 것이 아니라, 변증법이라는 기묘한 수사학으로 과학적 발견들을 감쌀 뿐이다.

철학의 이율배반 속에 단단히 묶여 있었던 포이에르바하의 이론적 혁신과는 달리 맑스의 이론적 혁신이 과학적 혁명이라고 묘사한다. 맑스의 경우에,

> 헤겔 철학으로부터의 분리는 여기에서도 유물론적 관점으로 되돌아감으로써 이루어졌다. 이것은, 현실 세계 — 자연과 역사 — 를 선입견이 개입된 관념론적 변덕 없이 이 세계에 접근하는 모든 사람에게 이 세계가 드러나는 그대로 파악하도록 되었다는 것을 의미한다. 환상적 연관이 아니라 그 자체의 연관 속에서 파악된 사실들과 일치하지 않는 관념론적 변덕을 모두 무자비하게 내버리기로 한 것이다. 그리고 유물론이란 이 이상의 아무것도 의미하지 않는다(Engels, 1962b, p. 608).

그리하여 엥겔스는 맑스를 따라서 헤겔적 변증법의 전도를 과학과 철학의 관계의 전도로 이해한다. 그러한 전도는 과학이 변증법의 원리를 자신의 방법으로 통합할 때 가능해진다. 근대 유물론은 본질적으로 변증법적이며, 더 이상 다른 과학들 위에 군림하는 철학을 필요로 하지 않는다. 각각의 특수한 과학들이 사물들의, 그리고 사물에 관한 지식의 거대한 총체성 속에서 자신들의 위치를 분명히 설정하는 즉시, 그런 총체성을 다루는 과학은 불필요해진다. 그럼에도 불구하고 예전의 모든 철학 중에서 독립적으로 살아남는 것은 사유와 그 법칙에 관한 과학 — 형식 논리학과 변증법 — 이다. 다른 모든 것들은 자연과 역사에 관한 실증 과학 속으로 포섭된다.

결론적으로 변증법적 유물론은 이성과 자연 사이의 관념론적 관계를 전도시키는 것이 아니다. 그것은 과학이 흐름과 상호연관성에 관한 변증

법적 원리들을 그 자신의 실천 속에서 인식하게 됨에 따라 그 대립을 극복한다. 변증법적 방법은 과학에 대한 비합리주의적 비판을 규정하는 것이 아니라 과학적 실증주의를 확립한다.

유물론적 역사개념?

플레하노프는 부르주아 유물론을 맑스주의의 원리로 소생시켰다. 그런데 그것은 그 자신이 지금까지 기존 유물론의 핵심에서 확인했던 것과 동일한 딜레마에 직면한다. 만일 사회의 관습, 도덕, 정치질서의 발전이 생산력의 발전에 의해 결정된다면, 우리는 역사 발전에서 인간 행위의 능동적인 역할을 어떻게 설명할 수 있을까? 일원론적 유물론은 우리로 하여금 운명론과 주의주의 사이에서 다시 한번 인민주의적 동요를 하지 않을 수 없도록 만드는 것으로 보인다.

우리가 지금까지 살펴본 것처럼 플레하노프는, 지식이 우리에게 필연을 극복할 자유를 준다고 주장하는, 자유와 필연의 관계에 대한 헤겔주의적 분석에 의존하여 그 딜레마를 극복하려 했다. 하지만 그것은 해결책을 제공하지 못한다. 만일 지식이 그저 필연에 관한 지식이라면, 그것은 순전히 관조적이고 회고적인 것에 머문다. 그러나 만일 지식이 역사의 방향을 변화시키는 수단이 된다면, 그러면 우리는 플레하노프가 부르주아 유물론에 책임이 있다고 비난한 그 이원론으로 되돌아갈 것이고, 결국 자유의 영역과 필연의 영역의 분리라는 문제가 다시 발생할 것이다. 이 문제에 대하여 플레하노프는 역사 발전의 방향과 속도를 구별하고, 법적, 정치적, 이데올로기적 상부구조의 내용과 형태를 구별하는 것으로 답변한다. 역사 발전의 방향은 필연에 의해 결정되지만 그 속도는 인간의 개입에 의해 좌우된다. 상부구조의 내용은 궁극적으로, 계급 이해를 통해 매개되는 생산의 필요에 의해 결정되지만, 그것은 동일한 내용도 다양한 형태로 표현될 수 있다.

생산력 발전이 틀림없이 역사 발전의 방향을 결정하지만, 생산력 발전의 속도는 결코 사회적 생산관계의 형태로부터 독립적일 수 없다. 그러므로, 예를 들어 "노예 노동은 생산력 발전에 그다지 유리하지 않다. 노예제의 조건 하에서 생산력은 매우 천천히 진보하지만, 그럼에도 불구하고 진보한다"(Plekhanov, 1956, pp. 165~6). 반면에 자본주의에서 생산력은 역사적으로 전례 없는 비율로 발전한다.

법적 정치적 상부구조도 역사 발전의 속도를 결정하는 데 일정한 역할을 담당할 수 있지만, 그 방향을 결정하지는 못한다. 법과 정치질서는 사회의 필요에 의해 기능적으로 결정되고, 사회의 필요는 다시 "생산양식에 의해 그리고 생산양식에 의해 창출되는 사람들 사이의 상호관계 위에서" 결정된다(1956, p. 187). 특정한 법률적 및 정치질서적 체제는 특정한 관념을 표현한다. 하지만 관념은 필요의 토대 위에서 출현한다. 그리고 지배적 관념들은 사회의 필요에 상응하는 관념이다. "실제로 인간에게 유용한 것만이 '이상적'이다. 그리고 자신의 이상들을 완수하려는 모든 사회는 자신의 필요에 의해서만 인도된다. 논쟁의 여지없는 이러한 일반 규칙에 예외인 듯 보이는 것은, 사회 발전의 결과로 그것의 이상들이 종종 새로운 필요보다 지체된다는 사실에 의해 설명된다"(ibid., p. 188).[7] 법과 정치가 사회 발전의 방향이 아니라 그 발전의 속대에 효과를 미칠 수 있는 것은 바로 그런 지체 때문이다.

정치제도들은 경제적 삶에 영향을 미친다. 그것들은 경제 발전을 촉진시키거나 지연시키거나 한다. 첫 번째 경우는 맑스의 관점에서 볼 때 결코 놀라운 것이 아닌데, 왜냐하면 주어진 정치체제는 생산력 발전을 보다 증진시키려는 바로 그런 목적을 위해 창출되어 왔기 때문이다(이 경우에 그것이 의식적으로 창출되었는가 무의식적으로 창출되었는가는 우리에게 매 한가지이다). 두 번째 경우도 여하튼 맑스의 관점과 대립하지 않는데, 왜냐하면 일단 주어진 정치체제가 생산력의 수준과 조응하지 않게 될 경우, 그것이 생산력 발전에 장애물로 전화될 경우, 그것은 쇠퇴하기 시작하고 결국 제거된다는 사실을 역사적 경험이 보여주고 있기 때문이다(Plekhanov, 1956, pp. 203, 272. 참조).

특정한 법적, 정치적, 이데올로기적 상부구조를 발생시키는 사회적 필요는 특정한, 그리고 갈등적인 계급 이해 속에서 표현된다. 생산력이 사회의 경제적 관계들을 결정한다. "그런 관계들은 자연스럽게 일정한 이해관계를 발생시키는데, 그것은 법률 속에서 표현"되고, "지배적 이해를 보호하려는 목적을 지닌 국가 조직"을 발생시킨다(Plekhanov, 1940, p. 23). 역사 발전의 속도는 따라서 계급 세력들의 균형을 표현하는 계급투쟁의 결과에 의해 결정된다. "모든 주어진 사회의 발전은 항상 그 내부의 사회

---

7. 동일한 방식으로 "사회의 심리학은 언제나 경제에 관한 대응이고, 언제나 경제에 조응하며, 언제나 경제에 의해 결정된다"(Plekhanov, 1956, p. 206).

세력들의 관계에 좌우된다"(Plekhanov, 1956, p. 298). 따라서 오직 사회 세력들의 관계에 관한 구체적인 연구만이 "주어진 사회에 '불가피'한 것과 '불가피'하지 않은 것을 밝혀낼 수 있다"(ibid.). 그러므로, 예를 들어 러시아에서 자본주의의 불가피성은 "그와 같은 경로로 밀어붙이는 어떤 외부의 힘, 어떤 신비한 법칙이 존재하기 때문이 아니라, 그와 같은 경로로부터 이탈하도록 할 수 있는 효과적인 내부의 힘이 존재하지 않기 때문이다"(ibid., p. 302).[8]

법률과 정치질서의 형태를 둘러싼 투쟁은 갈등하는 계급 세력들 사이의 투쟁으로 직접적으로 나타나지 않으며, 갈등하는 계급 이해(利害)들을 표현하는 상이한 관념들 사이의 투쟁으로 나타난다. 그런 이해들의 내용은 경제적 관계들에 의해 결정되지만, 경제적 관계들은 그런 이해들이 표현되는 이데올로기적 형태들까지 결정하지는 않는다. 그래서 "사회적 의식의 상태가 … 실제로는 주어진 이해에 대한 반영이 인간의 정신에 자리 잡는 형태를 결정한다"(Plekhanov, 1940, p. 40). 사회적 필요 및 계급 이해에 대한 관념들의 관계는 단순한 것이 아니다. 관념들의 세계는 그 자신의 법칙에 의해 규제되는 자율적인 세계이며, 따라서 관념들은 계급 이해를 직접적으로 표현하지 않는다. 지식인들은 특수한 이해의 아첨적 대변인으로 환원될 수 없지만, 그들의 관념은 그럼에도 불구하고 특정한 지적인 분위기를 포함하여 역사적 환경에 의해 제약받는다. 그리고 그것은 다시

---

8. 또 역사에 대한 이러한 설명은 아담 스미스 및 스코틀랜드 계몽주의의 역사에 대한 설명과 구별될 수 없다. 정치경제학이라는 새로운 과학의 토대 위에서 이들이 발전시킨 계급 이론은 정확히 역사 과정을 결정하는 경합하는 계급 이해들을 확인하기 위해 설계된 것이었다.

그 앞 시대의 환경, 그들이 상호작용하는 다른 나라들, 다른 계급들의 환경과 관련된다. 이런 복합적인 상호의존을 통해서 "관념들, 감정들, 신념들"은 그것들이 나타나는 지적인 형태들에 상응하는 "자신의 고유한 특수 법칙들에 따라 통합된다". 그러나 동시에, "그런 법칙들은 그 법칙들을 공유하지 않는 외부의 상황을 통해 작동하게 된다"(Plekhanov, 1956, p. 236).

따라서 이해와 관념의 관계는 유전학적인 관계가 아니라, 오히려 이해라는 물질세계와 관념이라는 지적인 세계 사이의 스피노자적 대응 관계이다. 이런 개념화는 명백히 러시아의 정치적 이데올로기적 갈등들의 현실과 매우 긴밀하게 대응한다. 러시아에서 그 갈등들은 어떤 조직적인 계급 세력과도 아주 제한적으로만 접촉하는 지식인들 사이에서 그 해결을 놓고 싸움이 전개되었다. 그리하여 정치적 갈등의 분할선은 투쟁하는 사회 세력들 사이에서만이 아니라, 특정한 관념들에 의해 표상된다고 가정되는 이해들 사이에서 그어졌다.[9]

플레하노프가 궁극적으로 계급적인 헤겔주의에 입각하여 스피노자적 이원론을 극복한다는 사실을 발견하고 놀랄 필요는 없을 것이다. 관념

---

9. 이런 어긋남은, 레닌의 경제주의 비판에서 아주 적나라하게 나타났다. 레닌은 『무엇을 할 것인가?』에서 프롤레타리아의 의식이 부르주아적인 반면, 급진적인 부르주아 지식인들의 의식은 프롤레타리아적이라는 이상야릇한 결론에 이르렀다. 플레하노프는 이해, 관념, 그리고 그것들이 표상하는 사회 세력들 사이에 일정한 연계성이 있다는 생각을 고수하면서, 급진적 부르주아지와 프롤레타리아트 사이의 동맹을 기대하고 있었으며, 이것이 레닌과 플레하노프가 정치적으로 단절하는 지점이었다. 그런 분리 과정에서 맑스주의를 향해 보다 가까이 다가간 사람이 플레하노프였다는 사실은 의심받을 수 없다. 반면 레닌은 『무엇을 할 것인가?』라는 바로 그 제목이 은연중에 나타내는 것처럼, 맑스와 체르니쉡스키를 동화시키면서 인민주의로 되돌아갔다.

은 자신의 고유한 법칙에 따라 움직이지만, 그와 동시에, 물질적 필연성의 법칙에 의해 규제되고, 물질적 필연성의 법칙은 인류가 필연성의 지배를 극복하고 자유를 실현할 것이라는 사실을 결정한다. "생산력의 발전과 더불어 사회적 생산과정 속에 있는 인간들의 상호관계는 더 복잡해지고, 그런 과정의 진행은 인간들의 통제를 완전히 벗어난다. 그 결과 생산자는 자신의 고유한 창조물의 노예임이 드러난다(예를 들어 자본주의적 생산의 무정부성)". 그러나,

생산관계들, 사회적 관계들은 그것들이 발전하는 논리 자체를 통해서, 인간으로 하여금 경제적 필연성에 의한 인간의 노예화의 원인들을 깨닫도록 만든다. 그것은 필연성에 대한 의식의, 맹목적 법칙에 대한 이성의 새롭고 최종적인 승리의 기회를 제공한다.

나아가,

그 자신의 창조에 의한 인간의 노예화의 원인이 생산의 무정부성에 놓여 있다는 사실을 깨닫게 되면, 생산자('사회적 인간')는 그 생산을 조직하고 그럼으로써 생산을 자신의 의지에 종속시킨다. 그러면 필연의 왕국이 종결되고 그곳에서 자유의 시대가 시작된다. 이로써 자유 그 자체가 필연임을 입증한다(Plekhanov, 1956, pp. 273~4).

도래하는 혁명은 노동계급의 물질적 이해의 실현 또는 자본주의적 착취로부터 노동계급의 해방이라는 문제만이 아니라 인간 이성의 실현의 문제이다. 노동계급은 그러한 실현의 행위자로 나타난다.

근대의 변증법적 유물론은 계급들을 제거하기 위해 노력한다. 변증법적 유물론은 사실상, 그러한 제거가 역사적 필연성이 되었을 때 등장했다. 따라서 그것은 생산자들에게, 바로 앞에 놓여 있는 역사적 시대의 영웅이 될 예정인 사람들에게 주의를 돌린다. 따라서, 우리의 세계가 존재해 왔고 지구가 태양의 둘레를 공전해온 이후 처음으로, 과학과 노동자들이 동시에 등장하는 일이 발생하고 있다. 과학은 힘써 일하는 대중들을 돕기 위해 서두르고 있고, 그들 힘써 일하는 대중은 자신의 의식적인 운동 과정에서 과학의 결론들에 의존한다(ibid., p. 279).

플레하노프는 주의주의에 대한 아주 강력한 비판을 제시한다. 하지만 그가 맑스주의적 비판을 제시하지 않는다는 것은 분명하다. 그의 입지점은 맑스가 자신의 출발점으로 삼았던 "감성적 인간 활동, 실천 ⋯ 실천적-비판적 활동 ⋯ 인간적 사회 혹은 사회적 인류"(「포이에르바하 테제」, Marx, 1975b, pp. 421~3)가 아니라, 자연지리학적, 기술적, 생물학적, 심리학적 과정들에 귀속된다는 점에서 여전히 관념론적인 정체불명의 '변증법'이다.

플레하노프의 철학은 맑스에 관한 해석으로서 전혀 의미를 가질 수 없다. 그러나 그것은, 자신들의 혁명적 야망을 농민층의 열망이라는 물질적 기초와 연결시킬 수 없음이 확연해진, 제1세대 인민주의자들에 대한 비판으로서 아주 커다란 의미를 갖는다. 제1세대 인민주의자들은 자신들의 철학적 유물론을 주의주의적 낭만주의와 뒤섞어 버렸다. 플레하노프의 저작이 러시아에서 힘과 영향력을 이끌어낸 것은 바로 이로부터다. 그러나 그것은 인민주의 내부로부터의 비판, 인민주의 운동 내부에서 나타난 분열에 대응하는 유물론과 관념론 사이의 차이이지, 맑스주의 입장에서의 비판은 아니다. 만약 그것이 맑스주의적 비판이었다면 플레하노프는 어쩌면, 출현하는 노동계급 운동의 열망이라는 토대 위에서, 인민주의 운동의 '유물론적' 분파와 '관념론적' 분파 모두에 반대하도록 되었을지 모른다. 하지만, 그와 같은 비판은 19세기 초의 독일에서 불가능했던 것과 마찬가지로, 19세기 말의 러시아에서도 명백히 불가능했다. 왜냐하면 노동계급 운동이 아직 존재하지 않기 때문이다. 러시아에서 사회주의는 지식인들의 전문분야로 남아 있었고, 따라서 관념의 영역에 머물러 있었다. 맑스와 엥겔스가 『공산주의자 선언』에서 예견했던 것처럼, 독일 사회민주당은 혁명의 필연성을 노동계급 운동의 구체적인 역사적 발전에서 찾을 수 있었다. 반면에 러시아에서 혁명의 필연성은 '변증법적 유물론'의 원리들, '양질 전화'와 '부정의 부정'이라는 신비로운 법칙들을 통해서, 단지 철학적으로만 정의될 수 있었을 뿐이다.

맑스주의에 대한 레닌의 인민주의적 해석

러시아 맑스주의자들이 직면한 딜레마는 자신들의 혁명적 관념이 노동자 운동의 발전 정도에 비해 훨씬 앞서 나가고 있다는 점이었다. 이러한 상황은 불가피하게 혁명운동에서의 지도적인 역할을 지식인들에게 부여했다. 플레하노프의 '변증법적 유물론'은 지식인이 그 역할을 담당해야 한다는 점을 철학적으로 정당화하는 데 기여했다. 보다 발전한 나라들에서 습득되어 역사유물론의 과학적 법칙들로 구체화된 교훈들을 러시아 프롤레타리아트에게 전파시킬 수 있었던 이들이 바로 지식인들이었다. 그 법칙들을 통해 혁명적 지식인들은 노동계급의 이해와 사회주의 사상 사이의 관련성을 과학적으로 파악할 수 있었다. 그 관련성이 노동자 자신들에게 아직까지 분명히 인식되지 않은 때인데도 말이다. 그렇지만 이것은 우리를 인민주의의 정치적 딜레마에로 되돌아가게 만든다. 인민 대중이 자신들의 객관적 이해를 표현하는 사상을 아직 깨닫지 못하고 있는 상황에서 혁명운동의 정치적 정언명령은 무엇인가? 바꾸닌이 생각했던 것처럼, 그리고 (레닌이 그토록 격렬하게 맞서 싸웠던) '경제주의자들' 및 '극좌파들'이 주장했던 것처럼, 노동자들이 투쟁을 통해 자기의식에 도달함에 따라 혁명적 사상이 필연적으로 노동계급의 선동으로부터 출현할 것인가? 아니면 '주관적 사회학자들'이 생각했던 것처럼, 그리고 '합법 맑스주의자들'이 주장했던 것처럼, 혁명적 사상은 선전선동, 교육, 전도 등의 끈기 있는 과정을 통해 확산되어야 하는가? 그렇지 않다면 체르니셰프스키가 주장했던 것처럼, 그리고 레닌을 배출시킨 인민주의의 테러적 분파가 생각했던 것처럼, 혁명이란 공정한 사회에 대한 전망으로 무장한 소규모의 헌신적 혁명가 집단에 의해 착수되어야 하는 것인가?

이 문제에 대한 정통 맑스주의자들의 답변은 첫 번째와 두 번째 답변의 결합이었다: 사회민주주의는 선전선동, 조직화, 교육을 통해 계급의식적 노동자 운동을 발전시켰다. 러시아의 경우에, 그것은 필연적으로 질질 끄는 긴 역사적 과정이 될 터였다. 왜냐하면 노동계급이 인구의 극소수에 머물러 있었기 때문이다. 이것은 또한 노동계급이 투쟁의 동맹자들을 다른 곳에서 찾아내야 할 것임을 함의했다. 왜냐하면 동맹자들이 없을 경우 그 투쟁은 전제국가에 의해 분쇄될 것이었기 때문이다. 농민층은 그와 같은 동맹을 제공할 수 없었다. 왜냐하면 농민층은 자본주의의 발전에 저항하지 않을 수 없도록 운명 지어진 계급이었기 때문이다. 그 대신에, 사회민주주의 운동은 해외로, 국제 노동운동 및 세계 혁명의 전망으로 눈을 돌려야만 했으며, 독재 정치의 전제적 지배에 대항하면서 민주적 개혁에 공감하는 자유주의적 부르주아지와 전술적 동맹을 꾸려내야만 했다. 플레하노프는 맑스주의와 아무 관련이 없는 역사철학에 입각하여 혁명운동에서의 지식인층의 역할을 정당화시켰지만, 정치적으로 그는 혁명에서의 지도적인 역할을 조직화된 노동계급 운동에 배속시키는 맑스주의적 정설에 묶여 있었다.

그럼에도 불구하고, 플레하노프의 역사철학은 전혀 상이하게 해석될 수 있었다. 만일 지식인층이 과학적인 현실 이해에 접근하는 특권을 갖고 있다면, 그리고 만일 역사에서 사상의 역할이 역사적 과정의 필연적인 발전을 촉진시키는 것이라면, 왜 지식인층은 노동계급 운동의 역사적 발전을 기다려야 하는가? 혁명적 지식인층이, 필요한 모든 수단들을 사용하여 권력을 장악하고, 자신을 지지하여 동원될 수 있는 다양한 사회 계급들 및 계층들을 찾고, 자신의 역사적 역할을 수행하기 위해 필요한 갖은 조치들을 취하면서, 역사에서 지도적인 역할을 수행하지 말아야 하는가? 이것이 제1세대 급진적 인민주의자들을 테러리즘으로 몰아넣었던 바로 그 논리였으며, 레닌으로 하여금 플레하노프의 '변증법적 역사적 유물론'을 볼셰비즘의 이데올로기로 전환시키도록 이끌었던 논리였다. 플레하노프의 철학에 의해 설정된 지식인층의 특권적 위상은 레닌주의적 정당 개념으로 현실화된다. 그 정당은 노동계급을 대표한다. 그러나 그 이유는, 그것이 노동계급 대중이 자신의 이해를 표현하는 정치적 형태이기 때문이 아니라, 혁명적 이데올로기가 역사적 힘으로 동원되는 제도적 형태이기 때문이다. 물론 레닌은, 플레하노프가 자신의 철학의 논리를 정치적 결론으로까지 밀고 나가지 않았다는 이유로 그를 비판할 수 있었다. 레닌이 플레하노프의 철학을 맹종하듯 추종하면서도, 그를 정치적으로 격렬하게 비판할 수 있었던 이유가 여기에 있다. 그러나 플레하노프의 정치이론에 대해 가한 레닌의 변형은 맑스주의의 방향으로 이루어지지 않았다. 그 변형은 오히려 플레하노프의 맑스주의를 (레닌 자신이 배출된) 인민주의적 전통 속으로 동화시켰다. 플레하노프가 인민주의적 철학을 활용하여 인민주의와 맑스주의 정치 사이의 간극을 메우고자 했다면, 레닌은 인민주의 철학을 활용하여 운동을 역전시키고 혁명을 러시아적 의제로 되돌려 놓고자 했다.

레닌의 정치사상의 인민주의적 뿌리는 명백하고 잘 알려진 것이다. 혁명적 인민주의는 네 가지 독특한 특징을 지니고 있었다. 레닌은 그것들을 자신의 맑스주의의 중심으로 가져갔으며, 그것이 '맑스-레닌주의'의 핵심을 형성했다.

첫째, 인민주의는 역사의 진로를 결정하는 데 있어서 혁명적 사상의 능동적인 역할을 강조했고, 따라서 지식인들에게 주도적인 정치적 역할을 부여했다. 이것은 플레하노프에 의해 발전되었고 그를 통해 레닌으로 전수된 요소였다. 제2인터내셔널의 정통 맑스주의는 분명히 역사적 발전에서 사상의 역할을 과소평가하지 않았다. 그렇지만 혁명적 사상은 혁명 운동으로부터 출현하는 것이었다. 지식인들이 자신들의 정식화를 통해 아무리 큰 역할을 수행할 수 있다고 하더라도 말이다. 카우츠키의 이론은 사회주의를 위한 투쟁에 있어서 지식인들에게 특별한 위상을 부여했지만, 특별한 권위를 부여하지는 않았다. 레닌에게 있어서, 노동계급의 자발적인 투쟁은 필연적으로 경제적 목표를 획득하려는 부문 투쟁이다. 노동조합적 요구들을 뛰어넘어 정치투쟁을 향해 전진하는 데 필요한 폭넓은 계급 전망을 드러낼 수 있는 것은 오직 맑스주의의 과학적인 이론뿐이다. 이 전망은 지식인들에 의해 제공되며 정당으로 제도화된다. 정당은 계급의 구성 부분들의 부문적 이해에 대항하여 계급 전체의 정치적 이해를 표현한다. 이와는 달리 카우츠키에게 있어서는, 경제투쟁과 정치투쟁의 그와 같은 분리는 존재하지 않는다. 혁명은 계급 전체를 대표하는 전위당의 지도적인 역할에 의해 좌우되는 것이 아니라 사회주의 사상과 노동계급 투쟁의 융합에 의해 좌우된다. "사회주의 운동은 자신들의 목표를 의식하게 된 전투적인 프롤레타리아트의 본분일 뿐이다"(Kautsky 1910, p. 183). 사회주의와 노동운동의 통합과 더불어 사회주의 정당은 부문적 대표의 한계를 뛰어넘을 수 있으며, 모든 비자본주의적 계급들 및 계층들의 열망을 표현할 수 있다. 그리하여 프롤레타리아트의 "감각 방식"은 "신분을 막론한 비자본주의적 대중 전체의 표준이 되어 간다"(ibid., p. 210).

둘째, 인민주의는 혁명적 이상을 실현하는 데 있어서, 헌신적 혁명가들의 규율된 조직화를 통해 표현되는 혁명적 의지의 힘을 강조했다. 이것은 레닌이 혁명적 스승인 체르니쉐프스키로부터 받아들인 관념이었지만, 프롤레타리아 운동의 대중 민주주의적 특성을 강조했던 정통 맑스주의자들은 거부했던 것이다.

셋째, 인민주의는 국가에 대한 급진적 거부에 의해, 그리고 제도정치에 참가하는 것에 대한 반대에 의해 특징지워졌다. 이들이 이렇게 한 이유는, 국가가 본질적으로 자본주의적 발전의 대행자이며 새로운 사회의 토대는 국가 외부에 즉 코뮨이나 협동적 생산에 놓여 있다는 데 근거하고 있었다. 이에 따라서 인민주의는 혁명에 대한 봉기적 관점을 가졌는데, 그것의 과제는 사회주의적 요소들을 해방시키기 위해 자본주의의 경제적 정치적 힘을 파괴하는 것이었다. 정통 맑스주의자들은 이런 관념도 거부했다. 이들은 분명 사회주의가 선거라는 방법을 통해 획득될 수 있다고 생각하지는 않았지만, 국가의 민주화와 시민적 자유의 획득이 노동자 운동의 발전을 위한 일차적인 조건이라고 간주했고 정치적 선동이 선동의 일차적인 형태라고 생각했다. 정통 맑스주의자들은 또 사회주의의 물질적 토대가 코뮨이나 협동 생산에 놓여 있다는 인민주의적 신념을 거부했다. 그 대신 이들은 생산수단을 국유화하고 사회주의의 물질적 토대를 마련하기 위해서는 국가를 통제하는 것이 필요하다고 생각했다. 이와 달리 레닌의 혁명정당은 민주주의나 시민적 자유를 필요로 하지 않는 조직화 방법을 제시했다. 그리고 정당의 지도적인 역할이라는 개념화는 노동계급의 자기의식이 발전할 필요를 덜어 주었다. 사회주의의 물질적 토대라는 문제에 대하여 레닌의 입장은 좀더 모호했다. 그는 코뮨에 대한 인민주의적 신념과 협동 생산에 대한 수정주의적 신념을 거부했다. 하지만 혁명 직전에 그는, 국가는 단지 '프롤레타리아 독재'의 수단으로서 이행기적인 역할만을 담당할 뿐이며 소비예뜨가 새로운 사회의 물질적이고 정치적인 토대를 제공한다는 입장과, 국가가 새로운 사회의 보다 영속적인 기초를 제공한다는 정통적인 신념 사이에서 머뭇거렸다. 결국 그는 두 관점의 가장 나쁜 것을 결합시켜, 새로운 사회의 영속적 기초로서의 독재 국가를 곧바로 제도화시켰다.

넷째, 가장 근본적인 것은 인민주의가 농민층의 혁명적 역할에 대한 신념에 의해 특징지어졌다는 것이다. 이것은 정통 맑스주의가 인민주의와 아주 결정적으로 갈라지는 지점이었다. 이러한 결렬은 정통 맑스주의가, 농민층은 운이 다한 계급이며, 따라서 단지 반동적인 역할만을 수행할 수 있을 뿐이고, 이들은 자신들의 삶의 조건으로 인해 결코 자기의식적인 계급 세력으로 통합될 수 없다고 보았기 때문이다. 이 때문에 플레하노프와 멘셰비키는 독재 국가에 대항하는 정치적 동맹자로서 자유주의적 부르주아지에게 기대를 걸고 있었다. 다른 한편, 독일처럼 보다 발전한 자본주의 나라들에서 전개된 농촌 인구의 프롤레타리아화는 농민층이 혁명운동에서 농민들로서가 아니라 노동자로서 긍정적인 역할을 수행할 수 있다는 것을 의미했다. 레닌은 『러시아 자본주의의 발전』에서 인민주의에 대한 비판을 제기했는데 역설적이게도 이 비판은 인민주의자들이 농민층에 부여한 역할을 지지했다. 그의 주장은, 러시아 농업의 자본주의적 발전의 정도가 높아서 러시아의 농민층이 이미 사멸의 길에 들어섰다는 것이었다. 그것은 더 이상 농촌 코뮌이 사회주의의 기초가 되기를 기대할 수 없다는 것을 의미하기도 했지만, 동시에 농촌 인구가 그럼에도 불구하고 혁명적인 역할을 수행할 수 있다는 것을 의미했다. 혁명적 정치에 대한 레닌의 개념화는, 농촌 인구가 프롤레타리아트의 일부로 조직되지 못하거나 그들이 프롤레타리아적이고 사회주의적인 열망을 표현하지 못하는 것은 문제가 되지 않는다는 것을 의미했다. 왜냐하면 농민층의 유효한 이해 및 열망은 농민 자신들에 의해 표현된 이해나 열망이 아니라, 그들을 대신하여 혁명정당에 의해 표현된 것들이었기 때문이다. 불행하게도 농민의 입장에서 보면, 그들의 조건에 대한 레닌의 규정은 전혀 잘못된 것이었다. 러시아 농민 대중은 1899년에 프롤레타리아화하지 않았던 것처럼 1917년까지도 프롤레타리아화하지 않았다. 레닌은 이 점을 신경제정책(NEP)을 도입하면서 인정해야 했다. 아니 심지어 러시아 농민 대중은, 스딸린이 그 문제를 떠맡아 농민을 강제로 프롤레타리아화함으로써 역사의 필연적인 과정을 촉진시키자고 결정했을 때인 1929년에도 프롤레타리아화하지 않았다.

5장 노동의 변증법과 인간해방

마이크 루크

서론

맑스의 중요성은 비철학적 수단에 의해 근대 유럽 철학의 약속을 실현하려는 그의 시도 속에 놓여 있다. 근대 철학에서 (특히 독일 관념론 철학에서) 그는, (사회적 정치적 혁명의 시기에 제기된) 인간적 자유라는 거대한 문제가, 이 철학이 의거하고 있는 이론과 실천의 분리 때문에, 하나의 추상으로 남아 있음을 발견한다. 경험주의와는 반대로 이 관념론은 (철학이라는 그것의 최고의 표현 속에서) 인간 이성을 세계의 진리의 능동적 창조자라고, 그래서 인간적 자유의 자리라고 생각한다.

처음에 청년 맑스는 독일 관념론의 철학적 약속과 프랑스 혁명의 급진적 이상을 결합하려 하면서 좌익 헤겔주의자들과 견해를 같이했다. 그러나 세계를 변화시키려는 노력을 하던 중에 그는 독일 관념론뿐만 아니라 철학 그 자체의 자연적 한계에 직면했다. 맑스의 비판적 선회는 물질적 세계의 실제적 전제로부터 출발함으로써 이론과 실천의 분리가 초극될 수 있다고 선언한 것에 있다. 그를 결정적으로 철학의 입지점 너머로 밀어부친 것은 프롤레타리아트의 발견이었다. 게다가 헤겔의 변증법을 매우 실제적인 역사적 변증법으로부터의 추상으로 해석하면서 맑스는 노동의 변증법 속에서 인간적 자유를 실현하기 위한 이 투쟁의 수단과 의미를 발견한다. 그는 공산주의를, 그것의 실존 자체가 사적 소유의 표현이자 동시에 부정인 프롤레타리아트 속에 구체화된, 이 철학적 열망의 세속적 형식으로 간주한다. 그러므로 철학의 지양에 대한 맑스 주장의 중요성은 정확히 이론과 실천의 분리를 극복하는 것에 있다. 이 두 계기의 변증법적 통일을 생각하는 것은, 공산주의는 자신의 실존 조건에 대항하는 소외된 노동의 살아 있는 투쟁이라는 그의 생각에 처음부터 통합적이다. 그 결과 자유는 노동의 해방으로 이해될 수 있다. 노동은 근본적인 존재론적 범주일 뿐만 아니라 발전으로서의 역사의 실체이다. 이론이 자본에 대항하는 계급투쟁의 표현으로 간주될 때 우리는, 공산주의는 실존과 본질 사이의, 객관화와 자기긍정 사이의, 자유와 필연성 사이의, 개체와 종 사이의 투쟁에 대한 진정한 해결책이라는, 초기 저작에서 맑스가 제시한 주장(Marx, 1971, p. 184 참조)의 중요성을 제대로 이해할 수 있다.

이 논문에서 나는, 맑스의 저작을 급진적 철학 혹은 급진적 정치경제학으로 간주하는 많은 해석들과는 반대로 그의 저작은 노동과 자본 사이의 계급투쟁에 뿌리박은 혁명이론으로 이해되어야만 한다고 주장할 것이다. 맑스에게서 공산주의는 하나의 이상이나 유토피아가 아니라, 직접 생산자들이 그들의 노동과 그 생산물에 대한 통제권을 획득하는 것을 목표로 삼는, 실천적 운동이다. 그것은 자유로운 노동에 기초한 사회이다. 이 점에서 맑스 저작의 핵심은 처음부터 탈철학적 노동의 변증법이었다. 맑스의 철학 비판에는 두 가지의 주요한 측면이 있다. 맑스는, (포이에르바하라는 이름에 대해 전개된) 자신의 유물론 비판에서, 혁명적 실천의 개념을 만들어 냈다. 그 개념 덕분에 그는 (독일 관념론이 해결하려고 애썼던) 근대 철학의 인식론적 이원론을 극복할 수 있었다. 헤겔 관념론에 대한 그의 비판에서 그는 노동 및 노동 소외의 변증법을 추출했다. 맑스에게서 그 변증법은 인류사의 자기운동을 구성하는 것이었다. 이것은 맑스에게 인간적 세계를 구성함에 있어서 노동이 차지하는 자리를 파악할 수 있게 하는 입지점을 제공했다. 그리고 이 덕분에 그는 철학이 자신의 탐구에 적당하지 않다는 인식을 얻게 되었다. 과학적 조사의 유일하게 타당한 방법인 정치경제학과의 투쟁 및 그것에 대한 비판을 수행할 지반은 이렇게 해서 마련되었다. 이 투쟁 과정에서 맑스는 '외화'라는 헤겔의 개념을 '노동 소외'로 구체화하는 것에서 시작한다(1844년의 『파리 초고』). 그리고 나서 그는 (좀더 후기의 작품들에서) 상품을, 그리고 자본주의적 생산양식에서 노동의 가치형태를 분석하는 것으로 나아간다. (『초고』에서 『자본』에 이르는) 궤적 전체는 당시에 출현하고 있던 근본적으로 새로운 사회형태 속에서 인간적 자유의 근거를 찾는 맑스의 모색에서 나온 것으로 하나의 통합적 작업이다. 그러므로 맑스의 저작에서 우리는 철학의 '약속'

과, 자신들의 노동이 탈상품화할 것을 바라는 임금노동자계급의 열망이 교차하여 이룬 독특한 풍부함을 발견한다.

철학에 대항하는 맑스의 혁명

근대 유럽 철학에서 헤겔의 중요성은 주체-객체 이원론(현실이, 인식하는 주체와 객관적 세계로 분할되어 있다고 보는 관점)을 극복하려는 그의 시도 속에 놓여 있다. 칸트의 인식론은 결국 이것을 달성하는 데 실패했지만 헤겔은 하나의 관념론적 존재론 속에서 사유(주체)와 존재(객체)의 범주를 재통합했다. 그는, 기존의 형이상학의 인식론적 틀과의 급진적 단절을 표현한, 주체와 객체의 변증법을 구축함으로서 이 통합을 수행했다. 이 존재론은 (마치 헤겔이 노동에 중요성을 부여했듯이) 인류가 그 자신의 객관적 세계를 창조하는 것에 자유의 근거를 두었다. 하지만 그 존재론은, 자기의식이 헤겔에게 인간의 본질인 한에서 그리고 객관적 세계가 궁극적으로 '인간' 혹은 '정신'의 도출인 한에서, 관념론적인 것으로 남아 있었다.

이 점을 인정하면서도 맑스는 헤겔이 세계를 생산함에 있어서 인간 활동성의 적극적인 변형적 역할을 파악했음을 단호히 인정했다. 나아가 그는 인간의 객관적 활동성의 변증법에서 '외화' 개념이 갖는 중심성을 이해했다. 그러나 헤겔에게서 인간의 '외화'는 개념과의 관계 속에서 대상이 갖는 부적합성에, 달리 말해 전적으로 사유 속에서 발생하는 변증법에 근거를 두고 있었음에 반해, 맑스는 외화를 ('소외'라고 재명명하면서) 인간의 생산적 활동성의 특징으로 이해했다. 이렇게 그는 변증법을 유물론적으로 고쳐 썼다.

맑스에게서, 세계가 소외된 (즉 낯선) 형식 속에 존재한다는 사실은 객관화 그 자체(따라서 외적 조건)의 불가피한 조건이 아니라 인간이 스스로 창조한 역사적으로 특유한 사회관계의 결과이다. 그러므로 이로부터 인간의 실존을 탈소외시키는 것은 인간의 힘에 내재한다는 생각이 뒤따라 나온다. 지양되어야 하는 것은 객관성 그 자체가 아니라 소외된 형식 속에 있는 객관성이다. 소외는 실천을 통해 극복되어야 하는 것이지, 헤겔이 믿듯이, 의식을 통해 극복되어야 하는 것이 아니다.

여기서 우리는 맑스가 헤겔로부터 가져온 소외의 개념이 왜 변증법적 과정의 일부인가를 이해할 수 있다. 헤겔에게서 이 과정은 추상적이고 사변적인 반면, 맑스는, 그것이 실재적이고 역사적인 운동의 관념론적 표현일 뿐이라고 주장한다. 그리고 맑스 자신이 이해하고자 하는 것은 이 실재적 운동이다. 사변적인 철학 방법론에 대한 맑스의 급진적 역전은 실재적이고 객관적인 인간이라는 분석의 출발점을 만들어 냄으로써 그 방법론을 해체하기에 이른다. 왜냐하면 맑스가 말하듯이, 철학을 사로잡았던 모든 이론적 반립명제들(주관주의와 객관주의, 유심론과 유물론)은 실재적 삶 속에서 실천적 방식으로 해결됨으로써만 (화해 불가능한) 반립명제들로서의 성격을 잃게 될 것이기 때문이다. 이것은 '철학이 풀 수 없었던' 것이었다. '왜냐하면 철학은 그것을 순수하게 이론적인 과제로만 생각하기 때문이다'(Marx, 1971, p. 153).

맑스의 헤겔 비판은 포이에르바하의 유물론을 경유해서 전진했다. 사변적 사상(독일 관념론의 신학-형이상학)에 대한 포이에르바하의 비판은, 사변적 사상이 주어와 술어를 뒤바꾼다는 것이었다. 술어들 ― 사물의 속성들(실제적으로는 추상들) ― 은 사변적 방법에게 독립적으로 실존하는 (자존적) 주체들로 받아들여진다. 종교(인간의 자기소외의 근본적 표현)에서, 실재적 인간의 속성들(인간성)은 (어떤 결정성도 갖지 않은 것으로) 추상되며 신의 속성들로서 인간에게 다시 투영된다. 헤겔의 사변 철학에서 이러한 (인간적) 속성들은 정신 혹은 절대자라는 자기운동하는 범주들 속으로 전치(轉置)된다. 그러므로 실재적인 살아 있는 인간들은 자신들의 현상을 이 정신의 계기로 만든다. 그래서 포이에르바하는 살아 있는 인간을 인간주의적 분석을 위한 출발점으로 회복하기 위해 헤겔의 사변적 방법을 역전시킨다. 그의 철학은 헤겔의 추상적인(왜냐하면 비한정적이기 때문에) '순수한 존재'보다는 오히려 인간의 감각적 경험(한정된 인간)에서 시작한다. 그리고 세계 속에서 역사로서 객관화되는 것은 헤겔의 정신이 아니라 인간의 '유적 본질'이다. 포이에르바하에게서 역사의 진정한 주체는 정신이 아니라 인간이다. 이렇게 해서 철학은 실재적인 세계로 되돌려진다!

『파리 초고』에서 맑스는 헤겔 변증법에 대한 포이에르바하의 역전을 받아들인다. 그것의 취지는 정신이 아니라 인간이 진정한 주체라는 것이었다. 그러나 그는 포이에르바하의 '유물론'을 관조적 유물론이라고 비판하면서 포이에르바하를 떠난다. 객관 세계의 실재성을 수용함에 있어서 포이에르바하는 관념론을 떠나지만, 그는 객체를 인간의 '실재적인 감각적 활동성'의 산물로 보지 않는다는 것이다. 그는 주체와 객체를 궁극적으로 분리된 영역 속에서 이해하는 인식론적 틀 내부에 머문다. 이 틀 속에서 주체는 인식관계 속에서 객체와 대면하고 있다. 맑스가, 포이에르바하는 '이론적 태도를 유일하게 진정한 인간적 태도로 간주한다.', 그리고 '그는 인간적 활동성 자체를 객관적 활동성으로 생각하지 않는다.'(Marx, 1992, p. 421)고 말할 때 맑스가 염두에 두고 있는 것이 바로 이것이다. 그러므로 맑스에게 있어서 소외를 극복하는 것은 이론적 계몽의 문제(종교적 의식을 진정한 의식으로 대체하기)가 아니라 '실천적-비판적' 활동의 문제이다(Marx, 1992, p. 422). 포이에르바하의 관조적 (즉 철학적) 유물론은 주체와 객체의 분리를 수용한다는 점에서, 또 사회로부터 개인의 분리, 그리고 실천으로부터 이론의 분리 속에서 표현되는 이원론을 수용한다는 점에서 형이상학적인 것으로 남아 있다. 철학의 실재 세계로의 회귀(자연주의 혹은 인간주의)를 의도했던 포이에르바하와는 달리 맑스의 1844년 헤겔 비판은 철학의 지양으로의 첫걸음이다.

맑스는 노동의 '부정적' 변증법을 통해 유물론과 관념론의 이원론을 지양한다. 이것은 자연의 인간화(사회적 창조물로서의 자연)와 인간의 자연화(객관적 존재로서의 인간)를 가져오는 '연결' 범주이다. 그리고 이 변증법이 자신의 실존 조건을 통제하기 위한 인간의 투쟁의 유일한 논리이기 때문에, 그것을 이해하는 것은 '실천적-비판적' 과제이지 철학적 과제가 아니다.

소외된 노동을 그/녀의 노동과 그 노동 생산물에 대한 노동자들의 통제의 부재로 정의했고 임금과 사적 소유(자본)를 소외와 동일한 것으로 확인했기 때문에, 맑스는 공산주의를 이러한 소외의 '폐지'로 설정했다. 아직은 헤겔 변증법의 술어법 속에 웅크린 채, 맑스는, 이 소외의 지양은, 인간을 위한 객체가 인간적 객체로, 즉 인간의 본질력의 실재성으로 되는 때라고 서술한다. 그리고 저 변증법의 원리에 충실하면서도 그것의 관념론적 올가미를 제거했을 때, 이 지양의 가능성은 '사적 소유의 운동' 속에 내재하는 모순들로부터 발생하고 유래한다. 그리고 그 사적 소유의 해체는 공산주의를 (이론적 고안물로서가 아니라) 현존하는 조건들 속에서 '이러한 발전을 위한 모든 물적 소재를 포착할 줄 아는'(Marx 1969, p. 101) 사회적 실존의 형식으로서 제시한다.

『초고』에서 맑스는 사회적 삶의 물화에 대한 일관된 설명을 제시한다. 이 분석은 맑스의 후기 저작에서는 상품물신주의 개념을 통해 정교화된 것이다. 맑스는, 사회의 생산적 힘이 '소외의 영영에서 움직이기 때문에', 그리고 '모든 인간 활동이 지금까지 그 자신으로부터 소외된 노동 (즉 산업) 활동이었기 때문에'(Marx, 1969, p. 102), 그것이 지금까지 인간적 힘의 표현으로서가 아니라 인간을 넘어서 있고 인간에 대립하는 자율적 힘으로 사고되어 왔다는 사실을 관찰한다. 공산주의는 어떤 멀리 있는 목표가 아니라 '직접적 미래의 필요한 패턴이며 역동적인 원리'로 이해된다. '부정의 부정'으로서 그것은 '인간해방 과정에서 발전의 다음 단계에 필요한 현실적 국면'(Marx, 1969, p. 106)이다. 인간해방의 철학이 계급투쟁 외부에 서 있을 자리는 없다. 왜냐하면 해방은 이론과 실천의 분리의 지양이며 물화된 세계를 생산하는 소외된 노동의 지양이기 때문이다. 이 점에서 맑스는 헤겔의 변증법에 충실하지만 해방에 대한 그의 이해는 어떤 외적인, 가설적인 결정을 필요로 하지 않는다. 헤겔에게서 변증법은 개념의 자기발전이지만, 맑스의 변증법의 유물론적 내용은 자본-노동관계의 모순적 통일에 의해 제공된다. 계급투쟁은 이 내적 부정성의 표현이며 공산주의는 그것의 해결이다.

잘 알려져 있는 바와 같이, 『자본』에서 맑스는 자본주의의 기본적 세포(라고 그가 부르는 것)에서, 즉 상품에서 시작한다. 상품의 이중적 성격은 그것이 사용가치와 교환가치를 갖고 있다는 데에 놓여 있으며 그것은 다시 상품을 생산하는 노동의 이중적 성격(구체적인 노동과 추상적인 사회적 노동)을 반영한다. 구체적 노동의 많은 유형은 시장에서 노동 생산물들(및 노동 자체)의 교환을 통해 추상적인 사회적 노동으로 번역된다. 상품을 생산하기 위해 사회적으로 필요한 (그래서 상품의 가치를 결정하는) 노동시간이 확립되는 것은 시장에서의 상품교환을 통해서이다. 이것이, 맑스가, 사회의 생산적 노동시간의 조절자로서의 '가치법칙'이라는 말로써 의미하고자 하는 것이다.

스미스와 리카도 같은 사람들로 대표되는 고전적 정치경제학은 무엇이 가치 크기를 결정하는가라는 문제에 몰두했지만, 그들은 '가치를 생산하는 것은 노동의 어떤 형태("노동을 교환가치로 만드는 가치형태"(Marx, 1957, p. 55))인가?'라는 가장 중요한 질문을 결코 제기하지 않았다고 맑스는 지적한다. 그는, 그 이유가, 생산물의 가치형태는 생산의 특수한 역사적 형태로서, 노동을 조직하는 특수한 방식으로서 '그것이 갖는 특유한 특질'로부터 유래하기 때문이라고 주장한다. 더구나 상품, 화폐, 그리고 자본 등의 실존은 단지 교환가치의 상이한 (왜냐하면 발전의 상이한 단계에 있기 때문에) 표현에 불과하다. 그러나 스미스, 리카도, 그리고 리카도주의적 사회주의자들 등이 그랬듯이, 그들이 노동시간을 이처럼 가치 크기의 척도라고 이해했어도 그 사실이 그들로 하여금 가치를 역사적으로 특수한 사회관계의 표현으로 파악할 수 있도록 해주지는 못했다. 이를테면 가치는 자본의 형태로 나타나는 적대적 사회관계의 표현이다. 『자본』에 제시되어 있듯이, 자본은 생산수단과 노동 생산물 양자로부터 노동의 분리를 전제한다. 따라서 자본은 노동과정에 대한 노동의 통제에 대한 부정을 전제한다. 그것은, 맑스에게서 공산주의의 내재성을 구성하는, 인간 노동의 자유롭고 협력적이며 창조적인 힘들에 대한 부정을 드러낸다. 그러므로 자본은 공산주의를 궁극목적으로 하는 노동의 역사적 변증법의 (필연적) 계기이다. 또 가치의 '비밀들'에 대한 지식은 사회관계로서의 자본(즉 소외된 노동)에 대한 분석을 전제한다. 바로 이것이, 부르주아 정치경제학이 가치에 대한 피상적이고 양적인 측면을 결코 넘어서지 못하는 이유이다.

우리가 가치의 (양적 측면과는 대립되는) 사회적 내용을 이해하기 위한 열쇠를 발견하는 곳은, 그리고 같은 증거에 의해 자본주의적 생산양식에 관한 부르주아 경제학의 모든 오해를 발견하는 곳은 맑스의 상품물신주의 개념 속에서이다. 그러나 그보다도 더 중요한 것은 맑스가 자본의 폐지라는 말로 무엇을 의미하려 했는가를 이해하는 것이다.

맑스가 보기에는, 상품들에 달라붙은 '하나의 수수께끼'가 있는데 그것은 상품들의 가치형태에서 발생한다. 노동 생산물들이, 그것들을 생산한 노동에서 독립된 자연적 속성들을 갖는 것으로 보인다는 것이 그것이다. 그것은 다음과 같은 것을 의미한다.

하나의 사적 개인들(혹은 집단)의 노동을 다른 개인들(혹은 집단)의 노동과 연결시키는 사회관계가 생산자들에게는 일하는 개인들 사이의 직접적 사회관계로 보이지 않고 사실상 개인들 사이의 물질적 관계로, 그리고 물건들 사이의 사회적 관계로 보인다(Marx, 1957, p. 46).

상품들이 교환가치로서 실존한다는 사실에 기초한 상품들의 물신적 세계는 '노동의 특유한 사회적 질'에서 발생한다. 그것은 생산과정이 인류의 주인이고 인류가 아직 생산과정을 좌우할 수는 없는 사회적 조직유형이다(Marx, 1957, p. 56). 이러한 물신주의로부터, 이를테면, 가치가 사물들(상품들, 화폐, 그리고 자본)의 자연적 속성이라는 견해가, 노동이 자신의 실존과 실현을 자본에 의존한다는 견해가, 임금, 이윤 그리고 이자 등은 생산적 활동이 취하지 않을 수 없는 필연적인 (그리고 영원한) 형태들이라는 견해가 발생한다. 부르주아 정치경제학 및 그와 연관된 사회주의 형태들은 노동이 자본관계에서 취하는 소외된 형태 이외의 다른 형태를 보지 못하는 것을 전제로 한다.

상품물신주의에 대한 분석 (즉 가치형태에 대한 분석)은 이처럼 『초고』에서 시작된 소외된 노동에 대한 분석을 한 걸음 더 발전시킨다. 루빈은, '물신주의 이론은 그 자체로 맑스의 경제학 체계 전체의, 특히 그의 가치론의 기초이다.'(Rubin, 1972, p. 31)라고 지적한다. 상품물신주의와 가치형태를 같은 현상의 두 측면으로 취급하는 것은, 우리가 보게 되겠지만, 노동의 해방에, 자본에 대항하는 혁명에 중요한 의미를 갖는다.

속류 경제학(즉, 리카도 이후의 정치경제학) 그리고 그것에 의존하는 (자본주의 시장을 폐지하기보다 그것을 조절하고 수정하려 하는) 사회주의 형태들은 자본관계의 물신화된 개념적 한계들 안에 갇혀 있다. 그것이 물신화된 범주들 사이의 양적 관계들만을 고려하는 한에서, 그것은 가치 생산을 이해해 낼 수도 없고 자본주의적 생산양식의 역사적으로 제한된 성격도 파악해 낼 수가 없다. 이것을 통해 우리는, 왜 그것이 시장 현상들의 영역을 이론화하는 데 한정되는가, 그리고 그것이 왜 노동을 다른 생산요소들처럼 하나의 사물로서 파악하는가를 이해할 수 있다.

루카치는 『역사와 계급의식』에서 상품물신주의에 대한 맑스의 서술이 갖는 중요성을 강조한다. 상품물신주의의 효과는 생산의 영역에 한정되지 않으며 사회적 삶 전체에 스며든다고 주장한다. 루카치는 우리에게, 상품 교환은 자본주의 사회의 보편적인 구조화 원리이며 이 사실에 의해 사회적 현실은 그 자신을 물화된 형태로 제시한다는 것을 상기시킨다.

> 자본주의 체제가 끊임없이 그 자신을 경제적으로 더 높은 수준에서 생산하고 재생산하듯이, 물화의 구조는 점차 인간의 의식 속으로 더욱 깊이, 더욱 운명적으로, 그리고 더욱 분명하게 가라앉는다(Lukács, 1971, p. 93).

이 물화의 '베일'은 현실을, 그것을 생산하는 사회적 활동성으로부터 분리되고 또 그것으로부터 자율적인 것으로 경험하게 하고 또 지각하게 한다. 물화는 단지 지각의 문제만이 아니다. 왜냐하면 그것은 상품생산 사회 속에서 실존 수단들에 대한 어떤 통제력도 갖지 못한 사람들의 삶의 경험을 반영하기 때문이다. 그러므로 그것은 소외된 노동의 현실에 상응한다.

　그렇지만 노동의 가치형태를 파괴 불가능한 것으로 보고 물신주의를 절대적인 것으로 보는 것은 그것을 비변증법적으로 고찰하는 것이며 그것이 무엇보다도 인간 자신의 창조적 활동성의 결과(인간 주체성이 스스로 부과한 객관화)임을 간과하는 것이다. 그러나 자본 형태 하에서도 노동은 여전히 본성상 반성적이다(즉 자신의 힘과 가능성을 알게 된다). '집단적 노동자'의 구성이 끊임없이 변화하기 때문에 노동은 (노동력으로서는) 자본 안에 병합되는 동시에 (계급투쟁으로서) 자신의 자본으로부터의 독립성을 주장하지 않을 수 없다. 그러므로 노동은 이 경합하는 양극의 모순적 통일이며 또 늘 그러해야만 한다.

　상품-물신주의/물화의 개념이 갖는 중요성은 그것의 효과들을 극복하기 위해 필요한 혁명의 성격 속에 놓여 있다. 이 혁명은 정치적 관계의 변화에 한정될 수 없다. 또 그것은 생산자들을 위해 수행되는 혁명일 수도 없다. 왜냐하면 이것은 물화의 원천을 건드리지 않은 채 남겨둘 것이기 때문이다. 공산주의적 혁명은 가치형태를, 상품세계를, 노동력의 구매와 판매를, 자본의 축적에 기초하는 사회를 폐지하는 혁명이어야만 한다. 그러므로 그것은 (노동으로부터) 자유로운 시간이 극대화되는 사회를 구축하는 문제일 뿐만 아니라 생산적 활동의 성격 자체가 자유롭게 연합한 생산자들의 결과인 사회를, 그리고 노동과 자유시간을 구분하는 기존의 형태가 폐지되는 사회를 구축하는 문제이다. 공산주의는 직접적 생산자들의 자유로운 연합이다.

　1857년에서 1858년 사이에 씌어진 『그룬트리세』에서 우리는 『자본』의 예행연습을 본다. 전자에서는 『초고』의 언어가 반복적으로 드러나지만 『자본』의 분석을 구조화할 좀더 발전된 범주들도 나타난다. 후자에서 소외라는 어휘는 거의 사라진다. 하지만 소외된 노동의 변증법은 작품 전체의 구조에 불가결한 것으로 남아 있다. 그러므로 상품에 대한 분석에서 가치형태와 소외된 노동의 이론적 통일(물신주의)을 간과하기가 쉽다. 맑스가, 자신의 저작의 독창성은 구체적 노동과 추상적 노동을 '정치경제학에 대한 명확한 이해가 회전하는 축'(Marx, 1957, p. 48)으로 분석한 것에 있다고 생각했을 때, 그는 자본의 운동 원리를 제공하는 것이 자유로운 노동과 소외된 노동의 대립이라고 말한 셈이다. 그러므로 자본은 노동과 외면적 관계를 맺고 있는, 그리고 그 자신의 본질적 논리에 따라 전개되는 자족적인 힘이 아니다. (달리 말해 그것은 '사물'이 아니다.) 자본이 생산조건을 끊임없이 혁명하는 것의 배후에 있는 실제적인 추동력은 자유로운 연합을 향한 생산하는 개인들의 충동이다. 왜냐하면 자본은 무엇보다도 노동과정에 대한 노동계급의 통제를 저지하기 위해 생산조건을 혁명하기 때문이다. 그러므로 자본의 여행기는 자본관계에 내재하는 적대에 대해, 자본의 발전 형태들의 뿌리에 대해 계속해서 이야기하는 것 이상이 아니다.

『자본』에서 맑스는 가치형태들(상품, 화폐, 자본)의 변증법적 도출 과정을 개괄한다. 화폐형태의 발전은 사용가치와 교환가치 사이의 단순한 대비 속에서 기원한다. 그리고 그것은 노동의 상이한 생산물들이 등가화되는 (즉 상품으로 전환되는) 수단들을 제공한다. 달리 말해 생산의 가치형태의 가장 근본적인 모순은 그것의 기본적 세포 속에, 즉 상품 속에 놓여 있다. 그리고 이 모순은 소외된 노동의 조건, 즉 가치를 생산하는 노동의 표현에 다름 아니다. 이것은 자본의 발생-발전의 추동력인 모순이며 (사용가치를 생산하는) 구체적 노동과 (교환가치를 생산하는) 추상적 노동 사이의 모순이다. 추상적 노동/교환가치를 통해서 인간 노동의 보편성과 생산성이 발전한다. 그러나 노동의 이 형식은 동시에 사용을 위한 생산(구체적 노동)의 부정이다. (가치 생산을 위한) 소외된 노동에 대항하여 (사용가치 생산을 위한) 자유롭게 결정되는 노동을 쟁취하려는 투쟁의 논리는 가치형태를 극복할 필요성으로 귀결된다. 이 역사적 변증법은 (자본주의 시장에 의해 발전된) 노동의 보편적 성격과, 노동자들 자신에 의한 의식적인 노동 통제의 재통합을, 즉 가치법칙(시장)에 의해서가 아니라 의식적이고 집단적인 계획에 의해 통제되는 사회적 생산을 가져온다. 사회적 생산의 더 높은 단계는, 프롤레타리아트가 자본을 폐지하면서 임금노동으로서의 그 자신을 폐지하는 단계이다.

자유롭게 연합한 사회적 노동의 사회는 그러므로 (소외된 노동labour으로서의) '노동work'의 부정에, 그러므로 자본의 부정에 기초한 탈상품화된 사회이다. 인간의 노동력은 더 이상 교환가치를 생산하는 임금노동의 형태를 띠지 않는다. 그것은 사회의 노동시간에 대한 완전히 다른 조절 형식을, 즉 직접적인 생산자들 자신에 의한 사용가치 생산의 의식적 관리를 의미한다. 그러므로 그것은 사회적 조직화의 최초로 진실한 인간적 형식이다. 왜냐하면 역사상 처음으로 인류가 자신의 실존 수단들을 의식적으로 통제하는 자리에 놓이기 때문이다. 이것이 맑스의 노동 변증법에 의해 가정된 종류의 사회였다. 이 때문에 맑스에게서 공산주의자들의 이론적 입장은 어떤 추상적 이상이 아니라 프롤레타리아트의 '실천적·비판적' 활동의 표현이다. 그 두 측면은 통일되어 있으며, 분리되어 고찰되어서는 어떤 역사적 의미도 가질 수 없다.

맑스의 저작은 통일 속에서 파악되어야만 한다. (1844년 초고에 처음으로 제시된) 소외된 노동에 대한 분석은 『자본』에서 상품물신주의(물화) 개념을 통해, 그리고 노동, 상품, 화폐, 자본 등의 가치형태들을 통해 계속 발전된다. 『자본』의 불완전한 상태에 의해 제기된 문제점들에도 불구하고[1] 이러한 서술의 내적 연관은 노동의 변증법에 의해 암묵적으로 공급된다. 『자본』에서 분석되는 생산양식, 즉 자본의 삶은 소외된 노동이라는 사실을 전제로 하고 있다. 『자본』에서 '맑스주의적' 과학 방법에 대한 자족적이고 분리된 설명을 찾으려는 시도는 늘 맑스를 그의 초기저작에서 분리시키고 공산주의자(실천) 맑스로부터 '과학자'(이론) 맑스를 분리시켜 정의하는 것으로 귀결되었다. 『자본』에서 맑스의 분석은 초기 저작에 나타난 노동의 변증법으로부터 분리할 수 없다. 그리고 오직 이러한 기초 위에서만 맑스는 자본의 논리 속으로 (그가 했던 방식으로) 침투하는 것이 가능했다.[2]

---

1. 리보위츠(Lebowitz, 1992) [한국어판: 마이클 리보위츠, 『자본론을 넘어서』, 홍기빈 옮김, 백의, 1999] 는, 『자본』에서 맑스의 분석이 미완성인 이유는, 그가 쓰려고 했던 '임금노동'에 대한 책이 없기 때문이라고 주장했다. 그러므로 『자본』은 맑스주의에 대한 '결정론적' 해석을 고무하는 (필연적으로) 일면적인 '자본의 논리에 대한 연구'를 제공한 반면, 그 잃어버린 책은 자본을 넘어, 자본에 맞서는 노동의 투쟁에 더 중심적으로 집중하는 '노동계급의 정치경제학'을 발전시킬 수 있을 것이라는 것이다. 리보위츠는, 이러한 기획에 필요한 개념들이 『자본』에는 단지 잠재되어 있을 뿐'이라는 납득할 만한 가정을 한다.
2. 오이쉬(Oishi)는 맑스의 저작들에 대한 면밀한 문헌적 분석을 통해, 맑스의 후기저작들(『그룬트리세』와 『자본』)이 채택하고 있는 방법은 '이전의' 저작들(『1844년의 경제학-철학 수고』와 『철학의 빈곤』)에 뿌려져 있었던 '씨앗'(맑스가 헤겔의 변증법과 고전 경제학의 가치이론에 대한 비판으로부터 도출한 '일반적 결론'이라고 불렀던 것)의 발전된 형태라고 주장한다.

자본의 실존 양식은, 비록 그것이 인간 노동의 생산물이지만, 생산자들을 지배하며 사회적 삶 전체를 물화한다. 그러나 소외된 노동에 의존하는 가치형태는 전 지구적 규모에서 노동을 사회화하는 형태이기도 하다. 그것은 자유로운 노동을 위한, 공산주의를 위한 계급투쟁이라는 부정적 변증법 하에서 그러한 것을 수행한다. 맑스는, 헤겔의 모순 개념에 비추어, 자본이 노동의 일면적 보편화라고 생각했다. 그것이 일면적인 이유는 그것이 추상적 (가치생산적) 노동이기 때문이다. 그것은 소외된 보편성이다. 진실로 보편적인 노동은 공산주의라는 자유로운 (의식적으로 결정되기 때문에 자유로운) 노동이며 자본을 구성하는 대립물들의 모순적 통일의 지양이다. 공산주의가 자본을 부정해야만 한다는 것은 하나의 사회형태에서 다른 사회형태로의 잠재적인 변증법적 변형을 의미한다. 전자, 즉 공산주의의 가능성은 전적으로 후자, 즉 자본의 실존 속에 포함되어 있다. 공산주의의 의미는 오직 이 속에 놓여 있다.

이론과 실천

우리는 맑스가 헤겔과 포이에르바하에게서 발견된 주체-객체 이원론을 어떻게 해결했는지를 살펴보았다. 의식의 존재에 대한 (즉 정신의 물질에 대한) 관계의 문제는 철학적 의식이 객체(세계)에 대해 취하는 태도의 표현일 뿐이다. 그것은 (본질적으로는 이론과 실천이 분리된)

관조적 태도이다. 맑스는 헤겔에게서 이 인식론적 이원론을 지양한 변증법적 존재론을 보았다. 그러나 그것은 그럼에도 불구하고 철학이라는 지반 위에 놓여 있었다. 포이에르바하도 이와 유사하게 관조적 유물론의 철학적 끈에서 단절하지 못하고 있었다. 맑스의 결정적 단절은 철학 그 자체를 지양함으로써 주체와 객체를 (의식과 존재를) 재통합하는 것에 있었다. 관조적 태도를 버린다는 것은 이론과 실천의 통합을, 프롤레타리아트 투쟁의 발견에 의해 가능해진 재통합을 의미했다.

엥겔스, 카우츠키, 플레하노프 등과 주로 연결되었던 제2인터내셔널의 맑스주의는 맑스 이후의 첫 번째 '정통파'였다. 1890년에서 제1차 세계대전 사이의 기간에 그 대오에는 베른쉬타인, 레닌, 룩셈부르크, 그리고 판네쾨크 등과 같은 다양한 인물들이 포함될 수 있었다. 1915년에 키엔탈에서 그 대오로부터 분리된 좌익 가운데에서, 1919년에 창립되었던 공산주의 제3인터내셔널을 형성하기 위해 결집한 세력들이 나왔다. 이 정통파는 노동의 변증법이 없는 맑스주의였다. 변증법의 부재는 다양한 요소들의 결과였다. 그 요소들에는 맑스의 방법에 대한 엥겔스의 실증주의적 개념화의 영향, '맑스주의'에 대한 '과학주의적' 독해를 격려한 『자본』의 미완성적 성격, 그리고 이 정통파가 출현한 시기의 성격 등이 포함된다.

노동의 변증법이 없는 맑스주의의 결과는, 주체와 객체의 통일(맑스에게서 이것은 구별되는 것이었지만 동시에 통일된 것이었다)이, 의식과 존재의 통일이, 따라서 이론과 실천의 통일이 절단되어 이원론이 재출현하도록 만드는 것이었다. 일단 의식이 존재로부터 분리되면, 변화의 변증법의 관념은 그 이원론의 어느 한 측면에 한정될 수 있다. 새로운 '변증법적 유물론'[3]에서 그 관념은 발전의 기계적 도식으로, 즉 무엇보다도 먼저 객관적 측면과, 자연과 결합하고 그 뒤에 주체 없는 역사(여기에서 자연변증법에 대한 엥겔스의 개념화는 결정적이다)와 결합되는, 변화의 일반법칙이 되었다. 이것의 효과는 (포이에르바하의) 18세기 유물론의 철학적 태도(정신이 물질과 관조적 관계 속에서 대립되는 것)를 재도입하는 것이었다. 의식과 존재의 맑스적 통일이, 사회적 의식은 의식적 존재, 살아 있는 개인들의 삶 과정 이외에 아무것도 아니라는 견해에 기초를 두고 있는 반면 '변유(변증법적 유물론)'는 그것의 대상으로부터 분리된 그 무엇으로서의 이론이라는 관념을 재도입한다. 그래서 과학적 (맑스주의) 이론의 과제는 자연과학적이고 실증주의적 의미에서 대상에 대한 지식의 습득으로 간주된다. 역사는, 주체로부터 독립적인 일단의 이론을 통해 외부로부터 인식될 수 있는 자연적 진화의 과정으로 물화된다. 이리하여 이원론적 인식론으로서의 맑스주의가 복귀된다.

제2인터내셔널 맑스주의의 여러 가지로 잘 알려진, 그리고 인식 가능한 특징들(그리고 우리는 제3인터내셔널 맑스주의에서 그것들을 좀 더 확대된 형태로 보게 될 것이다)은 이 물화된 철학적 이원론에서 생겨난다. 맑스주의는 필연적인 사회진화에 대한 과학적 이론으로 되며 이것은 프롤레타리아트와 그 투쟁으로부터 완전히 독립적으로 존재할

---

3. 맑스주의에 대한 소비에뜨 시기의 (정통) 해석 속에서 변증법적 유물론('변유')는 실재에 대한 철학적·과학적 해석을 제공한다. 그리고 그것에 의해 드러난 변증법적 법칙을 기초로 하여, 역사에 대한 맑스의 과학(역사유물론, 이른바 '역유')이 정식화된다.

수 있다. 이론은 프롤레타리아트의 투쟁으로부터 도출되기보다는 오히려 프롤레타리아트에게 적용된다. 우리는 사실(객관성)과 가치(주체성) 사이의 힐퍼딩식 구분 속에서, 그리고 맑스주의는 계급투쟁으로부터 독립된 사회현상들에 대한 가치중립적 과학으로 설명될 수 있다는 그의 주장에서 이 이원론이 그 논리적 결론에까지 이른 것을 발견한다. 이것은, 사회과학의 분업에 필적하는 분업을 맑스주의 이론 내부에 도입하는 길을 연다. 그 결과, 맑스주의 철학, 맑스주의 경제학, 맑스주의 사회학 등이 자율적인 지적 탐구의 정당한 영역으로 된다.

만약 맑스주의 전체가 이렇게 물화된다면, 변증법의 관념도 물화된다. 사회 진화는 인간의 의지와 의식으로부터 독립적으로 작용하는 자연사적 과정으로 간주된다(맑스주의는 다윈주의의 사회적 등가물이다). '경제'(생산력)라는 범주와 '정치'라는 범주는 자기구성적인 범주로 취급된다. '경제적인 것'은 기계적인 방식으로 정치적인 것을 결정한다. 자본 및 자본주의의 법칙들은 계급투쟁에서 독립적인 것으로 정립된다. 변증법의 현장이자 원천으로서의 노동(인간의 실천적-비판적 활동성)은 사라진다. 프롤레타리아트는 이제 이론의 원천이기보다는 이론의 대상으로 된다. 만약 이것이 이론에 대한 계급의 관계라면 계급과 당, 계급과 국가 사이에도 동일한 관계가 적용된다. 각각의 경우에 대리주의적 관계가 성립하는 것이다.

당과 계급 사이에 관료적이고 도구적인 관계가 확립된다. 과학적 의식의 소유자로서의 당은 허위의식에 의해 한정된 프롤레타리아트와 대조된다. 그것의 목표는, 프롤레타리아트를 위해 당에 의해 달성될 사회, 합리적으로 계획된 사회(사회주의)이다. 일단 이론이 실천에서 분리되면 이것은 어느 정도는 불가피하다. 그렇게 되면 프롤레타리아트의 실천적-비판적 활동성의 표현으로서의 사회주의가 아니라 과학적 이론(그리고 그것의 수호자들)으로부터 퍼져 나오는 합리주의적 대안으로서의 사회주의라는 관념이 나타난다.

제3인터내셔널의 주요한 이론가들에 미친 사회민주주의적 맑스주의의 영향은 실질적이고 직접적이었다. 예를 들어 레닌은 플레하노프를 그 자신의 사유의 기초를 형성한 정통 맑스주의의 '아버지'라고 생각했다. 우리는, 플레하노프에게서 위에서 서술된 맑스주의의 특징들 모두를 발견한다. 주체(의식)와 객체(존재)의 이원론을 갖고 있으면서 노동의 변증법은 갖고 있지 않은, 맑스 이전의 철학적 유물론으로의 복귀가 발견되는 것이다. 코르쉬(1970)와 판네쾨크(1975)는 레닌에게서 정확히 똑같은 사고 양식을 확인했다. 그들은, (1908년에 출간된 『유물론과 경험비판론』에서 설명된) 레닌의 유물론이 이원론적이며 의식(정신)에서 독립된 객관적 존재(물질)의 승인에 의거한다고 주장했다. 이 반영론적 유물론에서는 물질이 의식에 비해 인식론적 우선권을 부여받는데 이것은 의식과 존재의 변증법적 통일이라는 (그의 변증법에 너무나 결정적인) 맑스의 견해('의식은 의식된 존재이다.')와 직접적으로 모순된다. 그러므로 레닌의 인식론은, 우리가 맑스에게서 발견하는 이론과 실천의 통일과 대립한다. 이론에 대한 그의 생각은, 객체와의 관조적 관계에 서 있는 것이다. 그래서 이론은 외부로부터 실천에 적용되며 실천은 이러한 적용의 결과로 간주된다. 이러한 생각은 레닌의 1902년 작품 『무엇을 할 것인가?』에 서술되어 있다. 그 책의 명제는, 이론('사회민주주의 의식')이 맑스주의 지식인들에 의해 '외부'로부터 노동자들에게 가져와 진다는 플레하노프의 견해를 정교화한 것이다. 노동자들은 스스로 '노동조합 의식'만을 형성할 수 있을 뿐이라는 것이다. 이러한 견해의 함축은, 이론으로서의 맑스주의는, 자신이 변화시키고자 하는 현실로부터 분리되었기 때문에, 더 이상 프롤레타리아트의 '실천적-비판적 활동'의 의식적 표현이 아니라는 것이다. 여기에 권력을 장악한 볼셰비키 당에서 이후에 나타나는 대리주의의 맹아가 있다![4]

판네쾨크는 레닌의 맑스주의를 '중간계급 유물론'이라고, 18세기의 관조적 유물론과 대리주의적 정치 방법론의 혼합물이라고 묘사했다. 그는, 이것이, '후진적'이고 반(半)봉건적인 러시아적 상황을 배경으로 한, 레닌의 맑스주의 해석에서 유래한다고 주장했다. 판네쾨크가 보기에 볼셰비즘은, 직접적으로 자본을 폐지하기 위해 프롤레타리아트의 공산주의적 충동을 표현한다는, '서구적' 의미의 맑스주의는 결코 아니었다.

만약 맑스주의의 기반이 이론과 실천의 통일이라면, 계급투쟁에 대한 그것의 관계가 어느 시점에서든 결정적이다. 맑스의 유물론적 방법(역사유물론)의 핵심은 1840년대에 정립되었다. 이 시기 동안 출현하고 있던 영국과 프랑스 노동자들의 투쟁이 맑스와 엥겔스로 하여금 프롤레타리아 혁명을 예견하도록 만들었다. 이 실제적 운동이 그들로 하여금 자신들의 이론 속에 농민과 부르주아지로부터 프롤레타리아 계급

---

4. 레닌의 『무엇을 할 것인가?』에 대한 비판으로는, 그리고 의식, 계급, 당 사이의 관계에 대한 좀더 일반적인 분석으로는 International Communist Current pamphlet No. 3 참조.

의 독립성을 표현할 수 있게 했던 것이다. 이것의 가장 명확한 강령적 표현이 1848년의 『공산주의자 선언』이다. 서유럽에서 19세기의 하반기는 프롤레타리아 조직들(노동조합, 노동자 당)의 유기적 성장을 보여준다. 그것들은 무엇보다도 부르주아 사회 속에서 프롤레타리아트가 향상되고자 하고 또 그 속에 포함되고자 하는 열망(민주주의)을 표현하는 것이었다. 이것은 선거에 기반을 둔 개혁주의적 노동자당(그것의 모범은 독일 사회민주당이었다)의 출현을 위한 온상이었다. 그러나 그 세기의 말년에, 그리고 1914년까지 계급투쟁이 강화되자(대중파업, 생디칼리즘과 소비예트의 성장), 제2인터내셔널 맑스주의와 노동자 전투성 사이에 모순이 점점 커져갔다. 이것은 공산주의 '좌파들'(룩셈부르크, 리프크네히트, 판네쾨크, 고르터)의 출현 속에서 이론적 표현을 발견했다. 이 과정에서, 가속되고 있는 혁명적 시기의 필요에 맞게 이론을 급진화하려는 노력이 나타났다.

러시아에서 이론과 계급투쟁 사이의 모순은 논쟁적으로 더욱 첨예해졌다. 러시아의 '후진성'(부르주아지 및 그것과 연합한 민주적 정치형식의 부재)은 (멘셰비키와 볼셰비키 모두에 대해 똑같이) 부르주아 민주주의적 과제를 전면에 제기하는 한편, 이와 동시에 러시아 노동자들로 하여금 가장 선진적인 조직형식을 채택하도록 강제했다. 그것은 노동자들의 미발달한 자치 형식인 노동자평의회(소비예뜨)였다. 이것은, 프롤레타리아트에 의해 인도되는 (그러나 필연적으로 사회주의에 이르지는 않는) 부르주아 민주주의 혁명이라는 레닌의 전략적 개념화를 가져왔다. 레닌은 1917년까지 이 전략 개념에 매달렸다. 1917년에 쓰인 그의 팸플릿 『국가와 혁명』에서 레닌은 노동자 국가의 사회주의적 과제를 직접적으로 그리고 즉각적으로 제기함으로써 낡은 볼셰비키 전략의 실질적 폐기를 시사했다. 이것은 사실상 그를 프롤레타리아트에 의해 지도되는 사회주의 혁명이라는 뜨로쯔끼의 오래된 전략(영구혁명이론)과 합치하도록 만들었을 뿐이다.

그러므로 볼셰비즘은 궁극적으로 모순된 현상이었다. 레닌의 지도하에서 그것은, 러시아 혁명은 필연적으로 부르주아 혁명이라고 믿으면서, 노동자 투쟁과 노동자 조직의 가장 선진적인 형식들에 반응했고 또 그것들을 표현했다. 레닌은 그의 이론적 한계에도 불구하고 부인할 수 없는 위대함을 갖고 있었다. 그것은 (특히 1917년 동안에) 혁명의 현실성에 강령적으로 적응할 수 있었던 그의 능력에 있었다. 그러나 볼셰비즘은 카우츠키주의의 시대에 뒤진 이론적 지론을 품고 있었다. 그것은 국가 사회주의 방법론에 내재하는 대리주의였는데 그것은 볼셰비키가 권력을 장악한 이후에 전면으로 부상했다. 독일 (유럽) 혁명의 패배, 그리고 그에 이어 소련의 고립이라는 환경 속에서 러시아에서 독립적인 노동자 권력의 표현들(공장 위원회들, 소비예뜨들, 그리고 노동조합들)은 볼셰비키 국가-당 기관에 종속되었다. 산업에 대한 노동자 통제의 해체와 국가 명령의 도입은 생산성의 하락을 저지할 필요가 있다는 이유로 볼셰비키들에 의해 정당화되었다. 전쟁이 산업을 붕괴의 지경으로 밀어 넣자 가장 계급의식적인 노동자들이 전면에 나서게 되었다는 것(고립된 나라에서의 혁명의 모순)은 사실이지만, 볼셰비키의 사유는 국가 사회주의의 심성 구조 속에 확고하게 머물러 있었다. 볼셰비키 지도부는 1919년에 이렇게 선언했다.

경제는 경제이다. 그것은 그 자신의 냉혹한 논리를 갖고 있다. 누가 경제를 관리하는가 하는 것은 그렇게 중요하지 않다. 유일하게 중요한 것은, 관리가 유능하고 근면한 사람에 의해 이루어지는가 않는가이다(Bunyan, 1967, p. 69).[5]

1917~1923년 사이에 소비예뜨 형식의 투쟁과 자치의 편재에 의해 특징지어지는 고도의 프롤레타리아 투쟁이 있었다. 이론은, 새롭게 형성된 공산주의자 인터내셔널의 좌파 속에 응집된 좌파 공산주의적 조류와 평의회 공산주의적 조류들 속에서 새로운 수준의 투쟁들을 가장 면밀하게 표현했다.[6] 러시아에서뿐만 아니라 1917~18년의 독일에서, 그리고 1918~1920년의 이탈리아에서 공장평의회들과 위원회들이 부르주아 국가에 직접적으로 도전하는 노동자 권력의 기관들로서 솟구쳐 올랐고 때로는 일시적으로 권력을 장악했다. 평의회들의 경험은 판네쾨크, 고르터, 륄레, 코르쉬, 그람시 등과 같은 인물들과 결부되어 있는데, 그것은 노동자 자치의 예상뿐만 아니라 현실성을 표현했다. 당과 노조의 매개를 뛰어 넘는 가운데, 평의회 형식은 생산자들 자신의 이익을 위해 노동과정을 직접적으로 통제하려는 공산주의적 충동을 표현했다. 독일의 공산주의 노동자 당(KAPD)의 1920년 강령은 이것을

---

5. 혁명 기간 동안 좌파/평의회 공산주의 관점에서 제출된 볼셰비키에 대한 비판을 살펴보려면, Brinton(1970), Martick(1978), Council Communist Pamphlet No. 2(1984), 'Escape' document (n.d.)를 보라. 좀더 자세한 연구로는 Sirianni (1982) 참조 또 볼셰비키의 대리주의가 '미발전' 국가에서의 혁명의 고립보다는, 그들의 정치적 방법에 크게 기인한다는 점에 대한 연구로는 *Aufheben*(1999)를 참조하라.

6. 독일, 네덜란드, 이탈리아의 좌파 공산주의 조류들에 대한 연구로는 *Aufheben*(1999) 참조

이렇게 표현한다.

> 공장 위원회는 공산주의적 공동체의 구축을 위한 경제적 전제 조건이다.
> 공산주의적 공동체를 위한 조직의 정치적 형식은 위원회 체계이다. 공장
> 위원회는 모든 정치권력이 평의회의 집행 위원회에 의해 행사되어야만
> 한다는 생각을 옹호한다(Schechter, 1994, p. 81).

물론 노동자평의회들의 자기관리 체계가 임금노동의 폐지를, 따라서
자본 지배의 폐지를 저절로 보장해 주지는 않을 것이다. 그러나, 이러
한 것들이 언제나 생산자들 자신에 의해서만 완수될 수 있다는 맑스주
의적 견해를 고려하면서, 평의회 공산주의는, (국가 수준에서의 정치적
실천으로서의) 혁명적 변화가 그 변화를 자신의 힘으로 달성할 능력을
가진 계급으로부터 분리되는 것을 피했다. 국가 사회주의와 달리 평의
회 공산주의는, 당으로부터, 그러므로 '사회주의' 국가로부터 사회주의
이행의 기반이라는 그것의 매개 기능을 박탈했다. 그리고 그것은 공산
주의를 혁명의 직접적 과제로 제기했다. 달리 말해 평의회 공산주의는
맑스의 사유 속에 그토록 중심적이었던 이론과 실천의 통일을 재확립
했다.[7]

1920년대 중반경 러시아에서 스딸린주의의 지배는 제3인터내셔널을
러시아 국가의 대외정책 무기로 바꿔놓았다. 이론에서 그것의 '공식'
맑스주의는 제2인터내셔널 맑스주의의 결정론과 객관주의를 강화했다.

---

7. 노동자평의회의 경험에 대해 살펴보려면, Workers Voice(1968), Rubel and Crump(1987),
Horvat, Markovic et al.(1975) 등을 참조하라.

반면 실천에서 그것은 러시아 노동계급의 원자화에, 그리고 각국 공산당의 모스크바에의 종속에 의존했다. 뜨로쯔끼 주변의 좌익 반대파는 (그들의 개혁 전략이 실패했을 때) 결국 관료적 카스트를 제거하기 위한 정치혁명을 지지하는 한편 동시에 10월 혁명에 의해 확립된 사회주의적 소유관계를 옹호했다. 뜨로쯔끼는, 스딸린이 관리하는 지배적 카스트가 (국유화된 소유관계에 기초하고 있으므로) 본질적으로 프롤레타리아적 현상이라고 보았다. 그리고 그는 러시아의 정치경제를 타락한 노동자 국가라고 불렀다. 가치법칙이 부재한 가운데 이 카스트의 자기이익은 자본주의의 어떠한 만회도 저지하는 것에 놓여 있었지만 이와 동시에 노동계급으로부터 모든 정치권력을 박탈하는 것에 놓여 있기도 했다. 뜨로쯔끼의 맑스주의의 핵심에 놓여 있는 커다란 모순은, 그가 평생 동안 고수했던 믿음 그 자체였다. 그는 프롤레타리아트의 지배가 국가의 계급적 성격(즉 노동자 국가)을 완전히 포기하지 않으면서 관료제의 지배를 통해 표현될 수 있다고 믿었다. 뜨로쯔끼가 완전히 받아들일 수 없었던 것은, 좌파 공산주의자들과 평의회 공산주의자들이 1920년대 초경에 지적하고 있었던 것, 즉 1917년의 노동계급 혁명에서 남아 있는 것이 아무것도 없기 때문에 러시아는 어떤 형태로든 노동자 국가로 묘사될 수 없다는 주장이었다.

뜨로쯔끼주의 강령의 힘은 그것이 (국제 혁명 전략을 위하여) 스딸린의 '일국 사회주의'를 거부한 것에 있었던 반면 그것의 취약함은 그것이 '경제' 범주를 물화한 것에 있었다. 경제가 소유관계로 개념화되면 [혁명 이후 러시아의 – 역자] 경제는, 직접 생산자들이 모든 권력을 박탈당하고 있었다고 할지라도 (뜨로쯔끼의 주장에 따르면 이것은 관료제를 축출할 정치혁명에 의해 수정될 수 있는 단순한 결함 정도이다) 기본적으로 '사회주의적'인 것으로 불려질 수 있었다.[8] 뜨로쯔끼주의가 카우츠키의 정치적 개혁주의를 향해 겨누었던 격렬한 비판에도 불구하고, 뜨로쯔끼주의는, 그것의 국가화된 소유의 물신주의 속에서, 사회주의 경제에 대한 제2인터내셔널의 관념으로부터 근본적으로는 결코 벗어나지 못했다. 사회주의가 노동자 권력의 부재 속에서 사회적 힘들이나 소유관계에 의해 재현될 수 있다는 관점은 그 방법론의 핵심에 깃들어 있는 이론과 실천의 분리(즉 대리주의)의 표현일 뿐이었다. 이 점에서 뜨로쯔끼주의는, 러시아의 노동계급이 스딸린주의적 테르미도르[1794년 7월 27일 프랑스 혁명을 통해 집권한 로베스삐에르의 산악파 혁명 정부를 무너뜨린 테르미도르(熱月 : 革命曆의 11월) 9일의 반동 쿠데타 — 역자] 이전에 실제로 경제적·정치적 권력을 갖고 있었다는 신화를 강화한다. 그러나 평의회 공산주의자들 및 아나코-공산주의자들이 지적하듯이, (노동자평의회 체제를 통해 노동자들이 생산수단을 관리하는 형태를 취하는) 노동자 국가(달리 말하면 코뮨 국가)는 러시아에서 어느 시점에도 있었던 적이 없다. 뜨로쯔끼주의자들에게

---

8. 매트갬너(Sean Matgamna)는 *The Fate of the Russian Revolution*(1998)의 서문에서, 뜨로쯔끼가, 소련의 국가화된 소유권이 소련을 노동자 국가라고 정의하기에 충분하다는 생각에 기초하여 '국가화된 경제의 형이상학'을 구축하고 있다고 비판한다. 매트갬너는 뜨로쯔끼의 사상 속에, 노동계급이 권력을 장악하지 못한다 할지라도 국가 소유 하의 생산력의 진보가 사회주의로 인도할 수 있다는 논리가 들어있다고 주장한다. 이 논리는 뜨로쯔끼 사후에 제4인터내셔널에게로 계승된 것이다. 매트갬너의 서문은, 그가 뜨로쯔끼주의 전통과 견해를 같이하고 또 그 전통의 일부로 남아있으면서도 가능한 한에서 뜨로쯔끼와 주류 뜨로쯔끼주의에 대한 비판을 수행한다는 점에서 유의미하다.

10월 혁명의 성과를 지키는 것은 '국가 계획화+민주적으로 기능하는 소비예뜨'를 의미하게 된다. 1920년대 말에 뜨로쯔끼는 스딸린의 강제된 산업화와 집단화에 민주적 계획을 대립시켰지만, 노동자들의 관리는 결코 뜨로쯔끼주의자들의 정강에서 중심적 자리를 차지해 본 적이 결코 없다. (1920년에 노동의 군사화에 대한 뜨로쯔끼의 책임, 그리고 노동자 관리 문제에 대한 그의 일반적 무관심은 그의 추종자들에 의해 결코 충분히 인정되지 않았다). 변증법의 영역에서 뜨로쯔끼는 객관주의자였으며 중요한 점에서 그의 변증법관은 플레하노프나 레닌의 정설과 전혀 다르지 않았다.9

뜨로쯔끼의 제4인터내셔널은 그것의 영웅적 반스딸린주의에도 불구하고 그것은 제2인터내셔널 및 제3인터내셔널의 국가주의적이고 대리주의적인 방법론과 결코 결정적으로 단절하지 않았다. 1945년 이후 시기에, 제4인터내셔널은 비프롤레타리아적 힘들(좌로 기운 스딸린주의자들, 사회민주주의자들, 그리고 민족주의자들)을 통해 혁명적 전진을 이루려고 하는 지속적 경향을 드러냈고 제2차 세계대전 이후 동유럽, 중국 등에서 나타난 일군의 변형된 노동자 국가들과의 동일시를 드러냈다. 그러므로 그것은 프롤레타리아트의 정치적 자율성을 결코 일관되게 지지하지 않았으며 최종적으로 보면 그것은 20세기를 지배한 국가 사회주의의 한 좌익 변형태로 남아 있었다.

---

9. 뜨로쯔끼의 변증법관과 그 적용에 대해서는 Pomper(1986)와 Trotsky(1970)를 각각 참조하라.

결론

    헤겔은 역사를 만들어 나감에 있어 노동의 중요성을 이해했지만 그의 변증법은 궁극적으로 초인적 정신(Spirit) 속에 거주한다. 맑스에게서 이 변증법은 탈신비화되며 사회적 노동의 통제를 둘러싼 계급투쟁과 동일시된다. 제2인터내셔널 및 제3인터내셔널의 '맑스주의적' 정설로 된 것은, 야쿠보브스키(1976)가 변증법의 포기라고 불렀던 것에 기초하고 있었다. 변유-역유(Diamat-Histomat)는 철학에 대한 맑스의 혁명 이전 시점으로의 후퇴를 나타낸다. 그것은 주체와 객체 사이의 철학적 이원론을 맑스주의 속으로 다시 도입하는 것에 다름 아니었다. (그리하여 맑스주의는 다른 무엇보다도 철학이 되었다!)[10] 객관적 세계(자연)로부터 인간적 주체를, 존재로부터 의식을 분리시키는 과정에서, 혁명적 실천을 환경의 변화와 자기변형의 합치로 바라본 맑스의 창안은 지워져 버렸다. 이것은 물화된 주체 혹은 물화된 객체 속에 거주하는 변증법의 길을 닦았다. 이것이 객관주의적-결정론적 종류의 맑스주의로 나타나든 주관주의적-주의주의적 종류의 맑스주의로 나타나든, 그것의 강령적 결과는 동일했다. 그것은 이론과 실천의 분리, 그리고 프롤레타리아트의 자기활동을 당으로 대체하기였다. 20세기 '국가 사

---

10. 맑스는 '반-철학자'라는 설득력있는 설명으로는 McInnes(1972)를 보라. 그는 맑스 사후에 다수의 (맑스주의) 이론가들이 어떻게 그의 저작을 철학으로 개작함으로써 맑스를 재신비화시켰는가를 보여준다. 특히 루카치, 그람시, 코르쉬는 맑스가 가면을 벗기려 했던 바로 그 형이상학을 복원시키려 했다. McInnes는, 그들의 노력이 철학을 '실현하려는' 청년 헤겔파 기획의 부활이라고 지적한다.

회주의'의 역사를 구성한 것은 바로 이러한 경험이었다.

맑스주의 이론에서 노동의 변증법이 없으면 노동과 자본의 범주는 물화된다. 그것들은 별개로 분리된 실체들로 나타난다. 물건들로서, 외적으로 구성된 대립물로서, 그것들의 관계는 필연적이기보다 우연적인 적대의 하나였다. 그러한 고정성은 그것들의 항구성을 결정(結晶)한다. 자본은 자연적 필수품이 되고 임금노동은 필연적으로 된다. 이것은 부르주아 경제학에 의해 비준된 자연스러움일 뿐만 아니라 다시 '맑스주의' 경제학에 의해 모방되는 자연스러움으로 된다. 이렇게 해서 변화의 유일한 가능성은 그것들 사이의 대립에 남겨지게 된다. 만약 인식론으로서의 맑스주의가 이 물화된 세계관의 논리적 (철학적) 귀결이라면, 개혁주의로서의 맑스주의는 그것의 정치적 결과가 된다.

러시아 혁명의 여파로, 맑스주의는 스딸린주의와 사회민주주의라는 국가 사회주의의 두 가지 조류들에 의해 정의되게 되었고 또 그것들과 동일시되게 되었다. 좌파/평의회 공산주의는 1917년에서 1923년 사이에 프롤레타리아 투쟁의 높은 지점에서 (주로 러시아, 독일, 그리고 이탈리아에서) 응집되었다. 좌파/평의회 공산주의자들은, 이론과 실천의 통일이라는 맑스의 초기 구상의 증거를 노동자평의회의 경험 속에서 본 맑스주의를 신봉했다. 러시아 혁명(공산주의를 위한 투쟁을 암묵적으로 구성한 투쟁) 기간과 그 직후에 계급투쟁에 의해 도달된 시대는 이론과 실천, 강령과 의식, 당과 계급 사이의 제도화된 분할에 대한 역사적으로 특유한 해결책을 제시했다. 그 결과 노동자 투쟁은 이 분할 속에 뿌리를 박고 있었던 맑스주의 정설과 갈등하게 되었다.

이 혁명적 파도의 패배 및 후퇴와 더불어, 좌파/평의회 공산주의는 노동계급으로부터 분리되었다. 그것의 분리는, 노동계급 투쟁이 (스딸린주의적이건 사회민주주의적이건) '공식' 노동조직들에 의해 설정된 한계에 갇힌 채 남아 있는 정도만큼 지속되었다. 노동운동에 대한 국가 사회주의의 헤게모니는 '공산주의의 저지'[11]를 조장했다. 동과 서의 프롤레타리아트는 노동자 당들, 노동자 국가들, 그리고 노동 체제에 종속되었다.[12] 이론과 실천의 분리는 공식 노동운동의 형태 속에 제도화되었다. 그리고 정통 맑스주의는 물화된 사회관계의 보존에 복무하는 물화된 이데올로기가 되었다. 이러함에도 불구하고 맑스의 변증법의 살아 있는 힘은 러시아 혁명 이후 80년 동안 반복적으로 확인되었다. 1930년대에 스페인에서, 1956년에 헝가리와 폴란드에서, 1968년에 프랑스에서, 1969년에 이탈리아에서, 1975년에 포르투갈에서, 노동자들은 자발적으로 그들 자신의 '평의회들'을 창출하여 공식 노동조직에 대립하거나 혹은 그것을 무시하는 직접적 필요들을 표현했다.

1989년 이후 스딸린주의의 급속한 해체는 맑스주의의 죽음을 알려준 것이 아니라 오히려 병영형 '공산주의' 하에 실재하던 '노동거부'를 알려주었다. 게다가 사회민주주의적 개혁주의가 이와 나란히 소진된 것은, 자본을 민주화한다는 망상의 종말을 알려주었다. 그러므로 국가 사회주의의 두 형태는 20세기의 과정 속에서 모두 부식되었다. (독일,

---

11. 사회민주주의와 스딸린주의 둘 다가 자본에게 제공한 서비스를 지시하기 위해 *Radical Chains* 지에서 사용한 문구.

12. '사회주의'를, 계획된 노동부과를 고수하는 '자본주의의 발전된 형태'(즉, '잉여노동의 추출과 욕구의 축적에의 종속')로 보는 해리 클리버의 정의에 대해서는 Negri 1991, p. xxvi에 붙인 그의 서문[한국어판: 안토니오 네그리, 『맑스를 넘어선 맑스』, 윤수종 옮김, 새길, 1994]을 참조하라.

네덜란드, 그리고 이탈리아 등지의 그룹들 속에서 구체화된) 좌파/평의회 공산주의는 맑스의 해방적 핵심을 재생시킬 가능성을 제공했다. 왜냐하면 맑스주의의 이 전통의 진실은, 변증법은 재발명될 필요가 없으며 현재의 이론적 강령적 형태 속에서 억압불가능한 미래로 승인되어야만 한다는 것이기 때문이다. 이러한 조류는, 러시아 혁명의 성격, 그것의 타락에 대한 분석, 스딸린주의의 성격, 혁명가들의 조직과 프롤레타리아트의 조직 사이의 관계 등에 관하여 많은 모순적이고 불완전한 이론적 입장들을 생산했다. 그러나 그것의 역사적 중요성은, 제도화된 맑스주의와 노동계급 사이에 결정(結晶)되고 있었던, 물화된 관계의 거부에 놓여 있었다.[13]

현대의 맑스주의자들은 평의회의 경험을 혁명적 변화를 위한 초시간적 주형(鑄型)으로 '물신화하거나', 혁명가들을 지적 관음주의의 입장으로 격하시킬 수 있는, 초평의회주의자들(예를 들어 뤼레)의 반당주의적 편견을 무비판적으로 받아들이지 말아야 한다. 노동계급의 구성은, 그것의 조직과 계급투쟁이 그렇듯이, 변화하며 발전한다. 요점은 오히려, 어떤 방식으로 평의회 경험이 역사적 시대 전체에서 맑스주의 정설의 대리주의적 주류를 넘어설 것인가, 그리고 그것이 어떻게 이론과 실천을 통일할 가능성을 지금까지보다 더 높은 수준으로 제기할 것인가를 이해하는 데 있다. 좌파/평의회 공산주의적 입장의 이론과 감성

---

13. 좌파/평의회 공산주의 전통에 대한 비판에 대해서는 *Aufheben* 지와 *Radical Chain* 지를 보라. 좌파 공산주의와 평의회 공산주의의 구분에 대해서는 International Communist Current, 2001을 참조. 이 구분은 중요하지만, 이 논문의 지면 속에서는 탐구될 수 없었다.

의 태도들은 1960년대와 1970년대에 '계급투쟁 맑스주의/자율주의적 맑스주의' 조류에 의해 재생산되었다.[14] 이러한 전망에 중심적인 것은, 자본의 지배 하에서 사회적 실존을 통치하는 물화된 실천들과 인식들(특히 부르주아 정치경제학이 의존하는, 노동과 비노동의 분리)의 파괴를 촉진하는 계급적 힘과 계급적 행동에 대한 탐색이다. (당과 노동조합으로부터 자율적인) 노동자평의회는 이런 관점에서 볼 때 삶 전체를 혁명하기 위한 하나의 계단, 하나의 다리일 뿐이다. 오직 생산의 지점에만 집중하면 그것은 협소한 '생산주의'에 이르게 될 것이고, 결국에는 자본의 권력을 결정적으로 폐지하는 데 장애가 될 것이다. '공산주의를 권력 장악 이후에 실행되어야 할 강령으로 늘 간주했던'(Dauvé 2000, p. 47)[15] 보르디가주의와는 달리, 즉 그것의 정당주의적 강조와는 달리, 자율주의적 맑스주의는, 혁명이 사회적 삶 전체의 직접적 커뮤니케이션으로서, (경제로서의) 노동과 비노동 사이의 기본적 분할로부터 유래하는 모든 분리들(생산과 소비, 경제와 정치, '필연성'의 영역과 '자유'의 영역)의 파괴로서 생각되어야만 한다고 강조했다. 이 '맑스주

---

14. 그것의 중요한 표현은 1960년대와 1970년대 초의 이탈리아 '아우또노미아', 즉 주류 노동자 당들과 노조들로부터 자율적이었던 노동자, 여성, 학생들의 운동이었다. 그 투쟁(특히 그것의 '노동거부')은 네그리와 그 밖의 사람들에 의해 '내재적 공산주의'('계급 가치화')로 독해되었다. 이에 대한 설명으로는, Negri(1991)에 붙인 편집자 서문을 참조하라. 그리고 자율주의적 관점을 '계급투쟁' 맑스주의, '주체주의적' 맑스주의 혹은 '열린' 맑스주의 등으로 다양하게 불렸던 맑스주의의 '붉은 실'의 일부로 포함시킨 닉 다이어-위데포드(Dyer-Witheford, 1999 ; 한국어판 닉 다이어-위데포드, 『사이버-맑스』, 신승철·이현 옮김, 이후, 2002)도 참고하라. 열린 맑스주의에 대해서는 Bonefeld et al.(1992 and 1995) 참조

15. 보르디가주의에 대한 비판으로는 역시, International Communist Current Pamphlet No. 3 참조

제1부 역사적이고 비판적인 관점에서 본 『무엇을 할 것인가?』

의의 붉은 실'의 요점은, (지난 세기에 걸쳐 나타난) 그것의 모든 표현들 속에서 객관주의적 정설에 대한 결정적이고 최종적인 대안이 찾아질 수 있다는 것이 아니라[16] '공산주의는 노동계급의 행동이어야만 한다.'는 원리가 그것의 개입들 속에서 그 이론과 실천의 출발점이었다는 것이다.

---

16. 자율주의적 맑스주의 가운데에서 안또니오 네그리 경향은 자발적인 계급투쟁을 공산주의와 단순히 동일시한다는 이유로 비판받을 수 있다.

2부

무엇을 배울 것인가? 현대 자본주의와 부정의 정치학

6장 화폐-자본의 명령과 라틴 아메리카 위기

7장 국가, 혁명, 그리고 자기결정

8장 혁명의 생산에 관한 레닌의 생각

9장 레닌주의적 주체의 위기와 사빠띠스따 사건

6장 화폐-자본의 명령과 라틴 아메리카 위기

알베르또 본네뜨

서론

위기가 발발하여 전후 자본주의 질서를 끝장낸 지 30년 이상이 지난 오늘날 자본주의에 반대하는 비판의 출발점은, 우리가 자본주의 발전의 새롭고 독특한 시대 속에 살고 있다는 것(아니, 좀더 정확히 말하면 생존하고 있다는 것)이다.[1]

분명히 레닌은, 자본주의가 그 발전의 독특한 시대를 경과하고 있다고 과감하게 주장했던 최초의 이론가들 중의 한 사람이었다(McDonough,

---

1. 편집자 주 : 이 장은, 아르헨티나의 '명령 위기' 이전인 2001년 여름에 완성되었다.

1995 ; 1998 참조). 사실상 맑스가 『자본』에서 서술한 국면들(매뉴팩처, 대공업)은 그 자체로는 전 지구적 자본주의 발전의 시대라기보다는 기원적인 유럽 자본주의의 형성적 계기로 더 잘 이해될 수 있다. 19세기 말 혹은 20세기 초 무렵에 자본주의가 '제국주의' 시대에 들어섰다는 레닌의 생각(Lenin, 1977)은 자본주의 발전을 시기 구분하려는 최초의 시도였고 이후 그러한 시도는 오랜 전통을 갖게 되었다. 커다란 위기와 전쟁들, 계급들 사이의 사회적 힘들의 상호관계에서의 심오한 변화들, 세계시장의 가속화된 기술적 혁신이나 급진적 재구조화 등의 계기들은 그때 이후로 자본주의 발전의 새로운 시대의 출현과 연결지어 생각되곤 했다.

이런 식으로 많은 맑스주의자들은 제2차 세계대전에 이어진 시대 속에서 자본주의의 새로운 시대를 확인했다. 만델의 '후기 자본주의'로부터 보카라(Boccara)의 '국가 독점 자본주의', 그리고 아글리에타의 '포드주의' 개념 등에서부터 스위지의 혁신된 '독점 자본주의'에 이르기까지, 이 모든 것들은 그들 나름의 방식으로 전후 자본주의의 특유성을 조명했다. 이들 전후의 맑스주의자들은 어떤 경우에는 (자신들의 '레닌주의적 정통성'을 주장하면서) 레닌에 의해 연구된 '제국주의적' 자본주의와의 연속성을 강조했지만, 그럼에도 불구하고 이들은, 전후 자본주의의 새로움이 적어도 연속성에 맞먹는 중요성을 가지며 그 때문에 비판적 분석을 계속할 가치가 있다고 주장해 마지않는다.

물론 이 말은 현대의 분석가들이 전후 자본주의에 대한 전술한 해석들 중의 하나에, 혹은 '제국주의적' 자본주의에 대한 레닌주의적 해석에 만족해야 한다는 것을 의미하지 않는다. 이 글은 이 해석들 중의 어떤 것을 평가할 의도를 갖고 있지 않다. 아니, 예컨대, 레닌의 제국주의 론은 그것을 구성하는 중요한 기둥들 중의 두 개가 매우 문제적이다. 첫째로 (세계시장 규모에서 가치법칙의 폐지를 가정하는) 그의 독점 개념이, 그리고 둘째로 (국가에 대한 도구론적 관점을 전제하는) 그의 제국주의 국가 개념이 그러하다. 그러므로 우리가, 현대 자본주의에 대한 비판적 분석을 발전시키는 것이 필요하다.

사실상 우리는 19세기와 20세기 사이의 이행기와, 그리고 20세기 후반기와 연결된 자본주의 발전 시기와 뚜렷이 구별되는 시기 속에 살고 있다. 그 시대의 기원은 정확히, 전후 자본주의를 끝장낸 위기 속에서 1960년대 말과 1970년대 초에 출현한 사회적 투쟁들의 무지개 속에서 발견될 수 있다. 그 사회적 투쟁들은 선진 자본주의의 자동화된 대공장들에서의 노동거부, 동유럽의 스딸린주의적 관료제에 대항하는 반란들, 그리고 식민지 남(南)의 민족해방 투쟁들 등을 두루 포함했으며 전후 시기 자본주의로 회귀할 어떤 가능성도 부정한 위기의 형태 속에서 표현되었다. 그렇지만 그로부터 30년 후인 지금 우리가 그 속에서 살아가고 있는 이 동시대 자본주의는 이미 전후 자본주의의 '영광의 30년'(사실을 말하자면 그것은 '30년'도 아니었고 '영광스럽지'도 않았다) 만큼이나 나이를 먹었다.

우리 시대의 자본주의와 전후 자본주의 사이의 구분을 지지하기 위해 다양한 경제적 현상들이 소환될 수 있다. 예컨대 생산, 투자, 고용, 생산성과 임금 등의 평균 성장률의 저하는 전 지구적 차원에서 무역과 자본 흐름의 가속적 확장과 두드러진 대조를 이룬다. 더구나, 세계시장의 좀더 커다란 확장과 통합이 있어 왔는데, 이것은 미국, 유럽, 일본에 연결된 지역들을 중심으로 하는 이 세계시장의 지속적 양극화와 더불어 동(東)의 관료 정권들의 붕괴에 의해 촉진되었다. 사실상, 현대 자본주의는 이 극들의 장기적 경제 성과와, 그리고 이에 동반하여 다소 일반화된 범위에서 주기적으로 나타나는 심각한 경기 침체 사이의 뚜렷한 분화에 의해 특징지어진다.

그렇지만 현대 자본주의와 전후 자본주의를 구분함에 있어서 가장 중요한 현상은 부채의 확장과 사회화이다. 이 요소의 각별한 중요성에 대해서는 어떤 의심도 있을 수 없다. 이 점을 식별하기 위해서는, 여기에 나타난 금액들의 놀라운 크기를, 금융 수단들의 성격을, 여기에 연루된 행위자들의 행동을, 그리고 각각의 시장들의 기능을 일별(一瞥)하는 것으로 충분하다. 그럼에도 불구하고 이 현상을 해석하고 그것이 현대 자본주의 속에서 수행하는 역할을 이해하는 것은 커다란 이견들의 원천이 되고 있다. 이 문제들이 바로 이 글에서 다루고자 하는 주제이다.

부채의 이러한 확장 및 사회화의 성격과 그것들에 의해 수행된 역할을 탐구하는 것은, 계급투쟁이 오늘날 발전하고 있는 특유한 방식을 탐구하는 것을 의미한다. 사실상, 부채의 확장 및 사회화의 과정을 자본과 노동 사이의 적대의 표현으로서 변증법적으로 설명하는 것이 필요하다. 요컨대, 그것은 전후 자본주의의 위기를 가져온 계급투쟁 파도의 결과이자 동시에 그 파도에 대한 자본주의적 대응으로서 이해되어야만 한다. 하나의 자본주의적 대응으로서, 이 과정은 자본주의적 축적에 대한 화폐자본의 명령이라는 새로운 양식을 불러일으켰다. 계급투쟁의 결과로서, 그리고 그 자신을 항상 위기로 표현하게 되는 하나의 계급투쟁으로서, 이 명령은 필연적으로 위기-속의-명령이다. 이러한 의미에서 이 글은 화폐자본의 위기-속의-명령을 강조할 것이며 라틴 아메리카에서 화폐자본이 작동하는 방식에 특별히 초점을 맞출 것이다.

현대 자본주의 ― 자본주의 발전의 새로운 시기 ― 는 이런 방식으로 위기-속의-명령의 새로운 양식과 결합되어 있다.[2] 그렇지만 여기서 더 나아가는 것이 가능하다. 그것은 레닌에 의해 분석된 제국주의 시기의 자본주의를 하나의 한정된 명령양식으로, 즉 레닌이 대독점 기업체들에, 그리고 제국주의 국가와 금융자본의 통합에 결부 지었던 명령으로 생각하는 것이다. 이렇게 생각할 수 있는 것은, 화폐자본의 위기-속의-명령이라는 새로운 명령양식을 오늘날의 자본주의에 연결시키는 것이 가능한 것과 마찬가지이다. 그렇지만 레닌의 작업에서는 이 명령양식과 노동계급의 구성, 조직 및 행동의 양식, 강령 사이에 밀접한 관계가 존재한다. 이 밀접한 관계는 『무엇을 할 것인가?』[3]의 매 페이지 속에 암묵적으로 서술되어 있다. 분명히 화폐자본이 취하는 현재의 위기-속

---

2. 나는 여기에서 '명령'이라는 개념을 안또니오 네그리의 개념과 유사한 방식으로 사용한다. 그 역시 자본주의 명령의 독특한 양식들을 자본주의 발전의 독특한 시기들과 연결짓는다. 특히 Negri(1992)를 참조하라.

3. 실제로 이 팸플릿은 노동자들의 자발적인 '경제적-조합주의적' 투쟁을 의식적인 '정치적·사회민주주의적' 투쟁과 어떻게 조화시킬 것인가 하는 문제에 대한 대응으로 규정될 수 있다. 더구나 19세기 말과 20세기 초 러시아의 특수성을 차치하면, 레닌의 대응의 변수들과 더불어 그 질문의 변수들은 '전문 노동자'의 한계라는 문제를, 그들의 조직과 행동과 그들의 강령의 한계라는 문제를 가리킨다. 요컨대 '전문 혁명가들'의 필요성, 외부로부터의 의식의 필요성, 전위당의 필요성, 조직가·선전가의 필요성이라는 문제를 가리킨다 (Lenin, 1976). 다시 말하지만, 이것은, 그 문제가 분명히 아직도 존재한다고 하더라도, 우리가 레닌이 문제를 제기한 방식이나 그가 제시한 해답을 무비판적으로 수용해야 한다는 것을 의미하지는 않는다.

의-명령과 반자본주의적 저항의 새로운 전 지구적 운동 사이에는 어떤 관계가 있다. 이 점은 결론에서 밝혀질 것이다.

태초에 위기가 있었다

태초에 위기가 있었다. 즉 전후 자본주의 해체의 조짐이 된 노동의 불복종이 있었다. 이윤율의 하락은 선진 케인즈주의 경제들에서 축적 조건을 침식하기 시작했고 그리고 이 경제들은, 미국에서 시작하여 차례차례로, 스태그플레이션으로 빠져들기 시작했다. 전후 시기 동안 확장된 축적의 조건을 창출함에 있어서 핵심적 역할을 수행했던 중심적 개혁주의 국가들이 다시 심각한 금융적 정치적 위기 속으로 빠져들었다. 세계시장의 기존 구조, 특히 브레턴 우즈에서 만들어진 화폐적 금융적 질서가 전례 없었던 국제적 불균형의 압력 때문에 해체되었다. 제2차 세계대전 동안에 출현해서 냉전 시기 동안에 굳어졌던 국제적 국가체제의 배치는, 소비예트와 북미 블럭들을 중심으로 한 국가간 관계들의 반동적 질서 위에 근거해 있었기 때문에, 마찬가지로 계급투쟁의 도전을 받았다.

계급투쟁의 파도를 통해 폭발된 전례 없는 규모의 위기에 직면하여 자본이 보인 즉각적 반동은 다른 혁명적 종합국면들에서와 마찬가지로, 점점 나빠지고 있는 축적 조건으로부터의 도주였다. 사실상, 그것은 이중의 도주였다.

우선, 축적을 위한 조건이 좀더 나은 지역으로 생산을 재배치하는 과정을 통한 공간적 도주가 발생했다(Harvey, 1990 ; 1992). 경제적으로 더욱 후진적이고 독재 정권들에 종속되어 있었던 몇몇 나라들은 뿌리 뽑힌 생산적 과정들을 수용하기 위한 일차적 후보지였다. 여기에는 특히 냉전기에 미국에 의해 설치된 동아시아와 남아시아의 반공 방파제들이 포함되었고 이보다 좀더 적은 정도지만 라틴 아메리카의 특정한 독재 국가들도 포함되었다.

간단한 예를 들어보면 요점을 더 잘 이해할 수 있을 것이다. 1969년의 '뜨거운 가을'에서 1977년의 '봄 반란'까지 북부 이탈리아에서 발생하여 전개되었던 노동자 투쟁의 파도는 또리노의 피아뜨에서 일어난 파업들, 점거들, 대치들, 그리고 사보타지에 그 진앙을 두고 있었다. 피아뜨의 경영진은 생산과정의 강제적 자동화를 통해 산 노동을 죽은 노동으로 대체하는 것(자본의 유기적 구성의 상승을 가져왔고 또 마침내는 이윤율의 하락을 가져온 행동)으로써 뿐만 아니라 생산적 과정들을 주변부로 재배치하는 것으로써 이에 대응했다. 그들의 노동자들 중 한 사람의 말을 빌리면, '그들은 투자 이윤을 이탈리아에 사용하지 않았다. 아니 그들은 그들의 현금을 해외로 가져가 다른 나라들에 공장을 지었다. 예컨대 브라질이나 아르헨티나 같은 나라에 … 이 모든 나라들은 파시즘적인 정권의 나라들이었다'(CSE/Red Notes, 1979, p. 195).

사실상, 노동자들의 투쟁은 피아뜨 공장으로 하여금 완성품 모델의 생산뿐만 아니라 특수한 자동차 부품의 생산을 포함하는 자신의 생산 활동의 일부를 라틴 아메리카 나라들에 있는 공장으로 재배치하지 않을 수 없도록 강제했다. 그 때문에 라틴 아메리카 나라들의 노동계급은 군사 독재의 공공연한 억압 하에 놓여졌다. 주식회사들은 1977년에서 1982년 사이에 아르헨티나에서 투자 계획을 발전시켰고 수직적 · 수평적 통합(꼬르도바, Córdoba)의 과정을 진행하다가 마침내 자산을 매각하고서 브라질(벨로오리손떼, 리오데자네이로)에 자신의 지역 활동을 집중했다.

축적을 위한 조건이 좀더 나은 것처럼 보이는 지역에 이처럼 생산을 재배치하는 것은, 그럼에도 불구하고, 엄격한 한계를 갖는다. 그것은 재배치 과정에 대한 단순한 비용 분석보다 훨씬 더 복잡하다. 피아뜨는 1950년대에 아르헨티나에 이미 설립되었다. 그리고 1960년대 이후로 현지 시장을 대상으로 자동차를 생산하고 있었다. 이탈리아의 '뜨거운 가을'보다 앞서서 그 고유의 파업, 점거, 대치, 사보타지 등을 수반한 아르헨티나식 꼬르도바소(cordobazo)가 먼저 발생했다. 그리고 꼬르도바에 있는 피아뜨는 그 진앙들 중의 하나였다(Brennan, 1996, James, 1990). 1976년에 가혹한 군사독재 정권이 들어서면서 노동조합 지도자들에 대한 박해와 암살, 노동조합과 파업의 금지, 그리고 여타의 억압적 조치들이 국가에 의해 취해졌고 그 결과 자본에 우호적인 역관계가 확립되었다. 이것이 피아뜨로 하여금 자신의 재구조화 계획들(대규모 정리해고와 임금 삭감)을 수행할 수 있도록 만들었으며 이후의 확장을 위한 기초를 제공했다.

그러므로 재배치를 통한 노동의 불복종으로부터 자본의 이와 같은 도주가 주변부에서 이와 같은 불복종을 재생산한다는 점을 명심하는 것이 중요하다. 노동의 불복종은 마치 그림자처럼 자본의 뒤를 밟는다. 자본주의 중심부에서 노동의 불복종으로부터 자본의 도주는 주변부에서 노동의 불복종에 직면한다. 최근의 한국 자동차 노동자들의 파업은 이 점을 설명해 준다. 상대적으로 후진적인 남아시아 나라들에 생산과정을 재배치하는 일은 반공적 독재 정권에 의해 지휘되었고 남한은 1970년대 이래로 계속해서 그 최전선에 있었지만 1990년대 동안에 대규모 사회적 투쟁들과 위기에 직면했다.[4]

둘째로 자본의 반응은 시간 속으로의 도주이다. 위기의 분출을 연기시킨 신용 팽창의 대규모 과정(Holloway, 1994를 보라)이 그것이다. 신용의 인플레이션적 팽창은 1970년대 대부분 동안 위기에 대한 자본의 직접적 반응이었는데, 그것은 여전히 케인즈주의 경제 정책들을 수반했다.

또 다른 경우가 이 문제를 설명하는 .데 도움이 된다. '프랑스 5월' 운동과 1968년 5~6월의 그르넬 협정에 대한 반응으로 자본은, 전후 드골의 정치강령의 핵심 부분들 중의 하나(재무 장관 뤼에프의 금속 숭배)를 결정적으로 끝장낸, 인플레이션적 신용 팽창으로 대응했다. [그로부터 얼마 전인 − 역자] 1960년대 중반에 있었던 드골의 의기양양한 선언을 주목하라.

우리는 국제 교환이, 거대한 세계적 재앙들에 앞서 출현했기 때문에, 어

---

4. 라틴 아메리카 및 남아시아를 세계시장에 삽입시킨 자본주의 축적의 동학을 다루는 일은, 이 글에서는 가능하지 않지만, 중요하다. 왜냐하면 이것은 라틴 아메리카의 '새로운 발전'의 대부분을 푸는 열쇠이기 때문이다. 실제로, 1960년대와 1970년대의 수입대체모델의 붕괴는 발전 담론의 재생(과 우파적 전환)을 촉진했다. 발전 담론은 아시아 모델의 '미덕'과 라틴 아메리카 모델의 '악덕'의 결합을 주장한 Fajnzylber(1983) 이래로 두드러진다. (더 최근의 버전으로는 Ferrer, 1998을 참조하라.) 그렇지만 한국의 자동차 노동자들은 이 점에서 다른 의견을 갖고 있는 것으로 보인다.

떤 특수한 나라의 소인(消印)을 갖고 있지 않은, 완벽한 화폐적 기초 위에 정립되어야 한다고 생각한다. 그러면 어떤 기초 위에 정립되어야 한다는 것인가? 실제로, 이 점에서 금 이외의 어떤 다른 기준, 어떤 다른 표준을 생각하는 것은 어렵다. 그렇다. 금이다. 그것의 성질은 변치 않는다. 그것은 금봉, 금괴, 금화 등으로 바뀔 수 있으며 국적을 갖지 않고 모든 장소에서 그리고 모든 시간에 탁월하게 불변하는 가치와 신용을 갖는 것으로 간주된다. … 의심할 여지없이, 아무도 특정의 나라에 그것의 내적 관계들을 관리하는 형식을 강제로 부과하려고 생각할 수 없을 것이다. 그럼에도 불구하고 금의 지배(그리고 확실히 그렇게 말하는 것은 타당하다)는 국제 경제 관계 속에 적용되어야만 하고 또 다시 추구되어야만 한다. 최고의 법은 금의 수입과 지출을 통해, 그리고 두 개의 화폐 영역 사이의 교환으로부터 결과하는 지불의 균형을 통해 수지균형을 맞출 필요 그 자체이다.[5]

노동계급에게 금이라는 디플레이션적 원리를 부과하는 것으로 되돌아가는 이 반동적 꿈은 수년 뒤에 파리 사람들의 바리케이드에 굴복했다. 결과적으로, 프랑스의 무역 수지 악화(1968년 운동 동안 노조에 의해 쟁취된 성과의 결과물)는 프랑화의 가치절하를 야기했고 준비금을 축소시키면서 이루어지는 자본의 예방적 도주를 촉진했다(Mandel, 1976). 자본은 금의 훈육을 포기하지 않을 수 없었다. 뽕삐두(Pompidou)는 1969년 중반경 12.5 퍼센트의 평가절하를 채택했다. 그리고 그해 말에 그는 헤이그에서 열린 유럽 경제공동체 회의에서 프랑화를 유럽 통

---

5. Press conference, 4 February 1965. Cohen(1984)에서 인용.

화의 공동변동환시세제(snake)로 통합하는 것에 동의했고 그것은 1972년 4월에 이행되었다. 그 새로운 전략 — 이 전략은 2년 뒤, 파운드, 리라, 그리고 프랑 등이 다시 평가절하됨으로써 무너졌다 — 은 낡은 금속 숭배에 더 이상 희망을 걸려고 하지 않았고 독일 연방 은행의 훈육 능력을 유일한 희망으로 삼으려 했다.

이제 자본의 이 이중 도주를 자세히 살펴보자. 분명히 자본 도주의 두 가지 반응들과 두 가지 양식은 생산 속에 고정되어 있던 생산적 자본이 유동적 화폐자본 형식으로 변형되는 것을 가정한다. 그리고 이와 동시에 도주의 두 가지 양식은 자본에게는 언제나 불확실한 도박을 의미한다. 새로운 장소에서 혹은 미래의 순간에 축적을 위한 더 나은 조건을 발견하려는 도박. 미래에 그 변형의 역전을, 다시 말해 화폐자본 형식으로부터 (산 노동을 착취할 수 있는 유일한 형식인) 생산자본 형식으로 귀환할 것을 전제하는 도박. 그렇지만, 첫 번째 경우에 두 개의 변형은 단시간의 프레임 속에서 일어나지만, 두 번째 경우에 그것들은 좀더 장기적인 기초 위에 분리된 채 남을 수 있다. 노동의 불복종은 언제나 그 나름대로 자본의 도박을 격파할 수 있다. 그러나 이 격파는 이 두 경우에 각기 다른 방식으로 표현된다. 첫 번째 경우에 그것은 재배치된 생산자본의 수익성 위기로 표현된다. 두 번째 경우에 그것은 화폐자본의 생산자본으로의 재전환이 장기적으로 불가능해지는 것으로 표현된다.

자본 도주의 이 두 가지 양식은 서로 연결되어 있다. 그리고 이 두 가지는, 해외 직접 투자, 기업간 교역, 그리고 국제적 금융 흐름의 확장에 의해 나타난, 현대 자본주의의 특징이다. 그럼에도 불구하고 우리는 여기에서 자본 도주의 두 번째 양식에, 즉 생산자본의 화폐자본으로의 좀더 대량적인 전환에 집중할 것이다. 왜냐하면 우리는 이러한 확장 과정과 부채의 사회화가 자본과 노동 사이의 적대가 현대 자본주의에서 드러나는 두드러진 양식이라고 생각하기 때문이다. 이것은, 우리가 이 과정을 노동계급 투쟁의 결과로, 그리고 다시 그것을 노동계급 투쟁에 대한 자본주의적 대응으로 이해한다는 것을 의미한다.

부채의 확장과 사회화

앞에서 언급한 두 가지 계기들 중의 첫 번째 것이 1970년대 대부분 동안 전후 자본주의의 위기의 발전에서 지배적 계기였다고 말해질 수 있는 반면, 두 번째 계기는 1980년대의 하반기와 1990년대 동안 결정적 계기였다고 말해질 수 있다. 또 1970년대 말에 발흥하여 1980년대 상반기 동안 확산되었던 신보수주의와 결합된 자본주의적 공세는 두 기간 사이의 일종의 돌쩌귀로 작용했다. 그렇지만 우리가 살펴보게 되겠지만 부채의 이러한 확장과 사회화의 과정은 언제나 계급투쟁의 결과이자 그것에 대한 대응이다. 그것은 언제나 자본주의의 명령이자 동시에 위기이다.

앞서의 시기 구분은 라틴 아메리카와 그것의 해외 부채에 대한 고찰을 통해 명백하게 설명될 수 있다. 1960년대 말 이래로 수익성의 위기는, 스태그플레이션에 시달리는 선진 케인즈주의적 자본주의들의 축적 조건을 침식했고 그것은 1970년대에 국제 유동성의 지속적 증가에, 국제 금융시장에서 이루어진 화폐자본 공급의 지속적 증가에 역동성을 부여했다. 이런 의미에서 1974~5년의, 그리고 다시 1979~80년의 유가 상승의 결과로 OPEC 나라들에 축적된 석유 달러의 금융적 재순환은 이러한 보다 광범한 과정의 한 장(章)으로 이해되어야 한다. 우선 1970년대에 국제 상업은행들의 신용 팽창을 통해, 그리고 둘째로는 국제적 채권 발행을 통해 표현된 국제적 신용 확장은 1973년과 1975년 사이에 매년 약 500억 달러의 비율로, 1976년에서 1978년 사이에는 매년 1000억 달러의 비율로, 그리고 1979년에서 1981년 사이에는 매년 1500억 달러의 비율로 이루어졌다.[6] 그러므로 이러한 국제적 화폐자본 흐름의 팽창은 OPEC 나라들이 주도한 유가 상승의 종합국면적 효과에 대한 대응이 아니었다. 좀더 깊은 곳에서 그것은, 위기의 수렁 속으로 깊이 빠져들었던 선진 자본주의의 악화하는 수익성에 대한 대응이었다.

화폐자본의 국제적 흐름의 이러한 확장의 반대 측면은, 매우 당연한 것이지만, 주변부 자본주의 나라들, 특히 라틴 아메리카 나라들의 대외 부채의 증가였다. 라틴 아메리카 나라들로의 자본의 연간 순유입은 1950년과 1965년 사이에 평균 8억 140만 달러(지역 GDP의 1.2 퍼센트 상당)였다가 1966년에서 1973년 사이에 40억 4천 2백만 달러(GDP의

---

6. 석유 수출국의 은행 예금은, 가장 많았던 때에는, 이 확장의 3분의 1 내지 4분의 1에 이르렀다(1979년에는 1250 달러 중 370억 달러, 1980년에는 1600억 달러 중 410억 달러). IMF/세계은행이 발행한 *Finance and Development* 19(4), Washington, December 1982 중 IMF 수치를 참조하라.

2.8 퍼센트)로 점차 상승했다. 그 이후로 증가는 가속되어 1974년에서 1976년 사이에는 평균 149억 5천 600만 달러에 이르렀고 1977년에서 1981년 사이에는 288억 6천 1백만 달러에 이르렀다.[7] 결과적으로 라틴 아메리카의 전체 해외 부채 스톡은 1980년에 이미 2,586억 6천 5백만 달러로 상승했다. 그 중 큰 부분(1,461억 9천 8백만 달러)은 장기 공공 부채였고 또 주요 부분은 단기 부채였다. 장기 사적 부채가 424억 5천 8백만 달러고 IMF에 빚진 것이 14억 1천 3백만 달러였음에 반해 단기 부채는 685억 9천 7백만 달러에 이르렀던 것이다.[8]

라틴 아메리카가 부채를 지게 되는 이 과정의 직접적 결과는 전후 발전의 전 지구적 위기의 지역적 분출이 1970년대 동안에 연기된 것이었다(Ominami, 1987). 신용 팽창은 다시 한번 '미래로의 도주'로 작용했다. 그렇지만 1982년에 멕시코의 지불 중지와 더불어 정점에 도달했던 부채 위기를 시작으로, 이와 동일한 대외 부채가, 중기적으로 바로 이 위기의 일차적 표현 양식이자 자본의 대응을 구성한, 재구조화 과정의 결정적 수단임이 입증되었다. 달리 말해 이 대외 부채가 화폐자본의 위기-속의-명령의 주요한 지역적 표현으로 되었던 것이다.

노동을 훈육하는 디플레이션 정책들—이것들은 1970년대 말부터 선진 자본주의의 신보수적 공세에 의해 부과되었다(다른 무엇보다 Bonefeld, 1995a ; Clarke, 1988 ; Marazzi, 1995를 참조하라)—은 한 시기

---

7. CEPAL : *Políticas para mejorar l inserción en la econoía mundial*, Santiago de Chile, 1995에 실린 수치.

8. World Bank : *World Debt Tables*, 1995에 실린 수치.

와 다음 시기 사이의 이음매로 작용했다. 사실상, 볼커(이후 카터 행정부의 관리)가 1979년 10월부터 연방 준비금에 부과한 통화주의적 전환은 이자율 통제 정책 대신 통화 기반 그 자체를 디플레이션 전략의 요체로 통제하려는 정책을 사용하는 것이었다. 인플레이션이 자본주의의 내적 모순에서 기원하며 국가 통화정책에 의해 외부적으로 완전히 통제될 수 없다는 점을 고려하면, 이러한 통제 정책은 기술적 의미에서 이미 실패할 운명이었다. 그것은 북미 경제를 전후 시기의 가장 냉혹한 경기 침체로 몰아넣은 디플레이션을 야기했을 뿐이다. 북미의 생산은, 그것의 맞짝인 영국의 생산과 마찬가지로, 1980~2년에 붕괴했다. 통화 발행은 1981년 중반 경 다시 가속되었고 처음의 통화주의 정책은 주요 은행들의 일반적 파산의 위협에 직면하면서 결정적으로 폐기되었다. 이 위협은 북미 기업들의 과잉부채 파산과 (멕시코에서 시작하여 전 지역적 규모로까지 확장될 우려가 있었던) 해외 채무자들의 지불 중지에서 기원했다. 그리하여 애초의 통화주의는 점차 중앙은행의 독립성을 중심으로 하는 정책에 의해 점차 대체되었다. 이 정책은 양적 목표에서 덜 기계적이었고 이자율의 임의적 관리를 더 많이 지향했다. 그것은 분데스반크(Kirshner, 1988)의 유럽 통화 정책을 모델로 삼았다.[9]

---

9. 이것은 자본주의 중심부들에만 이득을 주었다. 그러한 통화주의 정책으로의 이행은 노동을 훈육하기 위해 북(北)에서보다 라틴 아메리카에서 먼저 도입되었다는 것을 주목하는 것이 중요하다. 통화주의적 정책들이 부과된 첫 번째 사례는 1975년 칠레의 피노체트 독재 하에서였다. 그리고 그러한 정책들은, 선진 자본주의에서 그것들이 폐지된 뒤에도 오래 동안 계속 실행되었다. 실제로 고정 환율 정책(아르헨티나의 현재의 통화위원회 체제가 보여주는 극단적 사례를 주목하라)과 좀더 최근의 달러화 정책(에쿠아도르에서 취해진 정책이 가장 중요하다)은 이전의 정책들의 변이로 간주되어야 한다.

신용의 통화주의적 제한은 자본 그 자체에 반하는 부메랑이 되어 돌아왔다. 그럼에도 불구하고 '노동계급을 화폐의 추상적 평등에 종속시킴으로써 통화를 통해 계급관계를 부과하려는'(Bonefeld, 1995b, p. 81) 고도로 정치적인 시도 속에서, 노동을 훈육하는 이 통화주의적 정책은 선진 자본주의 중심에서 일정하게 중요한 성공을 거두었다. 1980년대 동안 평균 이윤율의 상향 운동은 이러한 성공의 가장 분명한 지표이다.[10] 더구나 신보수주의와 연결된 자본주의적 공세는 두 시기 사이의 일종의 경첩으로 작용했다.

이 과정에 대한 좀더 상세한 분석은 이 논문의 범위를 넘어선다. 그렇지만 통화주의 정책에 의해 촉진된 실질 이자율의 상승도 앞서 언급한 라틴 아메리카의 대외 부채증대 과정에서 하나의 핵심적 전환점을 의미했다. 그 지역의 보증 이자율(즉 미국의 10년짜리 벤치마크 채권의 수익)은 1981년에서 1982년 초 동안에 15 퍼센트를 넘어섰다. 다른 한편 연간 달러 인플레이션은 12 퍼센트에서 2.5 퍼센트로 하락했다. 1981년에 398억 4백만 달러(지역 GDP의 4.6 퍼센트)로 정점에 이르렀던, 라틴 아메리카 나라들을 향한 자본 흐름은 결과적으로 1982년에는 201억 3천 3백만 달러로, 그리고 1983년에서 1989년 사이에는 연간 81억 5천 4백만 달러(격심하게 줄어든 지역 GDP의 1.2 퍼센트)로 줄었다.[11]

이런 식으로 (이때까지 연기되어 왔던) 전후 자본주의의 지구적 위

---

10. 이윤율의 진화에 대한 다양한 평가들 모두는 이 상향 운동을 적시했다. 예컨대 A. Glyn, G Duménil and D. Lévy, A Shaikh, M. Husson 등.

11. CEPAL, op. cit.의 수치.

기는 그 지역에서, 그것도 전례 없는 깊이로 폭발하였다. 1970년과 1980년 사이에 그 지역의 GDP는 거의 4배(396 퍼센트) 정도 늘어났음에 반해 1980년에서 1990년 사이에 GDP는 겨우 4분의 1(27 퍼센트) 증가했을 뿐이었다. 일 년 사이에 이 지역에서는 실제로 생산의 절대적 하락이 일어났다. 대외 부채의 충격과 그것의 영향은, 그 십 년 동안 화폐자본의 대규모 유출에도 불구하고, 이 빈약한 수행성의 자취 속에서 증가했다. 1980년대 말경 라틴 아메리카의 해외 부채의 총액은 4767억 3천 9백만 달러로 치솟았다. 이 중에서 1980년보다도 더 큰 부분이 장기 공공 부채였다(단기 부채 774억 8천 7백만 달러 대 장기 부채 3558억 9천 3백만 달러). 그리고 훨씬 더 적은 부분(250억 6천 1백만 달러)은 장기 민간 부채였는데 그것은 민간 부채에 대한 다양한 국가 인수 정책들에 빚지고 있었다. 그리고 그것의 상당 부분(182억 9천 8백만 달러)은 재구조화 프로그램을 위한 IMF 자금을 빌린 것이었다. 모든 부채 지표는 악화되었다 : 부채 누적액은 그 지역의 연간 생산물의 33 퍼센트(1980년에는 26.5 퍼센트였음에 비해)를 차지했다. 그 액수는 1980년에는 수출의 88 퍼센트였음에 반해 1990년에는 수출의 162 퍼센트였다.[12]

통화주의 정책을 포기한 후, 1980년대 하반기 북미의 이자율은, 얼마간의 격심한 요동에도 불구하고, 7 퍼센트에서 9 퍼센트 사이의 대역에 도달할 때까지 감소하는 경향이 있었다. 한편 달러 인플레이션은, 1980년대 말에 6 퍼센트의 정점에 도달하면서, 서서히 회복되었다. 그

---

12. World Bank, op. cit.의 수치.

렇지만 1980년대 전체 동안 선진 자본주의 중심부들(특히 미국)은 국제적 화폐자본 흐름의 거대한 흡입 펌프로 작동했다. 북미의 공공 부채에서 채권 시장이 보인 엄청난 팽창이 이러한 추세를 분명하게 보여준다. 그것들의 거래량은 1980년대 동안에 4배 이상의 증가를 보인 반면 그것들의 명목가치는 1980년에 9730억 달러에서 1990년에는 4조 1440억 달러로 상승했다.[13] 부채의 팽창은, 이제 레이건주의의 군사적 케인즈주의로부터 유래한 금융 적자를 재정지원하기 위해 발행된 공공 부채의 모습으로, 다시 한번 위기를 가장 분명하게 표현했다.

그럼에도 불구하고 1990년대에 라틴 아메리카 나라들로의 화폐자본의 국제적 흐름이 회복되었다. 결과적으로 이러한 흐름은 1990년경에 이미, 부채 위기 이전에 도달했던 총량과 비슷한 수준에 이르렀다(1981년에 398억 4백만 달러에 비교해서 372억 1천 1백만 달러). 더구나 그것은 그 다음 해에는 그 수준을 충분히 상회했다(1992년과 1993년에 616억 8천 2백만 달러와 650억 8천 8백만 달러 ; 1981년에 지역 GDP의 4.6 퍼센트의 정점에 도달했던 것과 비교하여 이 해에는 5.2 퍼센트를 나타냄). 1990~91년의 경기 침체 동안 북미 이자율의 하락은 (그것은 1990년대 상반기 동안 약 6~7 퍼센트를 유지하고 있었다) 이와 더불어 라틴 아메리카의 부채의존도의 새로운 싸이클을 매년 촉진했던 2~3 퍼센트의 달러 인플레이션을 안정화시켰다. 그렇지만 이 새로운 싸이클은 그 이전 싸이클에 비해 다양하고 변별적인 특징들을 나타냈다. 우선 그것은 선정된 채무자들 속에서도 더욱 더 선택적이었다. 작

---

13. Merrill Lynch, *Size and structure of the world bond market*에서 인용한 수치.

은 그룹의 라틴 아메리카 나라들(부채의 크기 순으로 보아 브라질, 멕시코, 아르헨티나)은 또 다른 작은 그룹의 아시아 나라들(중국, 태국, 인도네시아, 한국, 말레이시아)과 더불어 대부된 화폐자본의 70 퍼센트를 흡수했다.[14] 둘째, 대부의 이 새로운 싸이클이 대규모의 자본 유출로, 그리고 그에 따라 1990년대를 특징지운 금융 위기들로 전환되곤 했다는 사실(이 점에 대해서는 아래에서 논할 것이다)에 주목하도록 만드는 이들 특수한 나라들의 이름을 환기하는 것만으로 충분하다.[15] 셋째로, 그렇지만, 이러한 싸이클이 은행들의 직접투자 과정에 의해, 그리고 부채의 소유증서로의 전환에 의해 특징지어지곤 한다는 사실을 주목하는 것이 중요하다. 후자의 이 두 요소는 첫째로는 채권과 권리증서의 투자를 통해, 그리고 둘째로는 유가증권 투자를 통해 부채증대의 과정을 창출했다.

이미 1980년대에 시작된, 부채의 채권으로의 이러한 전환과 직접투자는, 특히 민간 부채를 재구조화하기 위한 브래디 플랜(Brady Plan)[16]의 매개를 통해 강화되었다. 그 과정은 지불 중지에 대한, 그리고 1980

---

14. 1990년부터 (동남아시아에서 시작된 위기 때문에 화폐흐름의 과정이 중단된 해인) 1997년까지, 앞서 주목한 화폐자본 흐름의 수령액은 달러로 각각 1500억(중국), 1300억(브라질), 1200억(멕시코-세 개의 라틴 아메리카 나라들 사이에 나누어진 총액의 약 40 퍼센트), 700억(태국), 650억(인도네시아), 600억(남한과 아르헨티나), 그리고 500억(말레이시아)에 달했다.

15. IMF에 따르면, 위기들 속에서 화폐자본의 이러한 순 유출은 1995년 멕시코의 경우에 570억 달러, 1997년 한국과 태국의 경우에 430억과 240억 달러에 달했다.

16. [역자주] 1989 년 미국의 재무장관인 브래디가 발표한 개발도상국의 채무구제방안을 말한다. 이 방안은 개도국의 경제성장과 외채상환능력 확충을 위해 신규차관 공여에 중점을 두었던 종전의 베이커플랜과는 달리 채무개도국의 외채원리금 삭감과 IMF 및 세계은행의 역할제고를 주장하였다.

년대를 특징지운 연쇄 부도의 위험에 대한 거대 국제 은행 측의 반응이었다. 이것은 중요한 요소이다. 왜냐하면 그것은 부채 팽창의 과정에서 새로운 한 걸음을 의미함과 더불어 부채의 사회화를 향한 거대한 진보를 의미했기 때문이다. 거대 국제 상업 은행들이 점차 채권자이기를 멈추면서 연금기금, 상호기금과 같은 제도적 투자자들로 대체되었으며 채무자들의 질이 하락함에 따라 채권자는 투기적 연계매매 기금으로 대체되었다. 부채는 채권자의 이러한 대체를 통해 사회화되었다. 그것은 물론 잘못된 방식으로 사회화되었다. 한편에서는 은퇴한 노동자들의 연금기금이 그 자산구성에서 채권을 포함함에 따라 그들이 평생 모은 돈을 잃어버리는 방식으로, 그리고 다른 한편으로는 외국의 금융천국들에 등기된 헤지 펀드에 투기한 사람들이 거둔 풍부한 단기 수익이 여전히, 종종 충분히, 바로 그 라틴 아메리카 부르주아지 구성원들에 의해 통제되는 방식으로

더구나 이러한 부채인수와 투자전환은, 부채가 국제 금융시장에 의해 매일매일 평가된다는 것을 의미했다. 국가 위험도 평가를 수반하면서 신용 등급 기관들에 의해 제시되는 이 지속적인 시장 평가 과정에서 상세한 보고서들이 제출되었는데 이 보고서들은, 다음 절에서 더 논의되다시피, 화폐자본의 명령을 위한 일차적 도구들이다.

아르헨티나의 경우는 라틴 아메리카의 해외 부채의존도의 현재의 싸이클이 갖는 새로운 특징들 모두를 분명히 조명하는 데 도움을 준다. 아르헨티나의 총 외채는 1988년과 1990년 사이에 발생한 모라토리움을 극복한 후인 1991년에는 613억 달러였다가, 동남아시아발 위기가 그 지역을 강타하기 직전인 1997년에는 1243억 달러로 늘어났다. 이

지역의 다른 곳에서도 발생했고 또 그보다 훨씬 더 큰 정도로 아시아 채무국들에서도 발생했다시피, 민간 부채가 이러한 부채확장의 동력으로 작용했다. 1991년과 1997년 사이에 민간 부채는 총 부채의 14 퍼센트에서 39.8 퍼센트로 상승했고 또 이와 동시에 현지 자본의 외부 유출 및 동일한 해외 부채 중에서 부분적으로 채권으로 투자된 자본은 604억 달러에서 964억 달러로 늘어났던 것으로 추정된다. 이 부채는, 브래디 플랜(새로운 공공 부채의 발행을 통해, 즉 국제 시장에서 채권의 발행을 통해 직접 금융을 조달하려는 현지 대부르주아지의 경향)에서 예견된 공공 부채 재구조화의 수렴적 결과였고 그것은 이 기간 동안에 점차 투자로 전환되거나 혹은 소유증서로 전환되었다. 1991년에 전체 부채의 10.3 퍼센트에 불과했던 이러한 채권은 1997년에는 54.1 퍼센트로 늘어났다. 반면에 상업 은행에서 빌린 부채는 53.9 퍼센트에서 16.3 퍼센트로 하락했다.[17] 그러한 부채 평가는 국제 금융조직들 및 위험분석 기관들로 대표되는 투자자들을 위해 수행되는데, 그러한 평가가 국내의 정책 방침에 미친 압력에 대해 길게 논하는 것은 불필요하다. 1985년 서울에서 열렸던 연례회의에서 IMF에 의해 찬양된 '부채 협정' 정책을 적용함에 있어서, 아르헨티나는 '주식-부채 교환'(즉 채권으로 공기업을 사유화하기)이 라틴 아메리카에서 가장 많이 진행된 나라임을 주목하는 것으로 충분하다.

---

17. the National Ministry of Economics and Public Works and Services, in Basualdo (2000a and 2000b)의 데이터베이스의 수치. 브래디 플랜의 도입 이후에 공공 부채 채권에 지불된 이자는 1993년에 2.9 퍼센트에서 2000 년에 약 9.5 퍼센트로 늘어났다. 이와 더불어 통상 국가 소득에서 이 이자의 비중은 같은 기간에 6 퍼센트에서 16.5 퍼센트로 늘어났다.

화폐자본의 '위기-속의-명령'

우리는 앞 절에서 서술된 부채 확장과 사회화의 과정을 화폐자본의 위기-속의-명령과 연결시켰다. 후자는, 자본과 노동 사이의 적대가 현대 자본주의에서 표현되는 일차적 양상이다. 이제 이러한 지배의 작동에 대해 좀더 자세히 분석하는 것이 필요하다.

부채의 이러한 확장과 사회화를 설명할 때에 다양한 분석들이 취하는 출발점은, 맑스주의적 틀, 케인즈주의적 틀 혹은 통화주의적 틀 중 그 어느 것으로부터 유래하건 간에, 금융자본 영역과 생산자본 영역 사이의 관계이다. 가장 변호론적인 판본에서는, 편리하게 규제완화되고 자유화된 금융시장에서의 다양한 활동들을 위해 가격이 자유롭게 형성되는 것이 저축 중에서 가장 적절한 분량이 투자에 할당되도록 보장한다고 한다. 이런 식으로 보면 부채의 확장과 사회화는 전후 자본주의의 억압적 금융 정책을 포기함으로써 얻는 유익한 결과일 것이다. 게다가 금융 위기의 과잉은 외재적 요인들—그것이 경제적 성격의 것('흑점들')이든 정치적 성격의 것('규범으로 인한 이변들')이든 간에—에서 기원하는 불행한 사건으로 간주된다. 여기에서 월레이스적 주류 이론화가 만들어 내는 이 같은 플라톤적 하늘에 대한 상세한 비판을 하는 것이 필요하지는 않다. 특히 그 이론을 옹호하던 사람들 자신이 1990년대 하반기에 출현하기 시작한 금융 위기들 직후에 그들로 인해 그 하늘에 만들어진 구름들로부터 탈출하는 길을 택했다는 점을 고려하면 말이다(Stiglitz(1998)과 그 밖의 곳에 서술된 '포스트워싱턴 콘센

서스'[세계은행 수석부총재인 J. 스티글리츠가 주창한 것으로 금융기관의 건전성 감독 강화 및 개도국의 경제 정책상 재량 보장을 통해 단기성 투기자본을 적절히 제어해야 한다는 내용을 담고 있다 - 역자]를 둘러싼 토론을 참조하라).

더구나 좀더 비판적인 판본들에서는, 이러한 확장과 사회화 과정의 기능 자체가 의문시된다. 신보수주의 정책들의 결과로 이해된, 금융 수익성의 상승은 생산적 투자와 고용에 제동을 거는 것으로 간주된다. 이렇게 됨으로써 현대 자본주의는 금융적으로 지배되는 전 지구적 축적체제로 뒤바뀐다(Chesnais, 1997). 이에 따라 현대 자본주의는 금리에 혈안이 된 기생적인 성격의 금융자본에 의해 특징지어지는 거대한 카지노로 뒤바뀐다(Sweezy, 1994). 이러한 투기적 동학 때문에, 금융시장들에서 공정가격의 확립은 최적화하는 합리성의 형식으로 간주될 수 없다(Kregel, 1999). 그리고 나아가 금융은 현재의 종합국면 속에 놓인 자본주의를 위협하는 '체제적 위기들'의 원천으로 뒤바뀐다(Aglietta, 1995).

다시 말하거니와, 여기서 이러한 설명에 대한 상세한 비판을 가하는 것은 가능하지 않다(Bonnet, 2001을 참조하라). 자본주의가 취하는 순전히 금리추구적이며 기생적인 운동이라는 관념이 중기적으로 유지될 수 없으며 금융은 생산에서 발생된 잉여가치 양을 흡수하고 재분배할 수 있을 뿐임을 상기하는 것으로 충분하다(Husson, 1999와 Chesnais, 1999를 참조하라). 더구나, 이 논문의 서론에서 강조한 바와 같이, 우리가 고찰하고 있는 자본주의 발전 시기는 이미 전후 자본주의 시기와 대등한 하나의 시기로 확장되었다. 그 자체로, 우리는 노동에 대한 자본의 구성적 의존(이것은 금융이라는 신비한 안개에 휩싸여 있다)의 재출현에 직면한다.

그렇지만, 자본주의의 '금융화'라는 이러한 생각의 정치적 함축들을 드러내는 것은 매우 중요하다. 자본주의 중심부에서 이러한 생각은 '좋은' 생산적 자본주의와 '나쁜' 투기적 자본주의 사이의 이원적 대립의 체제를 통과하는데, 이 각각은 부르주아지의 특수한 분파와 연결된다. '좋은' 라인강 모델과 '나쁜' 앵글로 색슨 모델 사이, '좋은' 유럽 자본과 '나쁜' 미국 자본 사이 등등의 대립 같은 것이 그것이다. 후자가 유럽 정치가들의 공모 덕분에 전 지구적 규모로 강요되고 있음에도 불구하고 말이다.[18] 많은 경우에 이러한 대립의 정식화와 정치적 함축들의 도출 사이에는 거의 아무런 간격도 없는데, 그것의 반동적 프로필은 사회 제국주의의 낡은 담론을 상기시킨다.

그럼에도 불구하고 이러한 경고는 라틴 아메리카의 경우에 특히 중요하다. 실제로 미국의 금리추구적이고 기생적인 지배적 이해관계에 의해 정치적으로 부과된 전 지구적 자본주의의 금융화라는 생각은 라틴 아메리카에서 흡수되고 변형되었다. 반세기에 걸친 민족주의적이고 인민주의적인 발전의 경험을 갖고 있고 세계시장 속으로 위험스런 방식으로 삽입되어 온 특징을 갖고 있는 이 지역에서, 그러한 담론들은

---

18. 이러한 담론의 개척자는 Albert(1991)이다. 그러나 그것은, 유로를 방어하기 위해 Fitoussi가, '독특한 생각(pensée unique)'을 폐기하면서 Ramonet가 개시한 캠페인들의 본질을 이룬다. 그것들의 주된 이론적 지지대는 당연하게도, 자본주의의 다양한 모델들이 조절의 특유한 모델을 낳는다고 주장하는, 조절학파에게서 발견될 수 있다. 생산과 금융 사이의 관계는 그러므로 최종 심급에서의 상대적 자율성 혹은 결정이라는 구조주의적 개념의 이러저러한 판본을 통해서 명확히 표현된다.

명백히 진보적인 내용을 갖는다. 그렇지만 자본주의의 금융화에 관한 이러한 생각의 배후에는 '위기에 빠진 종속'이라는 낡은 이데올로기들의 부활이 숨겨져 있다. 그리고 이런 식으로, 그것에는, 전 지구적 금융자본주의에 의해 위협당하는 생산적 민족 부르주아지라는 가정을 앞세운 민족주의적-인민주의적 발전 프로그램들을 재생시키려는 경향이 스며 있다.19

화폐자본의 위기-속의-명령의 작동에 대한 비판적 분석을 위한 출발점은 금융자본 영역과 생산자본 영역 사이의 관계로부터 발생하지 않는다. 그것은 또 금융적 자본주의와 생산적 자본주의의 관계, 부르주아지의 분파들 사이의 관계, 자본주의 혹은 민족적 자본주의의 모델들 사이의 관계로부터 발생하지도 않는다. 출발점은 전 지구적인 사회적 자본축적의 독특한 과정인데, 그것은 생산과 유통의 계기들을 포괄한다. 그리고 그것은 자본과 노동 사이의 적대로부터 출발하면서 분석되어야 하는 것이다.

자본의 운동은 종속의 부과와, 불복종으로부터 탈주 및 불복종의 탈주의 변증법적 통일이다. 이것을 유통과 생산의 변증법적 통일로 표현하는 것이 보다 일반적이지만 이 용어들은, 유통과 생산이 시간과 공간 속에서 분화된 계급투쟁임을 강조하지 못한다(Holloway, 1995, p. 26).

---

19. 이러한 담론은 라틴 아메리카의 반-신자유주의의 주요한 부분을 특징짓는다. 그리고 그것의 가장 중요한 자원은 신자유주의적 독트린으로 전화하지 않은 낡은 종속학파 지식인들이다. 이것은 브라질에서 특히 두드러지게 나타나는 경우이다(예를 들어 Furtado, 1998 and Dos Santos, 2000 등을 참조하라).

그러므로 앞서 주목된 해석들은 자본과 노동 사이의 이 중심적 적대를 놓치며 금융의 물신화에 빠져든다. 화폐자본의 위기-속의-명령의 작동에 대한 비판적 분석을 지향하는 질문은, 그러므로, 부채의 확장과 사회화에 의해 특징지어지는, 전 지구적 사회적 자본(생산적 및 금융적 자본)의 이 새로운 배치와, 자본주의에 내재적인 자본과 노동의 적대 사이의 관계를 강조해야만 한다. 이것의 가장 적절한 측면들 중의 일부는 아래에서 상술된다.

화폐자본의 이 '위기-속의-명령'의 열쇠는 전 지구적 자본의 이동성 속에, 그리고 무엇보다 화폐자본의 형태로 전개되는 자본의 특권적 이동성 속에 있다. 그것의 선봉은 바로 화폐자본의 전 지구적 규모의 거대한 운동이다. 그것의 존재양식을 이해하기 위해서는 화폐자본의 이 운동을 자본과 노동의 적대의 결과로, 그러므로 이 적대에 대한 자본의 대응의 결과로 이해할 필요가 있다. 다르게 표현하면 그것은 화폐자본의 운동을 계급세력의 균형에 의해 규정되고 또 규정하는 것으로 이해하는 문제이다.

사실상 전 지구적 규모에 걸친 자본의 운동을 규정하는 이른바 '기초요인들(fundamentals)'은 분명한 축적의 공간들에 현존하는 노동에 대한 지배 및 착취의 조건과 상관이 있다. 그것들은 계급관계의 종합적 표현일 뿐이다. 노동 착취의 수준들을 가리키는 어떤 변수들 혹은 변수들의 집합—예컨대 잉여가치 착취율을 가리킬 수 있는, 생산성, 급료, 환율 등의 일정한 조합—은 생산적 자본 흐름의 '경제적' 결정 요인으로 채택될 수 있다.[20] 멕시코가 NAFTA(북미자유무역협정) 속으로 통합된 동학은 이 점을 설명하는 데 도움을 준다. 발레 바에사(Valle

Baeza 1998)는, 환율 효과를 차치하면, 멕시코와 미국 사이의 임금 격차는 두 나라 사이의 생산성 격차와 유사한 양이라고 주장한다. 그래서 해외 투자는 멕시코의 수출산업 지대인 마낄라를 향해 흘러가는데, 이곳은 생산성도 낮지만 임금도 낮은 대규모 노동력의 고용을 요구하는 생산과정 부문이 집중된 곳이다.[21] 채무자가 빚을 갚을 능력을 가리키는 변수들—즉 부채/생산물, 부채/수출, 공공지출/소득의 비율 등등—그리고 화폐자본 자체의 운동 속에서 기초요인으로 종종 간주되는 변수들은 또한, 비록 보다 간접적이지만, 노동 착취의 이러한 수준과 상관이 있다.

그렇지만 이러한 기초요인들 속에 정치적 성격의 몇몇 변수들—가령 노동에 대한 지배의 내적 조건들을 나타내기 위해 국제 조직들에 의해 발명된 완곡어구인 '통치가능성'과 같은 지표들—을 포함시킬 필요도 있다. 노동자들에 대한 정치적 지배가 그들에 대한 경제적 착취의 필수적 조건으로 남아 있음을 고려하면 말이다.[22] 1999년 벽두에

---

20. 다양한 현대 맑스주의자들—카르케디, 샤이크, 홋슨 등등—은, 자본의 이동성 및 축적의 이러한 기초요인들(fundamental)에 기초한 세계 규모의 이윤율의 평준화에 대한 설명을 통해, 현대 자본주의를 이해하는 데에 중요한 기여를 했다. 그렇지만 이러한 기초요인들은 주로 자본과 노동 사이의 적대에 주로 의존하지, 이러한 설명 도식에 의해 제시된 바처럼, 자본가들 사이의 경쟁에 의존하지 않는다.

21. 마낄라 내부에서 노동과정의 유혈적인 초테일러화에도 불구하고, 이것은 이러한 생산성 격차를 감소시킨다(cf. Husson, 1994, 1995).

22. 물론 정치적 지배의 이러한 조건은, 노동을 국경 내부에 가두려 하는 국가들에 의해 계속해서 매개된다. 전후 개혁주의 국가의 '경쟁 국가' 혹은 '슘페터적 국가들'(즉 전 지구적 화폐-자본 흐름의 가능한 한 가장 큰 부분의 포획에 앞잡이 노릇을 하는 국가들)로의 변형이라는 생각은, Hirsch(1995)와 Jessop(1999)이 제안한 것처럼, 이런 의미에서 흥미롭다. 그렇지만 그들의 주장은 의심스러운 구조-기능주의에 기반하고 있다. Bonefeld(1997)의 비판

브라질에서 있었던 레알화의 가치절하는 적절한 사례이다. 1998년 중반 이후로 중앙은행의 외자 준비금은 브라질 증권거래소 속으로 자본흐름을 제공한 옵션[option ; 증권, 부동산, 상품 등을 계약서의 가격으로 일정 기간 중 언제든지 매매할 수 있는 권리 - 역자]과 선물매매[future ; 거래소의 거래에서, 장래의 일정한 시기에 현품을 넘겨줄 조건으로 매매계약을 하는 거래 종목 - 역자]에 의해 완전히 고갈되었다. 이 외자 준비금은 1998년 7월에서 1999년 1월 사이에 750억 달러에서 270억 달러로 하락했는데 이것은 브라질 국내총생산의 6 퍼센트에 해당하는 양이었다. 결과적으로, 1999년에 재선된 까르도주 행정부는 통화를 평가절하했고 그것을 외환 시장의 흐름에 맡겨 두었다. 이로써 레알화에 대한 고정 환율 계획은 끝이 났다. 그 때까지 레알 화의 평가절하는 1998년 10/11월에 IMF와 협상된 신용 패키지 덕분에 연기되었다. 일련의 국가들과 국제 금융 기관들의 우두머리 역할을 하는 IMF는 첫 해 동안에 지불되고 있었던 370억 달러에다가 다시 3년간에 걸쳐 지불되어야 할 415억 달러의 일괄 구제기금을 제공했다.[23] 그것의 크기에서, 그 구제기금은 1995년에 있었던 멕시코 구제금융 및 1997년에 있었던 한국 구제금융에만 비교가능한 것이다. 그렇지만, 그것의 성격은 뒤의 두 경우와는 비교할 수 없는 것이다. 왜냐하면 그것은 일차적으로는, 동남아시아 위기의 낙진이 불어 닥치는 동안에 IMF와 G7에

을, 그리고 Holloway(1993)에 나타나는 민족국가와 전 지구적 자본의 관계에 대한 좀더 비판적인 분석을 참조하라.

23. IMF, *IMF Survey*, 1998 및 1999를 참조하라.

의해 이미 1년 전에 합의된 '예방 프로그램들'을 중심으로 선회하는 것이었기 때문이다. 그 자체로, 그것은, 그 같은 사실이 발생하기 전에, 즉 자본이 문제의 금융시장을 황폐하게 만들기 전에 취해진 일차적 구제금융이었다. 그러므로, 자세히 살펴보면 우리는, IMF가, 이전의 경우들에서와 마찬가지로, 자본 도피에 가담해 왔으며 또 그것이 대표하는 투기자들의 소득을 보장해 주었다는 것을 이해할 수 있다. 여전히 더욱 중요한 것은, 자본의 도피와 IMF 개입이 국내의 특수한 정치적 종합국면에 대응했다는 사실이다. 투기자들과, 국제 금융 기관들의 직원들에 따르면 선거에서 PT(브라질 노동자당)가 승리할 가능성이 있었다는 사실이 이 양자의 행동을 규정했다. 그러므로 IMF는, 단기적으로는 까르도주의 재선을 보증함으로써, 중기적으로는 경제정책 방향에서의 변화를 요구한 바 있는 PT 좌파 부분을 훈육함으로써, 브라질의 국내적 통치가능성을 보장하게 되었다. 이 이야기는 오늘날 새로운 브라질 선거를 앞두고 더욱더 훈육된 PT에 의해 대외 신용의 새로운 노선으로 반복되고 있다.

그렇지만 이것이 화폐자본의 명령 과정에 대한 '정치주의적' 해석이 아니라는 점을 주목하는 것이 중요하다.[24] 화폐자본의 운동을 지배하는 '정치적' 변수들과 '경제적' 변수들은 모두 자본과 노동 사이의 적

---

24. 라틴 아메리카에서 신발전주의자들의 가장 유별난 담론 전략들 중의 하나는, 노동의 지배로부터 다소간 분리된 방식으로 자본 운동을 규정하는 정치적 변수들(즉 '기관들의 질과 효능')을 강조하는 것, 그리하여 세계은행의 '제2세대' 개혁들을 종합하는 것이다. 이번에는 경제적 변수들도 (예컨대, de Bouzas and Ffrench Davis, 1998의 표현을 빌면, '노동력의 비용'을 '노동력의 숙련과 유연성'에 추상적으로 대립시키면서) 노동 착취로부터 분리된다.

대에 의해 규정된다. 분리-속의-통일인 정치적인 것과 경제적인 것이 자본주의의 바로 그 같은 적대적 사회관계에 의해 취해지는 유일한 형식들이다(Holloway, 1994를 참조하라).

신용 평가 기관들에 의한 국가 위험도 평가에서 고려되는 변수들에 대한 일별은 전 지구적 규모에서 화폐자본의 운동에 대한 결정들을 지배하는 다소 완전한 파노라마를 제공할 수 있다. 실제로, 무디스(Moody's)나 스탠다드앤푸어스(Standard and Poors) 같은 주요한 주역들에 의한 이러한 신용 위험 평가는, 세계시장 속의 두드러진 축적 공간들에서 노동에 대한 착취와 지배를 위한 조건들이 어떠한가에 대한 자본주의적 예보의 가장 종합적이고 혼란스런 표현이다. 달리 말해 그것들은 화폐자본의 명령의 권위적 지령들이다. 이런 식으로 그것들은 지불 중지라는 '경제적 위험'에 묶인 변수들로 평가될 수 있는데, 거기에는 과거의 성공적 지불의 기록들로부터 GDP와 수출에 미치는 부채 서비스의 영향, 상업적 수지(收支)의 상태, 채무자가 채권 시장에 접근하기 위한 직접적 조건 등과 같은 변수들이 포함된다. 이 모든 것은 인지된 '정치적 위험들'에 연결된 변수들과 병렬된다.[25]

물론 이것은, 그러한 신용 평가 기관들이 화폐자본의 국제적 운동을 그들 스스로 통치한다는 것을 의미하지는 않는다. 그들의 평가는 이러

---

25. Institutional Investor와 Euromoney에 의해, 그리고 Economist Intelligence Unit의 편집부에 의해 수집된 신용 평가 연구를 보면, 이러한 '정치적 위험'은 고려된 변수들의 15~40 퍼센트 가량을 설명해 준다. '경제적 위험'은 30~45 퍼센트에 상당한다. 그리고 단기 시장에의 접근이 나머지를 구성한다(N. U. Haque, D Mathieson and N. Mark : 'Evaluación de las instituciones que clasifican a los países segú el grado de solvencia', in IMF : *Finanzas y desarrollo* 34 (1), Washington, March 1997).

한 화폐자본 운동을 구체적으로 규정하는 변수들에 대한 제도적 반영일 뿐이다. 그들이 결정적 영향을 미치는 유일한 사항은, 유가증권 명세표가 법적으로 제한되는 (투자 수준은 일반적으로 연금 기금을 필요로 한다) 그들의 기관 투자자들을 위한 것이다. 국제 금융시장에서 투기자들의 변덕스러운 일상적 차액취득매매(arbitrage)에 할당된 시세폭은, 화폐자본의 명령이 내리는 진실하지만 그러나 익명인 지령으로 작용한다. 아르헨티나에서 있었던 근래의 금융 소요는 이러한 차액취득매매의 극적인 사례이다. 여러 주 동안에 걸쳐 신문의 표제 기사는 이 기사로 넘쳐흘렀고, 대화들은 '국가 위험'이라는 불가해한 생각에 의해 지배되었다. '국가 위험'은, 종종 바닥점 1700을 넘는, 마찬가지로 불가해한 시세폭과 연결되었다. 국제 금융시장에서 공채를 둘러싸고 일어난 일파의 투기는 이 불가해함의 핵심에 놓여 있는 것으로 보인다. 그렇지만 실제로 드러난 것은, 이 시세폭이 변화하는 계급관계의 균형에 맞추어 매일 등락하고 있다는 것이다. 정부가 공공 노동자들의 임금, 실업 혜택과 연금 등의 인하에 기초한 금융 균형 정책을 시행했을 때, 그것은 하락했다. 그리고 취업 노동자와 실업 노동자의 저항이 그 정책을 뒤엎을 위험이 생겼을 때, 그리고 채무의 불이행 상태가 되었을 때, 그것은 상승했다.

이것은 화폐자본의 명령을 이해하기 위한 결정적 지점이다. 즉 그것은 본질적으로 눈먼 지배이다. 신용 평가 기관들과 같은 사적 기관들도 미국 연방 준비금과 같은 공적 기관들도, 또 IMF나 세계은행, 국제분쟁 조정 은행, 바실 위원회(Basil Committee)와 같은 국제기관들도 화폐자본의 운동을 지배하지 못한다. 달리 말해, 화폐자본의 위기-속의-

명령은 구체적으로 어떤 특수한 정치적 형식에 상응하지 않는다.26

현대 자본주의에서 화폐자본 운동의 결정적 역할은 임의의 금융화된 축적체제 내부에 있는 그 동학의 상대적 자율성에 따라 해석되지 말아야 한다. 전 지구적인 사회적 자본의 가치화는 여전히 노동에 대한 효과적 착취에 의존적이다. 그리고 화폐자본의 운동은 이러한 가치화를 밑받침하는 조건들(즉 자본과 노동의 적대로부터 발생하는 조건들)과 관련해서 이해되어야 한다. 그렇지만 화폐자본의 이러한 역할의 특유성은, 전 지구적인 사회적 자본의 특유한 현대적 배치 내부에 위치 지워져야 한다. 그것의 특수한 역할은, 전 지구화된 생산적 자본을 위하여 노동에 대한 착취와 지배의 조건을 부과하는 일 속에 뿌리박혀 있다. 우리가 여기에서 화폐자본의 명령에 대해 말하는 것은 바로 이 의미에서이다.

그럼에도 불구하고 이러한 조건들은 착취에 내재적인 자본과 노동의 적대에 의해 부단히 횡단된다. 더 정확하게 말하면, 자본과 노동의 적대는 착취와 지배의 현재 조건과 미래 조건 사이의 연결을, 화폐자본이 기반으로 삼아 움직이는 바로 그 연결을 불확실성을 통해 침식한다. 화폐자본의 운동은 이런 의미에서 볼 때, 노동의 미래 착취를 건, 영원히 취약한 도박이다. 노동의 불복종은 착취와 지배의 미래 조건에 대한 자본의 기대를 부정할 수 있으며 화폐자본의 대규모 유출을 초래

---

26. 비록 여기에서 이 점을 상세하게 다룰 여지는 없지만, 적절한 정치적 형식의 부재는 현대 자본주의의 핵심적 특징이다. 이런 의미에서 Hardt and Negri(2000)에 서술된 '훈육 체제의 전 지구적 의사국가'의 필연성에 관한 주장은 적절치 못한 것으로 생각된다.

할 수 있다. 그러므로 자본 흐름의 훈육적 성격은 미래 착취에 대한 자신의 기대에 노동을 재종속시키기 위한 자본 측에서의 결정적 응답이다. 각각의 경우에, 노동의 착취와 지배를 위한 미래 조건을 현재의 조건에 분석적으로 동화하는 것은, 자본과 노동 사이의 적대가 둘 모두에 부여하는 불확실성을 호도하는 것과 마찬가지이다. 달리 말해 그것은 계급투쟁의 존재 자체를 부정하는 것이다.[27] 이 불확실성은 실제로 결정적이다. 왜냐하면 그것은, 금융시장이 실제로는 노동 착취의 조건을 (사전이 아니라) 사후적으로만 재가할 수 있음을 의미하기 때문이다. 지배에 대해서만 말하는 것이 적절치 않고 화폐자본의 위기-속의-명령에 대해 언제나 말해야 하는 것은 이 때문이다.

여기에서 이 명령의 또 다른 결정적 측면이 나타난다. 즉 그것의 사후 재가는, 체제 전체를 위협하는 거대한 금융 위기를 초래하면서, 화폐자본의 대규모 흐름이라는 맥락 내부에서 직접적으로 발전한다. 달리 말해 계급투쟁은 금융 위기 속에서 직접적으로 표현된다. 1994~95년 사이에 있었던 멕시코 금융 위기의 경우가 이 점을 잘 보여준다. 그것은, 이 사후 재가가 정치적 지배가 계속 되리라는 사전 기대 위에서 어떻게 작동하는 가를 보여준다. 하지만 그 기대는 결국 계급투쟁에 의해 분쇄되었다(Holloway, 1997 참조).

---

27. 안또니오 네그리는 케인즈의 사상에 대한 그의 탁월한 비판에서 불확실성과 자본/노동 적대 사이의 이러한 관계를 제시했다. 그렇지만 그는 그것을 상세히 검토하지는 않았다. 금융시장 기대의 형성 과정 속에서 이 불확실성의 개념은, 후기 케인즈주의 경제학자들에 의해 이해되었듯이, 지금 신비화된 채 남아 있는 그것의 합리적 핵심을 구출하기 위해서는 이런 식으로 체계적으로 비판될 수 있고 또 그래야만 한다.

멕시코는 1990년대 중반에 세계시장 속으로 통합되기 시작했는데, 그것의 통합방식은 엄청난 거시경제적 불균형을 야기했다. 미국 경제와의 통합에서 비롯된 상업적 불균형(1994년 GDP의 8.3 퍼센트에 해당하는 301만 4천 9백 달러)은 현재의 점증하는 수지적자(GDP의 7.9 퍼센트에 해당하는 287억 8천 5백 달러)를 야기했다.[28] 그 동안 이 상업 적자는 자본 유입에 의해 보충되었다. 순수한 사적 자본 흐름은 1993년에는 219억 달러에 달했다. 비록 그것이 1994년에는 174억 달러로 하락하기 시작했지만 말이다. 환율의 과대평가(그것은 1988년에 시작되어 1993년에는 30 퍼센트에 이르렀다)는 인플레이션과 대외 부채 지불의 비중을 축소시켰지만 무역수지에서의 새로운 압력을 창출하기도 했다.[29]

이 모든 거시경제적 불균형이 1994~95년의 위기 이전에 멕시코 경제를 침식했던 것은 분명하다. 그럼에도 불구하고 위기는 전통적인 무역수지 위기로 단순히 이해될 수는 없다. 멕시코와 아르헨티나의 상황을 비교해 보면 이 점을 분명히 알 수 있다. 멕시코의 상업 적자 및 한 해 적자는 아르헨티나의 상업 적자 및 한 해 적자의 두 배 이상이었다. (아르헨티나의 상업 적자와 한 해 적자는 1994년에 각각 아르헨티나 GDP의 3.7 퍼센트와 3.6 퍼센트였다.) 한편 아르헨티나 페소의 과대평

---

28. 세계은행 데이터베이스에서 인용(World Bank : *World debt tables* 1996, Washington). 상업부채는 1990년에는 GDP의 4 퍼센트인 94억 4천 9백만 달러였다. 그것은 무려 219 퍼센트나 증가했다. 또, 최근의 무역수지 적자는 74억 5천 1백만 달러(GDP의 3.1 퍼센트)로 286 퍼센트 증가한 것이다.

29. 실제 환율 평가는 CEPAL, op. cit.에서 인용한 것이다.

가는 (1988년과 1993년 사이에 77.7 퍼센트로 추산된) 멕시코 페소의 과대평가의 두 배 이상이었다. 그렇지만 이러한 멕시코가 세계시장 속으로 더 깊이 삽입되면서 그 적자가 그만큼 커졌음을 주목하는 것이 필요하다. 1994년에 멕시코의 수출입 합계는 멕시코 GDP의 39.1 퍼센트에 달했는데, 아르헨티나의 수출입 합계는 아르헨티나 GDP의 18.8 퍼센트였다. 이러한 변수가 대외 부채를 지불할 상대적 역량에서 갖게 될 효과로 눈을 돌려보면, 멕시코의 부채 총량이 수출의 228 퍼센트에 해당됨에 반해 아르헨티나의 부채 총량은 수출의 368 퍼센트에 달했음을 주목할 수 있다.[30] 또 부채에 대한 이자 지불은 두 경우 모두에 (각각 34 퍼센트와 32 퍼센트로) 비슷한 비율이었다.[31] 이 모든 것은 다음과 같은 중대한 질문을 제기한다. 멕시코의 상황을 특별히 폭발적이게 만든 것은 무엇이었나? 왜 평가절하와 그에 뒤이은 금융 위기가 아르헨티나가 아니라 멕시코에서 폭발하였나? 그리고 왜, 더욱더 놀랍게도, 페소 태환성과 아르헨티나 금융 시스템 일반은, 멕시코 위기의 충격파가 그 지역을 타격하고 있을 때인, 저 특수한 역사적 종합국면에서 평가절하와 위기에 대해 저항하였나?[32]

---

30. 혹은, 만약 우리가 공공 부채만을 고려하면, 각각의 수치는 165 퍼센트와 265 퍼센트이다.
31. 각각의 부채의 상대적 구조는 분명히 확산적이었다. 멕시코 부채의 24.5 퍼센트는 단기 (평균 만료기간은 7.5년) 부채였음에 반해 아르헨티나 부채의 9.3 퍼센트는 브래디 플랜 재구조화 뒤에야 그러한 범주(평균 만료기간 9.3 년)에 속했다. 새로운 부채 발행의 평균 이자율은, 그렇지만, 두 경우 모두 6~7 포인트를 왔다 갔다 하는 정도로, 유사했다.
32. 까발로와 한케와 같은 태환성 이데올로그들은, 통화 위원회 체제의 기적적인 미덕을 촉진하고 또 환율 휘발성에 저항할 능력을 촉진할 기회를 놓치지 않았다. 더구나 그들은 옳았다. 태환 가능한 페소가 환율 휘발성과 평가절하에 저항할 수 있었으나 단지 달러화를 통한 그 자신의 죽음을 대가로 치르고서만 그럴 수 있었던 것이다(Carchedi, 2003).

대답은 간단하다. 멕시코의 정치 상황은 아르헨티나의 정치 상황과는 매우 달랐다. 페소가 변동하는 주파대역을 지탱한 멕시코 준비 은행은 1994년 초 이래로, 즉 사빠띠스따 봉기의 개시 이래로 쇠퇴하기 시작했다. PRI(제도혁명당)의 당국가 체제는 그 자신으로서는 몇 년 뒤에 끝나게 될 정치적 위기를 겪었다. PRI의 공식 후보인 꼴로시오는 그해 3월에 암살되었고 100억 달러가 페소를 구하기 위해 국가 예비금에서 증발했다. PRI의 총비서인 맛시에우는 9월에 암살되었고 예비금의 유출은 계속되었다. 12월에 사빠띠스따가 자신들을 포위한 군사 격리선을 뚫고서 라깡도나 정글에서 벗어나 활동영역을 넓혔다. 다음날 에르네스또 세디요 대통령은 페소를 15.3 퍼센트 평가절하하지 않을 수 없었다. 그러자 또 약 100억에서 120억 달러가 예비금에서 계속 빠져나갔다. 세디요는 50 퍼센트 이상 가격이 하락하면서 자유낙하하는 페소의 유령에 직면했다. 화폐자본의 대규모 흐름은 계급투쟁이 정치적 지배의 기대 조건을 부정하는 것에 대한 사후 반작용이었다.

아르헨티나의 정치 상황은 아주 달랐다. 은행 시스템은 저축의, 특히 페소 저축의 거의 20 퍼센트를 써버린 통화 고갈을 겪었다. 그리고 국내외의 이자율은 1994년 11월에서 1995년 4월 사이에 두 배로 뛰었다.[33] 페소 태환성을 지탱한 중앙은행 준비금은 20 퍼센트 하락했다. 그럼에도 불구하고 까를로스 메넴 정부는, 초인플레이션으로 회귀할 수 있다는 협박에 의해 지지되면서, 광범위한 정치적 합의를 향유했다. 그것은 위기의 와중에 치러진 그의 재선 속에서 표현되었다(Bonnet,

---

33. Kosakoff and Heymann(2000)에서 CEPAL에 의해 편집된 수치.

1995를 참조하라). 따라서 그는 태환성 체제에 내재해 있던 잔인한 조정의 메커니즘을 마음대로 이용할 수 있는 위치에 있었다.

분명히 자본과 노동의 적대는 세계시장 내부의 상이한 축적 공간들에서는 다르게 발전한다. 이런 의미에서, 화폐자본의 운동은 상이한 축적 공간들과 결합된 착취와 지배의 미래 조건들과 관련된 기대에서의 차이들에 의해 규정되며 또 그 차이를 규정한다. 결과적으로 화폐자본의 정확한 운동을 설명하기 위해서는, 자본이 도피하고 있는 축적 공간의 기대와 더불어, 가망성 있는 축적 공간과 결부된 기대를 동시에 고려하는 것이 필요하다. 따라서 분석은 즉각적으로 전 지구적 관점을 취해야만 한다. 구체적으로 말하면, 화폐자본은 1970년대 중반에 선진 자본주의 중심들에서 나타난 위기와 수익성 있는 투자의 결여로부터 도망쳐서 라틴 아메리카의 후진적이고 독재적인 자본주의로 나아갔다. 그럼에도 불구하고 1980년대 초의 부채 위기는, 이들 라틴 아메리카 나라들이 안전한 피난처이기는커녕 실제로는 위험하기 짝이 없는 망명지임을 보여주었다. 그러자 또 다시 화폐자본은 도피했는데 이번에는 레이거노믹스와 결부된 팽창을 향해서였다. 그리하여 1990년대 중반의 금융 위기들을 발생시킨 화폐자본의 대규모 흐름은 선진 자본주의 중심부에서 1990년대 초에 있었던 경기 침체 이후 '신흥 시장'을 향했던 화폐자본의 그 이전의 흐름을 고려하지 않고는 설명할 수 없다. 다시 한번 이것은 화폐자본 지배의 결정적 측면을 강조한다. 그것은 정확히 말해 전 지구적 수준에서 직접적으로 작용하는 자본주의적 명령의 한 양식이다. 이런 식으로 지구의 모든 구석구석은 전 지구적 자본 흐름의 게임에서 하나의 무대가 된다. 반면 계급투쟁의 모든 그리고 각각의 요점은 — 라깡도나 정글 속에서의 계급투쟁을 포함하여 —
전 지구적 화폐자본에 대항하는 시간장벽들이다.

희망을 위해

다시 한번 말하자면, 현대 자본주의에서 자본주의적 지배는, 자신의
운동을 통해 노동에 대한 착취와 지배의 조건을 재가하는, 화폐자본의
명령으로서 행사된다. 그렇지만 그것은 위기-속의-명령이다. 왜냐하면
그 뿌리에서 보면 그것은 위기를 통해, 착취와 지배의 이러한 기대들
을 부정하는, 노동의 불복종을 표현하기 때문이다. 노동의 불복종의 이
특유한 표현 형식은 계급투쟁의 발전에 중요한 함축을 갖는다. 첫째로
노동의 불복종은 즉각적으로 반자본주의적 성격을 띠는 경향이 있다.
왜냐하면 화폐자본의 명령은 본질적으로 자본의 익명적이고 직접적인
지배이기 때문이다. 둘째로, 이 불복종은 금융 위기의 형태 속에서 직
접적으로 표현된다. 왜냐하면 자본주의적 지배는 화폐자본의 형태 속
에서 자본의 명령으로 직접적으로 표현되기 때문이다. 셋째로 노동의
불복종은 직접적으로 전 지구적 규모에서 자본에 대립하는데, 그 이유
는 바로 화폐자본의 명령이 직접적으로 전 지구적 범위를 갖기 때문이
다. 달리 말해 모든 사회적 투쟁은 원주민 사빠띠스따의 봉기로부터
아르헨티나의 피께떼로(piqueteros), 브라질의 토지 없는 농민들(sem terra)
의 토지 점거, 볼리비아의 거대한 꼬깔레라(cocalera)의 시위 등은 어떤

매개도 없이 화폐자본의 전 지구적 명령의 위기로서 표현된다.

그렇지만 노동의 불복종은 화폐자본의 명령의 위기로, 즉 그 자신의 부정으로 표현된다. 다시 말해, 그것은 국제 금융시장에서 투기적 도피를 통한 물신화된 형태 속에서 표현된다. 여전히 더욱 중요한 것은 그것이, 노동자들에게 극적인 사회적 결과를 부과하는 금융 위기를 초래하면서, 전도된 방식으로 자신을 표현한다는 것이다. 이것은 새로운 현상이 아니다. 자본주의 하에서 산 노동의 창조성은 일반적으로, 생산적이든 정치적이든, 바로 그것의 자기부정을 통해 표현된다.

그럼에도 불구하고 우리가 이 상황에 갇혀 있다고 믿을 이유는 전혀 없다. 우리가 씨애틀에서 뽀르또 알레그레를 거쳐 제노바로 들불처럼 확산되는 것을 본 바 있는, 새로운 전 지구적 반자본주의 운동은 이 점에서 하나의 새로운 관점을 개시하고 있다. 전 지구적 노동은 불복종의 동학을 통해 그 자신을 전 지구적 자본의 적대자로 인식하기 시작하고 있다. '무엇을 할 것인가?'라는 오래된 질문이 새로운 해답들을 발견하기 시작하고 있다.

7장 국가, 혁명, 그리고 자기결정

워너 본펠드[1]

공산주의와 인간해방

> 모든 해방은 인간적 세계와 인간적 관계를 인간 자신에게 되돌려 주는 것이다.
> ― 맑스

공산주의는 자유롭고 평등한 사회에 대한, 인간의 완전한 해방에 대한, 인간 해방에 대한 이론적이고 실천적인 예상이다.[2] 그것은 인간이

---

1. 아주 유익한 조언을 해준 마이크 루크(Mike Rooke)에게 감사하고 싶다. 이 글은 누구나 자유롭게 이용할 수 있다.
2. 여기에서는 그리고 이 책 전체에서는 대문자 'M'을 사용한 'Man'이라는 단어는 '인간'(Mensch)이라는 뜻으로 사용된다.

살만한 가치를 갖고 있는 사회, 인간이 더 이상 지배되고 착취당하며 타락하는 존재가 아닌 사회, 인간이 축적을 위해 추상적 부를 축적하는 과정의 단순한 인간적 자원으로 기능하도록 운명 지어져 있지 않은 사회이다. 그것은 인간이 착취가능한 자원으로서가 아니라 목적으로 존재하는 사회이다. 공산주의는 법 앞에서, 돈 앞에서, 국가 앞에서의 추상적 평등을 가리키지 않는다. 공산주의는 오히려 추상적 평등으로부터 인간의 해방이다. 공산주의는, 사회적 개인들이 자신들의 필요에 따라 받고 각각의 사회적 개인들이 자신들의 능력에 따라 기여하는 그러한 해방을 선언한다. 그러므로 공산주의는 인간의 인간에 대한 지배에 관한 실천적 비판이다.

자유롭고 평등한 사람들의 사회는 '자신들의 노동을 공동의 생산수단을 통해 수행하는 자유로운 개인들의 공동체'라는 관념을 불러일으킨다(Marx, 1983, pp. 82~3). 공산주의는 사회가, 레닌이 『국가와 혁명』에서 제안했던 식으로, 즉 모든 사람이 노동자가 되는 단일한 사무실로, 단일한 공장으로 변형되는 것이 아니다. 프롤레타리아트는 레닌이 찬양한 것, 즉 공장 규율을 필요로 하는가? 이것이, 인간이 강제로부터 벗어나서 스스로 결정을 내릴 자유롭게 연합한 인간 공동체일 것인가? 공산주의와 공장 규율은 서로 배타적이다. 그리고 프롤레타리아트의 이름으로 공장 규율이 확장된다는 것은 수치스러운 일이다. 맑스(1983, p. 477)가 보여주었듯이 '생산적 노동자라는 것은 일말의 행운이 아니라 불운이다'. 공산주의가 노동자 국가의 형태로 이 불운의 일반화를 필요로 한다는 생각은 괴기하다. 이 생각은, 모든 것을 경제적 합리성의 명령에 자본주의적으로 포섭하는 것을 공산주의로 상정한다. 그러면서 그것은, 공산주의가 자본주의와 다른 이유는 공산주의가 시장을 노동의 정치경제에 대한 중앙집중의 계획적 조절로 대체하기 때문이라고 덧붙인다. 공산주의는 인간을 통한 사회적 재생산이 아니다. 그것은 인간의 필요에 따라 인간을 위해 인간 스스로 수행하는 사회적 재생산이다. 그러므로 공산주의는 산업의 국유화를 의미하지 않는다. 그것은 생산수단의 사회화를, 즉 생산수단의 해방수단(그 자신의 실존을 주체로서 완전히 소유한 인간 자신에 의해 통제되고 활용되는 수단)으로의 변형을 의미한다.

개인들의 자유로운 연합과 국가형태는 상호배타적이다. 공산주의는 인간 개인들에 대한 그리고 그 위에 군림하는 모든 권력 형태의 폐지를 수반한다. 요컨대 공산주의는 인간해방을 의미한다. 그리고 이 때문에 그것은 정치적 해방에 대한, 국가에 대한 비판이다. 맑스가 주장했듯이,

모든 해방은 인간적 세계와 인간적 관계가 그들 자신에게로 돌아오는 것이다. 정치적 해방은 한편에서는 인간이 부르주아 사회의 구성원으로, 이기적이고 독립적인 개인으로 되는 것이며 다른 한편으로는 국가의 시민으로, 도덕적 인격으로 되는 것이다. 현실적 개인이 추상적 시민을 그 자신에게로 환수하기 전에는, 그 현실적 개인이 한 사람의 개인으로서 자신의 경험적 삶 속에서, 그의 개인적 노동과 개인적 관계 속에서 유적 존재로 되기 전에는, 인간이 자신의 '고유한 힘'을 사회적 힘으로 인식하고 또 조직하기 전에는, 그리하여 사회적 힘을 더 이상 정치적 힘의 형식으로 그 자신으로부터 분리되지 못하도록 하기 전에는, 인간해방은 완수되지 못할 것이다(Marx, 1964, p. 370).

요컨대 자유롭고 평등한 사람들의 사회는 국가를 통한 인간 해방이 아니라 국가로부터 인간의 해방을, 즉 그들 자신의 인간적 세계를 조직하는 자유롭게 연합한 생산자들에 의한 국가의 폐지를 수반한다.

정치적 해방은 사회적 개인이 추상적 권리를 지닌 개인화된 개인으로 실존하는 것을 가리킨다. 이 권리들은 그들의 소유가 불평등함에도 불구하고 법 앞에서 모두 평등한 원자화된 시장 개인들의 권리들이다. 그러므로 생산수단으로부터 노동의 분리는 사회로부터의 정치적 해방을 의미한다. 그러므로 국가형태는 '부르주아 사회의 집중'(Marx, 1973, p. 108 참조)이다. 그것의 목적은, 개인화된 개인을 추상적으로 평등한 법 아래에 포섭함으로써, 소유의 불평등을 보장하고 지키는 것이다. 그러므로 이것은 사회적 관계를 사적 소유의 법 아래에, 즉 평등, 자유 그리고 벤담의 법 아래에 종속시키는 것이다(Marx, 1983, p. 172 참조). 모든 사람을 법 앞에 평등한 것으로 취급하는 것이 '환상적 공동체'로서의 국가형태를 특징짓는다(Marx and Engels, 1962 참조). 그것은 실존하는 개인을 자본의 구성된 '성격-마스크들' 혹은 '인격화'로 취급하며 모든 성격-마스크들에 공통적인 이익을 신봉한다. 그것은 각자가 서로에 대해 보편적으로 자원으로서, 유용성으로서 실존한다는 것이다. 이것이 이른바 시장 공화국이다. 그러므로 국가형태는 그것의 내용에 적합한데, 그 내용이란 노동을 시장에서 팔리고 교환되는 생산의 단순한 인적 요소로 노예화하는 일을 보장하고 보호하는 것, 그리고 일단 계약이 되면 '자본의 명령 아래에서' 노동하도록 만드는 것이다(Marx, 1973, p. 508 참조). 생산수단으로부터 노동의 자본주의적 자유는, 노동생산물이 인간에 의해 통제되기보다 인간에 대한 지배권을 갖는 것으로 나타나는 것을 의미한다(Marx, 1983, p. 85 참조). 생산수단으로부터 노동의 자유는 사회적 개인들로부터 노동 생산물의 자유를 의미한다. 즉 사회적 노동이 그 자신이 창조한 사물들의 세계에 종속되는 것을 의미한다. 국가형태 속에서 정치적인 것의 정치적 해방, 사회로부터 그것의 추상은 계약권, 즉 부르주아적 자유의 형식을 관리하는 것을 의미한다. 자본주의적 교환관계의 자유는 노동에 대한 착취를 전제하며 이 착취는 생산수단으로부터 노동의 분리를, 사회적 노동력을 사서 사용할 단순한 상품으로 만드는 것을 전제한다. 이처럼 국가형태는 형식적 자유와 형식적 평등을 가리킨다. 그것의 내용은 '노동자의 영구화', '자본의 실존의 필수화'(Marx, 1983, p. 536)이다. 요컨대 인간에 의한 인간의 착취, 인간에 대한 인간의 지배는, 마치 각각이 다른 것의 조건인 것처럼, 분리 불가능하다.

공산주의는 인간으로부터 분리되어 존재하는 것처럼 보이는 모든 것이 인간에게 돌아가는 것을 의미한다. 그러므로 그것은 사회적 자율성을, 즉 사회적 자기결정을 요구한다.

> 공산주의가 창조하는 현실은, 이 현실이 개인들 자신에 선행하는 교류의 산물일 뿐인 한에서, 어떤 현실도 개인들로부터 독립적으로 존재하지 못하도록 만들기 위한 실재적 기초이다(Marx and Engels, 1962, p. 70).

요컨대 '혁명들은 법에 의해 만들어지지 않는다'(Marx, 1983, p. 703). 또 혁명들은 국가에 의해 혹은 국가를 통해 만들어지지도 않는다. 국가를 사회혁명의 수단으로 보는 국가에 대한 레닌주의적 지지는 사회적 자율성을 국가의 자율성과 혼동한다. 그리고 그렇게 함으로써, 그것은 국가의 본질을, 즉 사회로부터 정치적인 것의 해방을 긍정한다. 국가의 내용은 인간의 목적의식적 활동을 추상적 평등의 관계에, 인간 존엄성을 부정하는 평등의 관계에 포섭하는 것이다. 그것은 필요와 상관없이 모든 사람을 형식적으로 평등한 권리를 지닌 추상적 개인들로 취급한다.

레닌주의의 문제

공산주의는 노동계급의 실재적 운동이다.

— 맑스

『국가와 혁명』에서 레닌은 프롤레타리아 국가는 부르주아지 없는 부르주아 국가라고 말했는데 이것은 꼭 들어맞는 말이다. 부르주아지는 폐지되었고 사적 소유관계는 바뀌었지만 생산양식은 국가 자본주의의 형태에 머물러 있다. 혁명들이 사회의 물질적 기초를 건드리지 않고 남겨두는 한, 그리고 '산업화'(즉 국가가 주도하는 착취와 경제적 계획화에 의한 '자본화')를 이루려고 하는 한, 혁명적 변화는 단지 정치혁명에, 정치적 계급의 변화에 이를 뿐이다. 맑스가 주장했듯이 자본은 '노동자로부터 생산조건의 분리'(Marx, 1972, p. 422)이다. 생산수단의 국유화는 자본주의에 대한 대안을 제공하지 않는다. 왜냐하면 그것은 생산수단으로부터 사회적 노동의 분리를 극복하지 못하기 때문이다. 그것은 단지 국가형태 속에서 이루어지는 이러한 분리에 초점을 맞출 뿐이다.

계급 없는 사회로서의 공산주의라는 맑스의 생각은 레닌주의에서 거꾸로 뒤집어 진다. 사회는 단지 하나의 계급으로만, 즉 노동계급으로만 구성된다. 레닌이 썼듯이, '사회 전체는 노동의 평등과 보수의 평등을 가진 단일한 사무실과 단일한 공장으로 되어야만 할 것이다'(1917, p. 91). 자본주의적 기업의 공장 규율은 '사회 전체로 확장되어야만'(ibid.) 한다. 노동자 국가는 '부패한 노동자들'(ibid.)을 통제해야만 하고 '게으름뱅이들에 대한 통제'(p. 92)를 주장해야만 하며 복종을 보장하기 위해 '엄격한 처벌'이 부과되어야만 한다. 그렇지만, 레닌이 주장했듯이, '일체의 인간적 교류의 단순하고 기본적인 규칙들을 관찰할 필요성은 곧 하나의 습관으로 될 것이다. 그렇게 되면 공산주의의 첫 단계로부터 국가가 사멸하는 그 두 번째 단계로의 이행을 위한 문이 활짝 열릴 것이다'(ibid.). 달리 말해, 자본주의 공장 훈육을 하나의 사회적 관습으로 내면화하는 것은 국가 사멸을 위한 전제 조건으로서 승인된다. 집중적으로 계획되는 공장으로서의 사회라는 생각, 그리고 생산의 사회적 요인들로서의 인간(이러한 인간이 지닌 생각하고 꿈꿀 능력은 명령의 내면화에 의해 착취되고 또 대체된다)이라는 생각은 교환가치의 단순한 인격화로서의 인간의 사회적 실천이라는 자본주의적 실존을 반영하고 또 재강화한다. 사회적 해방이 노동자 국가를 통해 달성될 수 있다는 생각과, 공산주의를 주체로서의 인간의 해방으로 이해하는 것은 서로 배타적이다. 전자는 노동의 경제에 기초하고 있음에 반해 후자는 사회가 그 자신의 일을 스스로 통제할 자유에 기초하고 있기 때

문이다. 맑스는 미래의 자유롭고 평등한 사람들의 사회를 다음과 같은
것 속에서 보았다.

그들 자신의 통제력을 그들 자신의 실존 조건을 넘어 사회 모든 성원들
의 실존 조건에까지 확장하는 혁명적 프롤레타리아들의 공동체. 개인들
이 그 속에 참가하는 것은 개인들로서이다. 개인들의 자유로운 발전과
운동의 조건들을 자신들의 통제 하에 놓는 것은 (근대적 생산력들의, 근
대적 생산과정들의 발전된 단계를 가정하는) 개인들의 바로 이러한 결합
이다. 이 조건들이 이전에 우연에 맡겨지거나 분리된 개인들에 대해 독
립적인 실존을 지녔던 것은, 개인들이 개인들로서 분리되어 있었기 때문
이다(Marx and Engels, 1962, p. 74).

달리 말해, 맑스는 공산주의를 인간적 자기결정의 실재적 운동이라
고 보았다. 인간들은, 가치형태를 통해 자신들의 등 뒤에서 그들의 사
회적 실존이 드러나는 분리된 개인들로서가 아니라 자신들의 사회적
조건들을 통제하는 존엄한 인간들로서 서로 관계 맺기 때문에, 인간의
사회적 재생산이 '인간에 의해 통제되기' 위해서는 '인간에 대한 자본
의 경제적 지배'가 폐지되어야 한다(Marx, 1983, p. 85 참조). 그러므로
극복될 필요가 있는 것은 인간의 사회적 실천이 자신들의 조건들로부
터 소외되는 현상이다. 임금노동과 자본 사이의 관계를 구성하는 것은
이러한 소외이다. 그 자신을 소유하고서 필요의 평등이라는 기초 위에
서 사회적 재생산을 조직하는 사회에서 국가에게 무슨 기능이 남겨질
수 있겠는가? 필연의 영역이 자유의 영역을 통해 연합한 생산자들 자
신에 의해 협력적으로 조직되는 사회에서 국가가 무슨 사회적 기초를

가지고 있겠는가?3

혁명의 수단이 사회혁명의 목적, 즉 인간해방을 예상하지 못하면, 억압 관계의 혁명은 실패한다. 목적은 수단 속에서 예상되어야만 한다. 그렇지 못하면, 수단은 사회혁명이 명백히 폐지하려고 했던 바로 그 조건들에 적응할 뿐이다. 사회혁명이 자신의 조직적 수단들과 방법들을 기존의 억압적 관계들에 적응시키고 혁명의 목표를 조직적 수단들로부터 분리시키면서 그것들을 그 자체로 하나의 목적으로 만들면, 그러한 사회혁명은 프롤레타리아트의 이름으로 국가기계를 완성할 뿐이다. 레닌은, 노동자들이 산업과 국가의 관리에 평등하게 참여하게 될 것이라고 선언하면서 그 노동자들이 공산당에 복종할 것을 요구했다. 그들의 가장 긴급하고 주권적인 의지를 표현하는 것이 공산당이라는 것이 그 이유였다. 요컨대 그는, 각각의 개인들은 최고의 권위(즉 당)를 승인하고 또 그것에 복종함으로써 진보적이고 현세적인 기능을 수행할 수 있다고 주장했다. 그럴 때 프롤레타리아트는 자신의 삶·실천의 모든 측면에서 당 노동자로 기능한다는 것이다. 프롤레타리아트는 혁명의 핵심으로 그려지지 않는다. 그리고 프롤레타리아트는 그 자신의

---

3. '사실상 자유의 영역은 실제적으로 필연성과 세속적 고려에 의해 결정되는 노동이 끝나는 곳에서만 시작된다. 그러므로 본질적으로 그것은 현실적인 물질적 생산의 영역 너머에 놓여 있다. … 이 영역에서 자유는, 자연의 맹목적 힘에 의해 지배되는 것이 아니라 자연과의 교류를 합리적으로 조절하며 자연을 자신들의 공동적 통제 아래로 가져오는 사회화된 인간, 연합한 생산자들 속에만 존재할 수 있다. … 그럼에도 불구하고 그것은 여전히 필연의 영역 속에 남아 있다. 그 영역 너머에서 그 자체로 목적인 인간 에너지의 발전이, 진정한 자유의 영역이 시작된다. 그렇지만 이 자유의 영역은 이 필연의 영역을 자신의 기초로 삼음으로써만 만발할 수 있다'(Marx, 1966, p. 820). 이 점에 대해서는 와일드캣과 홀러웨이 사이의 유익한 토론을 참조하라(Wildcat, 1999).

힘을 승인함으로써 모든 억압 관계의 배후에 남아 있는 혁명적 주체로 승인되지도 않는다.

공산주의는 포고될 수 없다. 또 그것은 인민을 위하는 정부도 아니다. 공산주의는 노동의 정치경제의 '선진적 체제'도 아니다. 그것은 자율적인 사회적 주체로서 그들 자신의 일을 스스로 결정하는 사회적 개인들의 자기활동성이다. 마르쿠제가 말했듯이, 노예들은 '자유롭게 될 수 있기 위해서는 그들의 해방을 위해 자유로워야만 한다'(1967, p. 61). 달리 말해, 자유롭고 평등한 사람들의 사회는 종속적 대중의 의식과 실천 속에 이미 현존하고 있어야만 하며 혁명적 운동 자체 속에서 물질적 실존을 성취해야만 한다. 요컨대 사회혁명의 목적, 즉 인간해방은 혁명적 수단 자체에서 효과적이어야만 한다. 다시 말해 혁명의 내용은 조직적 수단들 속에 반영되어야만 하고 더 나아가서는 그 조직적 수단들을 구성해야만 한다.

해방의 수단이 가장 결정적이다. 노동계급은 자신의 노력으로는 단지 노동조합, 즉 경제적 의식만을 발전시킬 수 있을 뿐이기 때문에, 혁명적 의식은 외부로부터 대중에게 가져와져야 한다는 레닌의 견해(1902)는 인민의 보호자로서의 혁명정당이라는 생각을 정당화한다. 그러한 보호자로서 당은 대중을 지도하는 전문적인 혁명가들의 위원회로 여겨진다. 따라서 민주주의와 혁명조직이 필연적으로 상호배타적인 것으로 간주된다. 대중들은 그들 스스로 결정할 능력이 없다고 가정되기 때문에, 민주주의는 그저 당의 혁명적인 노력을 침식하고, 혁명정당의 지도 역할을 무력하게 만드는 '경제학적' 요구에 당이 좌지우지되도록 만들 뿐이라는 것이다. 노동자들은 혁명적인 의식을 가질 능력이 없다고 간주되기 때문에, 당은 노동계급에 대한 자신의 독재를 통해, 혁명적 원리와 정신으로 대중을 교육할 책임이 있으며 이로써 대중을 대자적 계급으로 변형시킬 책임이 있다. 그렇지만 누가 혁명가들을 교육하는가? 노동자들이 무슨 목적을 위해 교육되어야 하는가? 레닌의 대답은 공산주의이다. 우리의 과제는 '자생성과 싸우는 것, 노동계급 운동을 자생적이고 노동조합주의적인 싸움으로부터 … 혁명적 사회민주당의 날개 아래로 가져오게 만드는 것이다.'라고 그는 주장한다(ibid., p. 41). 여기에서 레닌에 대한 룩셈부르크의 비판을 다시 제시할 필요는 없다. 단지 그녀는 자생성을 의식적 지도와 대립되는 '본능적' 행동으로 간주하지 않았다고 말하는 것으로 충분하다. 그녀는 자생성을 혁명의 추동력으로 간주했을 뿐만 아니라 전위적 지도 그 자체의 추동력으로도 간주함으로써 그것을 좌익적으로 유지했다. 레닌을, 음모적으로 작업하면서 혁명의 그날 외에는 대중행동을 필요로 하지 않는 블랑끼주의자로 보는 그녀의 평가는 적절하다. 레닌주의에서 수단은 목적과 대립한다.

레닌주의자들 혹은 어떤 다른 자임하는 혁명적 전위에게 있어서, 자생성에 대한 비판은 자기중심적이다. 그러한 비판은, 대중은 교육받지 못한 군중으로서 의존적이며 이 군중이 공산주의를 달성할 자신의 역사적 기능을 이행하기 위해서는 '책임감 있는' 지도자에 의해 인도되어야 한다는 부르주아적 편견을 반영한다. 그렇지만 공산주의는 계급의식의 창조자가 아니다. 오히려 공산주의는 계급의식으로부터 자라나온다. 요컨대 공산주의를 위해 대중을 지도하고 교육시키는 전위로서의 당이라는 생각은 공산주의가 노동계급의 운동이라는 것을 부정한다. 노동계급의 미성숙성이라는 레닌주의적 가정은, '혁명적' 당이라는 생각을 정당화해주기보다 오히려 그 자체가 목적인 당의 실존을 정당화한다. 이것은 당이 공산주의, 노동계급의 실제적 운동에 대한 가장 강력한 방해물임을 의미하지 않는가?

'혁명적 당'이라는 생각은 형용 모순이다. 혁명적 당이라는 생각은 기본적으로, 노동계급은 자신을 해방시킬 수 없고 혁명을 수행할 수 없다, 그래서 노동계급은 전문 혁명가들의 당 없이는 혁명을 할 수 없다는 것이다. 혁명적 당이 어떻게 권력을 장악할 수 있을 것인가? 대답은 이렇다 : 대중봉기를 통해서. 대중 없이 혁명적 당은 어딘가에 도달할 것인가? 대답은 자명하다 : 혁명적 당이 성공하기 위해서 그것은 대중에, 그들의 행동의 창의성과 목적에 의존한다. 그렇지만 대중이 그들 자신을 책임진다면 혁명적 당에 무슨 역할이 남는가? 그것은 대중의 일부가 되어 자신의 '지도력'을 포기할 것인가, 아니면 혁명적 대중 위에 자신의 지도력을 선언할 것인가? 대중이 자신들의 노력 속에서 자기결정을 달성하려고 고집한다면 이런 일이 어떻게 수행될 수 있는가? 그러므로 혁명과 낡은 '체제' 사이의 갈등은 대중과 당 사이의 갈등으로 변형된다. 당 자신의 '혁명적 성공'이 대중의 혁명적 활동성에 의존하는데도, 대중의 이러한 활동성은 당의 지도 역할을 위협하며 그래서 당에게는 무질서와 아나키의 요인으로 간주된다(Lenin, 1968을 참조하라). 요컨대 당은 혁명적 대중을 따라 잡아야 하며 그들을 끌어당겨야 한다. 그리고 일단 권력을 장악하면 그들이 그들 자신을 위해 사회주의를 '창출'하도록 그들을 재교육하고 훈육해야 한다.

이러한 견해에 따르면, 노동계급은 해방되도록 가르침을 받아야 한다. 교육이란, 노동계급으로 하여금 혁명적 당이 생각하는 해방의 법칙에 따르도록 만들기 위해 노동계급을 감독하는 것을 의미한다. 달리 말해 대중은 대중 자신이 결정하는 만큼이 아니라 당이 정한 만큼만 자유롭도록 허용된다. 의존적 대중들 편에서 자기결정의 자유를 얻으려는 모든 시도들은 필연적으로 반혁명적 위협으로 간주된다. 당은 지도한다. 왜냐하면 의존적 대중은 미성숙하며 부르주아적 편견에 오염되어 있기 때문이다. 대중들의 편에서 행동의 독립을 이루려는 모든 주장은 필연적으로 당의 지도력에 대한, 그래서 혁명 자체에 대한 위협으로 심판된다. 그러므로 혁명을 당의 지도력과 등치하는 것은, 당이 혁명의 이름으로 (그들의 의식이 쁘띠 부르주아적이거나 부르주아적 즉 경제주의적인, 그리고 권력이 장악되면 전복적이며 잠재적으로 반혁명적인) 대중에 대해 가장 엄격한 통제를 유지하기 위해서는 이용가능한 모든 방법들과 수단들을 사용해야만 한다는 것을 의미한다.

언젠가 맑스는, 사회주의를 '영구혁명, 프롤레타리아의 독재, 모든 계급의 폐지를 향한 필연적 과도기'(1969, p. 89)라고 주장했다. 이 영구혁명은 당과 그 국가에 의해 선언될 수 있는가? 만약 그렇다면, 그 영구혁명은 당과 그 국가를 문제시함이 없이 어떻게 전진할 수 있는가? 아니면 그것은 당과 그 국가에 의해 지도되는가? 만약 그렇다면 그것은 누구를 혁명하는가? 맑스는 영구혁명을 프롤레타리아의 독재로 생각했다. 프롤레타리아의 계급독재는 무엇을 의미하는가? 영구혁명의 이념으로 커다란 신용을 얻은 뜨로쯔끼는 여기에 하나의 대답을 제공했다. 1921년 크론슈타트의 혁명적 소비예뜨는 영구혁명을 보여준 것이 아니라 오히려 근절되어야 할, 그래서 그 참가자들이 (실제로 그랬던 것처럼) '농민처럼 총살되어야 할' 하나의 반혁명을 보여준다는 것이다. (이 책 2장에서) 브렌델이 보여주는 것처럼, 1921년의 크론슈타트는 볼셰비키 국가의 신화에 이렇게 기입된다: 이른바 반혁명은 패퇴되었고 볼셰비키와 그들의 징집 노동의 공화국은 강화되었다. 중앙위원회가 NEP(신경제정책)을 선언하고 1871년의 파리 코뮌을 기념한 그날, 크론슈타트는 붕괴했다. 당의 권력 장악이라는 관점에서 보면, 실제로 나타난 영구혁명의 이 잔인한 제거는 이렇게 이해된다: 그것은 이른바 노동자 국가를 프롤레타리아의 자기조직으로부터 자유롭게 했고 사회적 개인 위에 노동자 국가의 실존을 확립했다.

역사적으로 볼 때, 정치혁명은 결코 생산양식을 변형시키지 못했다. 그것들은 국가형태를 바꾸었고 그것의 기계체제를 완성했으며 하나의 정치계급을 다른 정치계급으로 대체했다. 맑스가 『브뤼메르 18일』에서 주장했듯이 모든 정치적 반란은 국가를 분쇄하기보다 그것을 완성했을 뿐이다. '정치적 반란'이 '자유롭고 평등한 사회'를 전혀 실현할 수 없다는 것은 의심의 여지가 없다(Agnoli, 2000). 크론슈타트의 붕괴는 사회적 자기결정의 조직형식들, 즉 소비에뜨들을 제거했고 그것들을 행정 기관으로서 권력 구조 속으로 통합했으며 '사회주의적 조직화 더하기 전기화'로서의 사회주의라는 관념을 강화했다. 이 관념은 실제로 테일러주의적 노동 분업을 열심히 모방했고 이른바 노동자 국가가 노동에 대한 중앙 계획 경제에 기초한 사회적 삶의 표준화를 수반하는 것을 긍정했다. 거대한 중앙 지휘 공장으로서의 사회라는 생각은 '효율성, 노동 훈육, 산업과 축적의 자본주의적 표준의 수용'을 수반했다 (Dyer-Witheford, 1999, pp. 6~7). 노동에 대한 중앙 계획 경제로서의 사회주의라는 관념은 처음부터 '혁명적 당'의 이념과 실천을 특징지었다. (지도하는) 당과 (지도받는) 대중의 구분이 그것이다. 1921년 크론슈타트의 분쇄는 사회적 자기조직화를 위한, 사회적 자치를 위한 혁명을 억압했고 자본주의의 대안으로서의 사회주의가 아니라 그것의 경쟁자로서의 사회주의라는 관념을 지지했다(ibid. 참조).

국가의 해방은 인간해방이 아니다

> 두려운 세상에서 그것은 희망을 배우는 문제이다.
>
> ─블로흐

맑스는 단지 몇몇 경우에만 프롤레타리아 독재에 대해 언급했다. 그러나 맑스-레닌주의 전통이 합법화하는 건축물 전체가 구축된 것은 바로 이 용어 위에서였다. 독재란 일반적으로 포위 상태에 있는 국가를 서술하는 말로 사용되는데 이 용법은 틀리지 않다. 레닌주의에서 그 용어는 당과 그 당의 국가에 의한 사회의 '사회주의적' 조직화를 대변한다. 프롤레타리아 독재에 대한 맑스의 드문 언급들은 그것을 계급으로서의 프롤레타리아의 독재로, 즉 사회의 대중의 독재로 사용한다. 수많은 사람들이 모두 국가라는 형태 속에 집중된 독재자들일 수는 없다. 그러한 독재는, 그 본성상, 소수 사람들에 제한된다. 맑스가 마음속에 품었던 것이 프롤레타리아 독재에 대한 이러한 레닌주의적 관념이었을까? 만약 그가 그랬다면 그것은 맑스에게 좋지 않았을 것이다.

고들리에(Godelier, 2000, p. 163)는, 맑스가 '노동계급에 대립하는 관료적 국가 혹은 권력'을 옹호했음을 암시하는 대목을 맑스에게서 전혀 찾을 수 없다고 보고한다. 맑스는, 프롤레타리아가 공장 훈육을 획득하기 위해 그 '자신의' 독재를 통해 교육되어야 한다고 주장하지 않았다. 실제로 고들리에가 계속해서 말하듯이, '인민의 독재는 인민을 겨냥해서는 안 되고 인민의 적을, 즉 무기나 다른 수단들을 가지고 사회의 혁명적 변형에 대립하고 있는 낡은 착취계급의 대표자들을 겨냥해야 한다'. 그러므로 그것은 노동계급을 위한, 즉 노동계급에 대한 당 독재이어서는 안 된다. 그것은 소수, 즉 생산수단을 소유하고 있고 그들의 이익(부르주아 사회의 이익)이 국가의 형태 속에 집중되어 있는 사람들에 대항하는 다수 인민의 독재로 생각되어야 한다. 그러므로 프롤레타리아의 독재는 자유롭게 연합한 협력적 생산자들의 민주주의를 위한 혁명적 투쟁과 관계가 있다. 이러한 국면이 성공할 것인가 그렇지 못할 것인가는 생산수단들이 연합한 노동에 의한 그들의 통제에 따라 사회화될 것인가 그렇지 못할 것인가 혹은 반혁명이 승리할 것인가 그렇지 못할 것인가 등에 달려 있다. 그러므로 프롤레타리아의 독재는 기존의 구성된 권력관계에 대항하여 사회적 자율을 쟁취하기 위한 투쟁을 지시하는 것으로 보인다. '무엇보다도 우리는 "사회"를 개인에 대한 추상으로 가정하지 말아야 한다. 개인은 사회적 존재이다'(Marx, 1975, p. 299). 간단하게 말해, 자본주의는 명령의 변화에 의해 극복될 수는 없고 오직 명령의 폐지에 의해서만 극복될 수 있다. 그것은 권력을 장악하는 것이 아니라 권력을 폐지하는 것을 의미한다. 혁명 과정 이후에가 아니라 혁명 과정 동안에 말이다. 이러한 폐지에서의 첫걸음은, 맑스와 엥겔스가 『공산주의자 선언』에서 주장한 바처럼, 노동계급의 민주주의를 위한 투쟁이다. 프롤레타리아 독재와 민주주의의 동일시가 어떻게 이해될 수 있을까?

국가를 자유롭고 평등한 사람들의 사회를 위한 기관으로 찬양하는 관점은 인간해방과 사회로부터 국가의 해방을 혼동한다. '사회적' 공화국이라는 이념은 사회가 국가에 사회적으로 종속되는 것을 의미한다. 프롤레타리아 독재의 기관으로서의 국가라는 생각은 사회가 국가의 권위에 강제적으로 종속되는 것을 의미한다. 사회가 국가를 통해 자유롭게 될 수 있다는 생각은, 레닌주의와 모든 전위적 해방 구상들이 가르치는 것처럼, 국가를, 그것이 마치 '그 고유의 지적, 윤리적, 해방적 기초들을 소유하고 있는 독립적 존재'(Marx, 1973b, p. 28)인 것처럼 받아들인다. 자본주의 국가에 대한 레닌의 거부, 그리고 국가를 통한 프롤레타리아 독재에 대한 그의 긍정은, 국가가 자본주의 국가인 것은 오직 그것이 부르주아지에 의해 운영되기 때문이며 만약 국가권력이 전위에 의해 장악되면 그것은 해방의 도구가 된다고 암시하는 것으로 보인다. '노동의 노예화를 위한 조직된 폭력'(1979, p. 541)으로서의 국가라는 맑스의 생각은 그러므로 레닌에 의해 부정되지 않는다. 조직된 폭력은 공장 훈육을 사회 전체에 확장하면서 사회의 프롤레타리아화를 실현하기 위해 '노동자 국가'에 의해 영속될 수 있다.

인간해방 기획과 정치권력의 장악은 상호배제적이다. 국가는 인간해방이라는 목적을 위해 사용될 수 없다(Marx, 1979, p. 336). 인간해방의 기획은 혁명적 변형 수단들 자체 속에 반영되어야 하고 또 그것에 스며들어 있어야 한다. 프롤레타리아 독재라는 말은 민주주의를 사회 전체에 확장하는 것을 의미해야 할 것이다. 요컨대 프롤레타리아 독재는 국가의 부정 속에서 그리고 그것을 통한 사회의 민주적 자기조직화를 표현한다. 이러한 관점에서 볼 때 프롤레타리아 독재는 국가라는 형태를 취하지 않을 뿐만 아니라 사실상 국가의 부정이다. 파리 코뮨에 대한 맑스의 평가는 이 점에서 분명하다 : 코뮨은 '모든 국가권력의 부정'(ibid., p. 542)이며 국가에 대항하는 혁명으로 되었다(ibid., p. 542). 그것은, 사회가 스스로 그 고유의 사회적 삶을 회복하는 조직형식이다(ibid. 참조). 코뮨은, 하나의 정치계급에서 또 다른 정치계급으로 권력을 이전하는, 국가의 혁명적 변형을 수반하지 않았다. 오히려 그것은 계급 지배의 정치적 형식, 즉 국가를 분쇄하는 혁명이었다(ibid. 참조). 달리 말해 그것은 그 자신의 힘으로 조직된 종속화의 권력을 대체했고 그 자신이 스스로 결정한 사회적 조직화의 형식을 창출했다. 그러므로 코뮨은 조직된 사회적 대항권력이었고 그 자체로 사회적 해방의 정치적 형식(ibid., p. 545)이었다. 코뮨은 국가를 통한 '구원'을 찾기보다, 부르주아지의 집중된 힘인 국가에 대항하는 혁명적 투쟁 동안에 국가와 대립하면서, 사회의 자율을, 그것의 자기결정과 자기조직화를 표현한다. 그러므로 국가는 프롤레타리아 독재의 기관도 도구도 아니다. 오히려, 맑스가 주장했듯이(1973b, pp. 28, 31), 대중에 의해 교육될 필요가 있는 것은 국가이다. 이 교육 과정이 일단 끝나고 나면 국가에게 무슨 기능이 남을까?

맑스(1979, p. 546)는 코뮨을 사회적 자기결정을 위한 혁명적 투쟁의 '가장 인간적인 수단'으로 간주했다. 그리고 그는 코뮨이 이행의 지점에, 즉 혁명의 힘들과 폭력적 반혁명의 힘들 사이의 강렬한 전투의 과정에 있다고 보았다. 코뮨은 그것의 혁명적 수단과 방법들 속에서 인간해방이라는 목적을 예상했다. 그것은 '노동의 해방'(ibid., p. 546)을 개시했다. 그렇지만 그것은 자유롭고 평등한 사람들의 사회는 아니었다. 그것은 혁명적 봉기 그 자체가 진행되는 동안에 사회적 자기결정의 조직적 수단이었다. 코뮨은, 요컨대, 혁명적 투쟁의 기간 동안에 새로운 사회의 요소들을 해방시킨다. 맑스는 혁명적 과정의 이 국면을 프롤레타리아의 독재라고 불렀다. 그리고 그는, 코뮨과 관련하여, 이 독재는 그것의 수단 속에 사회혁명의 목적을 반영한다고 주장했다. 간단히 말해, 코뮨에 대한 맑스의 평가는 프롤레타리아 독재를 다른 빛속에서 보여준다 : 사회의 민주적 자기조직화 속에서 그것을 통해 이루어지는 국가에 대한 실천적 부정, 사회적 다수의 민주주의, 그리고 그자체로 기존의 억압 관계에 맞서서 노동의 해방을 시작하는 민주주의가 그것이다.

모든 혁명은, 이미 존재하고 있으면서 인간 의식 속으로 나아오고 있는 싹을 발전시키고 성숙시킬 수 있을 뿐이다. 혁명은 그 자체로 이러한 싹을 창출할 수 없으며 무로부터 새로운 세계를 발생시킬 수 없다. 연합한 생산자들의 사회는 공산주의가 발명하거나 창출하는 그 무엇이 아니다. 만약 공산주의가 실제로 그 자신을 발명하는 것으로 간주된다면, 필연의 영역에서 자유의 영역으로의 '인간성'의 도약으로서의 공산주의라는 엥겔스의 견해(Engels, 1973, p. 226)는 적절한 생각일 것이다. 레닌주의는 '도약'으로서의 공산주의라는 이러한 생각에 의존한다. 그것은 노동계급의 이론적 후견인이자 노동계급 의식의 조직적 표현인 당에 의해 창출된다. 대중들은 그들 스스로 혁명적 의식을 가질 수 없다는 레닌의 생각은, 사회적 자기결정으로서의 혁명의 가능성을 부정한다. 그 대신, 혁명적 변화는 오직 위로부터, 말하자면, 노동계급이 공산주의로 '도약하도록' 강제함으로써만 달성될 수 있다고 인정한다. 해방의 수단들은 그것들의 목적에 적합해야만 한다. 만약 수단들이 단지 기존의 권력관계를 반영할 뿐이라면, 새로운 것은 아무것도 탄생하지 못한다. 그렇게 되면 인간은 그 자신의 사회적 조직과 사회 재생산의 형식들을 창출하지 못한다. 오히려 권력은 장악될 뿐 폐지되지 않으며, 자본주의적 생산수단은 국유화되고 노동의 경제가 사회에 부과되어 새로운 사회주의적 인간을, 표준에 맞춰 찍혀진 인간을 창출하게 된다.

맑스는 '자유의 영역'을 역사적 도약의 결과로 생각하지 않았다. 오히려 그것은 자본주의적 사회관계 안에서 그것에 대항하는 노동계급의 운동으로 간주되었다. 요컨대 공산주의는 계급투쟁으로부터 성장한다. 인간해방은 부과될 수 없다. 그것은 갈등을 통해 발전한다. 그리고 이 갈등은 투쟁 경험의 역사에 기초하여 기존의 착취관계 및 지배관계에 대립하는 자기결정의 고유한 조직형식을 조직한다. 구성된 권력관계는 인간해방을 위한 투쟁이 그 위에 그리고 그에 맞서 놓이는 기반이다(Marx, 1979, p. 362). 그러므로 인간해방의 조직형식은 기존 사회의 자궁 내부에서 발전하며(ibid., p. 343) 그것에 의해 형성된다. 맑스는 프롤레타리아 독재가 하나의 이행기, 즉 새로운 것과 낡은 것 사이의, 사회적 자기결정과 구성된 권력관계 사이의 투쟁기라고 주장했다. 이 주장은, 새로운 사회가 그것의 조직적 수단들 속에서 또 인간해방의 혁명적 목적들을 기존의 인간적 비존엄의 관계에 대립시키는 항구적 계급투쟁의 기초 위에서 낡은 사회로부터 성장한다는 것을 인정한다.

　요컨대 혁명은 법령에 의해 만들어질 수 없다. 그것들은 중앙위원회에 의해 선언될 수도 없고 그것에 의해 지도될 수도 없다. 인간해방의 기획은 기존의 권력관계 내부에서 성장하며 그것들에 대항하는 갈등을 통해 발전하며 그것들을 넘어서거나 혹은 중도에서 폐기된 후 새롭게 시작한다. '힘은 새로운 사회를 잉태하는 모든 낡은 사회의 산파이다'(Marx, 1966, p. 703). 맑스는 덧붙인다 : '그것은 하나의 경제적 권력이다'(ibid.). 계급투쟁은 '개별 자본가와 노동자의 실존을 위한 논리적이고 역사적인 전제'이며 '착취가 의거하는 기초'(Clarke, 1982, p. 80)이다. 자본주의적 사회관계는 계급투쟁에 의거하며 그것을 통해 발전한다. 자본은 그 자신을 재생산하기 위해서는 노동을 착취해야만 한다. '[인격화된 자본은] 가치가 확장하도록 만들기 위해 광적으로 노력하면서, 인간으로 하여금 생산을 위한 생산을 하도록 강요하고 그에 의해 착취되는 인간의 수'를 늘린다(Marx, 1983, p. 555). 계급투쟁은 자본의 확대 재생산을 구성한다. 그리고 그것은 새로운 것이 탄생하는 힘이다. 계급투쟁의 지도자로서의 당이라는 레닌주의적 생각은 당에게 산파의 역할을 부여한다. 그렇지만 산파 자신은 태어나기 위해 투쟁하고 있지 않다. 이것은 산파의 역할이 아니다. 태어난 것이 '절규'하면(Holloway, 2002a) 산파는 필요 없게 된다. 태어난 것이 자유로워지도록 허용되지 말아야 한다고 산파가 우기지 않는 한에서는 말이다. 인간해방은 외부의 (레닌주의적) 산파를 필요로 하지 말아야 한다. 그것의 실현은 의존적 대중의 (잠재력 혹은 능력이라는 의미에서의) 자기결정의 능력에 달려 있다. 즉 그것의 실현은, 계급 없는 사회라는 해방적 목표를 수단 그 자체의 조직적 원리로 정립하는, 조직적 수단을 통한 자기 결정 능력에 달려 있다. 마틱이 쓰고 있듯이(Mattick 1991, p. 198), '혁명적 평의회에 헌신하는 노동자들은 독재를 주장한다. 왜냐하면 그들에게는 혁명적 평의회가 프롤레타리아의 독재와 다름없기 때문이다. 그들은 레닌에 반대하는데, 그 이유는 그가 독재를 요구하기 때문이 아니라 그가 당의 독재를 요구하기 때문이다'. 레닌주의에서 수단은 목적에 대립된다. 그것은 사회적 자기결정 대신에 '혁명적 당'의 독재에 의한 프롤레타리아의 교육을 선택한다. 이것은 스딸린 치하에서 단지 '원시적 축적'의 한 판본을 구성했을 뿐인 일종의 강제된 산업화로 나아간다. 이것은 노동 경제의 선진 체제로서의 사회주의라는 생각을 왜곡하는 것이 아니라 그것을 입증하는 것이다(Dyer-Witheford, 1999 참조).

노동의 사회적 자율을 위하여

사유하는 것은 위험을 무릅쓰고 넘어서기를 감행하는 것을 의미한다.
— 블로흐

공산주의는 사회적 개인을 지배하는 모든 추상으로부터 노동의 해방을 의미한다. 그것은 노동으로부터의 해방을 의미하는 것이 아니며 중앙 집중적 경제 계획이라는 수단을 통해 시장의 무정부성으로부터 노동을 해방시키는 것을 의미하지도 않는다. 모든 사회에서, 모든 생산은 자연의 전유이다. 그리고 전유는 노동을 통한 자연과의 교류를 의미한다. 노동은 필연적이다. 문제는 노동의 필연성이 아니다. 문제는 오히려 이 필연성의 사회적 조직화의 형식이다.

실제로 자유로운 노동, 예컨대 작곡은 동시에 가장 혹독한 진지함이며 가장 강렬한 활동이다. 물질적 생산의 노동은 이러한 성격을 다음과 같은 경우에만 달성할 수 있다 : (1)노동의 사회적 성격이 정립되었을 때, (2)노동이 과학적인 동시에 일반적인 성격을 가졌을 때, 즉 그것이 특유하게 동력화된 자연력으로서의 인간적 활동일 뿐만 아니라 주체로서의 활동일 때, 다시 말해 그것이 생산과정 속에서 자연적이고 자발적인 형태로 나타날 뿐만 아니라 모든 자연력을 조절하는 활동으로서 나타날 때 (Marx, 1973, pp. 611~12).[4]

요컨대 노동의 해방은 그 자신의 업무, 자기결정적 실천으로서의 그것의 사회적 성격, 주체로서 그것의 실존 등을 조직하면서 노동의 사회적 자율성에 도달한다. 인간 생명력의 사회적 전유란, 그것을 자유롭게 연합한 협력적 생산자들의 통제 아래로 가져오면서, 그것들이 인간에게 귀속되게 한다는 것을 의미한다.

맑스-레닌주의에서 이러한 전유는 단지 사법적 술어 속에서만 이해된다. 그것은 생산수단의 해방수단으로의 변형을 지지하지 않는다. 오히려 그것은 국가가 생산수단을 이용하는 것을 지지한다. 그것은 자본가 소유에서 국가 소유로의 사적 소유권의 이전을 기획한다. 그래서 생산수단을 통제하는 것은 사회적 개인이 아니라 당 관료와 국가이다.

---

4. 독일어 원문(Marx, 1974, p. 505)에서 개역됨.

생산수단으로부터 본래의 생산자들의 분리는 폐지되지 않는다. 그것은 단지 집중될 뿐이다. 국가 사회주의는 시장 무정부성에 대항한다. 시장의 예측 불가능한 발전이, 국가에 의해 자본주의적 공장 원리를 사회 전체에 조직적으로 확장함으로써 극복될 수 있다는 것이다. 그러므로 사회주의는 레닌이 주장하듯이, '전체 인민의 이익을 위해 적용되는, 그래서 자본주의적 독점이기를 중지하는, 국가 자본주의적 독점 이외의 그 어떤 것도 아니다'(IFS, 1990, p. 77에서 인용). 자본의 파괴적 성격은, 그러므로, 정도의 문제일 뿐이다. 그것은 자본주의적 노동 훈육을 '사회주의적' 조직화와 결합함으로써 정정 가능하다. 그러므로 자본주의의 문제는 생산수단으로부터 노동의 분리에 기초한 노동 착취에 있지 않다. 오히려 문제는 실제적이고 유효한 조직화의 부족인데, 이것은 경쟁적인 즉 사적 소유에 기초한 자기 파괴적인 시장관계로부터 나오는 것으로 간주된다. 자본주의적 독점의 국가 자본주의적 독점으로의 사회주의적 변형은 자본의 파괴적 시장력을 경제관계에 대한 합리적 행정으로 대체하는 것으로 이해된다.[5]

'세계의 위기는 지도력의 위기이다.'라는 뜨로쯔끼의 진술(Dunayevskaya, 1986, p. xxxi)은 그러므로 이러한 생각과 부합한다. 뜨로쯔끼가 스딸린보다 더 나은 지도자였을 수 있다는 것과는 무관하게, 지도력에 대한

---

5. 경제적 계획자로서의 국가라는 생각은 맑스로부터 도출된 것이 아니라 헤겔로부터 도출된 것이다. 『정신현상학』에서 헤겔은 이성의 진화 과정에서 모든 것은 궁극적으로 국가로 환원된다고 주장한다. 비록 헤겔은 사적 소유가 국가 아래로 포섭되어야 한고 주장하지는 않았지만, 사회의 조직자이자 계획자로서의 국가라는 사회주의적 생각은 이성의 진화에 대한 헤겔의 생각을 헤겔 자신보다 더 큰 논리적인 힘을 갖고서 제기한다. 경제 관계에 대한 레닌의 잘못된 이해에 대해서는 이 책 3장에 실린 Behrens의 글을 참조하라.

강조는 자유방임 자본주의의 기업 지도자의 이념을 반영하며 그것을 혁명의 조직적 수단으로 채용한 것이고 그것을 이른바 노동자 국가로 뒤바꾸어 놓은 것이다. 혁명적 지도력이 필요한 이유는, 레닌이 주장했다시피, 계급의식이 '오직 외부로부터, 즉 경제투쟁의 외부로부터, 노동자와 고용주의 관계 영역 외부로부터 가져와질 수 있기'(1902, p. 79) 때문이다. 그러므로 노동자들을 노동자 국가의 형식 속에서 그들 자신에게 종속시킨다는 생각은 노동자들에 대한 불신에, 즉 노동자들은 그들 자신의 힘으로는 기껏해야 경제적 의식만을 발전시킬 수 있을 뿐이라는 믿음에 의거한다. 당이 '노동자들에게 정치적 지식을 가져다주어야'(ibid.) 한다는 그의 주장도 마찬가지의 의미를 갖는다. 위기를 지도력의 위기로 보는 뜨로쯔끼의 생각은 레닌의 관심사의 반향이다. 대중은 힘과 교육에 의해 자유롭게 되어야 한다. 그리고 자유를 향한 교육(!)은, 당에 의해 지도되는 사람들에 대해 강제와 폭력을 사용하기를 주저하지 말아야 한다.

프롤레타리아의 역사적 후진성이라는 주장은 마르지 않는다. 그러한 주장은, 비참을 낳는 기존의 조건들에 맞서는 해방의 기획은 필연적으로 당 지도력의 한 형태여야 한다고 전제한다. 기존의 권력과 후진적 노동자들 모두에 대해 정치의식 속에서 그들을 교육하고 그들의 노력을 지휘하면서 계급투쟁의 지휘권을 행사하는 지도력이 필요하다고 전제하는 것이다. 교육적 독재의 한 형태로서의 프롤레타리아 독재라는 구상은 이론적으로 플라톤에서 루소에 이르는 전통에 의거한다. 마르쿠제(Marcuse)가 주장했듯이(1967, p. 60), 이러한 입장을 조롱하는 것은 쉽다. 하지만 그것을 논박하기는 훨씬 어렵다. 왜냐하면 그것은, 어떤 위선도 없이, 인간적 자기결정을 가로막는 바로 그 조건들을 승인하기 때문이다. 그러므로 그 주장은, 이른바 기존 조건의 객관적 성격에 의존하며 그리고 자본주의적 조건의 객관성을 받아들임으로써 그것들의 객관적 힘을 재강화한다. 프롤레타리아 독재가 인공적인 그러나 여전히 강력한 국가의 주권을 그들 자신의 사회적 재생산을 조직하는 사회적 개인들의 진정한 주권으로 대체함으로써 국가를 가르친다는 맑스의 생각은, 그러므로 그것과는 반대된다. '사회주의 속에서 대중의 교육'이라는 생각은 사회적 자기결정을 방해하는 조건들을 승인한다. 그리고 그것은 또 혁명적 수단들 속에서 이 조건들을 반영하며 혁명적 목적들을 왜곡하면서, 그것들을 '새로운' 사회에 투사한다.

인간의 비존엄이라는 기존 조건에 대항한다는 점에서 지도력에 대한 레닌주의적 이념은 설득력 있는 것으로 보인다. 인간적 자기결정의 요구는 낭만적 환상처럼 보인다. 레닌주의는 원래 믿을 만한 것처럼 된다. 그렇지만 '객관적' 조건이란 것이 대체 무엇을 의미하는가? 정통 맑스주의는, 노동계급이야말로 생산과정에서의 그것의 입장 때문에 유일하게 혁명적인 계급이라고 주장한다. 그렇지만 이 입장은 그 자체로서는 객관적 조건일 뿐이다: 노동계급은 즉자적으로 존재한다. 노동계급은 혁명적 계급으로서의 그것의 잠재력을 실현하기 위해 대자적 계급으로 변형되어야 한다. 이 변형은 '지도력'을 요구한다. '즉자'라는 개념은 구성된 관계로서의, 즉 마치 그것이 물자체의 단순한 의인화인 것처럼 인간의 사회적 실천이 그 속에 존속하는 관계로서의, 자본주의적 사회관계를 지시한다. 그러므로 '즉자'는 자본의 확립된 실존을, 그것의 구성된 현존을 지시한다. 그러므로 정통적 설명은 '즉자'와 '대자'

라는 개념을 받아들여 노동계급의 '객관적' 입장을, 혁명적 계급으로서의 그것의 잠재력('대자적 계급')을 지시하는 데 사용한다. 혁명정당의 지도적 역할이라는 형식 속에서 나타나는 이 이원론의 레닌주의적 도구화를 차치할 때, 인식론의 고전적 문제에 대한 맑스의 대답은 결코 모호하지 않다. '즉자와, 주체의 실체인 대자 사이의 분리는 추상적 신비주의이다'(Marx, 1981, p. 265).[6]

게다가 객관성과 주관성 사이의 이원론은 물신주의에 대한 맑스의 비판이라는 렌즈를 통해서 볼 때에는 이해되지 않는다. 그의 비판은, 인간 실천은 자본주의적 사회관계의 형식 속에서 전도된 실천으로서 대자적으로 존재함을 보여준다. 그리고 그는, 모든 사회관계는 본질적으로 실천적이라고 주장한다. 그의 비판은 자본의 구성된 형식들이, 사실상, 인간 실천이 그 안에서 또 그것을 통해 '존재하는' 형식들임을 드러낸다. '즉자적'이란, 사물들의 구성된 형식이 사회적 실천의 조건들로부터 그 실천의 분리인, 그러한 사물들 사이의 관계이다. 그리고 인간의 사회적 관계가 사물들 사이의 관계 속에서 그것을 통해 존속하기 때문에 '대자적'이다. 보다 잘 표현하면, 이러한 사회적 관계들은 자본주의적으로 구성된 인간의 사회적 관계의 전도된 실존 형태들로서, 그녀의 계급 분열적 사회적 실천 속에서 그것을 통해, 그리고 '능동적 인간성'에 의해 재생산된 사물들의 세계로서 존속한다. 그 결과, 인간의 사회적 실천은 또 '그 자신에 대립하여', 한편에서는 전도된 사회적

---

6. 전 맑스주의적 방법론에 박힌 레닌주의의 뿌리에 대해서는, 이 책에 실린 Behrens, Clarke, Rooke의 기고문들을 보라. Marx(1981)로부터의 인용은 필자에 의해 번역되었다.

범주로서, 그리고 다른 한편에서는 역사를 만드는 힘으로서, 그리하여 그녀 자신의 전도된 실존을 추월할 수 있는 힘으로서 존속하게 된다. 그러므로 인간적 실천은 자본의 형태 속에서 즉자적으로, 대자적으로, 그리고 자신의 반하여 존재한다. 객관성(즉자)과 주체성(대자)에 대한 이원론적 개념화는, 우리의 사회적 세계를 인간에 의해 만들어진 세계로서, 그리고 인간의 변형적 힘에 의존적인 세계로서 이해하는 것에 저항하는 사유 전통에 확고하게 속한다. 계급을 '즉자적으로' 존재하는 것으로 취급하게 되면 '객관적 조건'을 수용하는 것으로 나아가게 된다. 즉 '전도된' 세계(Horkheimer, 1992, p. 246)에 대한 긍정적 설명으로 나아가게 된다. 요컨대, 호르크하이머가 쓴 바 있듯이, '실존'으로부터 '발생'의 분리가 교조적 사유의 맹점을 구성한다.

이러한 분리를 가정하게 되면 결국, 인간의 사회적 실천이 도출되고 계급투쟁 행위의 전략적 계산이 기초하는 '객관적 조건'을 비판적으로 수용하기에 이른다. 이와는 달리, 물신주의에 대한 맑스의 비판은 객관적 조건들을 승인하지 않는다. 그것은 그것들을 인간의 사회적 실천 속에서 또 그것을 통하여 존속하는 조건들로 해체한다. 이 실천이 자본의 형식 속에서 아무리 전도되었다 할지라도 말이다(Bonefeld, 1995를 보라). 달리 말해, '지도력'이라는 레닌주의적 생각은, 그것이 표면상으로는 해체시키려고 계획한, 그 전도된 세계를 반영한다. 거울들이 제공하는 반영상들은, 아무리 부서졌어도, 그것의 구성적 힘인 자본의 '구성된 관계' 내부에 전도된 형식으로 존재하는, '아직-아님'(Bloch, 1973)의 투영을 제공하지 못한다. 다시 말해 그것들은 전도된 가치형태 내부에 그것을 통해서 또 그것에 대립하여 존재하는 인간적 협력의 투영을 제공하지 못한다.[7] 객관적 조건에 대한 정통적 긍정 주장에게는 안된 이야기지만, 정치경제학 비판은 사물들의 세계의 진정한 구성에 관한 계몽을 제공하는 것에 책임이 있다(Bonefeld, 2001). 계몽은 매우 전복적인 일이다. 그것은, 눈에 보이는 대로의 사물을 의심하며 그것의 본질을 드러내기 위하여 세계를 뒤집어서 사고한다. 그 본질이란, 그 자신의 버림받은 조건의 생산자로서 그 자신에 대립하여 존재하는 인간이자 동시에 그녀 자신과 존엄 속에서 관계하는, 즉 자원으로서가 아니라 목적으로서 대자적으로 존재하는 아직 존재하지 않는 주체로서의 대자인 인간이다.

자본주의의 사회적 재생산의 전제는 노동이 자신의 조건으로부터 자유로운 것이다. 이 전제는 자본주의적 사회관계의 실질적 운동에 대해 알려주며 또 특징짓는다. 자본, '가치가 스스로 확장하도록 만들기 위해 광적으로 노력하는'(Marx, 1983, p. 555) 자본은 그것의 생산적 힘을 증대시키기 위하여 노동 분업을 강화하는 수밖에 다른 도리가 없다. '노동의 하위 분업이 민중에 대한 학살'(Urquhart, Marx, 1983, p. 343에서 인용)임은 의심의 여지가 없다. 그러나 그것은 사회적 노동과정의 가일층의 파편화를 통해, 인간을 조각조각 분할함을 통해(Marx, 1977, p. 155를 보라) 노동의 조건으로부터 노동의 '본래적' 분리를 강화할 뿐이다. 그러나, 아무리 많은 사회적 노동이 파편화되고 분할되고 하위 분할된다고 해도, 인간적 협력은 여전히 '자본주의적 생산양식의 근본적 형식'(Marx, 1983, p. 317)으로 남아 있다. 이러한 협력은, '민중에

---

7. 이 문제에 대해서는 Bonefeld(2002)를 참조하라.

대한 학살'을 평등하고 자유로운 교환 관계라는 정중한 형식과 통합하는 가치형태 속에서 그 자신에 대립하여 존재한다. 그러므로 인간적 협력은 사회적 생산의 자본주의적 조직과의 적대적 연결 관계로부터 해방되어야 한다.

노동은 자본의 '전제이며 또 그것의 전제로 남아 있다'(Marx, 1973, p. 399). 자본은 노동으로부터 그 자신을 해방시킬 수 없다. 그것은 필요노동의 부과에, 잉여가치라는 구성적 측면에, 세계의 노동계급에 의존한다. 자본은 잉여가치를 증가시키기 위해 필요노동을 최저한도로 축소해야 하지만 이와 동시에 필요노동을 정립하기도 해야 한다. 이 축소는 노동의 생산력을 발전시키며 동시에 자유 영역의 실질적 가능성을 발전시킨다. 생활필수품을 생산하는 데 필요한 사회적 필요노동시간을 점점 적게 요구하는 환경은, 필요의 영역을 제한하며 그 결과 맑스가 자유의 영역이라고 설명한 것이 만개하도록 만든다. 자본주의 사회 내부에서 이러한 모순은, 생산 설비들의 파괴, 실업, 노동조건 악화, 그리고 빈곤의 확대뿐만 아니라 전쟁을 통한 인간 생명의 파괴, 생태적 재앙, 기근, 토지를 불태우기, 물의 중독, 공동체들의 황폐화, 그리고 이윤을 위한 아이 생산, 인간의 신체를 교환 혹은 수술을 위한 상품으로 사용하기, 무성생식을 통한 인간 생산의 산업화 등등을 포함하는, 폭력(Gewalt)을 통해서만 봉쇄될 수 있다. 타락하고 착취되고 저하되고 버려진 그리고 노예화된 존재로서의 인간 실존은, 자본주의적 생산이 인간을 위한 생산이 아님을 보여준다. 그것은 인간을 수단으로 사용하는 생산이다. 달리 말해 가치형태는 현실적인 사회적 개인으로부터의 추상을 나타낸다. 또 그것은 이와 동시에 '실천 속에서 진실한'(Marx, 1973, p. 105를 보라) 추상을 나타낸다. 그것은 인간 존재로부터 추상을 하며 그녀를 그녀 고유의 삶-실천의 단순한 인격화로 환원시킨다. 인간의 모든 특수한 사회적 실천들을 노동이라는 특정하고 단일한 추상 형식으로 바꾸고, 그 실천들을 전장으로부터 무성생식 실험실로 바꾸는 이 보편적 환원은, 원시적 축적과 더불어 시작된 분리가 이제는 인간들을 착취하기 위한 생물 기술적 결정으로 나타나고 있음을 보여준다. 이 비참함은 인간의 품위에 걸맞지 않은 것이다. 인간은 혁명적 변형을 요구한다. 우리는 마르쿠제의 말(Marcuse, 1998)을 바꾸어서 이러한 생각을 다음과 같이 표현할 수 있다 : 이를테면, 인간은 생각하는 존재이다. 그리고 만약 사유가 진리의 현장이라면, 인간은 진리로 인정된 것을 실현하기 위해 사유에 의해 인도될 자유를 가져야 한다. 바꾸어 말하면 인간의 사회적 실천 자체가 인간을 노예화하는 세상을 구성하고 있는 것이다.

맑스는 노동자들의 협력체들의 출현과 노동자 소유 공장들의 출현을 공산주의로의 이행이 이미 시작되었다는 사실의 직접적이고 간접적인 지표라고 보았다. 그는 더 짧은 노동일을 위한 투쟁 속에서 ─ 그것이 임금노동에 미치는 결과가 아무리 모순적이라 하더라도(Marx, 1983) ─ 인간해방을 위한 '기본적인 전제'를 보았다. 게다가 그는 협력의 모순적 힘을 보았다. '우리는 여기에서 협력이라는 수단에 의해 개인들의 생산력의 증가를 가져왔을 뿐만 아니라 새로운 힘, 즉 대중들의 집단적 힘의 창출을 가져왔다'(Marx, 1983, p. 309). 그는, 노동을 추상적 부의 축적을 위한 자원으로 가두기 위한 자본가적 투쟁이 '적용된 노동시간과 그것의 생산물 사이의 엄청난 불비례'(Marx, 1973, p.

705)를 향한 경향을 봉쇄한다고 주장했다.

> 노동은 더 이상 생산과정에 그렇게 많이 포함되는 것으로 나타나지 않는
> 다. 오히려 인간은 생산과정에 감독이나 조절자로서 더 많이 관계하게
> 된다. … [노동자는] 생산과정의 주요한 행위자로 되기보다 생산과정의
> 옆으로 비켜난다(Marx, 1973, p. 705).

나아가,

> 자연은 어떠한 기계도, 어떠한 기관차도, 철도도, 전신도, 자동 방적기도
> 만들지 않는다. 이것들은 모두 인간 산업의 생산물이다. 자연 물질은 자
> 연을 횡단하는 혹은 자연 속에 참여하는 인간 의지의 기관으로 변형된다.
> 그것들은 인간의 손에 의해 창조된, 인간 두뇌의 기관들이며 객관화된 지식
> 의 힘이다. 고정 자본의 발전은, 사회적 지식이 어느 정도로 생산의 직접
> 적 힘으로 되었는가, 그리고 사회적 삶의 생산을 위한 조건이 어느 정도
> 로 일반적 지성의 통제 아래에 놓여졌는가 그리고 그것에 발맞추어 변형
> 되었는가를 가리킨다. 사회적 생산의 힘이 어느 정도로, 지식의 형태로뿐
> 만 아니라 사회적 실천의, 실제의 삶의 과정의 직접적 기관으로서 생산
> 되었는가?(Marx, 1973, p. 706).

다르게 말해 보자. 산 노동은 비록 생산의 단순한 요소로 저주받았
다고 할지라도 생산을 조직한다. 그리고 그것은 자신의 삶-실천을, 일
반지성적 인간 지식 및 지적 힘을 갖춘, 감독자 및 조절자로 변형함으
로써 생산을 조직한다. 이러한 변형은, 현대적 관계들에서는, 필요노동
의 단축을 수반한다. 위기를 끝없이 불러오는 이 단축은 비고용 노동

자와 비고용 자본 속에서 그리고 그것들을 통해서 나타난다(Marx, 1966, p. 251). 자본은, 화폐형태 속에서는, 비고용 상태에 있다. 왜냐하면 그것은 축적의 확대재생산적 요구를 초과하여 존재하기 때문이다. 그러므로 여기에서 화폐에서 화폐가 만들어지는 잉여가치 생산으로부터 추출되는 바의 '신용-상부구조'(M⋯M')가 발전하지만 자기 확장하려는 화폐의 이러한 추구는 노동의 착취에 의존한다(M⋯P⋯M'). 생산적 축적과 화폐적 축적 사이의 분리는, 필연적으로, 위기에 심하게 시달리며 그것의 명령은 폭력적이다. 그것은 노동의 미래 착취에 대한 저당을, 인간의 삶을 파괴하는 저당을 포함하는데 이것은 모든 붕괴나 금융 위기가 보여주는 바와 같은 것이다. 자본의 한계는 자본 자체이다. 자본은 확대된 축적을 통해 그 자신을 정립하기 위해서는 생산수단을 파괴함으로써 화폐의 제단 위에 인간의 생산적 힘을 가두어야 한다. 축적의 피라미드 위에 노동자들을 희생시키면서 말이다. 화폐 공황과 산업 붕괴는 같은 동전의 양면이다(Bonefeld, 1996). 어떤 채무자 위기라도 이것이 실제로 어떻게 작동하는가를 보여준다.

그럼에도 불구하고 이 비참함은 자본주의적으로 조직된 사회적 재생산의 관계들 속에서 그리고 그것을 통해, 인간에 의해 만들어진다. 노동계급은 단지 자기 자신을 해방시킬 수 있을 뿐이라는 맑스의 진술은 혁명의 진정한 문제를 제기한다. 문제는 노동의 자기조직화의 문제, 즉 자본주의에 대한 실질적 대안을 제시하며, 그리하여 조직적 수단들 속에서 혁명적 목적들을 반영하는 자기조직화의 문제이다. 요컨대 혁명적 조직화의 위대한 문제는 인간에게 어울리는 투쟁의 수단과 방법을 발견하는 문제이다. 중무장한 반동들에 항거할 수 있을 뿐만 아니라 일상적 삶의 실천에서 권력의 모방에 항거할 수 있는 투쟁의 수단과 방법을 발견하는 문제이다. 혁명적 변형의 첫 번째 원리는 사회의 민주화이다. 다시 말해 인간적 세계를 인간 자신에게 되돌려주면서 인간을 단순한 자원으로 몰아넣는 일체의 권력 형식들에 맞서는 인간적 자기결정이다. 사회의 민주화는 본질적으로 사회적 필요노동의 민주적 조직화를, 즉 연합한 생산자들 자신에 의한 필요의 영역의 조직화를 의미한다. 강제로부터의 자유 속에서 필요노동을 민주화하는 것은 인간 삶의 모든 영역에서 사회적 자율을 위한 요구를 수반한다. 자율은 인간적 주권을, 주체로서의 인간적 존엄을 의미한다. 그것은, 인간을 추상에 의해 지배되는 타락한 존재로 만드는 모든 관계의 폐지를 의미한다. 간단히 말해 사회적 자율은, 자신의 조직화의 방법 속에 혁명의 목적(즉 인간해방)을 예상하는 그러한 저항의 조직형식 속에서 (그리고 그 형식을 통해서) 사회적 자기결정을 이루어 나가는 것을 의미한다. '자유롭고 평등한 사람들의 사회'(Agnoli, 2000)는 계급의 종말을 의미한다. 그것은 인간이 그의 '고유한 힘'을 그 자신의 사회적 힘으로 인식하고 조직하는 계급 없는 사회를 의미한다(Marx, 1964, p. 370). 그러므로 우리가 직면하는 것은 권력을 장악하지 않고서 권력을 달성하는 문제이다(Holloway, 2002b). 그것의 해결책은 이론적 문제가 아니다. 그것은 하나의 실천적 문제이다.

8장 혁명의 생산에 관한
레닌의 생각

조지 카펜치스

이 책(『재구조화와 저항』)이 끝나갈 때 편집자는, 서유럽에서 반자본주의 운동에 관여한 저자들에게 '혁명'이라는 말을 포함한 제목을 제안했다. 어떤 사람은, 이 말이 공산주의 독재의 수치스런 잔학행위 및 전제주의와 너무 깊이 연결되어 있다고 주장하면서, 혹은 이 대륙에서 혁명이라는 이념은 단지 소망스런 견해에 지나지 않는다고 주장하면서, 그 제안을 매우 진지하게 사양했고 그 말이 사용되지 말았으면 한다는 희망을 표현했다.

— 아브람스키[1]

꿈을 꾸는 것은 필요하다.

— 레닌[2]

---

1. Abramsky, 2001, p. 546

서론

레닌이, 혁명적 조직의 이론과 실천에 대한 최초의 주요한 정식화인, 『무엇을 할 것인가?』를 출판한 지 이제 거의 한 세기가 지났다. 이 논문에서 나는, 레닌이 『무엇을 할 것인가?』에서 맑스주의에 중요한 의미를 갖는 방법론적 전진을 달성했음을 보여줄 것이다 : 그것은 맑스주의를 맑스주의 자체에 적용하는 일이다. 당시까지 맑스주의라는 범주는 부르주아지의 정치적 상부구조에 외부적으로만 적용되었지 맑스주의 정치 조직에는 적용되지 않았다.

그러므로 나는 20세기 초 '혁명의 네트워크'라는 레닌의 개념을 검토할 것이며, 그것의 문제틀을 검토하고 또 그것을 (이 논문의 첫 머리 제사에서 표현된 바와 같은) 오늘날의 반지구화 운동 속에서 혁명이라는 개념 그 자체가 직면해 있는 위기와 비교할 것이다. 혁명적 조직에 대한 레닌의 개념은 수십 년에 걸쳐 잔인하게 비판되어 왔다. 그리고 레닌주의자들에 의해 시작된 혁명들의 제도적 결과가 그것을 분명하게 비난하는 것으로 보인다. 이러한 경험에 기초해 볼 때, 우리는 지금 무엇을 하지 말아야 하는가에 대한 좀더 나은 이해를 갖고 있다. 21세기 초의 반지구화 운동은 『무엇을 할 것인가?』로부터 무엇인가를 배울 수 있을 것인가? 나의 대답은 분명한 '예'이다.

---

2. Lenin, 1988, p. 229

비밀과 소통

레닌의 『무엇을 할 것인가?』라는 제목은 의식적으로 니꼴라이 체르니쉐프스키의 소설의 제목을 본떴다고들 흔히 이야기된다. 그러나 그것의 문법이 그것의 발생보다 더 중요할 수 있다. 왜냐하면 (러시아 말) 'Chto delat'는 글자 그대로는 '무엇을 할까?(What to do?)'로 번역될 수 있기 때문이다(Service, 1988, p. 27). 강조는 행위에 두어져 있지 목표에 두어져 있지 않으며, 달리 읽으면, 생산에 두어져 있지 생산물에 두어져 있지 않다.

레닌은, 사람들이 맑스가 관심을 갖지 않았던 길 속에서 어떻게 혁명을 생산할 수 있을 것인가라는 문제에 관심을 갖고 있었다. 맑스의 작품 속에는, 후기 자본주의 세계의 특징에 대해 거의 아무런 언급이 없듯이 혁명을 생산하는 원리에 대해서도 그 이상으로 아무런 언급이 없다.[3] 맑스는 분명히 많은 중요한 조직적 노력에 가담했다. 그러나 그

---

3. 엘스터가 늘 지적하듯이, '맑스의 혁명이론은 분산된 단락들에서 재구축되어야 한다. 그 단락들 대부분이 직접적인 정치적 목적을 가지고 쓰여졌다'(Elster, 1985, p. 428). 물론 우리는 가치론에서 축적의 일반 법칙에 이르기까지 맑스의 모든 저작을 혁명적 계급투쟁에 대한 연구로 간주할 수 있다(Cleaver, 2000). G. D. H. Cole은 혁명에 대한 맑스의 입장을 다음과 같은 말로 평가했다. '1850년 이후로 맑스는 단순한 폭동주의의 극좌파에 속하기를 중지했다. 그는 폭동주의를 불필요하게도 적에게 기회를, 즉 노동자의 조직을 파괴하고 투옥이나 망명 등의 방법으로 자신들의 지도자를 빼앗게 할 기회를 제공하는 것으로 보았다. 그가 인터내셔널을 건설하면서 하고자 했던 것은 있는 그대로의 노동자들의 운동을 받아들여서 그것의 힘을 나날의 투쟁 속에서 증대시키는 것이었다. 그는, 이렇게 해서 그것이 올바른 길로 인도될 수 있을 것이고 또, 이데올로기적 지도에 따라, 경제적이고 정치적인 부분적 개혁들을 위한 투쟁 경험에서 성장해 나오는 혁명적 전망을 발전시킬

중 가장 중요한 것, 즉 국제 노동자 협회는 혁명적 조직이 아니었다(Cole, 1969, p. 88). 사실상 그는 제1인터내셔널에서, (바꾸닌에 의해 대표된) 자임하는 혁명적 세력들에 매우 적대적이었고 파리 코뮌을 지지함에 있어서도 약간의 주저를 보였다. 혁명이 다른 역사적 생산물들처럼 만들어질 수 있을 것인가? 맑스는 이것을 확신하지 않았다. 그리고 이것이, 그가 자기 시대의 노동자 운동을 그토록 가득 채웠던 혁명적 참견쟁이들을 매우 경멸한 주요한 이유 중의 하나였다.

레닌은, 맑스에 대한 그의 커다란 존중에도 불구하고, 혁명을 살았고 혁명을 호흡했다. 그리고 그는 자신의 저작을 통해, 특히 『무엇을 할 것인가?』에서 '어떻게 혁명을 할 것인가?'라는 문제를 제기했다. 결과적으로 그에게서 혁명의 생산은 정치적 노동(work)의 문제였다. 혁명들은 일어나고 있는 것만이 아니었다. 당시의 맑스주의자들에게서 노동의 주요한 범주적 구분은 미숙련 노동과 숙련 노동 사이에 지어져 있었는데, 그는 그것을 매우 의식적으로 응용했다.[4] 레닌은, 혁명-생산의 가장 중요한 조건들 중의 하나는 혁명적 생산자들 속에서의 전문주의라고 주장했다. 그는 많은 러시아 혁명가들의 아마추어적 노력을 경멸하지 않았다. 전문가는 고도로 숙련된 노동자인 반면에 아마추어는 일정 수준에서는 숙련 노동을 하지만 전문가적 훈련이나 전일적 전념을

수 있으리라고 믿었다(Cole, 1969, p. 92).

4. 놀랍게도 맑스는 『자본』에서 가내 노예제(chattel slavery)의 역할에, 그리고 자본주의 발전과 그것의 긴밀한 관계에 대해 거의 아무런 이론적 고려도 하지 않는다. 그는, 1867년 이래 대부분의 다른 남성 유럽 맑스주의자들과 마찬가지로, 임금노동계급 내부의 차이에 대해 훨씬 더 많은 관심을 기울였다. 숙련 노동, 장인 노동, '노동귀족', 그리고 이와 유사한 용어들에 대한 논의로는 Hobsbawm(1984, pp. 252~72)를 참조하라.

하지는 않는 사람이다. 혁명을 생산하기 위해 왜 우리는 전문적 혁명가를 필요로 하는가? 왜 아마추어나 숙련되지 않은 사람들로는 충분치 않는가? 왜 노동자들은 그들의 일상적 투쟁을 수행함에 있어서, 맑스가 『자본』의 감동적인 대단원에서 제안하고 있듯이(Marx, 1967, p. 763), 자본의 소득을 궁극적으로 사라지게 하고 착취자들을 착취하는 일을 할 수 없는가?

대답은 혁명가들의 노동조건에 놓여 있다. 레닌은 동지 마르티노프의 '경찰에 대항하는 투쟁에 대한 오만한 경멸'에 대한 비판에서 전문주의라는 문제를 도입한다(p. 171).[5] 레닌이 보기에 정치 경찰을 투쟁 속으로 도입하는 것은 전문적 혁명가들에게는 필수적인 조건이다 : '보통의 인민들은 파업이나 경찰 및 군대와의 거리 투쟁에서 거대한 에너지와 자기희생을 발휘할 수 있다. 그리고 이들은 우리의 모든 운동의 결과를 (사실상 유일하게) 결정할 수 있다. 그러나 정치 경찰에 대항하는 투쟁은 특수한 질을 필요로 한다. 그것은 전문적 혁명가들을 필요로 한다'(p. 172). 정치 경찰이 하는 일이 무엇인가? 그들은 투쟁을 비밀에 붙이며 투쟁하는 사람들을 혼란에 빠지게 만든다. 레닌은 이렇게 주장한다.

파업이 그 파업에 참가한 사람들에게, 그리고 그것과 직접적으로 연결된 사람들에게 비밀로 남아 있는 것은 불가능하다. 그러나 그것이 러시아의 노동자 대중들에게 '비밀'로 남아 있는 것은 (그리고 많은 경우에 그러하

---

5. 『무엇을 할 것인가?』에 대한 쪽수 참조는 모두 Lenin(1988)에 의거한다.

듯이) 가능할 수 있다. 왜냐하면 정부는 파업 참가자들과의 모든 소통을 자르고, 파업의 소식 일체가 확산되는 것을 막으려 하고 있기 때문이다. '정치 경찰에 대항하는 특수한 투쟁'이 필요한 곳은 바로 여기이다. 이러한 투쟁은 파업에 참가하는 것과 같은 정도로 많은 대중에 의해 적극적으로 수행될 수는 결코 없는 투쟁이다. 이러한 투쟁은 혁명적 활동에 전문적으로 종사해 온 사람들에 의해 '예술의 모든 규칙들'에 따라 조직되어야만 한다(p. 173).

정치 경찰은 '대중들'이 그들 자신을, 그리고 자신들의 행동을 모르게 하려 한다. 경찰은 심술궂은 인식론적 기능을 갖고 있다: 그들은 무지의 전문학자들이며 소통의 파열자들이다. 레닌에 따르면, 오직 이와 똑같이 전문적인 혁명가들만이 계급 내 지식과 소통을 발생시킴으로써 그들과 맞설 수 있다. 러시아에서 전문적 혁명가들과 (저 유명한 오크라나가 깔아 놓은) 정치 경찰들 사이의 대립적 관계는 경찰 당국에 의해 인식되었다. 국립 경찰의 우두머리이자 베라 자수리치의 탄환의 표적이 되었던 뜨레뽀프 장군은 1898년에 '경찰은 혁명가와 동일한 것에 관심을 갖지 않을 수 없다.'고 결론 내렸다. 그 동일한 관심사란 혁명이었다(Kochan, 1966, p. 34). 러시아에서 정치 경찰의 역사는 복잡한 이야기를 갖는다. 그러나 레닌의 전문적 혁명가들이 맞서고자 했던 것을 분명히 밝히기 위해서는 단지 약간의 스케치만이 유용할 것이다. 공인된 정치 경찰의 본래 판본인 '제3부'는 12월주의자들의 반란(1825)에 대한 반응으로 형성되었다. 그러나 19세기의 마지막 4/4 분기 무렵 '제3부'는 '오크라나'로 이름을 바꾸었고 자신의 주의를 테러주의자들의 급증하는 암살 및 노동계급의 노동조합 조직화에로 돌렸다(Squire,

1968). 헌병대를 자신의 강력한 무기로 사용한 것은 경찰청의 비밀 파견대였다. 헌병대는 1870년경에 13,000명 정도였지만 20세기의 첫 10년에는 50,000으로 늘어났고, 그 절정기에 오크라나는 러시아의 여러 도시와 해외에 26개의 지부를 갖고 있었다(Rogger, 1983, pp. 54~6). 먼저 이 지부들은 1898년 이후로 지역 관료들에 의해 통제되었다. 그렇지만 그들은 '전 러시아 오크라나'라는 유령을 낳은 경찰청의 '특별 분과'에 의해 조종되었다(Judge, 1983, p. 130).

급진 분자들과 혁명가들의 체포, 고문, 그리고 망명에 관한 긴 이야기는 오크라나의 자국을 쫓아서 계속 이어졌다. 그렇지만 반대로 오크라나는 혁명가들과의 지속적 상호작용으로부터 많은 것을 배웠다. 그리고 오크라나는, 뜨레쁘프가 관찰하고 있듯이, 종종 이 지식을 실천에 옮겼다. 사실상 레닌이 『무엇을 할 것인가?』를 구성하고 있던 바로 그 순간에 오크라나는 계급전쟁에서 가장 세련된 실험을 하고 있었다. 그것은 의태와 혼란이었는데 그들 나름의 노동조합 운동을 창출하는 것이 그것이었다! 이 대담한 계획은 모스크바 오크라나의 우두머리가 된 한 혁명가(세르게이 주바토프)의 생산물이었다. 1901년 3월에 그는 도시의 기계 노동자들 사이에서 자조(自助) 단체를 시작했다. 그 노력은 너무나 성공적이어서 섬유 노동자, 과자 제조 판매자, 담배 노동자, 향료 제조인, 그리고 단추 노동자 등은 오크라나에 의해 설비와 기금이 마련된 그 단체에 합류했다. (『무엇을 할 것인가?』의 출판 한 달 뒤인) 1902년 4월에 경찰 지휘자 즈볼리안스키는 내무장관 플레브에게 편지를 썼다. '이러한 발전이 갖는 외관상의 자발성에도 불구하고 모스크바에서 노동조합 노동자 운동의 조직화는 … 잘 숙고된 계획에 따라 일관되게 수행되었습니다. 모든 세부를 예견하는 것이 필요했습니다. 그리고 그것을 시작한 노동자들의 모든 행보를 감독하는 것이 필요했습니다'(Judge, 1983, p. 32). 오크라나의 개입은 매우 잘 알려졌고 곧 그것은 '주바토프 운동' 혹은 주바토프주의(Zubatovshchina)라고 불려지기 시작했다.[6] 그리하여 정치 경찰은 투쟁의 소통의 파열을 꾀할 뿐만 아니라 운동을 의태하는 행위를 한다.

레닌에 따르면, 혁명의 생산은 필연적으로 소통과 비밀 사이의 상보적 관계에 뿌리박고 있다. 만약 우리가, 광범위하게 깔린 정보경찰을 통해 정보를 파괴하고 왜곡하고 의태하려고 하는 국가에 의해 통제되는 채널 속에서, 대중의 행동에 대한 지식을 대중에게 소통하려면, 전문적 혁명가는 소통뿐만 아니라 비밀의 달인이어야만 한다. 실제로 혁명가의 전문주의는 정확히 그의/그녀의 비밀 능력에 의해 정의된다. 혁명가들의 조직은 대중의 활동들을 가능한 한 공적인 것으로 만들기 위해 가능한 한 사적이어야만 한다.

한 세대에 걸친 테러리스트 활동을 경험한 바 있는 독재 국가에 의

---

6. 주바토프주의의 결말은, 국가(혹은 미디어 혹은 자본 혹은 지배계급)가 무한한 조작적 환상을 뒷받침할 수 있다고 믿는 포스트모더니스트들에게 하나의 교훈을 준다. 주바토프 운동의 지도자들은, 노동자들의 가장 기본적인 요구를 만족시키기 위해, 많은 수의 비합적이었지만 성공적인 파업을 모스크바에서 (특히 오뎃사에서) 조직했다. 그들은, 헌병에 의해 체포된 후 노동자 선동가들을 실제로 풀어준 비밀경찰의 도움을 받았다! 두 장소에서 산업주의자들은 강화되었다. 그러나 오뎃사에서 있었던 주바토프주의 노동자들의 파업은 1903년 7월에 매우 파괴적인 총파업을 부추기는 데 도움을 주었다. 내무부 장관 플레브는, 이전에 주바토프를 후원했었는데, 그를 잘라 버린 후 주바토프주의 노동조합들로부터 범정부적 지지를 끌어냈다. 이 이야기에 대한 상세한 서술은 Judge, 1983, pp. 122~49에서 찾아볼 수 있다.

해 배치된 정치 경찰의 존재는, 레닌에 따르면, 러시아의 세기 전환기의 모든 혁명 전략을 위한 작전 시험을 제공했다. 만약 제안된 조직적 전략이 이 적대적인 환경—그것은 노동계급의 횡적인 소통에 잡음을 만듦으로써 작동할 뿐만 아니라 혁명적 노동자들의 신체적 집중을 지속적으로 깨뜨림으로써 작동한다—에 대응할 수 없다면, 그 전략의 민주적이고 평등주의적인 목표가 아무리 훌륭하다고 해도, 그 전략의 지지자들은 필연적으로 비운을 맞이한다. 우리는 '그 운동의 "깊이"와 "뿌리"를 헌병대와 싸우는 최선의 방법이라는 기술적·조직적 문제'(p. 183)와 혼동하지 말아야 한다. 레닌은, 러시아에서 혁명적 운동의 뿌리는 충분히 깊으며, 그것이 파내진 때에도 신속하게 다시 자란다고 주장했다. 문제는 혁명적 조직화에 있다. 일단 그것들이 파내지면 그것들은 신속하게 다시 자라지 않는다. 결론적으로 말해, 핵심은 탐지를 막는 것인데 그것은 전문적 혁명가들의 업무이다. 왜냐하면 '독재 국가에서, 우리가 혁명적 조직의 조직원을 혁명적 활동에 전문적으로 가담하여 정치 경찰과 싸우는 기술을 전문적으로 훈련받은 사람들에 더 많이 국한하면 그럴수록, 그러한 조직을 파내는 것은 더욱 어려워질 것이다'(p. 186).

그러므로 요약하면 이렇다. 레닌은 탐지 국가를 피할 수 있도록 구축된 혁명적 조직의 소통 이론을 제시했다. 혁명의 생산을 위해 필요불가결한 조건이라고 그가 주장한 그 기획이 '전 러시아의 신문!'이었던 것은 우연이 아니다. 겨울 궁전을 휘몰아칠 어떤 음모적 계획도 1902년 레닌의 의제에는 없었다. 그는 당시에는 혁명적 봉기를 위한 본질적 전제를 찾고 있었다. 전 러시아 신문을 가지고, 레닌은 ('포스트

포드주의적' 감수성을 다소 서투르게) 주장한다.

아직 움직이기 시작하지 않은, 그러나 이제 막 활동하려 하고 있는 하나
의 연구 써클은, 산업에서 유행하고 있는 생산 방법의 일반적 수준이나
이전의 '산업' 발전에 대해서 잘 알지 못하는, 고립된 작은 작업장에서
일하는 장인처럼이 아니라, 독재에 대한 총체적이고 혁명적인 전반적 공
격을 반영하는 넓고 큰 기업체의 참가자로서 출발할 수 있다. 그리고 각
각의 작은 물림 기어의 끝손질이 더 완벽하면 그럴수록, 그리고 공동의
대의에 참여한 세부 노동자들의 수가 더 크면 클수록, 우리의 네트워크
는 더 촘촘해질 것이고 경찰의 불가피한 파괴 공작에 의해 발생하는 대
오내의 무질서는 그만큼 줄어들 것이다(p. 227).

그러한 신문의 요점은 혁명적 중심들 사이의 소통 채널을 넓히는 것이
다. '오늘날, 혁명적 사업에 참여하는 사람들 사이의 소통은 극히 희
귀하다. 하여튼 희귀하다'(p. 227). 이러한 소통은 혁명적 네트워크 전
체에 걸쳐 토론과 논쟁의 많은 기회를 창출할 것이다. 이것은 계급 동
학에 대한 이후의 연구들에서 투쟁의 유통이라고 명명되었고 그것은
모종의 사회주의적 본뜸(emulation) 혹은 사회주의적 '경쟁'을 가능하게
만들었다. 레닌은 이렇게 덧붙였다. '우리 사회주의자들은 모든 본뜸
혹은 모든 "경쟁"을 결코 전면적으로 기각하지는 않는다'(p. 228). 강렬
한 계급 내 소통이, 성공적 봉기를 위한 필수적 조건인, 행동의 동시성
을 창출한다는 것은 더욱 더 결정적이다. '정확히 그러한 행동[즉 전
러시아 신문을 생산하고 분배하기]은 모든 지역 조직들을, 러시아 전
체를 선동하는 동일한 정치적 문제들, 사변들, 그리고 사건들에 동시적

으로 대응할 수 있도록, 그리고 정부에 대한 전체 인민의 가장 강력하고 가장 한결같고 가장 적합한 "대답"으로 그러한 "사변들"에 반응할 수 있도록 훈련시킬 것이다'(p. 236). 혁명적 보편자는 특수자들을 소통시키는 네트워크로부터 창출된다.

물론 혁명적 생산의 소통 모델은 『무엇을 할 것인가?』에서 발견할 수 있는 유일한 것이 아니다. 거기에는 그가 상이한 수준에서 은유적으로 발전시키는 적어도 네 가지의 다른 것들이 있다. 생산의 군사적, 제조적, 농경적, 그리고 건축적 모델이 그것이다. 그러나 혁명적 노동에 대한 레닌의 구상이 소통 모델에 집중된다는 사실은 그가 추구하는 혁명적 노동의 기원에 의해 암시될 뿐만 아니라 그것의 수단과 목적에 의해서도 암시된다. 나는 수단(전 러시아 신문)과 목적(자신의 행동에 대해 충분한 소통적 지각을 가진 노동계급)을 다루었다. 하지만 나는 『무엇을 할 것인가?』에 나타난 그의 입장들 중에서 가장 악명 높은 것, 즉 '노동자들 사이에는 사회민주주의적 의식이 있을 수 없다. 그것은 외부로부터 그들에게 가져와질 수 있을 뿐이다.'(p. 98)는 주장을 마지막을 위해 남겨 두었다. 레닌이, 자신이 선동한 프롤레타리아의 지각능력의 불구성을 즐기는 것으로 여러 차례 의도적으로 회귀했다는 것은 난처한 플라톤적 주제이다. 그는 이렇게 쓰고 있다.

고전적 정치의식은 오직 외부로부터만, 즉 경제투쟁의 외부로부터만, 노동자와 고용주 사이의 영역 외부에서만 노동자들에게 가져와질 수 있다. … 우리는 이 무딘 정식을 신중하게 선택한다. 우리는 이렇게 매우 단순화된 방식으로 우리 자신을 신중하게 표현한다. 우리가 역설들에 탐닉하기를 바라기 때문이 아니라 '경제주의자들'로 하여금 그들이 지나칠 정도로 무시하는 과제를 떠맡도록 '재촉하기' 위해서다…(p. 144).

혁명적 메시지는, 노동계급 내 소통의 외부에, 전 러시아 신문을 통해 전문적 혁명가에 의해 만들어진 네트워크를 창출해야 한다. 레닌에 따르면 이것은, 역사적으로는 사회주의의 관념 자체가 인텔리겐차의 이론에서 '성장해 나왔기' 때문에 필요하고 또 논리적으로는 정치적 계급의식을 구성하는 지식이 전형적 노동자들의 특수한 경험을 넘어 개념적 수준에서, 즉 '모든 계급들과 계층들의 국가와 정부에 대한 관계라는 영역, 모든 계급들 사이의 상호관계라는 영역'(p. 144)에서 획득되어야만 하기 때문에 필요하다. 이 결정적이고 보편적인 지식(혹은 이론)은 혁명의 생산에 필수적이다. 왜냐하면 '혁명적 이론 없이 어떤 혁명적 운동도 있을 수 없기 때문이다'(p. 91). 그러므로 전문적 혁명가는 무엇인가를 일차적으로 네트워크에 소통하기 위해 '노동자들과 고용주들 사이의 영역'으로부터 분리되어야만 한다. 그렇지 않으면 그들은, 노동자들이 어떤 혁명가보다도 더욱 깊이 그리고 친근하게 이미 알고 있는 것을 소통할 뿐일 것이다. 노동자들과 전문적 혁명가들 사이의 정보 교환의 비대칭이야말로 그 정보 교환을 양측에 가치 있는 것으로 만들었다.

혁명의 생산에 대한 레닌의 모델은 맑스주의 이론을 맑스주의 조직에 자기반성적으로 적용한 하나의 시도였다. 그것은 혁명-만들기의 노동을 받아들여서 그것을, 가장 새로운 조직적 구조들(철도 협력, 전기의 생산과 분배, 전화 교환, 화폐 이동 등)이 대규모화하기 위해서 집중화와 전문화를 필요로 했던, 그의 시대의 생산적 소통 모델에 적용했다. 그것은 또, 다른 어떤 생산적 조직과 마찬가지로, 혁명을 생산하는 사람들은 자신의 목적과 자신의 투쟁 환경에 부합하는 분업을 가질 필요가 있음을 인식했다.[7]

무엇을 배울 것인가?

『무엇을 할 것인가?』에 대한 비판은 그것이 출판되기도 전에, 즉 레닌의 논문 「어디에서 시작할 것인가?」(Lenin, 1961)가 러시아 혁명운동 내부에서 불러일으킨 논쟁의 외중에 이미 시작되었다. 「어디에서 시작할 것인가?」는 레닌이 그의 책에서 일 년 뒤에 제시한 주요한 주장의 스케치였다. 레닌은 1901년에 즉각적으로, 노동계급 투쟁의 현실로부터 분리된 비민주적이고 엘리뜨주의적이며 탁상공론적인 사람으로, 심지어

---

7. 맑스주의 계급분석을 노동계급 조직에 자기반성적으로 적용한 것은 『무엇을 할 것인가?』에서 매우 중요한 것인데, 이것은 20세기 맑스주의의 많은 가지들 속에서 표준적 특징이 되었다. 레닌 자신은 자신의 방법을 『제국주의 : 자본주의의 가장 높은 단계』에 적용하여 독일, 프랑스, 영국의 노동계급 당들의 '개혁주의'를 설명했고 또 그들 각 나라의 지배계급들의 식민적 모험과 그들의 공모를 설명했다(Lenin, 1968, pp. 147~8). 레닌 사후에 맑스주의를 맑스주의에 적용하려 시도한 많은 개인들과 '학파들'이 있었다. 워윅(Warwick) 학파, 계급구성 학파, 가사노동에 대한 임금 지불 이론가들, 그리고 '자율적 맑스주의' 학파 등이 그것이다. 이 방법에 관한 간단한 입문으로는 『제로웍』(Zerowork) 1권의 머리말(Midnight Notes, 1992, pp. 109~14)을 보라. 그리고 1989년까지 이 방법론적 전통 속에서 이루어진 핵심적 저작들을 포함하는 서지 목록을 보려면, Cleaver, Fleming and Herold, 1991과 Cleaver, 2000에 실린 머리말을 보라.

는 '권력 추구적인 사기꾼'으로 비난받았다. 그 논쟁은 러시아 10월 혁명 때까지 계속되었다.[8] 그러나 볼셰비키 혁명의 승리와 더불어 『무엇을 할 것인가?』는 준종교적인 성경이 되었다. 제3인터내셔널은 『무엇을 할 것인가?』에 나타난 혁명적 조직화의 개념을 전 세계 공산당 조직의 모델로 투사했다. 마침내 스딸린은 이 책을 소비예뜨 공산당의 혁명 이후의 특징을 정당화하기 위한 책으로 사용했다.

『무엇을 할 것인가?』에 대한 스딸린주의적 전유는 필연적으로 20세기의 어두운 장면들 일부와 결부되었다. 많은 사람들은 묻는다 : 「어디에서 시작할 것인가」에 대한 최초의 비판은 강제 노동 수용소로 끝나게 될 실수를 통찰력 있게 먼저 지적했던 것인가? 이것은, 그 책을, 특히 1956년 이후에, 그 신성한 높이로부터 악마적 텍스트들의 지옥 속으로 빠뜨렸던 질문이다. 비목적론적 독해와 질문들의 새로운 집합이 다음처럼, 즉 '『무엇을 할 것인가?』는 단지 "공산당 독재의 불명예스러운 잔인성과 전제주의"를 미리 보여주었을 뿐인가? 아니면 그 책에 대한 연구는 그것이 역사적으로 결부되었던 바로 그 불운을 피하는 데 유용할 수 있는가?' 라는 식으로 출현할 수 있었던 것은, 냉전의 종말과 더불어, 그리고 국가권력의 추한 아우라(aura)로부터 그 책이 분리되고 나서였다. 『무엇을 할 것인가?』는, 모든 환경에서 혁명의 생산을 위한 좋은 모델을 제공하는가? 아니면 그것은 20세기 초 러시아 혁명정당이

---

8. 레닌의 조직 이론에 대한 두 세대에 걸친 카우츠키주의적 비판으로는 Kautsky (1964)와 Kautsky (1994)를 참조하라. 전선에서 나온 『무엇을 할 것인가?』에 대한 평가로는 『당 약사(1904~5)』(Frankel, 1969에 번역되어 다시 실림)에 등장하는 아끼모프의 혹평을 참고하라.

직면한 조직적 곤란에 대한 역사적으로 제한된 토론에 불과한가?

이 논문에서 나는 다음과 같은 질문, 즉 '자본주의의 성격 변화(거칠게 말해, 20세기 초의 "제국주의"에서 오늘날의 "지구화"로)가 『무엇을 할 것인가?』에 제시된 혁명 생산의 소통 모델을 실제로 쓸모없는 것으로, 그래서 단지 역사적 관심사의 문제로 만드는가?'라는 질문의 변이를 다룰 것이다. 그 질문에 답하기 위해 나는 그 질문을 두 개의 부분으로 나누어 다룰 것이다. (가) 혁명-생산이라는 개념은 지구화하는 자본에 직면하여 도대체 적절한가? (나) 만약 그렇다면, 혁명-생산의 소통 모델은 투쟁에서 유용한가?

만약 레닌이 이 글의 첫머리에 실린 '혁명'이란 말에 관한 오늘날의 제사(題辭)를 읽는다면, 아마도 그는 본능적으로 '꿈꾸는 것은 필요하다.'[9]는 그의 끝말로 응답할 것이다. 사회주의라는 칸트적 이상조차도 잃어버린 베른쉬타인주의자들의 혁명 공포증을 기각하면서 말이다. 그러나 그 제사가 서술하는 분위기는 매우 실제적이다. 왜냐하면 소련의 해체 이후 시대는 역설적인 시대였기 때문이다. 한편에서 1989년 이후에 강화된 지구화 과정은, 『공산주의자 선언』(Marx, 1977, p. 235)에서 맑스에 의해 반자본주의 혁명의 전제 조건으로 상상된, 노동계급의 국제적 재구성과 동질화를 가져왔다. 다른 한편 혁명적 가능성의 감각은 극적으로 실추되었다. 세계의 노동자들은 여러 가지 새로운 방식으로 운동과 소통에 대한 다양한 이데올로기적, 민족적 제한들의 탈냉전적 붕괴와 (물리적으로, 조직적으로 그리고 개념적으로) 결합하고 있다.

---

9. 이 문장은 레닌의 모든 저작들을 통털어 몇 안 되는 희극적 촌극들 중의 하나를 소개한다.

그러므로 객관적으로 볼 때, 이것은 혁명적 시기로 나타날 것이다. 그러나 주관적으로 볼 때 그것은, 가장 헌신적인 반자본주의 활동가들 사이에서조차, 혁명에 관한 깊은 회의주의의 한 시기로 나타날 것이다. 왜 그럴까?

제사에는 두 가지의 대안적 설명이 주어져 있다. (가) '혁명'은 치욕적인 잔인함과, 그리고 공산주의 독재의 전제주의와 너무나 깊이 연결되어 있다는 것, 혹은 (나) 서유럽에서 혁명의 이념은 소망스러운 생각에 불과하다는 것이 그것이다. 나는 대안 (가)를 의심한다. 왜냐하면 결국 '혁명'이라는 말은 10월 혁명의 스딸린주의적 결과 외에도 많은 경험들(미국 혁명, 멕시코 혁명, 중국의 의화단 혁명, 벨벳 혁명[1989년 체코에서 일어난 무혈 시민 혁명 – 역자] 등이 예로 들어질 수 있다)을 지시하기 때문이다. 확실히 자본의 시사평론가들은, '컴퓨터 혁명'에서 '혁명적으로 새로운 찻주전자'에 이르기까지 혁명이라는 말을 사용하는 데 주저함이 없다. 더구나 한 단어의 사용/무시는 그것의 즐거운/불쾌한 연상에 의해 결정되는 것만은 아니다. 만약 그렇지 않다면 '죽음'(death)이나 '불행'(misery) 같은 말은 영어에서 사라질 것이다.

이제 우리에게 남은 것은 (나), 즉 혁명은 소망스러운 생각에 불과하다는 식의 대안, 즉 '혁명'이라는 말은 사회적 현실의 어떤 특징을 지칭하지 않으며 따라서 그 말을 21세기 초 서유럽에서 반자본주의 운동을 서술하는 책 제목으로 사용하는 것은 적절치 못하다는 식의 대안이다. 혁명 없는 반자본주의란 말은 외관상으로는 엄정해 보인다. 그것은 분명히 승리했다. 이 '탈근대적' 신념은 대체 어디에서 나오는가? 물론 확신하기는 어렵지만 지구화에 의해 창출된 상황 속에 뭔가 훌륭한 설명이 있는 것 같다.

맑스주의 전통에서 혁명은 언제나 모호한 지위를 가져왔다. 한편에서 그것은 일반적으로 민족국가들 속에서의 정치혁명들(고전적 예를 들자면 1640년의 영국 혁명, 1789년의 프랑스 혁명, 혹은 1917년의 러시아 혁명)을 지칭하거나 혹은 나중에 독립 민족국가가 된 식민지들에서의 정치혁명(1776년의 미국 혁명 혹은 1898년의 쿠바 혁명)을 지칭했다. 다른 한편에서 그것은 하나의 생산양식에서 다른 생산양식으로의 이행(예컨대 봉건주의에서 자본주의로, 자본주의에서 공산주의로)을 포함하는 사회혁명을 지칭했다. 그 용어에 대한 첫 번째의 독해는 엄밀한 시공간적 윤곽을 가졌고 두 번째의 독해는 분명히 그렇지 못했다. '봉건주의는 언제 끝나며 자본주의는 언제 시작하는가?', '이러한 이행은 어디에서 일어나는가?' 등은 답하기 어려운 문제들이다. 예를 들어, 만약 자본주의가 작동할 세계시장을 필요로 한다면, '어디에서'라는 질문에는 '모든 곳에서'라는 답이 주어지는 것이 올바르다. 두 종류의 혁명들 사이에는 그것들을 부자연스런 논리적 파트너로 만드는 범주적 격차가 있다.

결국, 문제의 중요성을 고려해 보면, 정치혁명과 사회혁명의 관계는 매우 경합적인 것이었다. 사람들은 뻔뻔스럽게 그리고 도식적으로 그 문제를 다음과 같은 공식 속에 집어넣는다: 스딸린주의자들은 소련이라는 독특한 사례 속에서 정치혁명과 사회혁명의 동일성을 주장했다. 뜨로쯔끼주의자들은 정치혁명과 사회혁명의 총체적 차이를, 그리고 사회혁명이 지구 전체에 달성될 때까지 '영구혁명'을 수행할 필요성을 주장한다. 마오주의자들은, 제1세계 나라들에서 사회혁명을 개시하게 할, 제3세계에서의 정치혁명을 주장한다. 어떤 사람들은, 그 관계에 대한 맑스의 생각은, 제1세계에서의 정치혁명이 제3세계 민족들에서 사회혁명을 개시하는 것이었으리라고 주장했다.

민족국가와 세계의 극들에 의해 결정된, 혁명에 대한 이러한 담론은 지구화의 과정에 의해 밑동이 잘렸다. 왜냐하면 가장 분명한 혁명의 느낌은 민족국가들이나 식민지들에서 권력의 정치적 변형에 참여하고 있는 사람들에게 주어졌기 때문이다. 그러나 민족국가들의 주권적 상태는 (아마 미국을 예외로 하고) 지구화 과정에 의해 의심스럽게 되었다. 효력을 발휘할 수 있거나 혹은 사회혁명을 개시할 수 있는, 민족국가에서의 혁명이라는 개념 자체가 쓸모가 없게 되었다. 예를 들어, 이탈리아의 노동자들이 단독으로 이끈 정치혁명이 가장 온건한 합법적 개혁 프로그램들을, 예컨대 북대서양조약기구(NATO)로부터의 분리, 미군의 추방, EU(유럽연합)와의 관계의 단절, 주로 북아프리카 쪽으로의 무역축의 이동, 혹은 심지어 세계시장 일반에의 참여의 종결, 토지의 재분배, 산업에 대한 엄격한 생태학적 통제의 부과 등을 강제할 수 있으리라는 생각 자체는 분명히 '소망스러운 생각'일 뿐이다. 그래서 지구화는 그들 자신의 선거구민에 의해 통제되는 민족국가들의 능력에 영향을 미칠 뿐만 아니라 또 사회혁명을 개시할 수도 있을 새로운 정치적 의제를 부과하는 데도 영향을 미친다. 어떤 사람은, 민족혁명을 정치적으로 불가능하나 사회적으로 무익한 것으로 만드는 것이 무엇보다도 지구화의 숨은 기능이라고 말할 수 있을지도 모른다.

그렇지만 사회혁명이라는 오래 확인되어온 대의가 제거되어 왔다는 것은 자명하다. 이와 반대로 지구화의 과정에 의해 정치혁명이 현실성을 더 많이 상실하면 할수록, 다른 생산양식으로의 이행으로 정의되는, 사회혁명의 동기들은 더욱더 긴급해 진다. 왜냐하면 자본주의적 발전이 점차 인류의 재생산을 위태롭게 하고 있으며 이러한 지구화의 시대에 그러한 위험의 속도는 강화되고 있기 때문이다.

지난 150년 동안 이러한 위험의 원인들은 적어도 다섯 개의 다른 운동들에 의해 확인되었다.

1. 맑스와 맑스주의 운동은 모든 자본주의 사회에서 소외, 착취, 그리고 경제 위기의 필연성을 확인했으며 이러한 비참이 자본주의의 발전과 더불어 증가하여 인간의 활력을 고갈시키고 궁극적으로는 인류 자체를 위협할 것이라는 것을 보여주었다.

2. 레닌, 룩셈부르크 그리고 반자본주의 운동은, 자본주의의 발전에서 영토, 자원, 그리고 노동력의 통제를 둘러싼 폭력적 전쟁이, 이러한 폭력의 차원들이 인류의 실존을 위협할 때까지 필연적으로 늘어날 것임을 확인했다.

3. 페미니스트 운동은 인간의 사회적 재생산의 필요와 자본주의 시장의 작동 사이의, 자본주의적 발전의 '진보'와 더욱더 날카롭게 되고 있는 모순을 지적했다(Dalla Costa and Dalla Costa, 1999).

4. 반인종주의 운동은, 자본주의 발전이 '인종적 증오, 노예제, 착취, 그리고 무엇보다도 15억 남(과 여)에 대한 배제로 나타나는 비정한 학살을 … 전 인류적 규모로' 필요로 한다는 것을 입증했다(Fanon, 1963, p. 315).

5. 생태운동은, 자본주의 발전의 지속에 의해 결정되는 기후, 식물,

동물의 절정(균형) 상태가 대부분의 다른 공동진화(共同進化)한 종들의 실존과 마찬가지로 인간의 실존과도 양립불가능할 것임을 입증했다.

울리히 벡은 이 마지막 논점을 잘 표현했다. (생물 엔지니어링, 핵에너지 발생, 종 절멸, 자원 고갈, 그리고 기후 변화 등의 형태로 나타나는) 자본주의의 발전은 진짜 혁명적 과정이다. 왜냐하면 그것은 생물학적 세계 전체가, 인류의 생존을 위험에 빠뜨리는 미지의 결과들을 가져오는, 총체적 실험 속으로 들어가도록 강제하고 있기 때문이다. 그는 이렇게 쓴다 : "예컨대 유전자 테크놀로지, 인간 유전학, 그리고 그것들의 임박한 대규모 이용 등에 관한 지식의 땜질식 발전을 고려해 보라. 이러한 진보의 영역에는, 다시 말해 우리들의 사회적 삶의 인간적 실체를 건드리고 바꾸고 또 커다란 위험에 빠뜨릴 수 있는 영역에는, 결정을 내리는 어떠한 장소도, 어떠한 주체도 없다"(Beck, 1995, p. 101). 이러한 묵시록적 '땜질'을 중지시킬 사회혁명이 필요할 것이라는 점에는 의심의 여지가 없다(Sarkar, 1999).

이것들은 원점들에서는 멀리 떨어져 있다. 실제로, 이 다섯 개의 상이한 운동들의 인식은, 맑스주의, 반제국주의, 페미니즘, 반인종주의, 그리고 생태론을 종합하는, 반자본주의의 현대적 개념화를 위한 기초를 깔았다. 물론 이 점은 이 글의 제사에서 언급된 『재구조화와 저항』의 모든 기고자들에게는 잘 알려져 있다. 그렇다면 왜 서유럽의, 그리고 라틴 아메리카의 반자본주의자들 사이에는 혁명 공포증이 있는가? 아마도 그 이유는 민족국가 수준에서의 혁명에 대한 절망과 지속된 전 지구적 자본주의 발전의 위험에 대한 끊임없이 증대하는 인식 사이의 점증하는 격차 속에 놓여 있는 것 같다. 왜냐하면 전 지구적 수준에서 반자본주의적 사회혁명은 20세기의 혁명 담론에 의해서는 실제로 설명될 수 없기 때문이다. 우리는 혁명의 불가능성과 혁명에 대해서 말할 수 없음 사이에, 다시 말해 표제에서 말한 바 '혁명'의 부재와 혁명에 대해서는 말하지 말라는 선의의 처방 사이에 놓여 있다!

그러나 옛 러시아인들이 말하곤 했듯이, '여기에도 혁명, 저기에도 혁명이 있다'. 사회적 변형을 위한 필요가 너무나 널리 인정되어 있고, 정치혁명에 대한 절망이 너무나 보편적인 한편, 노동계급을 통합하는 객관적 전제 조건이 횡적으로 지구화의 과정 자체에 의해 정립되고 있기 때문에, 상황은 혁명적 조직화에 대한 새로운 구상을 요청한다. 그렇지만 이 구상은 레닌의 기획의 핵심 자체를 위반할 것이다. 왜냐하면 그는 사회혁명에 대한 그의 견해를 민족국가에 뿌리박은 정치혁명 위에서 주조하고 또 한정했기 때문이다. 민족국가가 없는 한 레닌의 통찰에는 명백한 점이 없다. 만약 우리가 오늘날 『무엇을 할 것인가?』에 나타난 레닌의 방법을 활용하려 하면 과연 어떤 결과가 나타날 것인가 생각해 보라. 그것이, 자신들의 민족국가에서 권력을 장악하기 위해 엄청나게 많은 사나운 노동자들을 선동하고 있는 전문 혁명가들의 집중화된 조직이라는 시지프스적 전망이 아니란 법이 있는가?

아마도 이것이 통상적인 대답일 것이다. 그러나 『무엇을 할 것인가?』에는 또 다른 면이 있다. 혁명적 조직의 소통 모델이 그것이다. 레닌은 1902년에, 봉기적 음모에서 테러리즘에 이르기까지 과거 러시아 혁명가들이 사용했던 낡은 방법들 모두를 버렸고 투쟁의 소식들을 유통시킨다는 별로 장대해 보이지 않는 목표를 분명하게 전면에 내세웠다.

옳든 그르든 간에, 그는, 적대적 사회관계, 즉 자본이 계속적으로 수많은 투쟁을 제공할 것임을 굳게 확신했다. 그는 또, 자본주의적 발전에 동기를 제공하고 있는 모순적 힘들이 결국은 사회혁명으로 폭발할 것임을 확신했다. 투쟁도 혁명도 그에게는 문제적이지 않았다. 문제는 오히려 오크라나였다. 오크라나는 사회적 적대의 장(場)과 그 적대가 혁명적 특이성 속으로 궁극적으로 붕괴하는 것 사이의 시간적 격차를 넓히기 위해 훌륭한 투쟁의 소식들을 지속적으로 억압하며 왜곡하고 또 의태하고 있었다. 혁명조직의 즉각적인 임무는 이러한 재현, 왜곡, 의태 등을 제거하는 것이다.

오늘날 이러한 활동의 무대는 실제로 민족국가에 한정될 수 없다. 그래서, 만약 『무엇을 할 것인가?』가 오늘날 조금이라도 적실하려면 그것의 소통 모델이 전 지구적 프롤레타리아트에게로 돌려져야 한다. 왜냐하면 계급투쟁을 이해하는 열쇠는 이제 민족국가에 뿌리박고 있는 것이 아니며 투쟁을 전 세계로 유통시키고 소통할 수 있는 조직들이 사회변형의 반자본주의 정치에 결정적이기 때문이다. 대답할 준비가 되어 있는 질문만을 제기하는 인간의 성향에 관한 맑스의 모호한 격언을 뒷받침하거나 하려는 듯이, 전 지구적 규모에서 자본에 대항하는 투쟁들을 유통하고 또 조정하는 데 헌신하는 세계적 규모의 일단의 조직들이 성장했다. <50년으로 충분하다>, <전 지구적 민중행동>, <인디미디어>(Indy Media) 등이 여기에 포함된다. 반지구화 운동이라고 불리는 것의 수많은 활동가들과 조직들이, 오늘날 이용가능한 정보 기술을 사용하면서, 그리고 WTO, IMF, 세계은행 등에 의해 명령되고 있는 지적 소유권 체제를 보호하는 국제 경찰력과 점차 더 많이 대결해야 하면서, 그들 자신을 이 과제에 바쳐 왔다. 물론, 조직을 조정하는 이 활동가들 중의 어느 누구도 그들 자신을 전통적 의미에서의 레닌주의자로 생각하려 하지 않는다. 하지만 그들은 레닌에 의해 처음으로 가설화된 혁명적 조직의 소통 모델을 응용하고 있다.[10]

그렇지만 이러한 프로젝트는 현대의 혁명적 정치에 대한 두 사람의 영향력 있는 논평가에 의해 기각되었다. 최근에 『제국』이라는 책을 낸, 마이클 하트와 안또니오 네그리가 그들이다. 그들은 주장한다:

… 반란에 나선 노동의 공통 욕망들의 소통과 번역에 기초한 투쟁들의 국제적 순환의 형상… 이것은 확실히 우리 시대의 중심적이고 가장 긴급한 정치적 역설들 중의 하나이다. 자주 찬양되는 소통의 시대에, 투쟁들은 모두 소통불가능하게 되었다(Hardt and Negri, 2000, p. 54).

이러한 소통불가능성의 이유는, 이들 『제국』의 연구자들에 따르면, 그들이 공통의 적을 갖고 있지 않고 '각각의 특수한 언어를 코스모폴리탄적 언어로 "번역할" 수 있는 투쟁의 공통 언어'를 갖고 있지 않기

---

10. 반지구화 운동의 조직구조에 대한, 그리고 그것의 발전에 사빠띠스따 봉기가 미친 영향에 대한 논의로는 Midnight Notes, 2001을 참고하라. 하트와 네그리는 사빠띠스따들의 횡적인 전 지구적 차원을 무시하려고 계획적으로 결심한 것처럼 보인다. 그들은, '일차적으로 그 봉기는 지역적인 관심사, 즉 배제와 결핍의 문제 혹은 멕시코 사회와 멕시코 국가에 특유한 재현의 문제에 초점을 맞추었다 : 그것은 오랫동안 라틴 아메리카의 많은 나라들에 걸쳐 나타났던 인종적 위계에 공통적이었다.'(Hardt and Negri, 2000, p. 55)고 주장한다. 그러나 거의 모든 논평가들은 지역적이고 지구적인 투쟁들을 지속적으로 연결하는 사빠띠스따의 탁월한 능력에 주목했다. 그래서 네그리의 나라인 이탈리아에서, 1990년대에 가장 중요한 정치적 조직 중의 하나인 <야 바스타!>(Ya Basta!)는 자신의 이름과 자신의 정치적 열망을 사빠띠스따로부터 따왔다(Abramsky, 2001, pp. 187~88).

때문이다. 그들은 자신들의 주장을 설명하기 위해 최근에 전개된 여섯 개의 강력한 투쟁들을 예로 든다. 제1차 인티파다, 1989년 천안문 광장의 봉기, 1992년의 로스앤젤레스, 1994년의 사빠띠스따 봉기, 1995년 12월의 프랑스 파업, 그리고 남한에서 1996년의 총파업 등이 그것이다. 그들은, '이 투쟁들은 다른 문맥으로 소통하는 데 실패했을 뿐만 아니라 지역적 소통조차 부족했으며 그리하여 그것들은 종종 자신들이 출현한 곳에서 섬광처럼 타버리면서 짧게 지속되었다'(Hardt and Negri, 2000, p. 54). 그러나 그것들이 타버렸다 할지라도 그것들은 거대한 강도를 갖고 있었고 '제국의 실효적 중심을 향해 수직적으로 그리고 직접적으로 도약했다'(Hardt and Negri, 2000, p. 58).

경험적으로 투쟁의 유통 모델에 대한 그들의 비판은 많은 점에서 의문스럽다. 예컨대 우리는 1987년에 시작된 인티파다가 섬광처럼 타버렸다고 결코 말할 수 없다. 그것은 거의 7년 동안 지속되었고 2000년 9월 28일에 다시 불붙어 지금까지도 불타고 있다(Elia, 2001). 더구나 그들이 언급한 여섯 개의 투쟁 계기들 중의 셋(치아빠스, 프랑스, 그리고 남한)은, 신자유주의적 자본주의 반혁명을 그들의 공통의 적으로, 유사한 말과 깃발로 이미 확인하고 있다. 이 대규모의 투쟁들은 실제로 1980년대에 구조조정 프로그램들과 그것들을 감독하고 있었던 기관들인 IMF, 세계은행에 맞서 시작된 수많은 총파업, 도시 반란, 농촌 봉기 등에 의해 함께 결합되고 있었다(Federici and Caffentzis, 2001). 구조조정과 신자유주의의 결과에 관한 거대한 문헌이 이미 씌어지고 있었고 1990년대 중반경 보급되고 있었다. 그리고 국제적 지향을 가진 조직가들과 활동가들이 그 무렵에는 지구 전체에서 똑같이 발견될 수 있었다.

신자유주의에 대항하는 투쟁들의 전 세계적 유통이 있어 왔음을 보여주는 증거를 반박하기는 어려울 것이다. 특히 그들의 빼앗긴 땅의 회수와 부채 노예제의 종말을 요구하면서 원주민에 의해 이끌리는 대규모의 제3세계 투쟁들이 제1세계의 거리에서 나타난 상황에서 그렇게 하기는 어렵다. 1990년대 말에 『제국』을 쓰는 동안에 하트와 네그리는 버밍햄, 쾰른, 씨애틀 등에서 출현한 거대한 반지구화 시위의 이미지들을 틀림없이 보았을 것이다. 그들은 아마도 <희년 2000>(Jubilee 2000)이나 <전 지구적 민중행동>이나 <50년으로 충분하다> 등에 참여하도록 권유되었을 것이다. 이러한 반지구화 시위와 조직들은 공통의 언어로 이야기했고 세계은행, IMF, WTO, G8 등과 같이 지구화하는 기관들에 맞서 똑같이 투쟁했다. 그러나 어찌된 영문인지 하트와 네그리는 그 사실들을 놓치며 그것들이 주목할 만한 가치가 있는 투쟁들을 표현하고 있다고 생각하지 않는다.

하트와 네그리가 그리고 있는, 고립되고 소통불가능한 투쟁들에 대한 이러한 그림은 분명히, 때로는 그들의 삶이나 자유를 바쳐 구조조정 프로그램에 대항하여 투쟁하는 전 세계의 수많은 사람들의 노력을 잘못 재현하고 (또 심지어 시시한 것으로 만들고) 있다. 결과적으로 그들이 현대의 혁명적 정치의 성격에 관해 그린 그러한 그림으로부터 도출하는 결론은 지지될 수 없다. 그들은, 투쟁의 횡단성 ─ 서로를 반영하고 북돋우는 그것들의 능력 ─ 이 존재하지 않기 때문에, '투쟁에 이용가능한 유일한 전략은 제국 내부에서 출현하는 구성적 대항권력의 전략뿐'이라고 주장한다(Hardt and Negri, 2000 p. 59). 그러나 이 구성적 대항권력이 무엇이며 케랄라의 농부, 치아빠스의 사빠띠스따, 짐바브웨 전쟁의 노병, 인도네시아의 나이키 노동자, 이탈리아에서 일하는 나이지리아인 매춘부 등은 그것에 참여할 수 있는가? 우리가 다루고 있는 두 사람에 의하면 이 사람들 중의 누구도 그것에 참여하지 못할 것이다. 적합한 형상은 '다양한 유형의 비물질적 노동력이 함께 엮어 짜여지는 사회적 노동자'이며, '유연하고 유목적인 생산적이고 사회적인 협력의 모든 무대들에서 대중지성을 자기가치화와 연결하는 구성력이 오늘날의 질서이다'(Hardt and Negri, 2000, p. 410).[11] 물론 이러한 묘사는 다소 추상적이다. 그래서 두 사람은 그들의 책을 그/녀를 앗시시의 성 프란체스코와 동일시하는 전투적 사회적 노동자에 관한 산문시로 마무리 짓는다! '그의 작품을 생각해 보라. 다중의 가난을 알리기 위하여 그는 저 공통의 조건을 받아들였고 새로운 사회의 존재론적 힘을 발견했다. … 다시 한번 탈근대성 속에서 우리는 우리 자신이, 권력의 불행에 맞서 존재의 기쁨을 제시하는, 프란체스코의 상황에 놓여 있는 것을 발견한다(Hardt and Negri, 2000, p. 413).

하트와 네그리는 시를 제공했을지 모르지만 혁명 생산의 소통 모델에 대한 논박을 제공하지는 못했다. 그것은 현대에도 여전히 타당하다. 왜냐하면 지구화하는 기관들의 분할, 지연, 그리고 지배의 전략이, 사회적 변형을 수반할 위기에 처하게 되는 것은 오직 투쟁들의 점증하는 동시성과 동질화와 동시적일 것이기 때문이다. 이 동시성과 동질화는

---

11. 네그리는 '사회적 노동자'나 '자기가치화' 같은 용어들을 도입했다(Negri, 1991 참조). 그 용어들의 용법에 대한 비판으로는 Caffentzis(1987)를 참조하라.

'이미 존재하는 조화'의 결과가 아니다. 그것은, 21세기에 투쟁들의 메시지를 억압하고 파열하며 의태하는 전 지구적 자본의 오크라나의 점증하는 노력에 대항할, 조직적 노력으로 창출될 수 있을 뿐이다.

레닌의 『무엇을 할 것인가?』는 반지구화 조직 일반에 적합한 모델이 결코 아니다. 그것은 엘리뜨주의로, 그리고 민주적 절차에 대한 의심으로 너무 많이 구멍 나 있다. 이것들은 냉전기에 진저리가 칠 만큼 지적되어온 것이다. 그러나 프롤레타리아적 신체를 그것의 모든 구성원들, 행동들, 힘들과 연결시킬 필요가 있다는 레닌의 주장은, 그리고 활동가들이 환상과 무지를 창출하는 일사불란한 경찰 전략을 따돌릴 수 있어야 한다는 그의 냉정한 평가는, 혁명이 전 지구적이지 않으면 아무것도 아닌 오늘날에 훨씬 더 큰 공명을 갖는다. 이런 점에서는, 비록 반지구화 운동에서, 성 프란체스코 투사만큼 마음이 따뜻하지는 못하다 할지라도, 성 레닌 복음주의자들이 더 유익한 선배일지 모른다.

9장 레닌주의적 주체의 위기와 사빠띠스따 사건

레네 사발레따 메르까도를 추억하며

쎄르지오 띠쉴러

피압박자들의 전통은 우리에게, 우리가 살고 있는 '비상 국가'는 예외가 아니라 규칙이라고 가르친다. 우리는 이러한 통찰과 보조를 맞출 수 있는 역사관에 도달해야만 한다. 그러면 우리는, 실제적인 비상 국가를 창출하는 것이 우리의 과제임을 분명히 깨달을 것이다. 그리고 이것은 파시즘에 대항하는 투쟁에서 우리의 입장을 향상시킬 것이다. 파시즘이 기회를 갖는 이유 중의 하나는, 그것의 적이 진보의 이름으로 그것을 하나의 역사적 정상으로 간주한다는 것이다. 우리가 경험하고 있는 것들이 20세기에도 "여전히" 가능하다는 데서 오는 현재의 놀라움은 철학적인 것이 "아니다". 이 놀라움은 만약 그것이, 그것을 낳은 역사에 대한 견해가 유지될 수 없다는 것에 대한 앎이 아니라면, 앎의 시작이 아니다.

— 발터 벤야민

서론

1994년 1월 1일 사빠띠스따 봉기 이래로 멕시코에서는 많은 일들이 일어났다. 그들의 지도적 대변인인 마르꼬스뿐만 아니라 그 봉기를 일으킨 치아빠스 주의 원주민 남녀가, 지배체제에 대항하는 전 세계의 사회적 저항운동과 투쟁들의 (성상(聖像)은 아닐지라도) 중심인물로 되었다는 것은 아무도 부인할 수 없다. 그럼에도 불구하고 아직까지, 실제적 사건 속에서의 혁명적 행동이라는 이론적 문제를 둘러싼 지속적인 노력이 없으며 철저하고 체계적인 논쟁도 없다. 그것은 아마도 사빠띠스따 운동의 비정규적인 발전의 결과일 것이다. 물론 우리는 사빠띠스따 운동 자체가 제기하는 문제들에 관한 공개적이고 공공연한 논쟁에 대해 말하고 있다.

비록 원주민 자치의 문제와 소수민족 문제에 관한 중대한 이론적 활동이 있었지만, 이에 상응하여 혁명적 활동의 일반적 문제를 정식화하는 활동은 없었다. 소련 공산주의의 실패와, 그에 부속된 혁명 이념의 실패 이후에 지배적으로 된 이데올로기적 분위기와 감성(즉 '패배의 문화')은 자연스럽게 그러한 현상을 지지했다. 우리는 혁명이라는 단어에 좀더 주의 깊어져야만 한다. 왜냐하면 소련 경험 이래로 그 말은 비록 나쁜 농담은 아니라 할지라도 아이러니컬하게 들리기 때문이다.

이런 의미에서, 존 홀러웨이의 이론적 작업[1]은 매우 중요하다. 홀러

---

1. 우리는 특히 「존엄성의 반란」, 「사빠띠스따 운동과 라틴 아메리카의 사회과학」, 「계급투쟁의 비대칭성」 등을 언급하고 있다. 참고문헌에서 홀러웨이를 보라.

웨이는 사빠띠스따 경험에서 혁명의 긴급성을, 그러나 더욱 중요하게는, 혁명이 지금까지 사유되고 상상된 고전적 원칙을 깨뜨리면서 그것을 재창안할 필요를 요청하는 열망을 발견한다. 이 작품들의 가장 커다란 기여들 중의 하나는, 그것들이 범주들을, 특히 혁명적 주체의 범주를 확장할 필요성을 강조한다는 것이다. 요컨대, 사빠띠스따 운동이 적어도 잠재적으로 표현하는 이념을 확장할 필요성을 강조한다는 것이다.

아띨리오 보론(Atilio Borón, 2001)이 최근에 「정글과 도시. 사빠띠스따 운동의 정치이론에 관한 문제」라는 논문을 썼다. 그 속에서 그는 특히 홀러웨이와 공명하는 주장을 하면서 사빠띠주의의 기본적 공리들 중의 몇 가지에 대해 문제를 제기한다. 그 논문은, 보론의 작품들 대부분이 그렇듯이, 잘 쓰여졌으며 정확한 주장의 선과 사유의 밀도를 갖고 있다. 그것의 주요한 기여들 중의 하나는, 그것이 혁명적 행동과 사빠띠스따 운동에 관한 공개적이고 진지한 이론적 논쟁을 개시한다는 것이다. 요컨대 그의 논문은 이러한 쟁점들에 관한 비판적 성찰을 촉구한다.

여기에서 파편적 형식으로 발전된 짧은 고찰들은 이러한 맥락에서 이해되어야 한다. 그것들은 언급된 저자들의 텍스트들을 직접 언급하지는 않는다. 그러나 그것들에 포함된 특정한 문제들에 대해서는 직접적으로 혹은 간접적으로 언급한다. 그러므로 이 일단의 생각들(때로는 직관들)을 포괄할 이름을 선택할 필요가 있다면, 그것은 고전적 혁명 주체로서의 레닌주의적 주체의 위기와 사빠띠스따 사건일 것이다.

레닌주의적 주체의 위기는 이론적 문제일 뿐만 아니라 역사적 문제이기도 하다. 우선 그것은 역사적 문제이다. 왜냐하면 오늘날의 상황과 현재의 '힘들의 균형'을 특징짓는 사건들 중의 하나는 '레닌주의에 의해 영감을 얻은 혁명'의 패배이기 때문이다. 그것은 또 이론적 문제이다. 왜냐하면 레닌주의와 결부된 주체 개념과 계급투쟁 개념은 이러한 실패의 일부이기 때문이다. 말하자면, 대안적 주체의 구축은 레닌주의적 정치형식에 대한 비판적 동화를 포함해야만 한다. 이러한 작업이 없다면, 그것이 비록 진실한 부정이라 할지라도 그것을 지배체제에 대한 사회적 비판의 일부로 생각하기란 어렵다.

다음의 것은 이러한 위기와 관련된 문제들에 대한 일반적이고 잠정적인 고찰이다. 이 고찰은 부정의 이론으로서의 맑스주의에서 그리고 운동이자 담론으로서의 사빠따주의에서 영감을 얻고 있다. 즉 이 고찰은, 사빠따주의와 사회 이론에 관한 논쟁에서 우리가 본질적인 것으로 간주하는 문제, 즉 계급투쟁의 물신화에 미친 레닌주의의 영향에 초점을 맞추고 있다.

물신화

혁명적 행동과 이론을 특징짓는 문제들 중의 하나는 물신화이다 (Tischler, 2001 참조). 아마도 그 이유는, 혁명적 사유는 거의 언제나 자본에 의해 지배되는 '힘들의 문화적 상호관계'의 일부이기 때문일 것이다(Anderson, 1998). 아니면 아마도, 이러한 힘들의 관계의 일부인 습속 (habitus)이 언제나 우리의 감수성과 사유 방식에 스며들기 때문일 것이다. 우리가 투쟁의 힘을 통해 우리의 일상적 현실을 극복하려고 아무리 애쓸지라도 말이다. 몇몇 이유로 인해, 현대의 혁명적 운동에는, (아마도 푸코의 용어를 다소 임의적으로 빌려 쓰면) 체제의 인식소(episteme)라고 불릴 수 있을 것과 보조를 맞추면서, 맑스의 이론을 실증적인 것으로 만드는 경향이 있어 왔다.

이 이론적 운동은 일찍이 엥겔스에서 시작한다. '객관적이고 독립적인 법칙들'에 관한 그의 교의(Holloway, 2001b를 보라)는 카우츠키의 경제주의적 환원주의를 위한 길을 닦았다. 이 과정의 이론적 핵심은 맑스의 이론들을 객체로서의 자본의 이론으로 변형하는 것이었다. 사회관계에 관한 변증법적 개념(사회관계로서의, 계급투쟁으로서의 자본)은 그 자신을 주체에 부과하는 실증주의적 법칙 개념으로 바뀐다. 달리 말해, 우리는 마르띠네즈(Martinez, 2001)가 맑스주의의 '자연화'(naturalization)라고 부르는 것(계급투쟁을 체제 재생산 개념 속에 가두는 것을 의미하는 하나의 문제)을 목격한다.

이와 반대되는 물화(reification)는, 우리가 레닌의 이론에서 발견하는 것이다. 그는 『무엇을 할 것인가?』에서 혁명적 조직화의 문제와 직접 관련되는 정치이론을 발전시킨다. 근대의 혁명적 사유 가운데 핵심적인 이 작품의 가장 중요한 단락들은 잘 알려져 있다. 이 때문에, 상세하고 광범위한 토론을 제공하는 것이 우리의 관심사는 아니다. 우리는 계급투쟁에서 계급의식과 혁명정당에 두어진 중요성뿐만 아니라 경제투쟁과 정치투쟁 사이의 레닌주의적 구분을 강조하는 것에 더 많은 관심을 갖고 있다. 이 문제들이 혁명적 주체와 조직의 이론을 표현할 뿐만 아니라 레닌의 주장이 이 문제들에 관한 덜 명료한 이론적 구조를 갖고 있으며 그것이 물화의 문제와 연관되어 있다는 것이 우리의 의견이다.

일반적으로 말해 레닌의 주장은, 자본에 대항하는 투쟁에서 노동은 경제적 의식(노동조합주의적 의식)을 발전시킬 수 있다는 것이다. 이러한 활동은 노동운동에서 '자생주의적' 경향, 즉 계급투쟁 자체에서 도출되며 노동조합이라는 특정 유형의 조직에서 표현되는 하나의 경향을 나타낸다. 조직과 투쟁의 형식으로서의 후자는 경제 관계의 장 속에, 노동력의 가격 협상의 영역 속에 존재한다. 달리 말해, 그것은 자본을 넘어서는 투쟁을 함의하지 않는다. 하나의 '진정한 계급투쟁'이 존재하기 위해서는, 노동계급 사이에 계급의식을 창출할 전문가들(당)의 조직이 있어야만 한다. 노동계급은 이러한 전문가들의 조직이 없으면 의식적으로 혁명적인 행동을 생산할 수 없다. 왜냐하면 의식은 '외부로부터' (당으로부터) 노동계급에게 가져와질 수 있을 뿐이기 때문이다. 비록 의미화의 특정한 색조들이 생략되긴 하겠지만, 『무엇을 할 것인가?』에 포함된 고찰들은 이 중심적인 논점으로 요약될 수 있을 것이다.[2]

이러한 접근법에서 출발하면서 주체와 혁명적 행동이라는 문제를 어떻게 해석할 수 있을까? 그 중 하나의 가능성은 다음과 같다. 조직, 계급의식, 그리고 당에 관한 레닌주의적 개념은, 계급의식이 자본 내부에서 창출될 수 없다는 기본적 생각을 담고 있다. 이러한 관계 내부에서, 주체들은 '허위의식'이라는 개념적 지평 속으로 파묻힌다. 달리 말해, 혁명적 의식(계급의식)은 자본 외부에서 (고전적인 그러나 의심스러운 명명법을 사용하면 상부구조의 어떤 지대에서) 생산된다. 그러므로 계급투쟁의 진정한 의미(이 투쟁의 이론적 핵심)를 이해하는 것은 지식

---

2. Lenin, *What is to be Done?*, 특히 I-II 장 참조.

인들에게 달려 있다. 왜냐하면 그들의 사회적 조건이 그들로 하여금 과학(이 경우에는 『자본』의 과학)에 접근하도록 허용하기 때문이다. 그리고 또 그들은 힘의 관계라는 맥락 속에서 계급갈등 속에 잠기기 때문이다. 같은 방식으로, 혁명정당은 계급의 조직된 의식을 표현한다. 왜냐하면 그것은 '모든 계급들'의 관계라는 영역에서, 정치라는 특정한 장에서 움직이기 때문이다. 이제 그 생각은, 혁명정당이 자신의 이론적 지평을 획득하는 것은, 그것이 자본/노동의 직접적 관계 외부에 존재하기 때문이라고 말하는 것으로 나아간다. 우리는, 정치의 전문화('외부로부터')로서의 계급의식이라는 레닌의 생각이 카우츠키로부터 취해진 것임을 안다. 우리가 지적하고 싶은 것은, 두 저자 사이의 이론적 연결고리이다. 두 사람은 자본을 경제로, 즉 사회관계로서보다는 객체로, 정치로부터 분리되고 완전히 분화된 영역으로 간주한다. 이런 식으로 보면 자본은, 사회관계의 총체화를 위한 무대로, 경제적 관계의 직접성을 극복할 장소로 생각되는, 정치적인 것에 대립된다. 달리 말해 레닌주의적 이론화는 (카우츠키가 사회민주주의의 주요한 이론가로 간주되었던) 당대의 물화된 이론적 토대를 재생산한다.

계급의식은 '외부로부터' 노동운동 속으로 온다는 의견뿐만 아니라 '진정한' 계급투쟁은 당에 집중된다는 생각은 객체로부터 주체를 분리시키는, 그리하여 자본을 사물로서 생각하게 되는, 요컨대 계급투쟁에 대한 물화된 관념을 생산하는 이론화에 속한다.

카우츠키와 레닌은, 변증법적 관점에서 이 문제를 해결할 수 있을, 매개의 관념을 결여하고 있는 것으로 보인다. 이 차원은 『역사와 계급의식』에서 루카치에 의해 구체화된다. 그리하여 루카치는, 조직은 이론과 실천 사이의 매개라고 주장한다. 그러나 여기에서 우리는 상이한 이론적 지반들에 접근하고 있다.

당과 국가

데 지오반니(De Giovanni 1981)가 말하고 있듯이, 레닌의 이론은, 그것이 '분리'와 '전문화'라는 고전적 주제에 기초하고 있는 한에서, 정치에 관한 근대적 이론화이다. 이 주제는 예컨대 막스 베버에게서 매우 중심적이다. 이런 의미에서 우리는, 그러한 이론화가 지배적인 문화 형식에서 출발하는 지식 생산이라고 말할 수 있다.

이러한 사유노선 속에서 우리는 우리들 자신에게, 사회적으로 유의미한 지식이 모종의 지배적 형식 외부에 존재하는 것은 가능한가라고 물어볼 수 있을 것이다. 우리는 이에 대해, 지배적인 것은 총체적이지 않으며 사회적 균열들은 지식(이 경우에는 저항의 지식과 지배적인 것에 대항하는 지식) 생산의 본질적 조건을, 즉 이종혼교와 갈등을 함축한다고 답할 수 있을 것이다. 그것은 형식을 관통하면서 넘어서는 지식이다. 그러나 여기에서 중심 문제는 이러한 가능성이 아니다. 그것은 오히려 출현하는 지식이, 만약 그것이 헤게모니적 형식 매개변수의 기초 위에 구축된다면, 이와 동일한 형식을 재생산하게 될 가능성이다. 이러한 경우에, 그 형식은 크게 달라지지 않으며 부정되는 것은 더욱 아니다.

레닌의 정치이론이 지배적 문화 형식의 일부를 이룬다는 사실은, 우리가 이미 설명했듯이, 그것이 부르주아 사회의 변형과는 다른 대안의 건설을 요구하지 않는다는 것을 의미하지 않으며, 그것의 핵심이 혁명이 아님을 의미하지도 않는다. 우리는 다른 문제를 언급하고 있다. 즉이 이론 속에서 명시적이지 않은 매개변수 혹은 이론적 틀을, 이 이론의 기본적 개념들이 표현되는 틀에 대해 언급하고 있다. 이것이, 레닌과 막스 베버가 공통의 이론적 장에서 수렴하는 곳이다. 이에 관해 데지오반니는 이렇게 주장한다.

레닌에게서 우리는 19세기와 20세기의 러시아 현실과 특별히 연관된 정치형식에 관한 일차적 관념을 발견한다. 정치의 장이 기본적으로 국가기구의 억압적 조직에 한정되는 독재 정치가 그것이다. 그러나 이것은 본질적 논점이 아니다. 레닌의 명제는, 아마도 20세기 초 유럽에서 가장 후진적이었을 정치 현실에 의해 좌우되지 않는다. 그렇게 본다면 우리는, 그것이 노동운동사의 이론과 실천에 미쳤을 그것의 파괴적 효과를, 그리고 코민테른이 존속한 두 개의 역사적 시기 전체[코민테른은 1919년에 건설되어 1943년에 해체된 후, 1995년 11월에 불가리아의 소피아에서 재건되었다 — 역자]에 정치적 조직적 지평을 제공할 수 있는 그것의 능력을 설명할 수 없을 것이다. 진정한 연관, 진정한 관계는 그 밖의 곳에서도 발견될 수 있다. 상상은 우리를 부르주아 정치이론의 가장 높은 지점들 중의 하나로, 즉 서구 자본주의 나라들에서 정치의 변형에 대한 역사적 감정을 폭넓게 서술하는 지점에로 곧장 인도한다. 1918년에 출판된 막스 베버의 『소명으로서의 정치』 (*Politics as a vocation*)는 이러한 이론적 과정에서의 매우 엄밀한 순간을 보여준다. 국가와 자본주의의 발전 사이의 관계의 복잡성은 정치적 자율성의 점진적 증대 속에서, 즉 국가권력의 통일성이 명령을 내리는 곳에 정치권력이 집중되는 현상 속에서 정의된다(De Giovanni, 1981, pp. 183~84).

여기에서 서로 만나는 것은 근대 국가와 그것의 프롤레타리아적인 이론적 등가물이다. 레닌을 권력에 대한 베버주의적 이론과 한 묶음으로 만드는 것은, 자본주의 국가에 대칭적인 것, 즉 중심에 기초한 혁명 개념이다. 그래서 권력 행사의 집중은 부르주아 정치학과 프롤레타리아 정치학 모두에서 핵심 문제로 제기된다. 두 이론가에게서 우리는 계급에 관한, 하나의 영속적으로 공통적인 문제를 갖는, 상이한 고찰을 발견한다. 분리와 집중으로서의 정치가 그것이다. 그들 모두는, 이런 의미에서, 국가의 근대화를 혹은 데 지오반니가 '정치의 자율적 생산성'이라고 부르는 것을 이론화한다. 왜냐하면, 베버가 잘 지적했듯이, 국가의 근대화는 자본의 시초 축적과 유사한 과정이기 때문이다. 시초 축적의 경우에 문제는 직접 생산자들에 대한 착취이다. 국가의 경우에 그것은, 사적 개인들로부터 주권을 탈취하여 사회와는 매우 다른 영역에 집중시키는 문제이다. 여기에서 '합법적 폭력의 독점체'로서의 국가라는 생각이 나온다. 레닌에게서, 권력의 합법적 집중을 위한 자리는 베버적 국가에 등가적인 당이다. 다시 한번 데 지오반니를 인용해 보자.

레닌의 경제주의 비판은 언제나, 계급적대에 의해, 그리고 특수한 국가의 정치 형태의 우선성에 기초를 둔 계급관계의 조직화에 의해 결정되는 역사적 틀 속에서 고찰되어야 한다. 지배계급들에 복무하는 정치 형태의 우선성은 노동운동의 정치적 생산성의 고도의 집중을 요구한다. 우리가 『무엇을 할 것인가?』의 근대적 의미를 발견하는 곳은 바로 이곳이다. 그리고 우리가 또, 외부로부터 오는 의식의 의미를 발견하는 곳도 이곳이다(De Giovanni, 1981, p. 185).

로자 룩셈부르크는 『무엇을 할 것인가?』를 비판했는데, 그 요점은 그것의 주요 이론이 국가 정신에 의해 정의되고 있다는 것이었다. '레닌에 의해 방어된 초중앙주의는 긍정적이고 창조적인 정신에 의해서가 아니라 야경꾼의 정신에 의해 충만되어 있는 것으로 보인다'(Luxemburg, 1980, p. 41). 그녀의 주장에 따르면, 레닌의 정치이론은 계급투쟁을 당이 구체화하는 분리된 정치영역에서 발견될 수 있을 뿐인 생산성으로 환원하면서 국가에서 정점에 이르는 것으로 사고하는 것이다. 그렇게 되면, 계급투쟁의 개념 자체가 심각하게 변경되는 문제가 발생한다. 달리 말해 그것은 정치에 대한 수직적 관념을 생산하며 계급투쟁을 이와 유사한 맥락 속에서 범주화한다. 우리는 뒤에서 다시 이 문제에로 되돌아올 것이다.

지금 우리가 지적하고 싶은 것은, 이 신성한 '정치의 자율적 생산성'이 엘리뜨들의 영역으로서의 정치적인 것이라는 문제를 혁명적 장 속으로 도입할 뿐만 아니라 계급투쟁을 물화된 개념(즉 당)으로 가득 채운다는 것이다. '독립적이고 객관적인 법칙'의 물신주의는, 그 자신의 논리(근대 리바이어던에 상응하는 논리)에서 출발하여, '외부로부터' 구축되는 당/국가 물신주의로 변한다. 이것은 위에서 언급된 이론적 틀 내부에서 발생한다. 자본을 객체로서, 그리고 대중을 정치의 담지자로 생각할 때에만 사람들은 총체적 주체로서의 당의 자율적 실존을 상상할 수 있다.

경제주의 비판은 당의 형식 속에서 정치의 물신주의를 생산했다. 그것은 부르주아적 형식, 즉 가치 형식이라는 선입관에 기초를 둔 이론적 구축물이었다. 베버와 레닌이 정치로부터 이론화하는 것은 도구적 이성의 숭배로 표현된 가치 형식, 즉 권력의 축적이라는 지평에 새겨신 실로 동질적이고 수직적이며 억압적인 사회적인 것의 형식이다.

이 문제와 관련해서 계급투쟁의 비대칭성에 관한 홀러웨이의 명제는 요점을 찌르는 것으로 보인다. 만약 우리의 해석이 옳다면, 홀러웨이는 이 용어를 통해서 오늘날 혁명의 개념이, 국가로 귀결되는 계급투쟁의 부르주아적 교리를 재생산해서는 안 된다는 생각을 전달하려 하는 것이다. 달리 말해, 오늘날 우리는 국가 이론에 상응하는 조직 이론에 의해 급진적인 사회 변화를 생각할 수 없다. '복종함으로써 지배하는' 사빠띠스따는 그러한 급진적 사회변화를 생각하는 방향으로 나아간다.

이것은 커다란 중요성을 갖는 문제이다. 왜냐하면 그것은 레닌주의 정치이론의 핵심으로부터 단절하는 것을 의미하기 때문이다. 그리고 그것은 모든 정치이론에 대한 비판을 지향하기 때문이다. 혁명의 미래는, 그러므로, 자본에 전형적인 분리와 파편화의 탁월한 결정(結晶)으로서의 정치의 폐지, 달리 말해 물신화되었고 또 물신화하고 있는 권력 형식으로서의 정치의 폐지일 것이다(Bonefeld, 2001a).

우리는, 레닌이 마키아벨리에게까지 소급되는 노선의 부르주아 이론에 (우리가 고찰한 바 있듯이) 대칭적인 실증적 정치이론을 구축하는 과정에서 맑스와 단절했다고 주장할 수 있다. 이와 유사한 유산은, 혁명이론에서 무력(force) 노선의 존재를 긍정하고 있는 그람시에게서도 발견된다. 혁명적 지식인들은 서발터니티(subalternity)의 사상가들이고자 하면서 정통적인 권력 이론을 생산하는 경향이 있었다. 여기서 정통적이라 함은, 그것이 지배 이론과 동등한 조건 속에서 경합하는 과학적 내용을 갖고 있다는 의미이다. 그래서 이러한 이론들에서는, 어느

정도는, 자유주의 이론이 맑스주의에 대해 '맑스주의 정치이론'이 '부
재'한다고 비판하는 것에 대한 대응으로서 '맑스주의 정치이론'에 강
조점이 두어지게 된다.

　이러한 접근법과 달리, 우리는 맑스에게서 매우 다른 무엇인가를 발
견한다. 자본 비판과 국가 비판의 일부로서의 정치이론 비판이 그것이
다(Bonefeld, 2001b 참조). 그러한 비판은 특수한 체계적 작업들(주체성
이론, 국가 이론, 주체 이론 등)로 발견되지는 않는다. 왜냐하면 그는
그것들을 자본관계의 형식들로 간주했기 때문이다. 우리는 여기에서
이 복잡한 문제에 관해 상세한 분석을 할 수는 없다. 그러나 우리는,
우리가 『자본』에서 어떠한 국가 이론도 발견할 수 없음을 긍정할 수 있
다. 왜냐하면 『자본』은 정확히 국가이론 비판이기 때문이다. 같은 의미
에서 아도르노(Adorno 1990)를 따라 우리는, 『자본』에서 우리가 발견
하는 것은 정치에 대한 부정적 이론이라고 말할 수 있다.

혁명과 민족국가

　레닌의 이름이 러시아 혁명과 불가분하게 연결되어 있듯이, 레닌주
의는 이 거대한 역사적 파열의, 그리고 그것의 주요한 결과로서 소비
에뜨 국가 건설의 구성적 부분 이외의 다른 것으로 해석될 수 없다. 그
래서 이 경험에서 도출된 혁명의 개념을 국가형태의 개념으로부터 구
분하는 것은 거의 불가능하다. 이와 똑같은 방식으로, 우리는, 민족국

가형태를 넘어서는 것이 혁명인 것이 아니라 혁명을 흡수하는 것이 민족국가 범주라고 주장할 수 있을지 모른다. 이러한 긴장의 일부는 '일국에서의 사회주의' 건설에 관한 유명한 논쟁 속에서 표현되었다. 그 딜레마는, 스딸린이 주장했듯이 사회주의를 향한 고립된 행진 속에서 혁명을 구하는 것이라기보다는 오히려 혁명을 그것의 반명제, 즉 그 과정의 국가화와 민족화로부터 구하는 것이었다. 왜냐하면 국가로 전화하는 혁명이라는 생각은 부르주아적 권력 범주를 재생산하기 때문이며, 행동의 지평이, 민족국가가 역사적으로 체현하는 모든 것과 더불어, 그 민족국가에 의해 주어지기 때문이다.

우리가 주장했다시피, 정치에 관한 레닌주의적 생각은 국가라는 이념을 혁명적 행동의 핵심으로 제시한다. 이것은 소비예뜨의 국가화 과정과 더불어, 레닌의 이론을 혁명적 조직과 혁명적 행동의 패러다임이 되도록 만들었다. 그것의 연장으로서, 러시아 혁명 자체는 혁명의 모델로 집대성되었다. 그리고 모든 것은 소비예뜨 국가의 건설과 연결된 이데올로기적 과정의 일부로 집대성되었는데, 그 국가의 정통성은 그러한 역사적 사건 속에서 기본적으로 자본주의적 야만주의에 대한 유일한 대안권력으로 그 자신을 제시하는 것 속에 놓여 있었다.

실증주의적 관점에서 보면 그것이 아무리 모순적으로 보인다 할지라도, 레닌주의적 현상은 어느 정도는 승리보다는 실패로부터 유래했다. 유럽 혁명의 실패 말이다.

그럼에도 불구하고 우리는 볼셰비키의 권력 장악이 레닌주의를 혁명의 이데올로기적 모델로 전환시키기에는 충분치 않다고 주장하고 싶다. 더 깊은 '가능성의 조건들'이 유럽 사회주의 혁명의 실패라는 더욱더 복잡한 현상 속에서 탐구되어야만 한다. 러시아 혁명의 (외부에 대해서는 방어적이고 내부에 대해서는 억압적인) 특수한 국가형태로의 변형은 부분적으로 이러한 패배에 대한 대응으로서 탐구되어야 한다. 같은 방식으로 우리는, 『무엇을 할 것인가?』가 호소와 유혹의 권력을 발사해 냈다고 주장할 수 있다. 왜냐하면 혁명적 행동의 전 세계적 파도가 성공한 혁명으로 되지 못했으며 따라서 따라야 할 사례로 되지도 못했기 때문이며 그 실패는 커다란 문화적 결과를 가져온 이론적 실패로 안정되고 결정(結晶)되었기 때문이다. 이 문제의 이론적 타당성 중의 많은 부분은 '가장 약한 고리'에서의 혁명의 승리(긍정성) 속에서가 아니라, 정확히 이러한 한계와 실패 속에서 발견될 수 있다. 그리고 우리는 이것 때문에 레닌을 비난할 수가 없다. 왜냐하면 그는, 더욱 발전된 서방 나라들에 비해, 러시아 경험의 미발전된 성격을 의식하고 있었기 때문이다.

혁명을 그 실패의 관점에서 생각하는 것은 '시류에 대항하여'(벤야민) 사고하기 위해, 역사의 숨겨진, 부정된, 그리고 억압된 측면을 수용하는 것이다. 이런 의미에서, 계시되는 부정된 것만이 현존하는 것을 조명한다. 왜냐하면 긍정적 주장의 형태 속에 현존하는 것은 억압된 자들의 의식을 절멸시킴으로써 구축되기 때문이다. 현존하는 것에 대한 객관주의적 설명으로서의 역사는 '객체성'을 형성함에 있어서 억압받는 자들이 행사하는 힘을 무화시킨다. 그리하여 그것은 다수성과 다양성의 감각을 무화시킨다. 일직선적 시간으로 간주된 역사는 언제나 감각들, 아니 오히려, 주체의 파열, 분할, 복수성을 감춘다. 객관주의적 역사가 언제나 억압적인 이유가 바로 이것이다. 현존하는 것과 함께 구축된 정체성으로서의 객체성은 언제나 억압된 역사를 감춘다 (Adorno, 1990 참조).

이론적-비판적인 (즉 '시류에 대항하는') 관점에서 제기되는 가장 중요한 문제가, 정치적이고 역사적인 현상들(이 경우에는 레닌주의)에 대한 긍정 속에서 억압되어온 역사에 대해 우리 자신에게 묻는 것이어야 하는 이유가 여기에 있다. 이런 의미에서 우리는, 레닌주의를 주장하는 것이 혁명을 고찰하는 다른 형식들을 부정하는 억압적 과정이었다고 주장할 수 있다.

이 '어두운 면'의 조력이 없었다면, 우리는 혁명적 사유의 실증화라는 악순환으로부터 도망치는 일에 커다란 어려움을 겪었을 것이다. 그러므로 결정적 문제는 계급투쟁과 혁명의 다원적 의미를 구출하는 일일 것이다. 계급투쟁을, 집중화하고 동질화하는 개념적 틀로부터 떼어내는 일일 것이다. 아니, 이것은 제임슨이 썼듯이(Jameson 1998, p. 17) 볼셰비즘과 스딸린주의와 연결된 유토피아의 '파괴적 과거'로부터 벗어나는 일일 것이다.

그럼에도 불구하고 레닌주의에는 세심히 연구되어야 할 하나의 중요한 문제가 있다. 비록 여기에서는 우리가 단순히 그것을 언급하는 데 그칠 뿐이지만, 근대적 주권의 구축 그리고 주변부 나라들에 특유한 종속의 조건 속에서 권력이 갖는 민족적-민중적 차원이 그것이다.

레닌의 이론화의 중요한 부분은 민주적 주체로서의 부르주아지의 총체적 퇴폐라는 조건 속에서 민주적 혁명을 지시한다. 러시아의 특징을 고려하면 러시아에서 중요한 요소의 하나는 경제적 후진성과 '국가에 굶주린' 부르주아지의 결여였다. 이로부터 자본주의 사회의 근본적 부정으로서보다는, 근대화의 기관차로서의, 혹은 민족국가의 강화라는 지평 속에서 혁명을 서술하는 무력(force)의 노선으로서의 혁명이라는 항구적인 주제가 나온다. 그리하여 부르주아적 형태는 혁명적 과정의 일부로 간주된다.

제국주의에 관한, 그리고 혁명의 민족적 형식에 관한 이론은 이러한 개념적 틀의 일부를 구성한다. 라틴 아메리카의 비판적 사상의 가장 탁월한 작품들은 이러한 관점에서 발전되어 나왔다. 그리고 심각한 위기를 경험하고 있는 저 이론적 전제들에 새로운 의미를 주기 위해서 그것들은 실제적 사건들에 비추어 좀더 자세히 논의되어야 한다.3

변증법과 계급투쟁

주체에 대한 레닌주의적 생각은 계급과 계급투쟁에 대한 도구주의적 개념화를 구체화한다. 그것은, 이론적 수준에서, 주체와 객체 사이의 단절을 기획한다. 이 게임에서 주체는 마침내 당 혹은 국가로 환원되며 '경험적' 계급은 기껏해야 지지하는 역할을 맡거나 아니면 자신에게 '현실적인' 정치적 일관성을 부여하는 하나의 중심으로부터 재구축되는 것으로 제시된다.

---

3. René Zavaleta Mercado의 작품들은 이 문제에 관한 상세한 분석을 담고 있어서 특히 중요하다. *El poder dual. Problemas de la teoría del Estado en América*, Latina, Siglo XXI, México의 여러 판본들을 보라. *Lo nacional popular en Bolivia*, Siglo XXI, México, 1986.

만약 계급이 하나의 객체로 간주되면, 부정적 변증법으로서의 혁명적 변증법은 존재할 수 없다. 우리로 하여금 현실을 '더 잘' 이해하게 만들며 그 현실 위에서 작동하는 '방법'으로서의 변증법은 주체와 객체의 단절을, 그리고 계급에 관한 변증법의 '외적' 성격을 긍정할 뿐이다. 투쟁으로서의 계급이라는 생각만이 객관주의적 관점을 넘어설 수 있으며 도구적 폐쇄로부터 변증법을 구할 수 있다. 이것은, 우리가 계급과 계급투쟁에 대한 변증법적일 수도 도구적일 수도 있는 잠재적 개념화를 발견하는 곳이 (혁명적) 주체의 이론에서임을 의미한다.

더욱 최근에 톰슨(E. P. Thompson)은 계급에 관한 도구적 관념에 대한 근본적 비판들 중의 하나를 정교화했다. 톰슨은 기본적으로, 계급의식이 노동운동 외부의 그 무엇의 결과가 아니라 (투쟁에 의해 매개된) 계급 자신의 경험의 결과라고 주장한다. 인간이 계급 입장을 채택하는 것은 계급 경험을 통해서라는 것이다.[4]

계급은 '그것에 속한 사람들에 의해 규정되며 그들이 자신들의 고유한 역사를 어떻게 사는가에 달려 있다.'는 이 저자의 생각은 때로는 매

---

4. 객체로서의 계급 개념에 맞서 그는 이렇게 주장한다. "오늘날 계급이 사물이라고 가정하려는 항존하는 유혹이 있다. 이것은 맑스가 자신의 역사적 글쓰기에서 취했던 계급의 의미가 아니다. 그러므로 그러한 실수는 많은 후세대의 '맑스주의적' 글쓰기를 타락시킨다. '그것', 즉 노동계급은 거의 수학적으로 정의될 수 있는 현실적 실존을 갖고 있는 것처럼 가정된다. 생산수단과의 특정한 관계 속에 있는 매우 많은 사람들이 노동계급이라는 것이다. 일단 이렇게 가정되고 나면, 만약 '노동계급'이 그 자신의 입장과 현실적 이해관계를 적절히 지각하고 있다면 '그 노동계급'이 가져야만 하는 (그러나 거의 갖고 있지 않은) 계급의식을 연역하는 것이 가능하게 된다. 물론 이러한 인식이 비효율적 방식으로 나타나게 하는 하나의 문화적 상부구조가 존재한다. 이 문화적 '지체'와 왜곡은 성가신 일이다. 이러한 판단으로부터 어떤 대체 이론으로, 즉 있는 그대로의 것이 아니라 있어야 할 바의 것으로서의 계급의식을 밝혀내는, 당, 분파, 혹은 이론가로 이행하는 것은 쉽다"(Thompson, 1991, p. 9).

우 실속 있는 주장을 가진 많은 사람들에 의해 비판되었다(Anderson, 1985 참조). 그럼에도 불구하고, 톰슨은 좌파에서 유행하는 도구적 접근을 비판한 것 외에도 중요한 문제를 제기한다. 민주적 사회주의는 계급에 대한 권위주의적 관념 위에 구축될 수 없다는 것이 그것이다.

이제 톰슨은 우리를, 계급과 계급투쟁에 관한 가장 빛나는 해석들 중의 하나를 제공하는 로자 룩셈부르크에게로 이끌면서 우리로 하여금 변증법의 문제로 넘어가도록 만든다.

로자 룩셈부르크에 따르면 변증법은 추상적 방법이 아니다. 그것은 자본주의 사회에서 필연적이고 모순적인 역할을 갖는 계급투쟁의 의식(혹은 일부)이다. 이 영역에서 벗어나면 변증법은 철학, 과학 혹은 방법으로 전화한다. 그녀의 관점에서 보았을 때, 계급은 조직적 형식 혹은 '구조적 위치'와 관련하여 고정될 수 없다. 그것은, 도구적 논리의 직선적 임시성(당의 계획 혹은 자본 회전과 이윤에 의해 정의되는 자본의 임시성) 속에서가 아니라 투쟁의 임시성 속에서 움직이는 모순적 과정이다. 이 때문에 '조직'은 계급과 계급투쟁을 대체하지 않으며 오히려 투쟁들이 다양한 형식을 취하는 과정의 일부이다. 왜냐하면 그 투쟁들을 위계적으로 조직하거나 그것들을 따라야 할 표준으로 얼어붙게 만드는 항구적인 '단단한 중심'은 없기 때문이다. 사회민주주의와 조직 일반에 대해 언급하면서 그녀는 이렇게 주장한다.

역사적으로 볼 때, 그것 — 사회민주주의 — 은 기본적 계급투쟁에서 발생한다. 그리고 그것은 이 변증법적 모순 속에서 움직인다. 프롤레타리아 군대는 투쟁의 과정에서만 모집되며 오직 그때에만 그것은 투쟁의 목표에 대한 의식을 획득한다. 조직, 의식의 진보, 그리고 투쟁은, 블랑끼주의 운동에서처럼, 시간 속에서 기계적으로 분리된 특수한 국면들이 아니다. 오히려 그것들은 단일하고 동일한 과정의 변별적 측면들이다. 한편에서 투쟁의 일반 원칙 너머에, 중앙위원회가 막사에서 자신의 군대에게 가르칠 수 있는 바와 같이 세세하게 가공된 전술은 존재하지 않는다. 다른 한편에서 조직이 창출되는 과정 속에서 나타나는 투쟁의 부침은 사회주의 정당이 미치는 영향의 영역 속에서 일어나는 끊임없는 변동들을 결정한다(Luxemburg, 1980, p. 46).

조직과 의식은 계급에 외부적일 수 없다. 왜냐하면 그것들은 모두 계급투쟁으로서의 이 모순적 운동의 일부이기 때문이다. 그녀는 이렇게 말한다.

실제로 사회민주주의는 노동계급의 조직에 묶여 있지 않다. 그것은 노동계급의 운동 자체이다. 그러므로 사회민주주의의 집중주의가 블랑끼주의의 집중주의와 근본적으로 구분된다는 것은 필연적이다. … 말하자면, 그것은 프롤레타리아의 주도적 층의 자기-집중주의이다. 그것은 당 내부에서 다수의 지배이다(Luxemburg, 1980, p. 47).

계급투쟁은 모순적이기 때문에, '순수한 주체'란 없다. 단지 지배적이고 출현하는 투쟁의 형태들이 있거나 노동의 자율적 조직에 대항하는 자본의 투쟁의 일부인 형식들만이 있을 뿐이다.[5] 로자 룩셈부르크

---

5. 이런 식으로 우리는 의회주의를 계급투쟁의 일부로, 그 분야에서 발생하는 매개로 생각할 수 있다. 레닌주의에서처럼 투쟁의 모순으로부터 일종의 '타락하지 않은 주체'를 창출하

에게서 형식들은, 그 형식들을 불안정하고 소멸하기 쉬운 것으로 만드는, 갈등과 투쟁에 의해 구성된다.[6] 사회주의는 진행 중인 과정으로, 즉 노동자들의 자기조직화에서 시작하여 자본주의 사회를 폐지하도록 되어 있는 투쟁으로 생각된다. 정치권력을 한 사람의 엘리뜨에서 다른 엘리뜨에게로 옮기는 것은 집중된 타격이 아니다. 혁명적 변증법은 자기조직화에서 시작하는 이 부정의 행동을 구체화한다. 계급을 항구화하고 강화하는 분리된 당의 이념과는 달리, 자기조직화의 이념은 투쟁의 결과로서의 계급 부정의 과정이다. 그것은 자본에 대항하는 노동의 세계를 강화하며 가치에 대항하는 가치를 사용한다. 달리 말해 이 운동 속에서 계급은 그 자신을 부정함으로써 그 자신을 긍정한다. 부정의 이러한 '아직 아님'이 없으면 계급의 개념은 자연화된다. 이것은, 사회민주주의는 곧 노동계급의 운동이라는 룩셈부르크주의적 생각의 의미인 것처럼 보인다.

아마도 이것 때문에 우리는, 투쟁은 우리를 어떤 안전한 항구로도 이끌지 못한다고 주장할 수 있다. 왜냐하면 혁명적 변증법은 근대 세계의 불확실성의 형식이기 때문이다. 그것은 도구적 이성의 모델과 그것의 권력 원리에 딱 들어맞지 않는다. 그것은 근대적 주체의 균열 혹은 찢어짐이며 이데올로기라는 명백한 차원이 정체성이라는 저 유명한 원리

는 경향이 있는 급진적인 정반대의 이데올로기적 대응뿐만 아니라, 이러한 행동의 장을 절대적인 것으로 만들면서 조직 속에 현존하는, 수정주의(기회주의) 경향도 이와 마찬가지로 생각할 수 있다(Rosa Luxemburg, 1980 참조).

6. 여기에서 우리는 사회적 형식들이 권력에 의해 구성되기 때문에 닫힌 것으로 나타나는 푸코의 『훈육과 처벌』에서의 접근법과는 다른 접근법을 본다.

속에 가두려고 하는 근대 세계의 균열 혹은 찢어짐이다(Adorno, 1990 참조). 이 불확실성의 관점에서 보면 계급은 일종의 '계시(illumination)'이다. '과거의 속죄'에서 시작하여 현존하는 것을 넘어서는 상상력의 물질적 힘, 투쟁의 복수적 의미에 의해 창출된 불확실성이다.[7] 이런 식으로 보면, 계급은 총체성을 향하여, 체계를 향하여 움직이지 않는다. 그것은 오히려, 계급-객체-체계라는 이념에 대립하면서 그것의 파열을 향해 움직이는데, 이러한 이념은 호르크하이머와 아도르노(Adorno 1987)가 『계몽의 변증법』에서 발견한 바 있는 전체주의적 측면에서 유래하는 것이다. 이런 의미에서 계급은 부정적 개념이다.[8]

계시로서의 계급이라는 생각은 불합리하게 보일지 모른다. 그러나 이 점이야말로 그 개념의 중요성이 놓여 있는 지점일지 모른다. 여하튼, 그것은 우리를 발터 벤야민에게로 이끈다. 그의 작품에서 우리는, 혁명을 고찰하는 부르주아적 형식과 실증주의에 반대하는, 계급과 계급투쟁에 관한 맑스주의적 이론의 최상의 예들 중의 하나를 발견한다. 이러한 관점에서 볼 때, 혁명은 '진보'가 아니다. 오히려 그것은, 역사의 연속을 폭발시키면서, 현재의 순간을 '지금-시간'으로 채우는 것이다. 그것은 '비상'으로부터 출발하는 또 다른 시간의 창출이다. 그러므

---

7. 물신화로서, 그리고 문화의 억압적 형식으로서의 확실성은 *El miedo a la libertad, Paidós*, Buenos Aires에서 에리히 프롬(Erich Fromm)에 의해 분석되었다.

8. 계급에 대한 비판적인, 그리고 분석적이지 않은 개념에 대해서는 본펠드(Werner Bonefeld)의 탁월한 논문 「계급과 구성」('Class and Constitution')을 참조하라. 스미스와 리카도의 이론의 일부로서 나타나는 계급에 대한 객관주의적 개념에 대한 비판적 접근은 Andrés Bilbao, *Obreros y ciudadanos. La desestructuración de la clase obrera*, Editorial Trotta, Madrid, 1993에서 찾아볼 수 있다.

로, 계급은 자본의 (동질적이고 추상적인) 시간과 그것의 지배로서의 근대를 넘어서는 데 성공하는 비판적 원리이다. 그것은, 과거를 만회하여 그것을 의미로 채우면서 시간을 해방시킨다. 피억압자들의 투쟁은, 이런 의미에서, 진보에 대항하는 투쟁이며 시간을 '정지시킬' 가능성이다. 왜냐하면 진보는 야만성으로 생각되고 그것의 지평은 심연으로 생각되기 때문이다.[9] 달리 말해, 우리는 이제 진보라는 관점에서, 실증적 범주들을 가지고 혁명을 계속 생각할 수는 없다. 혁명은 '시류에 대항하는'[10] 것으로 생각되어야만 한다. 실증적 용어로 이루어진 계급에 대한 고찰은 실존하는 것에 대한 단언인데 그것은 혁명적 주체를 형상화하지 못한다.

역사적 지식의 저장소는 인간이나 인간들이 아니라 투쟁하는 피압박계

---

9. 이에 대해서는, 벤야민을 참조하라. '<새로운 천사>(Angelus Novus)라는 이름을 단 클레의 그림이 있다. 이 그림의 천사는 마치 그가 응시하고 있는 어떤 것으로부터 금방이라도 멀어지려고 하고 있는 것처럼 보이도록 묘사되어 있다. 그 천사는 눈을 크게 뜨고 있고, 그의 입은 열려 있으며 또 그의 날개는 펼쳐져 있다. 사람들이 역사의 천사를 그리는 방법이 이것이다. 그의 얼굴은 과거를 향해 돌려진다. 우리들 앞에서 일련의 사건들이 그 모습을 드러내고 있는 바로 그곳에서 그는 잔해 위에 또 잔해를 쉼 없이 쌓이게 하고 또 이 잔해를 우리들 발 앞에 내팽개치는 단 하나의 파국을 바라보고 있다. 천사는 머물러 있고 싶어 하고, 죽은 자들을 불러 일깨우고 또 산산이 부서진 것을 모아서는 이를 다시 결합시키고 싶어 한다. 그러나 천국으로부터는 폭풍이 불어오고 있고 또 그 폭풍은 그의 날개를 꼼짝달싹 못하게 할 정도로 세차게 불어오기 때문에 천사는 그의 날개를 더 이상 접을 수도 없다. 이 폭풍은, 그가 등을 돌리고 있는 미래 쪽을 향하여 간단없이 그를 떠밀고 있으며, 반면 그의 앞에 쌓이는 잔해의 더미는 하늘까지 치솟고 있다. 우리가 진보라고 일컫는 것은 바로 이러한 폭풍을 두고 하는 말이다'(Benjamin, 1969, pp. 257~58).

10. '우리가 경험하고 있는 것들이 20세기에도 "여전히" 가능하다는 데서 오는 현재의 놀라움은 철학적인 것이 "아니다". 이 놀라움은 만약 그것이, 그것을 낳은 역사에 대한 견해가 유지될 수 없다는 것에 대한 앎이 아니라면, 앎의 시작이 아니다'(Benjamin, 1969, p. 257).

급 자신이다. 맑스에게서 이 계급은 패배한 세대의 이름으로 해방의 과업을 완수하는 복수자로, 최후의 노예계급으로 나타난다. 스파르타쿠스 동맹에서 잠깐 다시 나타났던 이러한 확신은 늘 사회민주주의자들을 불편하게 하는 것이었다. 30년이 지나지 않아서 그들은 실제로 블랑끼의 이름을 지워버릴 수 있었다. 그 이름이 그 앞 세기를 뒤흔들었던 집결점이었음에도 불구하고 말이다. 사회민주주의 사상은 노동계급에게 다가올 미래 세대의 구원자 역할을 부여함으로써 이에 만족하였고 이런 식으로 그것의 가장 위대한 힘의 힘줄을 잘랐다. 이러한 훈련은 노동계급으로 하여금 자신의 증오와 희생정신을 망각하도록 만들었다. 왜냐하면 이 증오와 희생정신은 해방된 손자들의 이미지에 의해서가 아니라 예속된 선조의 이미지에 의해 양성되었기 때문이다(Benjamin, 1969, p. 260).

벤야민에 의해 제시된 혁명에 대한 묵시록적 견해는 종교 이론과는 아무런 상관이 없다. 그의 언어는 명백하게 반실증주의적이다. 그것은 노동운동의 역사관의 개념적 물신화를 비난하는 격렬한 언어이다. 그리고 이러한 언어는, 그가 지적하고 있다시피, 비상 상황에서, 위험의 상황에서 가능하다. 혁명은, 확실성보다는 오히려 비상의 이론이다. 『자본』은 여전히 이러한 조건의 주요한 이론적 표현이다.

맑스는 자신의 핵심적 저작에서, 자본을 소외된 노동으로, 달리 말해, 노동의 객관적 조건으로부터 생산자의 분리에 기초를 둔 사회관계로서 분석했다. 다른 차원에서 생각해보면, 이 분리라는 문제는, 우리로 하여금 지배적인 (부르주아적) 사회 형식들을 이 구성적 파열의 특수화라는 맥락에서, 그리고 그것이 함의하는 갈등의 맥락에서 ('정치'의 문제는 이러한 관계의 일부이다—Bonefeld, 2001b 참조) 사고할 수 있게 한다. 동일한 사유노선 속에서, 우리는 계급의 중심 문제는 관계들의 체계 속에 '자리 잡기'가 아니라 파열, 분열이라고 주장할 수 있다. 벤야민이 계급의 정의 속에서 모든 객관주의적 지식을 기각한 이유가 아마도 이것일 것이다. 왜냐하면 그에게서 주체는 언제나 투쟁하는 계급이기 때문이다. 투쟁의 행동 속에서 계급은 자본에 대항하는 노동의 부정성의 운동으로 생산된다. (그것은 하나의 집단으로 환원될 수 없다. 왜냐하면 그것은 자본에 의해 착취당하는 모든 사람들을 포함하기 때문이다). 이러한 운동 속에서 계급은 자본주의의 구성적 분리를 넘어서고 또 계급으로서의 그 자신을 넘어서려는 경향을 갖는다. 그래서 벤야민에게 계급은 국가를 포함하여 '근대성'과 '진보', 그리고 그것들의 범주들에 대한 부정의 일종이다.

사빠띠스따 사건

사빠띠스따 담론의 부분들, 예컨대 '복종하면서 명령하기', '우리가 우리 자신의 등을 발견할 때까지 계속해서 걷기' 등은, 혹은 '우리가 더 이상 필요하지 않을 때'까지 투쟁하기와 같은 생각을 받아들인 사람들은 권력이나 국가를 장악하는 것으로 귀결되지 않는 투쟁의 개념을 함축한다. 그것들은 권력에 대한 체계적인 이론적 정교화이기보다는 권력에 대항하는 '비상'의 이론이 갖는 이미지들, 즉 '감정의 구조'(Williams, 1980)를 표현하는 이미지들이다. 이것들의 핵심은 엘리뜨주의적이고 도구주의적인 모든 혁명 이념의 기각이다. 그것들은, 계급 투쟁의 개념을 기각하기는커녕, 그것을 다시 정교화할, 그리고 그것에 새로운 의미를 부여할 필요에 대한 의식을 제기한다.

비록 분명히 언급되지는 않았지만 (그 이유는 아무도 모른다) 지금 출현하고 있는 이 이론은 레닌주의에 대한 비판을, 그리고 벤야민과의 제휴를 포함한다. 그것이 물화에 대한 투쟁을 표현한다는 의미에서, 그 것은 계급투쟁을 도구적 폐쇄에서 해방시키고자 하는 긴급성을 함의 한다. 이런 의미에서, 예를 들어, '시민사회'에 대한 사빠띠스따의 개념 은 계급투쟁과 무관하지 않다. 그것은 그 개념을 자신의 힘의 노선으 로 포함한다. 그것은 시민사회라는 자유주의적 개념에 새로운 의미를 부여할 필요성을 요구한다. 이 개념이 구체화하는 계급모순의 발전을 통하여, 오늘날 '힘들의 문화적 상관관계' 속에서 그 개념이 갖는 중요 성을 인정함으로써 말이다(Tischler, 2001 참조).

이론적 수준에서, 홀러웨이에 의해 제기된 '반권력' 및 '계급투쟁의 비대칭성'이라는 개념들은 계급투쟁에 대한 탈물신화된 개념을 정교화 한다. 이러한 개념들에 기초해서 우리는, 중심이 불확실한 투쟁의 이론 에 대한 견해를 발전시키기 시작할 수 있다. 왜냐하면, 우리가 지금까 지 보여주려고 애썼다시피, 확실성은 권력의 질감의 일부이기 때문이 다. 아니 홀러웨이가 말하듯이 ;

> 정통 맑스주의 이론들은, 역사 발전이 필연적으로 공산주의적 사회의 창
> 출로 나아간다고 주장하면서, 확실성을 혁명의 편으로 끌어들이려고 했
> 다. 이것은 근본적으로 잘못 생각하는 것이다. 왜냐하면 자기결정하는 사

회의 창출에는 확실한 것은 아무것도 있을 수 없기 때문이다. 확실성은
단지 지배의 편에만 있을 수 있다(Holloway, 2001a, p. 104).

여하튼, 계급투쟁을 이해하는 하나의 특수한 형식의 위기[여기서는
'레닌주의 위기'를 지칭한다 － 역자]를 이론적으로 소화하고 흡수하
는 것은 새로운 주체를 창출하는 과정의 중요한 일부이다. 이런 의미
에서 우리는, (맑스주의) 정치이론의 임의의 요새를 방어하기보다, 그
것을 구성하고 있는 감옥들과 대결해야만 한다.

3부

혁명은 어떻게? 목적과 수단

10장 해방:길과 목표
11장 반란과 혁명 혹은 꺼져버려, 자본!

10장 해방: 길과 목표

요하네스 아그놀리

도입부

객관적으로 강제적인 조건들로부터 개인의 해방은, 예부터 이미 몇몇 소피스트들에게, 스토아학파와 에피큐로스주의자들에게 하나의 쟁점이었다. 기독교 사회가 (다양한 해방적 경향들을 가진) 전투적 교회에서 승리를 거둔 교회로 변형된 후에, 해방의 운동은 이단자들과 반대파들에 의해 계속되었다. 강제적 조건으로부터의 해방을 본질적 문제로 하는 현대적 형식의 해방은 프랑스 혁명에 빚지고 있다. 프랑스 혁명은 그 자체로 광범한 사회적 과정의 정점이었다. 이 과정은, 생산을 길드와 공동적 신분제로부터 해방시킨 점에서는 경제적이었으며, 이와 연관되어, 부르주아지가 발흥하면서 부르주아지가 봉건제와 절대군주제의 속박으로부터 해방되었다는 점에서는 정치적이었다. 이러한 관점에서 볼 때, 자본주의적 생산양식과 부르주아 국가의 시작은 철저히 해방적인 내용들을 포함했다. 그렇지만 이 해방적 내용들이 그것들의 발전 과정 속에서 봉쇄되었다는 것도 매우 분명해졌다. 그리고 무엇보다도 저 자본주의가 생산의 해방을 가져왔지만 개인들의 해방을 가져오지 않았다는 것도 분명했다. 지배의 사회·경제적 구조가 정치로 번역되었던 형식, 즉 국가형태에 대해서도 마찬가지 이야기를 할 수 있다. 일련의 혁명들과 반란이 일어났던 19세기 전반기에 이것은 부인할 수 없는 사실이었다. 그리고 이것은 특히, 사회해방의 문제를 강력하게 제기했던 19세기 후반의 운동에도 똑같이 적용된다. 이 시기의 노동운동은 이른바 노동의 해방을 위해서 노력했을 뿐만 아니라 실제로는 보편적인 사회해방을 위해 노력했다. 훨씬 뒤에 이와 동일한 노력이 여성운동 속에서 반복되었다. 비록 그 운동이 보편적 해방보다는 가부장제로부터 여성의 해방을 더 많이 꾀했지만 말이다. 또 이와 동시에 수많은 단일 쟁점 운동들이 있었는데 그 모든 것은 해방을 지향했다.

그러므로 문제는 해방이라는 목표를 달성하기 위한 적절한 길을 발견하는 것이다. 그리고 이것이야말로 문제가 시작되는 장소이다. 해방을 위한 이 모든 운동들은, 이 목표에 도달하기 위해 그들 자신이 어떤 수단과 길을 선택해야 하는가라는 문제에 직면해 있음을 발견한다. 특히 부르주아 입헌국가의 특수한 형식들이 해방의 수단으로 이용될 수 있을 것처럼 보인다. 해방적 변형의 수단으로서의 국가형태에 이렇게 초점을 맞추는 것이 완전히 길을 잘못 드는 것은 아니다. 왜냐하면 바로 이 국가형태는, 모든 가능한 사회적 내용들을 운반할 그릇으로 그 국가형태를 이용할 수 있게 만드는, 그것의 공개적 성격에 의해 특징 지어지기 때문이다. 그렇지만 결코 질문되지 않은 문제는, 이 관점이 현실에 상응하는가 않는가, 그리고 따라서 부르주아적 입헌적 국가가 해방의 수단으로 기능할 수 있는가 없는가 하는 것이다. 길의 목표에 대한 관계, 달리 말해, 수단-목적 관계는 비판적 반성에서 제거된다. 만약 목표가 실제로 사회해방, 즉 사회 속에서 개인들의 해방이라면 수단들이 실제로 이러한 목적, 즉 인간해방이라는 목적에 부합하는가 않는가를 엄밀한 술어 속에서 반성하는 것은 반드시 필요하다.

어떤 종류의 수단이 진정으로 해방적 목적에 복무할 것인가를 엄밀한 술어로 정의하는 것의 중요성은 다른 수준의 사회적 현실과 인간적 실현의 시도들에도 타당하다. 물론, 현존하는 강제적 조건에 대한 부정은 조직되어야만 한다. 그러나 여기에서도 역시, 딜레마는 조직의 형식에 놓여 있다. 더구나 오늘날, 조직의 문제는 자주 목표라는 술어 속에서보다는 연결된 매개변수들 속에서만 논의된다. 조직에 대한 논의가, 막스 베버가 '자율적인 조직적 관심'이라고 부른 것을 지향하는 경향이 매우 강하다. 이것은 예컨대 조직적 연속성, 수치적 힘, 그리고 바라는 목적을 향한 지향성 같은 것보다도, 더욱 결정적인 중요성을 갖는 무엇으로서, 이른바 발전에 영향을 미칠 수 있는 역량에 초점을 맞추는 것으로 나아간다. 더 최근에는 새로운 차원이 추가되었다. 이 새로운 차원은 전통적 노동자 운동에서 (심지어 레닌적 관점에서도) 쟁점으로 되지 않았고 적어도 처음에는 여성운동에서도 쟁점으로 되지 않던 것이다. 그것은 미디어의 효율성이라는 쟁점이다. 미디어의 우세는 조직에 대한 전통적 관념들을 혼란에 빠뜨린다. 미디어에 적응하려는 시도, 그리고 미디어에 적합한 조직으로서 효과적으로 되려는 시도는 조직적 자가-이익을 그 자체 목적으로서 자율화하는 위험을 증가시킨다. 조직의 미디어 이미지가 가장 중요한 것으로 되는 것이다. 이와 결부되어 있는 것인 캠페인들의 개인화는 차치하고라도, 이런 현상은 개별 정당들의 동질성과 힘이 당의 정치강령이나 다른 선언들보다 더 큰 효과를 갖기 쉬운 때인 선거 기간 동안에 가장 두드러진다. 독일 상황을 예로 들어보면, 이것들이 가져온 하나의 참사는 '녹색당'의 특유한 발전과정 속에서 찾아 볼 수 있다. 녹색당은 '반당적 당'으로, 그리고 정치체제에 대한 급진적 대안으로 출범했다. 그 당은 체제로 통합되면서 매우 짧은 시간 동안에 '체제화'했다. 즉 체제 내부에서 체제를 바꾸기보다 그들 자신이 제도화해서 초기에 자신이 거부했던 그 체제의 일부가 되었다. 그러나 그 당은 다양한 입장들을 계속해서 받아들였고 이런 한에서 그것은 선거인들에게 부서진 당으로 나타났다. 그리고 이에 비례해서 이 당은 선거 기간 동안 그에 상응하는 보상을 받았다.

수단-목적 관계에 대한 반성의 결여는 또 노동운동의 발전에서, 그리고 여성운동의 복잡함 및 뒤얽힘 속에서 발견될 수 있다. 노동운동은 오래 전에 해방의 관점을 포기했으며 노동자들의 삶의 질의 향상에 관여했다. 이것은 그 나름대로 의미 있는 일이다. 여성운동에서 발전은 더욱 문제적이었다. 여성의 해방은 점점, 지금까지 가부장적으로 행사된 권력에 대한 접근으로 이해되었다. 성공은 철저하지도 않았으며 완전하지도 않았다. 그간에 여성의 정치는 경제에서 관리자적 위치에, 정치에서 입법부와 행정부의 자리들에, 그리고 역설적이게도 일자리의 젠더화(gendering)에 접근하는 방식으로 해방을 자임하는 일로 구성되어 왔다.

국가에 대한 해방운동의 관계가 갖는 문제적 성격은 서구의 정치권에만 한정되지 않는다. 실존하는 사회주의 국가들이라고 자칭했던 이전의 나라들에서조차도 이와 동일한 문제적 관계들이 발전했다. 그래서 예전의 독일민주공화국(GDR)에서도, '여성의 해방은 문제가 아니다. 왜냐하면 국가가 여성을 가부장제로부터 해방시켰기 때문이다.'라고 주장되었다. 하나의 강제적 조직(국가가 바로 그런 조직이다)이 어떻게 해방을 완수할 수 있는가 하는 것은 그 당시의 정치의 비밀이었다. 그 비밀은, 맑스에 기초를 두고 있는 것이 분명히 아니었다. 그것은 오히려, 인간은 자유롭게 되기 위해서 강제되어야만 한다는 피히테의 부조리를 상기시키는 것이었다.

여하튼, 부르주아 국가에 대한 관계라는 문제에서, 그리고 권력의 낭하에서 어떻게 적절한 행동을 할 것인가 하는 문제에서, 그리고 이 관계와 행동이 어떻게 조직될 수 있을 것인가 하는 문제에서, 목적과 수단의 관계는 여전히 안 풀린 채 남아 있다.

주요부

독일에서 1968년 운동이 고조되었을 때에, 미래의 정치적 작업을 위한 전략적 해결책이 모색되고 있었다. 그때 많은 모험적인 제안들이 있었다. 그것들은 서베를린과 시독에서 공산주의적 평의회 체제를 혁명적으로 창출하려는 목적을 가진 제안들이었다. 이와는 달리, 대중 시위와 사회적 투쟁의 지속적 발전을 위한 좀더 합리적인 제안들도 있었다. 그렇지만 이와는 다른 모토가 지배적이었는데 이것은 두 가지 가능성들을 통합하는 것으로 보였다. 중국 공산당의 대장정과의 좀더 대담한 유비를 통해, 제도를 통한 대장정을 말하는 사람도 있었다. 여기에서 제도란, 정치제도뿐만 아니라 사회제도들도 포함하는 것이었다. 어린아이들을 공산주의에 알맞게 사회화하기 위해 (이런 식으로 주장되었다) 학교제도 속으로 들어가기, 노동조합의 좌익적 잠재력을 강화하기 위하여 노동조합 속으로 들어가기, 노동자들과 직접 접촉하기 위하여 공장으로 들어가기 등이 그것이다. 그렇지만, 주로 강조는 국가제도들에 두어졌다. 내부에서 정치제도를 붕괴시킬 목적으로 선거에 참여하기 위한 적절한 조직을 건설하기, 의회에 들어가기 등이 그것이다. 그러한 접근에 주어진 경고들(국가제도의 독특한 특징들을 지적하는 경고들)에는 아무런 주의도 기울여지지 않았다. 나는 여전히 이 점을 분명히 하기 위하여 기울인 나의 노력이 헛되이 끝난 것을 기억할 수 있다. 제도를 통해 나아가기 위해서, 우리는 먼저 우리 자신을 그들에게 주어야 한다. 그렇지 않으면, 고대 이집트인들이 말했듯이, 우리는 권력이 거하는 '궁전'으로 들어가야만 한다. 그 '궁전'은 분명히 많은 방과 (민중들과 그들의 대표들이 분주히 일하고 있는 1층에서부터, 행정부가 거하고 있는 꼭대기 층에 이르기까지) 여러 층들을 갖고 있다. 그렇지만 그 '궁전'은 뒷문을 갖고 있지 않다. 제도를 통한 대장정은, 그것이 뭔가를 의미한다면, 1층에서 꼭대기 층으로 올라가는 것을 의미한다. 독일에서 녹색당은 이 논리에 굴복했다. 일단 그들이 그 '궁전'에 들어간 다음에는 그들은 결코 그것을 파괴하려는 노력을 할 수 없었다. 오히려 그들은 그것에 적응했고 그와 더불어 그들 스스로 정부로 들어가기 위한 문을 열었다. 제도를 통해 행진하는 동안, 그들은 이러한 제도들이, 맑스가 이미 주장했듯이, 개인의 의지보다 더 강한 그것들 나름의 동학을 갖고 있음을 망각했다. 국가제도들은 여하간에 그들 자신이 어떤 방식으로 이용되는 것을 허용하지 않는다. 왜냐하면, 그들의 논리는 그들 자신의 것이 아니라 그들이 자신의 기능을 통해 복무하는 현실에 의해 결정되기 때문이다. 국가제도는 자유나 인권을 실현하기 위해, 사회해방을 언급하기 위해 있는 것이 아니며 오직 자본주의 사회의 사회적 재생산을 조직하고 보장하는 책임만을 갖고 있기 때문이다. 그 제도들의 지향은 당연하게도 아리스토텔레스적 전통에서의 '좋은 공동체'(bonum comune)의 그것이다. 그것은 정확히, 그들에게 대안적 사용의 가능성을 제시하는 것으로 보이는 '좋은 공동체'의 지향이다. 그렇지만 그 제도들이 복무하는 좋음(bonum)은 단지, 모든 것이 실제로 공동적이라는 의미에서만 공동체(comune)이다. 인간들이건 삶의 영역들이건 그 모든 것이 포섭되어지는 자본축적의 좋음이 그것이다. 이 점에서, 그것들은 결코 어떤 다른 목적에 이용될 수 없으며 또 늘 환영받곤 했던 대안적 용도를 위해서도 물론 이용될 수 없다. 이 말은 국가제도를 통해서는 아무것도 완수될 수 없다는 것을 의미하는 것은 아니다. 오히려 반대로, 참을성 있는 개혁 작업을 통해, 사회민주주의적 정치가들의 활동을 통해 많은 것이 성취되었다. 삶의 질이 향상되었고, 특수한 자유들에 대한 보장이 더 나아졌으며 이른바 민주적 원리들이 확립되었다. 국가징치의 기나긴 길에서 많은 성공이 있었음은 분명하다. 그렇지만, 해방은 길옆으로 치워졌다.

달성 가능한 해방적 내용과 관련하여 조직문제에도 이와 유사한 딜레마가 있다. 이 점에서 레닌의『무엇을 할 것인가?』는 전형적이다. 왜냐하면 해방은 독일 사회민주주의의 러시아 사회민주적 계승자들의 목표였기 때문이다. 러시아 사회민주주의의 최초의 관심사는 프롤레타리아의 해방이었고 그것의 궁극적 관심사는 자유롭고 평등한 사람들의 사회 속에서의 보편적이고 인간적인 자유, 즉 공산주의였기 때문이다.

레닌은 즉각적 과제에 집중적 관심을 가졌다. 사회민주주의 운동의 성공을 위한 전제 조건이 짜리즘의 폐지라는 것이 그것이었다. 자유주의 체제를 폐지하는 과제가 이후에 덧붙여짐으로써 해방의 집합적 과제는 좀더 문제적으로 되었다. 레닌은 운동의 목표가 아니라 직접적 수단에 초점을 맞추었다. 그리고 그 수단은 프롤레타리아의 전위에 의한 권력 장악이었다. 로자 룩셈부르크는 레닌에 대한 그녀의 비판에서, 권력의 장소로서의 중앙위원회에 대한 그의 강조는 짜리즘의 폐지를 목표로 삼을 뿐만 아니라 조직의 원리로 사용되었다고 주장했다. 권력에 대한 레닌의 사고의 연속성도 나중에, 즉 10월 혁명 이후에 분명해졌다. 레닌은 생산과 재생산을 보증하기 위해서는 경제와 정치에서 엄격한 지도의 원리를 유지할 필요가 있다고 지적했다. 수많은 사람들의 의지가 단 한 사람의 의지에 복종해야만 한다는 것이다. 나중에 널리 알려진 당 총서기 스딸린은 이 원리를 사회적 삶의 모든 측면들에 끊임없이 주입하기 시작했다. 스딸린의 정치에 대한 비판이 시작되자마자, 공산주의 운동 속에서 그에 대한 비판가들은 권력의 장소와 권력의 행사에 대한 레닌의 지침을 기꺼이 잊어 버렸으며 반계몽주의적 방식으로 인(人)의 장막에 대해 말했다.

조직에 대한 레닌의 견해는, 나중에 알려지듯이, 비록 영원하지는 않았지만 매우 성공적이었다. 전위당은 권력을 장악했고 체제는 강화되었다. 해방은 물질화되지 못했다.

두 가지 접근들(입헌국가 안에서 야당 세력으로 시작하여 제도들을 통과하여 가는 대장정, 그리고 레닌의 조직관)은, 역사적으로 그리고 실질적으로 어떻게 다른 가와는 상관없이, 한 가지 점을 공통적으로 갖고 있다. 이 두 접근법은 일체의 내용으로부터 (조직의) 형식을 엄격하게 분리한다. 그렇게 함에 있어서 그들은, 어떤 정치적 조직적 형식도 자율적이지 않으며 특수한 내용의 형식이라는 사실에 주의를 돌리지 않는다. (그것을 어떻게 설명해야 할지 정확히는 모르겠지만), 레닌의 생각은 일차적으로 그리고 무엇보다도 명령의 구조에 기초를 둔 생산양식의 정치적 형식으로 나아간다. 입헌적 국가는 일차적으로 그리고 무엇보다도 그 자신을 강제적 구조라는 수단에 의해 재생산하는 정치적 형식이며 자본주의적으로 생산하는 부르주아 사회가 그 속에서 조직되는 정치적 형식이다.

두 경우 모두에 형식은 단순하게 실체화되며 그 자체로 일종의 가치로 전화한다. 내용은 임의적일 수조차 있다. 그러나 형식은 확고하게 유지된다. 그리하여 한편에서 당은 모든 사회적 내용을 넘어서 있고 그 자체로 결정적인 권력이 된다. 구 독일민주공화국에서 되풀이하여 말해졌다시피, '당은 언제나 옳다'. 다른 한편에서 ─ 그리고 여기에서도 역시 내용에 대한 고려 없이 그리고 해방에 대한 어떤 지시도 없이

— 입헌국가는 모든 정치세계들 중 최상의 것으로 평가된다. 사회적 야당파는 국가제도에 그 자신을 맡기고 그 속에서 편안함을 느낀다. 이 이유 때문에, 야당파는 제도들을 방어하고 또 유지하려 한다.

이러한 분석에 대해 하나의 이의가 제기될 수 있다. 자본주의 사회의 정치체제는 모순들로 가득 차 있고 이 모순들은 사회 그 자체의 모순적 성격을 반영한다는 것이 그것이다. 이 명제는 널리 알려져 있으며 안으로부터 체제를 파열시키기 위해 체제 속으로 들어가는 것을 정당화하기 위해 늘 인용되어 왔다. 이 모순들이 실제로 국가권력의 대안적 사용을 허용할 것인가 않을 것인가는 아직 입증된 바 없다. 체제의 모순적 성격이라는 견해는 종종 체제에 사람들이 순응하는 것을 정당화하기 위한 구실로 사용되곤 한다. 부르주아 사회가 모순에 의해 특징지어진다는 것은 분명하다. 이 모순들이 체제 자체에 의해 늘 흡수되거나 또는 그 체제 자체에 내재적으로 속하고 있다는 것도 그만큼 분명하다. 예를 들어 우리가 자본주의 사회의 모순에 대해, 이른바 자본과 노동의 모순에 대해서가 아니라 개별 자본가들 사이의 모순적 관계에 대해, 즉 경쟁의 원리에 대해 생각해 볼 수도 있다. 잘 알려져 있듯이 경쟁은 결코 자본주의적 생산양식의 폐지를 가져오지 않는다. 그것은 오히려 자본주의 생산양식의 내적 동학에 속한다. 경쟁이 시장에 민주적 성격을 부여한다는 주장도 있다. 이런 맥락에서 소비자의 자유가 행복하게 들먹여진다. 그러나 여기에서 말해지는 자유는 내용의 어떠한 가공도 없는 단순한 형식일 뿐이다. 이 주장은, 마치 소비 상품들 사이에서 선택할 수 있는 자유가 사회적 자유와 뭔가 공통적인 것을 갖고 있는 것처럼 제시되며 포드와 볼보 사이에서 선택할 가능성이 해방적 성격을 갖고 있는 것처럼 제시된다.

그렇지만 본래 해방을 지향했던 하나의 제도가 있다. 보통선거권이 그것이다. 우리는 여기에서 하나의 진정한 역사적 업적을 다루고 있다. 아마도 그것을 포기하는 것은 어리석을지도 모른다. 보통선거권은 세계사적으로 가능한 대안적 용도의 형식으로서뿐만 아니라 그 자체 대안으로서 나타났다. 피지배자들이 자신들의 지배자들을 결정할 수 있다는 민중주권의 이념은 빠도바의 마르실리우스와 모나코마헨(Monarchomachen)[1]에서 처음으로 역사 속으로 들어왔다. 모나코마헨의 계승자들, 크롬웰의 혁명적 군대에서의 수평파와 평등주의자들은 이 요구를 구체화했다. 그들은, 장교들과의 협상 속에서, 모든 사람들에게 평등한 투표권을 요구했다. 나중에, 노년의 엥겔스는, 사회민주주의의 선거적 성공에 감명을 받아서, 사회변형의 수단으로서 선거권의 대안적 사용을 지지하게 되었다. 그는 부르주아지가 무기보다는 투표용지를 더 두려워한다고 썼는데 이것은 솔직한 것이었지만 지나친 것이었다. 그렇지만 엥겔스는 비스마르크에 의해 도입된 남성의 보통선거권을, 부르주아지 자신이 해석한 것과는 다르게 해석했다. 부르주아지는 당시에 여전히

---

1. 편집자 주 : 모나코마헨, 즉 '군주 만들기'는 자신의 권력을 오용하는 지배자들에 대항하는 민중적 저항의 권리를 지시한다. 여기에는 지배자를 죽이는 것까지 포함된다. 16세기 동안에, 폭군 살해의 교의는 고리대금업자를 가리키는 초기 그리스적 용법에서 이른바 합법적 지배자를 가리키는 것으로 확장되었다. 그 교의는 자연법 이론과의 관련 속에서 발전되어 민중적 주권의 교의의 일부를, 그리고 부당한 지배자들에 대항하는 민중적 항의의 권리를 형성했다. 이 이론에 따르면 민중의 권력은 양도될 수 없다. 지배자는 단지 민중의 대리인일 뿐이다. 그리고 위임된 권력이 잘못 사용되면 민중은 그를 해임할 권리를 갖는다. 그리고 필요하면 그를 죽일 권리도 갖는다. 전복적 사상의 역사에 대한 입문으로는 아그놀리(Agnoli)의 *Subversive Theorie*(Ça ira, Freiburg, 1996)를 참조하라.

해방의 가능한 수단이었던 무기에 비해 투표권은 통합의 효과적 수단임을 상대적으로 빨리 깨달았다. 이것은 물론, 선거권이 보통선거권으로 발전하기 전에 부르주아지가 선거권에 대해 취한 첫 반응은 아니었다. 선거권에 대한 기존의 제한은, 선거권이 부르주아지의 수중에서 지배자와 피지배자와 동일성을 허용한다는 것을, 즉 부르주아지가 자신에 의해서 자신을 지배한다는 것을 의미했다. 선거권의 통합하는 능력에 대한 인식이 점차 발전했다. 그리고 그 인식은 정치 무대에서 종속적인 대중이 점차 늘어난 것과 짝을 이루었다. 오늘날 보통선거권의 통합적이고 비해방적인 성격은 점차 분명해지고 있다. 그것이 해방을 위해 아무리 불가결하다고 해도, 부르주아적 입헌국가에서 자유로운 보통선거는 합의구축을 위한 메커니즘 이상의 것이 결코 아니다.

그러므로 이것은 해방운동에 대해 독특한 문제를 제기한다. 정치적 선거들의 점증하는 도구적 성격을 아무리 많이 비판한다고 할지라도, 우리는 해방운동이 그 선거들에 대해 어떤 자세를 취해야 하는가 라는 문제에 대면해야만 한다. 추상적 거부는 불충분하다. 모든 국가형태에 대한 단호한 반대자였던 바쿠닌조차도 미국의 대통령 선거 동안에 자신의 선호를 표현했음을 상기하는 것은 가치 있는 일이다. 그러면 해방운동은 어떤 자세를 취해야 하는가? 선거 지지단을 만들어야 하는가? 그 자신이 선거에 후보를 내지는 않는다 하더라도 하나의 당 혹은 다른 당을 지지해야만 하는가? 선거 보이콧을 요구하는 것이 사실상 더 적절해 보인다. 하지만 그것은 양날의 칼이다. 한편에서 대중적 보이콧은 파열을 가져올 수 있을지 모른다. 투표자 수의 감소에 직면하여 다수당이 꾸며내는 관심사를 고려해 보면, 우리는 그것이 어떻게 나타나는지를 알 수 있다. 다른 한편에서, 선거에 참여하기를 거부하는 것이 반드시 정치체제에 대한 사회적 거부에 이르지는 못한다. 침묵은 동의와 같기 때문이다. 선거들의 이러한 문제 혹은 딜레마를 지적하면서 나는 이제 결말부에 도달한다.

결말부

레닌의 텍스트에는 지속적 중요성을 갖는 하나의 것이 있다. 제목이 그것이다. 100년이 지난 지금도 여전히 자신을 해방적이라고 생각하는 모든 운동은 '무엇을 할 것인가?'라는 문제와 대면해야만 한다. 이 질문은, 운동의 국가에 대한 관계라는 맥락에서나 조직 문제의 맥락에서나 모두 중요하다. 의심할 여지없이 확립되어 온, 그리고 우리가 무조건 따라야 할, 몇 개의 기본적 규칙이 있다. 사회운동으로서의 해방은 오직 국가제도 바깥에서만 발전할 수 있다는 것이다. 물론 이것은 그렇게 간단한 문제가 아니다. 왜냐하면 국가는 삶의 모든 측면에 많든 적든 영향을 미치기 때문이다. 그렇지만 제도외적 반대는 제도에 통합되는 결과를 피하기 위해 절대로 필요하다. 물론 '국가제도들 외부에서'가 '사회의 외부에서'를 의미하지는 않는다. 미미함(insignificance)의 위험 혹은 그것으로 하강할 위험은 사적 생활로의 전원적 퇴각을 통해 해방을 완수하려는 유혹 속에도 놓여 있다. 작고 자율적이며 농경적인 생산 단위의 형성은 어디에도 이르지 못하며 비이윤적 기업들을 향한 지향도 이와 마찬가지로 어디에도 이르지 못한다. 그 기업들이 시장에서 경제적 중요성을 가질 만큼 규모가 커지자마자, 그것들은 신속히 혹은 천천히 경쟁적 시장경제의 법칙에 종속되며 주식시장에서 양도할 수 있게 된다. 이런 식으로 그것들은 단순히 자본의 지구화에 참여한다. 사회 속에서 비제도적으로 행동하는 것은 제도에 영향을 미칠 가능성을 보증한다. 이런 점에서, 1968년 운동의 경험은 매우 교훈적이다. 그것은 직접적이고 즉각적인 의미에서의 국가정치에 참여하지 않는 한에서만 정치적 영향을 행사할 수 있었다. 그것의 해방이성(Vernunft)은, 그것이 거리에서 결집했던 한에서만 나타났다. 그것의 해방이성은 그 운동이 제도적 대장정을 시작하자마자 길을 잃었다.

조직의 문제는 더욱 복잡하다. 왜냐하면 조직은 외관상 모순적인 두 가지의 모순적 요소를, 즉 사회적 부정의 조직과 해방의 조직을 그 자신 속에 결합하는 것으로 생각되기 때문이다. 이것도 단순한 문제지만 달성하기는 매우 어려운 문제이다. 한 가지 것만은 분명하다. 해방적 부정의 조직은 철저하고 강력하게 조직된 강한 적에 맞서면서 중앙위원회, 소수독재정치, 혹은 위계제 등의 형식이 전혀 없이 작동해야만 한다는 것이다. 여기가 로두스다, 여기서 뛰어라. 조직은 해방의 목표를 예상해야만 하며 이 목표를 기초로 그것의 성격을 결정해야 한다. 이것이 어떻게 가능한가는 이론적으로 결정될 수 없다. 그것은 실천적 문제이다. 개인적으로뿐만 아니라 집단적으로도, 그리고 또 일상적 삶에서도 실천적 활동 속에서 그리고 실천적 활동을 통해서만 실현될 수 있다. 이것을 위해서 조직에 관한 이론적으로 발전된 교묘한 계획 같은 것은 소용이 없다. 무엇을 할 것인가는 실천 속에서 시험되어야 한다. 그 이유는 다음과 같이 설명될 수 있다. '인간은 자신의 사유의 진리를, 그것의 현실성과 힘을, 그것의 현세성을 실천 속에서 입증해야만 한다. … 모든 사회적 삶은 본질적으로 실천적이다. 이론을 신비주의로 이끄는 모든 신비들은 인간의 실천 속에서, 그리고 이 실천에 대한 이해 속에서 그것들의 합리적 해결책을 찾는다'(맑스, 「포이에르바하 테제」, 강조는 필자의 것).

11장 반란과 혁명
혹은 꺼져버려, 자본!

존 홀러웨이

모두다 꺼져버려

우리가 자본에게 '꺼져버려, 깨끗이. 이 관계는 이미 너무 오랫동안 지속되었어. 이제 나가, 가버려!'라고 어떻게 말할까?

이 문제는 아르헨티나에서 발생한 최근의 사건들에 의해 매우 단순하게 제기되었다. '모두다 꺼져버려!'는 그들의 정치가들에 대한 존경을 모두 잃어버린 사람들의, 어떤 당 소속의 정치가건 상관없이 모조리 사라지기만을 원하는 사람들의 외침이다. 그리고 많은 사람들에게 있어서, '그들'은 정치가들만이 아니라 그들의 자본가 친구들을, 최근에 만연하는 부패와 착취에서 그 정치가들의 공범자들을 가리키기도

한다. 또 많은 사람들에게 그 외침은 착취하는 모든 사람들을, 그리고 착취의 기생동물로 사는 모든 사람들을 가리킨다. 자본주의에 대한 분노, 그토록 명백한 재앙인 그 체제에 대한 분노는 인격적 색채를 띠면서 자본주의에게로 뿐만 아니라 자본가들에게로, 다른 사람들의 불행을 착취하면서 사는 모든 사람들에게로 돌려진다. 나가 버려, 너희들 모두! 모두다 꺼져버려!

그리고 물론 그것은 아르헨티나만이 아니다. 모든 곳에서 부자들과 가난한 사람들 사이에, 그리고 통치자와 통치받는 사람들 사이에 격차가 넓어지고 있다. 사회적 권위를 주장하는 사람들이, 인류를 더욱더 폭력적으로 공격하는 사회체제의 부패하고 병든 도구들 이외에 아무것도 아니라는 것은 모든 곳에서 분명해지고 있다. 우리는 3백여 년 동안, 우리가 전혀 존경하지 않는 사람들에 의해 착취되고 통치되면서, 이 어리석고 억압적인 관계들 속에서 살아 왔다. 이제 말할 때이다. '이것으로 충분해. 꺼져버려, 가!'라고

그러나 그것이 실제로 가능한가?

만약 거의 모든 사람이 자본에게 거의 늘상 '가 버려!'라고 말하고 있지 않다면 이 질문은 텅 빈 추상일 것이다. 그렇다면 아마도 이 질문에는 명쾌함이 없고 의향만이 있을 뿐일 것이다. 지금의 세계에는 자본주의를 적극적으로 지지하는 사람들은 거의 없다. 자본주의가 사회를 조직하는 좋은 방법이라고 실제로 생각하는 사람들도 거의 없다. 그것을 단지 당연한 것으로 받아들이면서 어떤 대안도 없다고 생각하고 있을 뿐이다. 생산과 분배가 조직되는 방식으로 인하여 3만 5천 명의 아이들이 매일 헛되이 죽어가는 사회가 좋다고 생각하는 사람들은

정말 거의 있을 수 없다.

자본주의의 반발적 성격

우리들 대다수는 늘 자본으로부터 도망치려 한다. 우리는 그것을 다양한 방식으로 수행한다. 우리는 도망을 친다. 우리는 아침에 자명종이 울리면서 우리에게 일하러 가라고 말하면 그것을 벽에 던짐으로써 도망친다. 우리는, 전화를 걸어 오늘은 일하러 갈 수 없다고 말함으로써 도망친다. 헐리우드 영화를 보고서 '세상은 실제로는 그렇게 나쁘지 않아. 언젠가는 세상이 바로 잡힐 거야.'라고 우리 자신을 안심시킴으로써 우리는 도망을 친다. 우리는, 일자리를 떠남으로써 그리고 실업수당에 의존하여 살아남으려 애씀으로써 도망을 친다. 작은 가게를 열거나 작은 기업을 차림으로써, 자본의 직접적 명령을 피하기 위한 무엇인가를 함으로써 도망을 친다. 울타리의 저편에서는 조건이 뭔가 더 나을 것이라고 희망하며 이민을 감으로써 도망을 친다. 우리들 일부에게 도망은 좀더 복잡하고 좀더 모순적이다. 어떤 방식으로건 우리는 우리가 하는 것을 좋아한다. 우리는 교사, 의사, 간호사, 목수이기를 좋아한다. 우리는, 우리가 하는 것이 어떤 식으로건 의미가 있다고 생각하며 그것에 수반되는 인간적 관계를 좋아한다. 문제는 자본이 우리에게 부과하는 제한들과 방향이다. 우리는 잘 가르치기를 원하며 우리의 환자를 잘 보살피기를 원하고 우리가 잘 하고 있는 것은 무엇이든 하고 싶어 한다. 그럼에도 우리는 수익에 대해 염려하고 싶어 하지 않으며 훈육을 부과하는 일로 괴로워하고 싶어 하지 않으며 우리 주변에서 눈에 띄는 공포들 앞에서 눈을 감음으로써 괴로워하고 싶어 하지 않는다. 우리는, 자본주의적 조직형식이 우리에게 부과하는 한계들과 눈가리개들에 대항해 우리가 하고 있는 일을 지키는 싸움을 함으로써, 자본으로부터 도망친다.

자본주의는 반발적이다, 정말 반발적이다. 지배의 모든 형식들은 반발적이다. 그러나 자본주의에서 이 반발은 사회적 조직화의 기본 원리이다. 자본주의의 반발적 성격은 자유주의 이론이 자유라고 부르는 것이다.

노예제와 봉건제도 물론 반발적이다. 노예들은 그들의 주인들을 증오한다. 그리고 그들은 주인들로부터 도망치고 싶어 한다. 그러나 그들은 소유의 족쇄에 의해 묶여 있다. 노예-소유주들도 그들의 노예들을 경멸하며 그들이 게으르고 어리석다고 생각한다. 그러나 그들을 팔고 다른 좀더 나은 노예들을 사는 것은 그렇게 쉽지 않다. 봉건주의에서 상황은 더 나빴다. 왜냐하면 그 족쇄가 삶을 묶고 있었기 때문이다. 농노들은 자신들의 영주가 아무리 잔인하고 요구가 많다 할지라도 그로부터 벗어날 수 없었다. 그런데 영주도 자신들의 농노들이 아무리 어리석고 불복종적이라 해도 그들로부터 벗어날 수 없었다. 이러한 상황은 자본주의로의 이행과 더불어 변화한다. 농노는 그들의 자유를 쟁취한다. 만약 그들이 자본가가-된-영주를 좋아하지 않으면 그들은 그를 떠날 수 있다. 만약 자본가가-된-영주가 자신의 노동자들을 좋아하지 않으면 그는 그들을 해고할 수 있다. 수세기에 걸친 울적한 증오, 각각의 편이 다른 편에 대해 느끼는 반발은 자본주의 사회의 새로운 자유 속에서 표현될 길을 발견한다.

이것이 현실적인 자유이다. 이전의 농노들은 이제 적어도 자신들의 주인들에게 '가버려! 우리를 평화롭게 내버려 둬! 우리가 원하는 식으로 살아 갈 수 있도록 내버려 둬!'라고 말할 수 있다. 주인들은 이제 이전의 농노들에게 '해고야! 우리는 당신을 원치 않아.'라고 말할 수 있다.

이것은 물론 환상적 자유다. 이전의 농노들은 이제 살아남기 위해서는 뭔가를 생산해야 하고 또 뭔가를 해야만 한다. 그러나 그들이 그것을 할 수 있는 유일한 방법은 자신들(혹은 그들의 선조들)이 과거에 만들었던 것에 혹은 토지에 접근함으로써이다. 그러나 그들이 이것을 하려고 할 때, 그들은 자신들의 과거에 만들었던 것과 토지 모두가 사유재산이라는 것을 발견한다. 모든 것은 닫혀 있고 '이것은 내 것이야!'라고 말하는 표시를 달고 있다. 그러므로 그들은 머리에 손을 얹고 자본가(재산 소유자, 모든 것에 '이것은 내 것이야!'라는 표시를 한 사람)에게 가서 생존수단에 접근할 수 있도록 요청해야 한다. 자본가(이전의 영주나 노예 소유주)도, 농노들이 떠나고 나서는 자유로운 노동자들을 고용하지 않는 한 이제 자신이 어떤 부의 원천도 갖고 있지 않다는 것을 발견한다. 그래서 새로운 관계가 탄생한다. 이전의 농노들은 자신들의 노동력(자신들의 일할 수 있는 능력)을 이전의 영주에게 팔아 노동자가 된다. 그 결과 그들은 자신들이 도망쳐 나온 사람들을 위해 다시 일하게 된다. 이전의 영주들도 새로운 의존 관계로 내몰린다. 그들은 이제 농노들에게 의존하는 것이 아니라 그들이 계약을 맺은 노동자들에게 의존한다.

그렇지만 그 관계는 이전과 같지 않다. 왜냐하면 상호간의 피난과 도주, 바꿔 말해 자유는 이제 그 관계의 핵심으로 되기 때문이다. 자본은 상호반발을 중심으로 구축된다. 자본은 반발적이다. 이 반발은 자신들이 원할 때는 언제라도 자신이 고용한 노동자들로부터 도망칠 수 있는 자본가들의 능력 속에서 표현된다. 도주, 그리고 도주의 위험은 자본이 자신의 훈육을 부과하는 주요한 방법인데 이 방법은 봉건시대의 영주가 취했던 방법과는 아주 다르다. 그러나 노동자들도 자유롭게 도망칠 수 있다. 천천히 일함으로써, 노동하려 하지 않음으로써, 일을 잘하려는 욕망을 고용주들의 욕망보다 우선시함으로써, 중도에 일을 그만둠으로써.

자본으로부터의 도주는 우리의 삶에 중심적이다. 그것이야말로 확실히 혁명적 변화에 대해 생각하기 위한 출발점이다.

자본으로부터 도망치기는 쉽다. 문제는 저 도주를 유지하는 것이며 다시 포획되는 것을 피하는 것이다. 어쩌면 노예와 농노에 대해서도 똑같은 이야기가 적용될 수 있을지 모른다. 그들도 도망칠 수 있었다. 그들의 문제는 다시 붙들리는 것을 피하는 것이었다. 그러나 그들이 도망쳤을 때, 그들은 이미 법을 위반하여 직접적인 물리적 처벌을 받을 위험에 처했다. 그러나 오늘날 우리가 도망을 친다고 해도, 그것에는 법의 위반이 따르지 않으며 처벌의 위협도 없다. 우리 주인의 밧줄은 훨씬 더 길다. 우리가 도망을 칠 때, 모든 사람은 말한다. '좋아, 당신은 당신이 좋아하는 것을 할 자유가 있어'. 문제는 행위수단에 우리가 접근할 수 없다는 것이 바로 우리가 굶어 죽는다는 것을 의미할 때 발생한다.

반란과 혁명

  그러므로 혁명적 변화의 가능성을 생각하는 것에는 두 가지 요소가 있다. 첫 번째 요소는 자본에게 (그리고 자본가들과 그들의 정치가들에게) 꺼져버리라고 말하는 것이다. 모두 다 꺼져버려! 우리들 대부분은 늘 이런 저런 형태로 이 일을 한다. 문제는 그것을 효과적으로 그리고 집단적으로 하는 것이다. 두 번째 요소는 일단 그 관계가 깨졌을 때 어떻게 살아남을 것인가, 행위수단에 우리가 접근할 수 없음으로써 다시 포획되어 강제로 다시 복종하도록 만들어지는 것을 어떻게 피할 것인가? 하는 것이다. 이 두 가지는 반란과 혁명으로 구분될 수 있다. 반란은 억압적 사회 속에 사는 우리의 실존 속에 내재한다. 혁명은, 우리가 반란의 기동력을 어떻게 유지할 것인가 하는 문제를 가리킨다.

  이 요소들은 서로 혼합되고 상호의존적이지만 분명히 식별 가능하다. 첫 번째 요소(모두다 꺼져버려!, 즉 반란)는 깊고 긴급한 분노를 표현한다. 자본주의는 너무나 끔찍하며 끔찍할 정도로 파괴적이다. 그래서 우리는 '이제는 그만!'이라고 말하기 전에 미래 생존을 위한 계획을 마련할 여유를 가질 수가 없다. 남편에게 매를 맞고 있는 여성에게 당신은 '그렇지만 그가 없으면 당신은 어떻게 살아갈 것입니까?'라고 말할 수 없다. 아니, 지금 말할 수 있는 유일한 것은, '꺼져버려, 남편, 꺼져!'라는 말뿐이다. 물론 그 요구는, 만약 그 여성이 이미 생존을 위한 계획을 갖고 있다면 더 큰 힘을 얻을 것이다. 하지만 그러한 계획을 '꺼져버려!'라고 말하기 위한 전제 조건으로 간주하는 것은 모욕적일 것이다. 생존의 수단을 발견하는 것이 필요하다 할지라도, 그것은 그 관계를 깨뜨리는 과정에서 발전되어야만 할 무엇이다.

우리는, 의회나 폭력수단에 의해 국가권력을 장악하려고 애쓰는 방식으로 자본에게 꺼져버리라고 말할 수 없다. (그 수단이 무엇이건) 국가에게 가는 것은 결혼상담소에 가는 것과 마찬가지이다. 국가의 존재 이유는, 우리가 깨뜨리려고 결정한 관계를 보존하는 것이다. 그 관계를 개혁하려고 애쓰는 시간, 자본을 좀더 인간적인 것으로 만들려는 시간은 이미 오랜 과거의 것이다. 이 교훈은 9·11 이후 매일 확인되고 있다. 아프가니스탄, 팔레스타인, 그리고 또 다른 곳에서 무너진 파편더미에서부터 몸이 잡아당겨져 나오는 것을 목격할 때마다 말이다. 자본주의에 인간적 얼굴을 주려는 모든 속임수는 단념되어 왔다. 이제 자본관계를 파괴하는 일이 그 어느 때보다도 더 절박하다.

두 번째 요소(우리는 어떻게 살아갈 것인가?, 즉 혁명)는, 첫 번째 요소인 분노에 뿌리박고 있지 않으면 하나의 추상이 된다. 그러나 첫 번째 요소는, 그것이 생존의 대안적 형식으로 이끌지 못하면, 그 자신을 유지할 수 없다. 혁명에 대해 말하는 것은 반란에 뿌리를 박고 있는 한에서만 의미가 있다. 그리고 반란은 혁명을 지향하는 한에서만 그 자신을 유지할 수 있다. 최초의 '꺼져버려! 모두다 꺼져버려!'는, 사회성의 대안적 형식의 구축으로 나아가야 한다. 그것은 일단의 지배자들을 다른 일단의 지배자들로 대체하는 문제일 수 없고 다른 종류의 사회적 관계를 구축하는 문제이다. 처음의 분노는 필연적으로 인격적 형식을 띤다. 그러나 어떻게 살아갈 것인가에 관한 생각들은 우리로 하여금 자본을 인격적 맥락에서 이해하는 것을 넘어서 그것을 사회적 관계로 이해하도록 만든다. 그리하여 자본을 던져버리는 것은 대안적 형식의 사회관계, 사회성의 대안적 형식을 발전시키는 것을 의미할 수 있을 뿐이다.

행위의 사회성은 중심적 문제이다. 살기 위하여, 생존하기 위하여, 인간적이기 위하여 우리는 행한다. 기획하기, 변화하기, 우리 자신을 바꾸기 등의 의미에서 행위는 인간의 실존에 중심적이다. '활동이 아니라면 삶이 무엇을 위한 것이란 말인가?'(Marx, 1975, p. 275). 그러나 행위는 언제나 사회적 행위이며 언제나 행위의 사회적 흐름의 일부이다. 행위를 하기 위해 우리는 이러저러한 방식으로, 의식적으로 혹은 무의식적으로, 타인들의 행위와 접속한다. 우리는 우리의 행위를 타인들의 행위와 통합한다. 나는 순전히 개인적인 행위를 상상할 수 없다. 내가 이 장을 쓰는 것을 개인적인 행동으로 생각할 수 있을지 모른다. 그러나 분명히 그렇지 않다. 그것은 그 문제에 대해 쓰거나 말했던 타인들의 행위, 내가 사용하고 있는 컴퓨터를 만든 사람들의 행위, 집에 전기를 가설한 사람들의 행위 등과 나의 행위의 혼합이다. 나의 행위는 타인들의 행위와 반드시 조화되지는 않는다. 그러나 그것은 그럼에도 불구하고 사회적 행위이다. 나의 행위는 타인들이 행하고 있는 것 혹은 시공간적 행위의 흐름 속에서 행한 것과 혼합된다.

그후에 자본, 즉 우리가 파괴하고 싶어 하는 끔찍하고 끔찍한 관계가 나타난다. 자본은 행위의 사회적 파열이다. 자본은 행해진 것이 행위의 흐름으로부터 분리되는 것이다. 자본가들은 행해진 것을 전유한다. 그들은 그것을 취해서 '이것은 내 것이야! 이것은 나의 재산이야!'라고 말한다. 행해진 것의 장악은 물론 행위수단의 장악이다. (왜냐하면 우리의 행위는 행해진 것에 의존하기 때문이다.) 그래서 우리가 행위에 (즉 행위의 사회적 흐름에) 접근하기 위해서는 이제 자본가를 통과해야만 한다. 우리의 행위를 행위의 사회적 흐름에 통합하기 위하여 우리는 행위할 수 있는 우리의 능력(우리의 노동력)을 자본가에게 팔아야 하고 그가 우리에게 하라고 말하는 것을 행해야 한다. 우리는 행위의 사회적 흐름의 어떤 직접적인 결정으로부터 찢겨져 나온다. 우리는 우리를 동물로부터 구분짓는 우리 자신의 행위의 의식적인 투영으로부터 찢겨져 나온다. 우리는, 우리가 행하는 것에 사회적 정당성을 부여하는 행위의 사회성에의 직접적 참여로부터 찢겨져 나오며 인간적 행위의 흐름 속에 참여하는 사람들로서의 우리들 각각에 대한 상호인정으로부터 찢겨져 나온다.

자본은 행위의 사회성을 지키는 문지기로 서 있다. 우리가 자본을 통해 나아가지 않는다면, 우리가 우리의 자본가에게 노동력을 팔지 않는다면 혹은 어떤 방식으로건 자본주의적 사회관계에 참여하지 않는다면, 우리는 물질적으로뿐만 아니라 사회적으로 고립되며 궁핍하게 (혹은 정말로 죽게) 된다. 자본은 물론, 자본이 의존하고 있는 '이것은 내 것이야!'에 우리가 의문을 제기하는 일을 생각할 수 없게끔 만드는 사람들, 즉 정치가, 군인, 경찰, 교수 같은 모든 사람들의 지지를 받으면서, 문지기로 서 있다. 우리가 '가! 꺼져버려!'라고 자본과 그 부하들에게 말할 때, 우리는 '꺼져버려, 우리는 행위의 사회성에 직접 접근하기를 원해.'라고 말하고 있는 것이다. 우리는, 우리의 특수한 행위와 행위의 사회적 흐름의 관계가 자본을 통과해야만 한다는 것을 더 이상 받아들이지 않는다. 우리는 우리의 행위가 모든 사람들의 행위의 흐름에 어떻게 통합되어야 하는가를 우리 스스로 결정하기를 원한다. 우리가 자본으로부터 우리의 도주를 유지할 수 있기 위해서는, 우리의 행위를 행위의 사회성 속으로 통합해야만 한다.

우리가 문지기에게 꺼져버려! 라고 어떻게 말할 수 있을까? 그것은 무엇을 의미할까? 그것은 새로운 문지기를, 당이나 국가를 임명하는 문제일 수 없다. 그것은 의미가 없다. 우리는 어떤 문지기도 전혀 원치 않는다. 그것은 사적 소유를 공적 소유로 전환하는 문제일 수 없다. 어떤 형태의 소유도 행위의 사회적 흐름의 파열이다. 필요한 것은 소유를 폐지하는 것이며 인간 행위의 흐름을 파괴하는 댐을 해체하는 것이다.

사회변형의 낡은 개념들에서처럼 만약 우리가 우리의 문지기를 다른 문지기로 바꾸는 것에 대해 생각할 수 있다면, 그것은 이미 혁명의 모델과 조직의 모델을 암시할 것이다. 하나의 문지기를 다른 문지기로 바꾸기 위해서는 직접적 대결이 있어야만 한다. 직접적 대결은, 마치 국가가 사회의 한계를 표시하는 것처럼, 국가의 수준에서 발생하는 것으로 이해되었다. 그것은 지금은 명백히 (그러나 언제나) 매우 어리석은 생각이다. 지금 혁명을 직접적 대결이라는 방식으로 생각하는 것은 아마도 유익하지 않을 것이다. 그 방식이 과거에 제대로 작동한 바가 없기 때문만은 아니다. 국가가 임의로 사용할 수 있었던 폭력 수단들을 고려할 때 우리가 패배한 것이나 다름없었기 때문만도 아니다. 오히려 직접적 대결은 자본에 내재하는 사회관계의 형식을 채용하는 것을 의미하기 때문이다. 한편의 군대는 다른 편의 군대와 매우 흡사해 보인다. 그리고 어느 쪽이 이기는가는 실제로 전혀 중요하지 않다.

이것은, 우리가 혁명을 문지기의 코를 후려치는 일로서 생각할 것이 아니라 그의 주위로 흐르는 문제로, 사회성의 대안적인 형식을 확립하는 문제로, 그를 하찮고 천박한 조소거리로 만드는 문제로 생각해야 한다는 것을 의미한다.

여하간, '무엇을 할 것인가?'라는 레닌의 위대한 질문은 오늘날 100년 전보다 훨씬 더 긴급하다. 그러나 그 질문은 순진한 질문이 아니다. 그 정식 ('우리가 무엇을 할까?'보다 '무엇을 할 것인가?')은 이미 도구적 접근을 암시한다. 그것은, 'A 지점에서 B 지점까지 가려면 무엇을 할 것인가?' 혹은 'B 지점에 이르는 최상의 길은 무엇인가?'라는 생각을 수반한다. 그것은 수단으로부터 목적을 분리시킨다. 그리고 수단을 목적에 종속시킨다. 공산주의라는 목표에 도달하기 위해서는 어떤 수단이건 정당화된다. 그렇지만 이 개념화는 수단들을 목적으로부터 분리시킴으로써, 수단들로부터 그것들의 해방적 내용을 박탈한다. (해방은 혁명 이후에 오는 것으로 간주된다.) 그렇게 해서 그 관계는 역전된다. 왜냐하면 목적은 수단들의 생산물 이상의 다른 것일 수 없기 때문이다. 생산된 목적(소련 공산주의)은 필연적으로 비해방적이다. 수단의 목적에의 외관상의 종속은 필연적으로 목적의 수단에의 종속을 의미한다. 그러므로 우리의 문제(모두다 꺼져버려! 혹은 반란; 그리고 어떻게 살아갈까? 혹은 혁명)의 두 요소를 구분하는 것은 중요하다. 우리는 두 요소 사이의 관계를 외적인 것이 아니라 내적인 것으로 본다. 대안적 사회성의 발전은 혁명 이후에 오는 그 무엇으로 간주될 수 없다. 그것은 오히려 반란에서 혁명으로의 운동이다.

문지기-자본의 주위에서 흐르기라는 생각은, 단 하나의 올바른 길이 있는 것이 아니라는 것을 분명히 보여준다. 오히려 그것은, 흐름의 힘이, 수많은 상이한 발의(發議)들, 문지기-자본이 가진 상상력의 제한된 (그러나 매우 융통성 있는) 경계를 넘어서는 수많은 상이한 실험들, 사회적 정당화와 상호승인을 확립하는 상이한 방식들에 대한 다양한 탐구들 등으로 운동이 구성되어 있다는 사실 속에 있다는 것을 분명히 보여준다. 물론 자본이 우리를 멈추게 하고서 '이것은 내 것이야!'라는 자신의 어리석고 폭력적인 주장을 부과하려 하면 대치가 발생하지 않을 수 없다. 그러나 그것에 대한 대응은 자본의 논리를 받아들이는 것일 수 없고 그것의 폭력적 어리석음을 비웃고 넘쳐흐르며 폭로하는 것이어야 한다. 우리의 힘은 자본주의의 구조를 통해 일하는 것에 있지 않다. 그것은 자본주의적 형식들과 연관되지 않는, 자본의 논리와 부합하지 않는 행동형식들과 관계형식들을 발전시키는 것에 있다.

우리는 권력(power)이라는 용어에 대해서도 똑같은 주장을 할 수 있다. 우리의 권력은 자본의 권력과 질에서 근본적으로 다르다. 혁명에 대한 전통적 논의들이 그렇듯이, 만약 우리가 '대항-권력'에 대해 말한다면, 질에서의 이 차이는 감추어진다. '대항-권력'이라는 용어의 문제점은, 그 용어가 우리의 권력이 자본의 권력에 대칭적인가 아니면 어떤 방식으로건 근본적으로 비대칭적인가라는 문제를 열린 상태로 남겨 놓는다는 것이다. 달리 말해 '대항-권력'이라는 용어가 '권력'이라는 말의 매우 상이한 두 가지 의미를 하나로 합친다는 것이다.

우리의 권력은 행위의 사회적 흐름의 권력이다. 우리들의 물질적 필요를 충족시키고 우리로 하여금 존엄에 기초한 세계 속에서 그리고 행위자로서, 능동적 주체로서 상호승인에 기초한 세계 속에서 살 수 있는 가능성을 우리에게 주는 것은 우리의 행위와 타인들의 행위의 이 뒤섞임이다. 우리의 권력은 행위할 수 있는, 우리의 기획들을 실현할 수 있는 사회적 능력이다.

자본의 권력은 사회적 행위의 파열이다. 자본의 권력은 행위된 것을 전유하여 '이것은 내 것이야!'라고 말할 수 있는 그것의 능력이다. 자본의 권력은, 우리가 행위의 사회성에 접근하지 못하도록 막을 수 있는 권력이다. 자본은 분리한다. 자본은 우리가 행위한 것으로부터, 행위의 수단들로부터, 우리 자신의 행위를 결정할 가능성으로부터, 서로로부터, 만약 그것이 없었다면 우리의 개별적 실존이 무의미하게 되었을 그 사회성으로부터 우리를 분리시킨다.

자본의 권력(지배력)은 분리한다. 우리의 권력, 반-권력, 행위할-권력은 결합한다. 두 권력의 논리, 그것들의 문법, 그것들의 통사는 근본적으로 다르다. 그것들은 두 가지의 완전히 상반되는 운동이다(이에 대한 좀더 자세한 논의는 Holloway, 2002 참조). 만약 우리가 (우리 자신을 노동계급, 노동조합, 혁명정당 등 그 어떤 것으로 부르건) 분리의 논리와 문법을 채택한다면, 우리의 의도가 그 무엇이건, 우리는 자본을 위해 투쟁하고 있는 것이다. 계급투쟁의 두 측 사이에 균형이란 없다.

그러므로 혁명은 그들로부터 권력을 빼앗는 투쟁이 아니라 우리 자신의 권력의 운동, 지향력의 운동이다. 그러나 그것은 무엇을 의미하는가? 우리의 권력, 지향력은 행위의 사회적 흐름이다. 그러나 그것은 저 사회적 흐름이 파열되어 있는 사회 속에 존재한다. 결국 그것은, 저 파열에 대항하는 운동으로서, 우리 자신의 권력을 재구성하고 주장하기 위한 투쟁으로서 이해될 수 있을 뿐이다. 우리의 운동은 부정적인 것,

즉 대항운동이다. 그러나 그것은 공허한 부정정이 아니라, 그 대항운동을 부정하고 파열하는 것에 대항하는 것, 즉 우리의 지향력의 천명(闡明)으로 가득 채워진 부정성이다.

그러므로 혁명은 지향력의 운동이다. 이것은 여전히 매우 추상적이다. 그리고 어딘가 그것은 진술보다는 질문에 더 가깝다. 그러나 몇 가지 점은 분명하다.

첫째 지향력을 '생산력들'로 지칭하는 것은 가능하다. 왜냐하면 인간 행위는 유일한 창조력이며, 유일한 생산력이기 때문이다. 그렇지만 '생산력들'이 (맑스 이후의) 맑스주의 전통에서 테크놀로지를 지칭하는 것으로 이해되어 온 방식은 기본적 요점을 감춘다. 사회적 창조성의 파열에 기초하고 있는 현존하는 생산관계들과 끊임없이 갈등하게 되는 것은 인간적 창조성의 (즉 행위의 사회적 흐름의) 발전하는 힘이다. '생산력들'과 '생산관계들' 사이의 충돌이라는 생각은, 사회발전을 (우리는 그것의 담지자일 뿐 그 이상의 것이 아닌) 객관적 과정으로서 보는 결정론적 견해와 결부되어 왔다. 그렇지만 만약 우리가 우리의 지향력과 자본에 의한 저 지향력의 파열 사이의 갈등에 대해 생각하면, 주체로서의 우리가 그 과정의 중심에 놓여 있다는 것, 우리가 역사의 운동이라는 것은 명백하다.

둘째로 그 자신의 파열에 대항하는 지향력의 운동이 국가를 통해 발생할 수 없다는 것은 분명하다. 왜냐하면 국가 자체는 저 파열의 일부이기 때문이다. 국가는 다양한 의미에서 파열의 과정이다. 그것은 경제적인 것으로부터 정치적인 것을 분할하며, 사적인 것으로부터 공적인 것을 분할하고, 외국의 것으로부터 민족적인 것을 분할한다. 행위의 사회성은 민족적 사회성이 아니다. 그것은 국경들 앞에서 멈추지 않는다. 행위의 공공연한 사회화를 국가에 의해 생각하는 것은 터무니없는 것이다. 사회성을 국가와 동일시하는 것이 해당 나라의 행위자들을 행위의 전 지구적 사회성으로부터 잘라내는 결과를 가져온다는 것은 이른바 '사회주의 국가들'의 역사로부터 분명하게 드러난다. 그것은 지적 궁핍 및 물질적 궁핍이라는 방식으로 재앙적 결과를 가져왔다. 지향력의 운동은 민족적 운동일 수 없다.

그래서, 셋째로, 우리는 지향력의 운동을, 경제적인 것으로부터 분리된 집단적 심의로서의 '정치적' 과정으로 생각할 수 없다. '주민 의회들' 그리고 공통체적 심의의 다른 형식들은 확실히 결정적으로 중요하다. 하지만 우리는, 문지기로서의-자본이 우리를 집단적 심의로부터 뿐만 아니라 사회적 행위에 의해 생산되는 물질적 풍부함으로부터 분리시킨다는 것을 잊지 말아야 한다. 문지기-자본을 극복하는 일은 사회적 행위의 모든 풍부함에 참여하는 행위형식의 발전을 수반해야만 한다.

달리 말해 (그리고 넷째로), 지향력의 운동은 사회성으로부터의 퇴각으로 생각될 수 없다. '가버려, 자본!'이라고 말하기는 우리를 안으로 향하도록 이끌기 쉽다. 자본에 등을 돌리고 생존을 위한 우리 자신의 작은 기획들을 발전시키는 방향으로 이끌기 쉽다. 이것은 충분히 이해될 수 있는 일이고 또 많은 경우에 필요한 일이기도 하다. 그렇지 않다면, 즉 우리 자신의 공간을 창출하는 방식이 아니라면, 우리가 어떻게 행위의 다른 방식을 발전시킬 수 있겠는가? 우리는 통상의 아카데믹한 압력들로부터 벗어나서 우리 나름의 세미나그룹과 토론그룹을 만든다.

우리는 이런 저런 종류의 공동체 프로젝트들, 사회센터들, 실업노동자 센터들, 유기재배식물 생산을 위한 협동조합 등등을 만들거나 참여한다. 안으로 향하려는, '우리 자신의 공간'을 방어하고 강화하려는 유혹이 있다. 하지만 대개 '우리 자신의 공간'이라는 관념은 환상적이다. 그리고 아마도 우리가 시간이나 공간이라는 맥락에서 생각하지 말아야 할지도 모른다. 그러한 기획들 속에서, 우리가 행위의 전 지구적 흐름에 어떻게 접속할 것인가 하는 문제가 늘 제기된다. 유기재배식물로 무엇을 할 것인가, 사회센터가 고립되고 내향적으로 되는 것을 어떻게 피할 수 있을 것인가, 토론그룹이 무미건조하고 종파적으로 되는 것을 어떻게 피할 수 있을 것인가? 그러한 기획들의 힘은, 궁극적으로 그것들이 자본주의적 사회관계의 파열하는 형식들을 겪지 않고서, 자신들의 행위를 사회적 흐름 속으로 통합하는 길을 얼마나 잘 아는가에 달려 있다. 그것들의 힘은 사회성을-지키는-문지기-자본으로부터 얼마나 벗어나는가에 달려있는 것이 아니라 그것 주위에서 흐르기에 달려 있다. 지향력의 운동은 빈곤, 긴축, 그리고 고립의 운동으로 이해될 수 없다. 예를 들면, 사빠띠스따들의 운동의 풍부함은, 그들이 원주민 전통을 지키는 것에서 유래하는 것이 아니라 투쟁 세계에 대한 그들의 개방성에서 유래한다.

다섯째, 봉건주의에서 자본주의로의 이행과, 자본주의에서 공산주의로의 이행에는 차이가 있다고 말해지곤 한다. 전자의 경우는 봉건주의의 틈새에서 부르주아 권력이 점차적으로 구축되었다는 의미에서 틈새적임에 반해, 후자의 경우는 단번에, 즉 풍조적(風潮的)인 혁명-사건을 통해 달성될 수 있을 뿐이라는 것이다. 이 주장은 거의 필연적으로 권력 장악으로서, 그리고 국가를 사회전체와 동일시하기로서의 혁명이라는 전위주의적 개념으로 나아간다. 자본이 내일 푹 쓰러져 죽기를 우리가 아무리 열렬히 원한다 할지라도, 지향력의 운동으로서의 혁명이라는 생각은 대개, 혁명이 오직 틈새적인 것으로서만, 아니 오히려 (이것이 아마도 더 좋은 이미지인 것 같은데) 자본 주위에서의 전진적 흐르기, 전진적 넘쳐흐르기, 뛰어넘기, 조롱하기, 다른 지평으로의 도약 등으로 생각될 수 있다는 것을 의미한다. 이것은 혁명에 대한 점진주의적 접근을, 시간의 선형성에 의존하는 개념화를 의미하지 않는다. 이것은 오히려 시간의 선형성에 대한 전진적 파괴를, 자본주의의 일체의 선형성들과 정의들을 넘어서기를 의미한다.

여섯째, 반란에서 혁명으로의 운동이 대안적 사회성의 발전이라면, 이 운동이, 반란의 운동만큼이나, 일상적 실천 속에 깊이 뿌리박고 있음을 주목하는 것이 중요하다. 우리는 항상 상품화되지 않는 사회관계들을, 자본주의적 사회관계와 은연중의 혹은 명시적인 긴장 속에 놓여 있는 사회관계들을 발전시킨다. 사랑의 관계, 연대의 관계, 협력의 관계, 존엄의 관계 같은 것들이 그것이다. 이 관계들은 분명히 사회적 진공 속에 존재하지 않는다. 그것들은 비자본주의 사회에 대한 순수한 예상이 결코 아니다. 그렇긴 하지만 그것들의 실존은 자본주의 사회관계에 대항하고 또 그것을 넘어설 길을 가리킨다. 대안적 사회성의 발전은 무로부터 창출되어야 하는 그 무엇이 아니다. 그것은 미발달의 상태라 할지라도 자본에 대항하고 그것을 넘어서는 사람들의 일상적 실천 속에 이미 존재한다.

마지막으로 (그리고 아마도 가장 중요하게) 혁명을 지향력의 운동으로 이해하는 것은 자본의 의제를 따르지 않는 것을 의미한다. 좌파의 사유 속에는, 자본이 (그 대변자들을 통해) 말하거나 행하고 있는 것에 초점을 맞추어 그것을 비판하려는 경향이 존재한다. 물론 그것은 중요하다. 하지만 그것은 잘못이다. 그것은 완전히 거꾸로 된 것이다. 자본은 혁명적 사유의 출발점일 수 없다. 우리는 행위자들이며 유일한 창조자들이다. 자본은 우리가 하고 있는 것을 봉쇄하려 하면서, 그것을 정의하려 하면서, 그것을 전유하려 하면서, 그리고 자본 자신이 유일한 주체이고 우리는 아무것도 아니라는 것을 우리에게 납득시키려 하면서 우리의 뒤를 따른다. 우리의 행위는 끊임없이 자본의 경계들을 넘쳐흐른다. 자본은 봉쇄, 흡수, 통합의 운동이다. 자본의 의제를 따르는 것은, 자본이 대주체(Subject)임을 인정하는 것은 우리 자신의 행위능력을 (그리고 그 능력에 대한 자본의 절대적 의존성을) 못 보는 것이다. 혁명이론은 우리 자신의 배타적 주체성을, 우리의 행위능력을 회복하는 것일 수 있을 뿐이다. 이론이 자신의 힘으로 우리의 주체성을 회복할 수 있기 때문이 아니라 이론이 주체성을 회복하려는 우리의 투쟁의 일부로서만 의미를 갖기 때문이다.

'문지기-자본'을 넘어서

　우리는 유일한 주체이며 유일한 창조자들이고 유일한 신들이다. 자본은 우리 주위를 빙빙 돌면서 '이것은 나의 것이야, 나는 유일한 주체

야, 너는 나를 통하지 않고는 행위의 사회적 흐름에 접근할 수 없어.'
라고 선언한다. 사회적 창조성의 힘은 전진하며 자본은 그것을 봉쇄하
려는 노력의 일환으로 소유의 새로운 개념을 발전시키려고 어슬렁거
린다. 예컨대, 자본이 활동의 새로운 형식들을 봉합하기 위해 노력함에
따라 최근에 '지적 재산권' 개념이 엄청나게 팽창한 것을 들 수 있다.
자본은 반복적으로 우리의 앞에 문지기로 나타나, '당신이 이용료를 내
게 내지 않는 한, 당신은 인터넷에서 음악에 접근할 수 없어. 내가 요
구하는 것을 당신이 지불하지 않는 한 당신은 소프트웨어에 접근할 수
도 없고 에이즈를 치료할 약에 접근할 수도 없어. 당신은 이런 종류의
옥수수를 심을 수 없어. 내가 그것을 특허 냈거든.'이라고 말한다.

우리가 어떻게 문지기-자본을 에워싸고 넘치는, 그래서 직접적으로
전 지구적 사회성으로 들어가는 행위의 형식을 발전시킬까? 우리는 늘
그것을 행한다. '무엇을 할 것인가?' 라고? 좋다. 그러나 그것은 이미
행해지고 있는 것에 기초해야만 한다. 그리고 이미 행해지고 있는 것
은 풍부하고 놀랄만하다. 이미 존재하고 있는 수많은 기획들이 있다.
도시나 원주민 농촌 공동체들에서의 소규모 기획들, (자본이 자신의 확
장에 부적절한 것이라고 판단하여 배제해 버린) 수많은 사람들의 창조
성을 발전시키기 위한 기획, 멕시코의 사빠띠스따들 혹은 브라질의 토
지 없는 농민들처럼 커다란 운동들, 인터넷에 의해 촉진되는 네트워크
들을 통해 구축되는 전 지구적 기획들 등이 그것이다. 자본에 대항하
여 자본을 넘어서는 힘을 발전시키려는 운동들과 사람들의 파도, 그것
의 빙산의 일각이 씨애틀, 제노바, 바르셀로나, 뽀르또 알레그레에서
우리에게 보였다. 자본의 억압 속으로 들어가지 않고서 살아 나갈 길

을 찾는 무수한 사람들. 모순적인, 종종 혼돈스런 운동. 그러나 바로 그렇기 때문에 이 운동은 우리가 사회성에 이르는 문을 지키는 문지기인 자본을 에워싸고 흐르는 것에 대해 생각할 수 있는 유일한 길이다.

　미래는 끔찍하며 불확실하다. 왜냐하면 자본이, 모든 문지기들이 그렇듯이, 우리에 맞서 싸우기 때문이다. 그것은 폭력적으로 그리고 악의적으로 억압한다. 그것은 흡수하며 또 감금하려 애쓴다. 그것은 자신의 소유권을 지킨다. 그리고 그것은, 인간적 창조성에 의해 생산된 모든 것을 전유하려 애쓰면서, 새로운 소유 형식을, '이것은 나의 것이야.'라고 말하는 새로운 방식을 발전시킨다. 그것의 실존이 더욱 불합리하게 되면 그럴수록, 그것은 더욱 폭력적으로 된다. 그러나 우리는 당신, 자본을 필요로 하지 않는다. 꺼져버려라! 우리가 가는 길에서 비켜라. 인간적 존엄의 상호인정에 기초한 세계를 창출할 수 있는 우리 자신의 힘을 발전시키도록 내버려 두라.

부록

참고문헌
글쓴 사람들
찾아보기

참고문헌

1장 무엇을 할 것인가?

· Agnoli, J. (2001), *Politik und Geschichte*, Ça ira, Freiburg.

· Bonefeld, W. (1997), 'Notes on Anti-Semitism', *Common Sense*, no. 21, pp. 60~76.

· Bonefeld, W. (2000), 'The Spectre of Globalization', in Bonefeld, W. and K. Psychopedis (eds), *The Politics of Change*, Palgrave, London.

· Bonefeld, W. and J. Holloway (1996), 'Conclusion : Money and Class Struggle', in Bonefeld, W. and J. Holloway (eds), *Global Capital, National State and the Politics of Money*, Palgrave, London.

· Clarke, S. (2001), 'Class Struggle and the Global Overaccumulation of Capital', in Albritton, R. etal. (eds), *Phases of Capitalist Development*, Palgrave, London.

· de Angelis, M. (2001), 'From Movement to Society', *The Commoner*, August, pp. 1~14, http://www.commoner.org.uk/. Dinerstein, A. (1999), 'The Violence of Stability : Argentina in the 1990s', in Neary, M. (ed), Global Humanization, Mansell, London.

· Dinerstein, A. and M. Neary (eds) (2002), *The Labour Debate*, Ashgate,

Aldershot.

· Federici, S. and G. Caffentzis (2001), 'Genova and the Antiglobalization Movement', *The Commoner*, August, pp. 1~12, http://www.commoner.org.uk/.

· Garcia Marquez, G. (1990), Newspaper Interview, *El Nuevo Diario*, April 25, Managua.

· Holloway, J. and E. Peláez (eds) (1998), *Zapatista*, Pluto, London.

· Horkheimer, M. (1974), *Notizen 1950 bis 1989 und Dämmerung. Notizen in Deutschland*, Fischer, Frankfurt.

· Itoh, M. (2000), *The Japanese Economy Reconsidered*, Palgrave, London.

· Korsch, K. (1970), *Marxism and Philosophy*, New Left Books, London.

· Leeds (2001), The Leeds May Day Group, 'Anti-Capitalist Movements', *The Commoner*, December, pp. 1~9, http://www.commoner.org.uk/.

· Luxemburg, R. (1970), *Schriften zur Theorie der Spontaneität*, Rowohlt, Hamburg.

· Marcuse, H. (1979), *Vernunft und Revolution*, Luchterhand, Darmstadt.

· Marx, K. (1948), *The Civil War in France*, Progress Publishers, Moscow.

· Marx, K. (1968), *Kritik des Gothaer Programms*, MEW 19, Dietz, Berlin.

· Marx, K. (1973), *Grundrisse*, Penguin, London.

· Marx, K. (1983), *Capital*, vol. I, Lawrence & Wishart, London.

· Marx, K. and F. Engels (1962), *The German Ideology*, MEW 3, Dietz, Berlin.

· Negt, O. (1984), *Lebendige Arbeit, enteignete Zeit*, Campus, Frankfurt.

· Pannekoek, A. (1948), *Lenin as Philosopher*, New Essays, New York.

2장 크론슈타트

* 이 장은 요셉 프랏치아(Joseph Fracchia)가 독일어에서 영어로 옮겼다.

· *Dokumente der Weltrevolution* vol. 2, (1967), Arbeiterdemokratie oder
　　　Parteidiktatur, Ölten.
· F. Pollock (1929), *Die planwirtschaftlichen Versuche in der Sowjetunion
　　　1917~1927*, Leipzig.
· Lenin W.I. (1964), *Ausgewählte Werke*, vol 1, Berlin, Dietz Verlag.
· McAuley Mary (1969), *Labour Disputes in Soviet Russia, 1957~1965* Oxford.
· *Rätekorrespondenz*, no. 3, August 1934 Kollektiv-Verlag, Berlin.
· Trotsky L. (1938), 'Hue and Cry over Kronstadt : A People's Front of
　　　Denouncers', in *The New International*, April.
· Trotsky L. (1947), *Stalin : An Appraisal of the Man and His Influence*, London.

3장 좌파 정치학에 관한 전망

* 이 장은 요셉 프랏치아가 독일어에서 영어로 옮겼다.

· Anweiler, Oskar (1958) *Rätebewegung in Russland,* Leiden.
· Behrens, Diethard and Hafner, Kornelia (1991), 'Auf der Suche nach

dem "wahren Sozialismus" : Von der Kritik des Proudhonismus über
die Modernisierungsdiktatur zum realsozialistischen Etikettenschwindel',
in Anton Pannekoek, Paul Mattick et al., *Marxistischer Anti-Leninismus*
with an introduction by Diethard Behrens, Freiburg.

· Behrens, Diethard (1984), *Zur Krtik der marxistisch-leninistischen Naturtheorie*
(Ph.D. thesis), Frankfurt.

· Bieber, Hans-Joachim (1981), *Gewerkschaften in Krieg und Revolution*, 2 vols,
Hamburg.

· Bock, Manfred (1969) *Syndikalismus und Linkskommunismus von 1918~1923*,
Meisenheim.

· Bracher, Karl Dietrich (1987), Manfred Funke, Hans-Adolf Jacobsen (eds),
Die Weimarer Republik 1918~1933, Bonn.

· *Die Aktion* (1911), No. 2.

· *Die Neue Zeit* (1912), vols. I and II.

· Dommanget, Maurice (1924), 'Blanqui - ein Vorläufer der Bolshewiki',
in *Arbeiter-Literature*, Sonderheft 1, Vienna.

· Droz, Jacques (1975), 'Die deutsche Sozialdemokratie (1875~1914)', in
ibid. (ed), *Geschichte des Sozialismus*, vol. 4 (1974), Frankfurt-Berlin-Wien.

· Gruppe Internationaler Kommunisten Hollands (1971), 'Thesen über den
Bolschewismus' (August 1934), in *Räterekorrespondenz*, no. 3. See
Gottfried Mergner (ed), *Gruppe Internationaler Kommunisten*. Reinbek.

· Habermas, Jürgen (1969), *Der Strukturwandel der Öffentlichkeit,* Neuwied-Berlin.

· Kadritzke, Nils (1976), *Faschismus und Krise. Zum Verhältnis von Politik und*

Ökonomie im Nationalsozialismus, Frankfurt/New York.

· Kocka, Jűgen (1978), *Klassengesellschaft im Krieg,* Gőtingen.

· Kolakowski, Leszek (1978) *Die Hauptströmungen des Marximus,* vol. 2, Munich-Zurich.

· Korsch, K. (1971), *Die materialistische Geschichtsauffassung und andere Schriften,* edited by Erich Gerlach, Frankfurt.

· Lenin, V.I. (1963) 'Ein Schritt vorwärts, zwei Schritte zurück', in Lenin, *Werke,* vol. 7, Berlin.

· Lenk, Kurt (1961) *Ideologie, Kritik und Wissenssoziologie,* Neuwied.

· Linse, Ulrich (1969), *Organisierter Anarchismus im deutschen Kaiserreich von 1871,* Berlin.

· Lukács, G. (1923), *Geshichte und Klassenbewusstsein,* Berlin.

· Luxemburg, R. (1978), *Gesammelte Werke* vol. 3, Berlin.

· Luxemburg, R. (1979), 'Organisationsfragen der russischen Sozialdemokratie', in *Gesammelte Schriften,* vol. 1/2, Berlin.

· Marx, K. (1868), 'Letter to Baptist von Schweitzer', 13. 10. 1868, in MEW 32.

· Marx, K. (1871), 'Letter to Friedrich Bolte', 23. 11. 1871, in MEW 33.

· Negt, Oskar (1974), 'Rosa Luxemburg : Zur materialistischen Dialektik von Spontaneität und Organisation', in Claudio Pozzoli (ed), *Rosa Luxemburg oder Die Bestimmung des Sozialismus,* Frankfurt.

· Nettl, Peter (1969), *Rosa Luxemburg,* Köln-Berlin.

· Portelli, Hugues (1974), 'Jacobinisme et antijacobinisme de Gramsci', in

Dialectiques, no. 4/5, mars.

· Pozzoli, Claudio (ed), *Jahrbuch Arbeiterbewegung,* vol. 5 : Kritik des Leninismus.

· Rabehl, Bernd, Wilfried Spohn, Ulf Wolter, 'Der Einfluss der jacobinischen und sozialdemokratishen Tradition auf das leninistische Organisationskonzept', in *Probleme des Klassenkampfes,* no. 17/18.

· Roland-Holst, Henriette (1910), *Joseph Dietzgens Philosphie gemeinverständlich erläutert in ihrer Bedeutung für das Proletariat,* Munich.

· Rosenberg, Arthur (1961), *Entstehung der Weimarer Republik,* Frankfurt.

· Welskopp, Thomas (2000), '*Das Banner der Brüderlichkeit'. Die deutsche Sozialdemokratie vom Vormärz bis zum Sozialistengesetz,* Bonn.

4장 레닌은 맑스주의자였는가?

· Engels, Frederick 1962a[1878], *Anti-Dühring*, Moscow : Foreign Languages Publishing House.

· Engels, Frederick 1962b[1888], *Ludwig Feuerbach and the End of Classical German Philosophy* in *Selected Works* Volume II, Moscow : Foreign Languages Publishing House.

· Kautsky, Karl 1910, *The Class Struggle,* Chicago : Charles H. Kerr and Company.

· Lenin, V. I. a(n.d.)[1908], *Materialism and Empirio-Criticism*, Moscow :

Progress Publishers.

· Lenin, V. I. b(n.d.)[1913], *Three Sources and Three Component Parts of Marxism* in *Selected Works* Volume 1, Moscow : Foreign Languages Publishing House.

· Lenin, V. I. 1961[1914], *Philosophical Notebooks* in *Collected Works* Volume 38, Moscow : Progress Publishers.

· Marx, Karl and Frederick Engels 1964[1846], *The German Ideology*, Moscow : Progress Publishers.

· Marx, Karl 1975a[1844], 'Economy and Philosophical Manuscripts' in *Marx and Engels Collected Works*, Volume 3, Moscow : Progress Publishers.

· Marx, Karl 1975b[1845], 'Theses on Feuerbach' in *Marx : Early Wrights* edited by Lucio Colletti, London : Pelican.

· Marx, Karl 1976[1873], 'Afterword to the Second German Edition of Capital' in *Capital* Volume 1, London : Penguin.

· Plekhanov, Georgi 1929[1908], *Fundamental Problems of Marxism*, London : Lawrence and Wishart.

· Plekhanov, Georgi 1940[1897], *The Materialist Conception of History*, New York : International Publishers.

· Plekhanov, Georgi 1956[1895], *The Development of the Monist View of History*, Moscow : Foreign Languages Publishing House.

· *Aufheben* (1999), 'What was the USSR? Part 3 : Left Communism and the Russian Revolution', no. 8, pp. 24~44.

· Beyond Kronstadt (The Bolsheviks in Power), (n.d.), published by *Escape*, London.

· Bonefeld, W., Gunn. R. and K. Psychopedis (1992~1995), *Open Marxism*, 3 volumes, Pluto, London.

· Brinton, M. (1970), *The Bolsheviks and Workers Control 1917~1921*, Solidarity, London.

· Bunyan, J. (1967), *The Origin of Forced Labour in the Soviet State 1917~1921*, The John Hopkins Press, Baltimore.

· Council Communist Pamphlet No. 2 (1984), *The Experience of the Factory Committees in the Russian Revolution*.

· Dyer-Witheford, N. (1999), *Cyber Marx*, University of Illinois Press, Chicago.

· Dauve, G. (2000), 'Back to the Situationist International', in *Aufheben* no. 9, p. 47.

· Horvat, B., Markovic, M. and R. Supek (eds) (1975), *Self-Governing Socialism (A Reader)*, vol 1, International Arts and Sciences Press, New York.

· International Communist Current (n.d.), 'Communist Organizations and Class Consciousness', Pamphlet no 3.

· International Communist Current (2001), *The Dutch and German Communist*

Left, Porcupine Press, London.

· Jakubowski, F. (1976), *Ideology and Superstructure in Historical Materialism*, Allison and Busby, London.

· Korsch, K. (1970), *Marxism and Philosophy*, New Left Books, London.

· Lebowitz, M. (1992), *Beyond Capital*, MacMillan, London.

· Lukács, G. (1971), *History and Class Consciousness*, Merlin, London.

· McInnes, N. (1972), *The Western Marxists*, Alcove, London.

· Marx, K. (1992), *Early Writings*, Penguin, London.

· Marx, K. (1971), *Early Texts,* translated and edited by David McLellan, Oxford University Press, Oxford.

· Marx, K. (1969), *Economic and Philosophical Manuscripts of 1844*, Progress Publishers, Moscow.

· Marx, K. (1957), *Capital*, vol 1, translated from the 4th Edition by Eden and Cedar.

· Paul, Lawrence and Wishart, London.

· Matgamna, S. (ed.) (1998), *The Fate of the Russian Revolution*, Phoenix, London.

· Mattick, P. (1978), *Anti-Bolshevik Communism*, Merlin, London.

· Negri, A. (1991), *Marx Beyond Marx*, Autonomedia/Pluto, New York and London.

· Oishi, T. (2001), *The Unknown Marx*, Pluto, London.

· Pannekoek, A. (1975), *Lenin as Philosopher*, Merlin, London.

· Pomper, P. (1986), *Trotsky's Notebooks 1933~35*, Columbia University Press, New York.

· Rubel, M. and J. Crump (eds.) *Non-Market Socialism in the 19th and 20th Centuries*, MacMillan, London.

· Rubin, I.I. (1972), *Essays on Marx's Theory of Value*, Black Rose Press, Detroit.

· Schechter, D. (1994), *Radical Theories Paths Beyond Marxism and Social Democracy*, Manchester University Press, Manchester.

· Sirianni, C. (1982), *Workers Control and Socialist Democracy. The Soviet Experience*, Verso, London.

· Trotsky, L. (1970), *In Defence of Marxism*, Pathfinder, London.

· Workers Voice (1968), *The Origins of the Movement for Workers Councils in Germany 1918~29*.

6장 화폐-자본의 명령과 라틴 아메리카 위기

*이장은 마르쿠스 테일러가 스페인어에서 영어로 옮겼다.

· Aglietta, M. (1995), *Macroéconomie financière*, La Découverte, Paris.

· Albert, M. (1991), *Capitalisme contre capitalisme*, Editions du Seuil, Paris.

· Basualdo, E. M. (2000a), *Acerca de la naturaleza de la deuda externa y la definición de una estrategia política*, UNQ-Flacso, Buenos Aires.

· Basualdo, E. M. (2000b), *Concentración y centralización del capital en la Argentina durante la década del 90*, UNQ-Flacso, Buenos Aires.

· Bonefeld, W. (1995a), 'Monetarism and crisis', in Bonefeld, W. and J.

Holloway (eds) 1995.

· Bonefeld, W. (1995b), 'Dinero y libertad. El poder del trabajo y la reproducción capitalista', in AAVV : *Globalización y estados nación. El monetarismo en la crisis actual*, Tierra del Fuego-Homo Sapiens, Buenos Aires-Rosario.

· Bonefeld, W. (1997), 'Globalisation and democracy : an assessment of Joachim Hirsch's *Competition State*', in *Common Sense* 22, pp. 61~82.

· Bonefeld, W. and J. Holloway (eds) (1995), *Global capital, national state and the politics of money*, Macmillan, London.

· Bonnet, A. (1995), 'Argentina 1995 : ¿na nueva hegemonía?', in *Cuadernos del Sur* 19, pp. 94~123.

· Bonnet, A. (2001), 'El fetichismo del capital dinero. Un comentario sobre el debate Chesnais-Husson', unpublished paper.

· Bouzas, R. and R. Ffrench Davis (1998), 'La globalización y la gobernabilidad de los países en desarrollo' *Revista de la CEPAL*, número extraordinario 50 años, pp. 13~35.

· Brennan, J.P. (1996), *l cordobazo. Las guerras obreras en Córdoba 1955-1976*, udamericana, Buenos Aires.

· Carchedi, G. (2000), 'La dolarización, el señoreaje y el euro', *Cuadernos del Sur 30*, pp. 112~138.

· Chesnais, F. (eds) (1996), *La mondialization financière. Genèse, coût et enjeux*, Syros, Paris.

· Chesnais, F. (1997), *La mondialisation du capital*, París, Syros, Paris.

- Chesnais, F. (1999), 'Los peligrosos espejismos 'de la "relativa funcionalidad de las finanzas". Respuesta a Michel Husson', in *Razón y revolución*, no. 5, pp. 50~63.
- Clarke, S. (1988), *Keynesianism, monetarism and the crisis of the state*, Edward Elgar, Aldershot.
- Cohen, B. (1984), *La organización del dinero en el mundo*, FCE, México.
- CSE/Red Notes (1979), *Working class autonomy and the crisis. Italian Marxist texts of the theory and practice of class movement : 1964-1979*, CSE/Red Notes, London.
- Dos Santos, T. (2000), *A teoria da dependência : balanço e perspectivas*, Civilização Brasileira, Rio de Janerio.
- Fajnzylber, F. (1983), *La industrialización trunca de América Latina*, Nueva Imagen, México.
- Ferrer, A. (1998), 'América Latina y la globalización', *Revista de la CEPAL*, número extraordinario 50 años, pp. 48~57.
- Furtado, C. (1998), *O capitalismo global*, Paz e Terra, San Pablo.
- Hardt, M. and A. Negri (2000), *Empire*, Harvard University Press, Cambridge Massachutes.
- Harvey, D. (1990), *Los límites del capitalismo y la teoría marxista*, Fondo de Cultura Económica, México.
- Harvey, D. (1992), *A condição pós-moderna. Uma pesquisa sobre as origens da mudança cultural*, Loyola, San Pablo.
- Hirsch, J. (1995), *Der nationale Wettbewerbsstaat. Staat, Demokratie und*

Politik im globalen Kapitalismus, ID-Archiv, Berlin.

· Holloway, J. (1993), 'Reforma del estado : capital global y estado nacional', *Cuadernos del Sur*, no. 16, .pp. 75~98.

· Holloway, J. (1994), *Marxismo, estado y capital*, Tierra del Fuego, Buenos Aires.

· Holloway, J. (1995), 'El capital se mueve', in M. E. Ceceña (eds), *La internacionalización del capital y sus fronteras tecnológicas*, El Caballito, México.

· Holloway, J. (1997), 'Los zapatistas y el derrumbe del capitalismo mundial', *Economía Internacional*, no. 55/56, pp. 19~26.

· Husson, M. (1994), 'Les fausses évidences du marché Le cas de l'Accord de libreéchange nord-américain', *Cahiers de Sciences Humaines* vol. 30, no. 1-2, pp. 91~109.

· Husson, M. (1995), 'Mexique : la devaluation du modèle neolibéral', *Critique Comuniste*, no. 140, pp. 67~75.

· Husson, M. (1999), 'Contra el fetichismo financiero', *Razón y revolución*, no. 5, pp. 41~49.

· James, D. (1990), *Resistencia e integración. El peronismo y la clase trabajadora argentina, 1946-1976*, Sudamericana, Buenos Aires.

· Jessop, B. (1999), *Crisis del estado de bienestar. hacia una nueva teoría del estado y sus consecuencias sociales*, Siglo del Hombre Editores, Bogotá.

· Kirshner, J. (1998), 'Disinflation, structural change and distribution', *Review of Radical Political Economics* vol. 30, no. 1, pp. 59~89.

- Kosakoff, B and Heymann, D. (eds) (2000), *La Argentina de los noventa*, Eudeba-CEPAL, Buenos Aires.

- Kregel, J. (1999), 'Flujos de capital, banca mundial y crisis financiera después de Bretton Woods', *Comercio Exterior*, vol. 48, no. 1, pp. 7~15.

- Lenin, V. I. (1976), *¿Qué hacer? Problemas candentes de nuestro movimiento*, in *Obras Completas*, vol. V, Akal, Madrid.

- Lenin, V. I. (1977), *El imperialismo, etapa superior del capitalismo*, in *Obras Completas*, vol. XXIII, Akal, Madrid.

- Mandel, E. (1976), 'La crisis del franco francés' and 'La devaluación del franco francés', in *El dólar y la crisis del imperialismo*, Era, México.

- Marazzi, C. (1995), 'Money in the world crisis : the new basis of capitalist power', in Bonefeld, W. and J. Holloway (eds) 1995.

- McDonough, T. (1995), 'Lenin, el imperialismo y las etapas del capitalismo', *Cuadernos del Sur*, no. 24, pp. 44~72.

- McDonough, T. (1998), 'Waves, structures and regimes : the economics of marxian stage theory', en *Actes du Congrès Marx International II*, París, mimeo.

- Negri, A. (1992) : 'Interpretation of the class situation today : methodological aspects', in Bonefeld, W., Gunn, R. and K. Psychopedis (eds), *Open Marxism*, vol. II, Pluto Press, London.

- Negri, A. (1996), 'Keynes and the capitalist theory of the state', in Negri, A and M. Hardt : *Labor of Dyonisus. A critique of the state form*, University of Minnesota Press, Minneapolis.

· Ominami, C. (1987), *El tercer mundo en la crisis*, GEL, Buenos Aires.

· Palazuelos, E. (1998), *La globalización financiera. La internacionalización del capital financiero a finales del siglo XX*, Síntesis, Madrid.

· Stiglitz, J. E. (1998), 'Más instrumentos y metas más amplias para el desarrollo. Hacia el consenso post-Washington', *Desarrollo Económico*, vol. 38, no. 151, pp. 691~722.

· Sweezy, P. M. (1994), 'The triumph of financial capital', *Monthly Review*, vol. 46, no. 2, pp. 1~19.

· Valle Baeza, A. (1998), 'La productividad del trabajo al encuentro de la teorema marxista', *Revista da Sociedade Brasileria de Economia Politica*, no. 2, pp. 25~45.

7장 국가, 혁명, 그리고 자기결정

· Agnoli, J. (2000), 'The Market, the State and the End of History', in Bonefeld, W. and K. Psychopedis (eds) *The Politics of Change*, Palgrave, London.

· Bloch, E. (1973), *Das Prinzip Hoffnung*, Suhrkamp, Frankfurt.

· Bonefeld, W. (1995), 'Capital as Subject and the Existence of Labour', in Bonefeld, W., et al. (eds) *Open Marxism*, vol. III, Pluto, London.

- Bonefeld, W. (1996), 'Money, Equality and Exploitation', in Bonefeld, W. and J. Holloway (eds) *Global Capital, Naitonal State and the Politics of Money*, Plagrave, London.

- Bonefeld, W. (2001), 'Social Form, Critique and Human Dignity', *Zeitschrift für kritische Theorie*, no. 13, pp. 97~113.

- Bonefeld, W. (2002), 'Capital, Labour and Primitive Accumulation. On Class and Constitution', in Dinerstein, A.C. and M. Neary (eds), *The Labour Debate*, Ashgate, Aldershot.

- Clarke, S. (1982), *Marx, Marginalism and Modern Sociology*, Palgrave, London.

- Dunayevskaya, R. (1986), *Rosa Luxemburg*, University of Illinois Press, Chicago.

- Dyer-Witheford, N. (1999), *Cyber-Marx*, University of Illinois Press, Chicago.

- Engels, F. (1973), *Die Entwicklung des Sozialismus von der Utopie zur Wissenschaft*, in MEW 19, Dietz, Berlin.

- Godelier, M. (2000), 'The Disappearance of the "Socialist System" : Failure or Confirmation of Marx's Views on the Transition from One Form of Production and Society to Another?', in Bonefeld, W. and K. Psychopedis (eds) *The Politics of Change*, Palgrave, London.

- Holloway, J. (2002a), 'In the Beginning was the Scream', in Bonefeld, W. (ed) *Revolutionary Writing. Common Sense Essays in Post-Political Politics*, Autonomedia, New York, also available in Common

Sense, no. 11, pp. 66~78.

· Holloway, J. (2002b), *Change the World Without Taking Power*, Pluto, London.

· Horkheimer, M. (1985), *Zur Kritik der instrumentellen Vernunft*, Fischer, Frankfurt.

· Horkheimer, M. (1992), 'Traditionelle and kritische Theory', in ibid., *Traditionelle und kritische Theorie*, Fischer, Frankfurt.

· IFS (1990), Institute für Sozialistische Forschung, *Das Ende des Sozialismus, die Zukunft der Revolution*, Ça Ira, Freiburg.

· Lenin, W. (1902), *What is to be Done?*, Progress Publishers, Moscow.

· Lenin, W. (1917), *State and Revolution*, Progress Publishers, Moscow.

· Lenin, W. (1968), *'Left-Wing Communism' : An infantile Disorder*, Progress Publishers, Moscow.

· Marcuse, H. (1967), *Der eindimensionale Mensch*, Luchterhand, Darmstadt.

· Marcuse, H. (1998), *Feindanalyse*, von Klampen, Lüneburg.

· Marx, K. (1964) *Zur Judenfrage*, in MEW 1, Dietz, Berlin.

· Marx, K. (1966), *Capital* vol. III, Lawrence & Wishart, London.

· Marx, K. (1969), *Die Klassenkämpfe in Frankreich, 1848 bis 1850*, in MEW 7, Dietz, Berlin.

· Marx, K. (1972), *Theories of Surplus Value Part III*, Lawrence & Wishart, London.

· Marx, K. (1973), *Grundrisse*, Penguin, Harmondsworth.

· Marx, K. (1973b), *Kritik des Gothaer Programms*, in MEW 19, Dietz, Berlin.

· Marx, K. (1974), *Grundrisse*, Dietz, Berlin.

· Marx, K. (1975), *Economic and Philosophical Manuscripts, 1844, in Collected Works*, Lawrence and Wishart, London.

· Marx, K. (1977), *Das Elend der Philosophie*, in MEW 4, Dietz, Berlin.

· Marx, K. (1979), *Der Bürgerkrieg in Frankreich*, in MEW 17, Dietz, Berlin.

· Marx, K. (1981), *Kritik des Hegelschen Staatsrechts*, in MEW 1, Dietz, Berlin.

· Marx, K. (1983), *Capital* vol. I, Lawrence & Wishart, London.

· Marx, K and F. Engels (1962), *Die deutsche Ideologie*, in MEW 3, Dietz, Berlin.

· Mattick, P. (1991), 'Der Leninismus und die Arbeiterbewegung des Westens', in D. Behrens (ed) *Marxistischer Antileninusmus*, Ça ira, Freiburg.

· Wildcat and J. Holloway (1999), 'Wildcat (Germany) reads John Holloway ‑ A Debate on Marxism and the Politics of Dignity', *Common Sense*, no. 24, pp. 58~75.

8장 혁명의 생산에 관한 레닌의 생각

· Abramsky, K. (ed) (2000), *Restructuring and Resistance : Diverse Voices of Struggle in Western Europe*, resresrev@yahoo.com/.

· Beck, U. (1995), *Ecological Enlightenment : Essays on the Politics of the Risk Society*, Humanities Press, New York.

· Caffentzis, G. (1987), 'A review of Negri's *Marx Beyond Marx*', New German Critique, no. 41, pp. 186~92.

· Cleaver, H. (2000), *Reading Capital Politically*, 2nd Edition, Anti/Theses, Leeds.

· Cleaver, H., Fleming, J. and C. Herold (1991). Bibliography, in Negri, A. (1991).

· Cole, G.D.H. (1969), *A History of Socialist Thought. Volume II : Marxism and Anarchism 1850-1890*, Macmillan, London.

· Dalla Costa, M. and Dalla Costa, G. (1999), *Women, Development and the Labour of Reproduction*, Africa World Press, Lawrenceville, NJ.

· Danaher, K. (ed) (2001), *Democratizing the Global Economy : The Battle Against the World Bank and the IMF*, Monroe, Common Courage Press, Maine.

· Elia, N. (ed) (2001), *Special Issue : The Second Intifada. Radical Philosophy Review*, vol. 3, no. 2.

· Elster, J. (1985), *Making Sense of Marx*, Cambridge University Press, Cambridge.

· Fanon, F. (1963), *The Wretched of the Earth*, Weidenfeld, New York.

· Federici, S. and Caffentzis, G. (2001), 'A Brief History of Resistance to Structural Adjustment', in Danahar, K. (ed) (2001).

· Frankel, J. (ed) (1969), *Vladimir Akimov on the Dilemmas of Russian*

Marxism 1895-1903, Cambridge University Pres, Cambridge.

- Hardt, M. and Negri, A. (2000), *Empire*, Harvard University Press, Cambridge, Massachutes.

- Hobsbawm, E. (1984), *Workers : Worlds of Labour*, Pantheon Books, New York.

- Judge, E.H. (1983), *Plehve : Repression and Reform in Imperial Russia 1902-1904*, Syracuse University Press, Syracuse.

- Kautsky, J. H. (1994), *Marxism and Leninism, Not Marxism-Leninism : An Essay in the Sociology of Knowledge*, Greenwood Press, Westport.

- Kautsky, K. (1964), *The Dictatorship of the Proletariat*, The University of Michigan Press, Ann Arbor.

- Kochan, L. (1966), *Russia in Revolution 1890-1918*, The New American Library, New York.

- Lenin, V.I. (1961a), 'Where to Begin', in *Collected Works*, vol. 5, Foreign Languages Publishing House, Moscow.

- Lenin, V.I. (1968), *On Politics and Revolution : Selected Writing*, edited by James E. Connor, Pegasus, New York.

- Lenin, V.I. (1988) *What is to be Done?*, intro. by Robert Service, Penguin, London.

- Marx, K. (1967), *Capital*, vol. 1, International Publishers, New York.

- Marx, K. (1977), *Selected Writings*, edited by David McLellan, Oxford University Press, Oxford.

- Midnight Notes (1992), *Midnight Oil : Work, Energy, War 1973-1992*,

Autonomedia, New York.

· Midnight Notes (2001), *Auroras of the Zapatistas : Local and Global
Struggles in the Fourth World War*, Autonomedia, New York.

· Negri, A. (1991), *Marx Beyond Marx : Lessons on the Grundrisse*,
Autonomedia, New York.

· Rogger, H. (1983), *Russia in the Age of Modernisation and Revolution
1881-1917*, Longman, London.

· Sarkar, S. (1999), *Eco-Socialism or Eco-Capitalism? A Critical Analysis of
Humanity's Fundamental Choices*, Zed Books, London.

· Service, R. (1988), 'Introduction', in Lenin, V.I. (1988).

· Squire, P.S. (1968), *The Third Department : The Establishment and Practices
of the Political Police in the Russia of Nicolas I*, Cambridge University
Press, Cambridge.

9장 레닌주의적 주체의 위기와 사빠띠스따 사건

*이 장은 안나매브 홀러웨이(Anna-Maeve Holloway)가 스페인어에서 영어로 옮겼다.

· Adorno, T. (1990), *Negative Dialectics*, Routledge, London.

· Anderson, P. (1985), *Teoría, política e historia. Un debate con E.P. Thompson*,
Editorial Siglo XXI, Madrid.

· Anderson, P. (1998), 'Marshall Berman : modernidad y revolución', in ibid., *Campos de Batalla*, Editorial Anagrama, Barcelona.

· Benjamin, W. (1969), *Illuminations*, Schocken Books, New York.

· Bonefeld, W. (2001a), 'Clase y constitución', *Bajo el volcán*, no. 2, Posgrado de Sociología del Instituto de Ciencias Sociales y Humanidades, Universidad Autónoma de Puebla, pp. 139~166.

· Bonefeld, W. (2001b), 'The State and Capital : On the Critique of the Political', unpublished paper.

· Boron, A. (2001), 'La selva y la polis. Interrogantes en torno a la teoría política del zapatismo', *Chiapas*, no. 10, Instituto de Investigaciones Económicas de la UNAM, Editorial Era, pp. 89~114.

· de Giovanni, B. (1981), 'Lenin, Gramsci y la base teórica del pluralismo', in *Teoría marxista de la política*, Cuadernos de Pasado y Presente, Editorial Siglo XXI, México.

· Fromm, E. (1977), *El miedo a la libertad*, Editorial Paidós, Buenos Aires.

· Holloway, J. (1998), 'Dignity's Revolt', in Holloway, J. and E. Peláez (eds), *Zapatista! Reinventing Revolution in Mexico*, Pluto, London.

· Holloway, J. (2000), 'El zapatismo y las ciencias sociales en América Latina', *Chiapas*, no. 10, Instituto de Investigaciones Económicas de la UNAM, Editorial Era, pp. 41~50.

· Holloway, J. (2001a), 'Cambiar el mundo : once tesis', in Sergio Tischler, et. al., *Conflicto, violencia y teoría social*, Instituto de Ciencias Sociales y Humanidades de la Universidad Autónoma de Puebla y Departamento de Ciencias Sociales y Humanidades de la Universidad

Iberoamericana Golfo-Centro, México.

· Holloway, J. (2001b), 'Viva la línea correcta!', *Bajo el Volcán*, no. 3, Posgrado de Sociología del Instituto de Ciencias Sociales y Humanidades, Universidad Autónoma de Puebla, pp. 235~244.

· Holloway, J. (2001c), 'La asimetría de la lucha de clases', *Chiapas*, no. 10, Instituto de Investigaciones Económicas de la UNAM, Editorial Era, pp. 115~120.

· Horkheimer, M. and T. Adorno (1987), *Dialectic of Enlightenment*, Herder and Herder, New York.

· Jameson, F. (1998), 'El marxismo realmente existente', *Casa de las Américas*, no. 211, pp. 3~33.

· Lenin, V.I. (1902), *What is to be Done?*, various editions.

· Luxemburg, R. (1980), 'Problemas de la organización de la sociademocracia rusa', in *Teoría marxista del partido político*, Cuadernos de pasado y presenten, no. 12, Editorial Siglo XXI, México.

· Martínez , J. M. (2001), 'Naturalizaciones del marxismo. Regulacionismo, análisis sistémico y autonomismo', *Bajo el Volcán*, no. 3, Posgrado de Sociología del Instituto de Ciencias Sociales y Humanidades, Universidad Autónoma de Puebla, pp. 201~214.

· Thompson, E. P. (1991), *The Making of the English Working Class*, Penguin, London.

· Tischler, S. (2001), 'La 'sociedad civil' : ¿fetiche?, ¿sujeto?', *Bajo el*

Volcán, no. 3, Posgrado de Sociología del Instituto de Ciencias Sociales y Humanidades, Universidad Autónoma de Puebla, pp. 169~182.

· Williams, R. (1997), *Marxism and Literature*, Oxford University Press, London and New York.

10장 해방: 길과 목표

*이 장은 요셉 프랏치아가 독일어에서 영어로 옮겼다.

· Agnoli, Johannes (1966), *Subversive Theorie,* Ça ira, Freiburg.
· Marx, Karl (1975), 'Theses on Feuerbach' in *Marx : Early Writings* edited by Lucio Colletti, London : Pelican.

11장 반란과 혁명 혹은 꺼져버려, 자본!

· Holloway, J. (2002), *Change the World without Taking Power*, Pluto, London.
· Marx, K. (1975), *The Economic and Philosophical Manuscripts of 1844*, in Marx, K. and F. Engels, *Collected Works*, Vol. 3, Lawrence and Wishart, London.

글쓴 사람들

· 요하네스 아그놀리(Johannes Agnoli)
독일. 전 베를린 자유대학 명예교수. 2003년 서거.

· 디에트하르드 베렌스(Diethard Behrens)
독일. 프랑크푸르트의 요한 볼프강 대학 교수

· 워너 본펠드(Werner Bonefeld)
영국. 요크 대학 정치학과 교수

· 알베르또 본네뜨(Aberto Bonnet)
아르헨티나. 부에노스 아이레스 대학 및 낄메스 국립대학 교수

· 카요 브렌델(Cajo Brendel)
독일. 1930년대 초 이래 작가이자 평의회 공산주의 활동가

· 조지 카펜치스(George Caffentzis)
미국. 남부 메인 대학 철학과 교수

· 사이먼 클락(Simon Clarke)
영국. 워윅 대학 사회학과 교수

· 존 홀러웨이(John Holloway)
멕시코. 뿌에블라 자율대학 인문사회과학 연구소 교수

· 마이크 루크(Mike Rooke)
영국. 옥스포드 러스킨 단과대학 경제학과 교수

· 쎄르지오 띠쉴러(Sergio Tischler)
멕시코. 뿌에블라 자율대학 인문사회과학 연구소 교수

찾아보기

ㄱ

가치형태 145, 151~3, 155~9, 228, 248, 250
경제투쟁 81, 83, 139, 245, 265, 287
계급관계 51 196 206, 211, 292
계급의식 69, 82, 95, 136, 154, 166, 231, 245, 266, 287~9, 300
계급투쟁 10, 28, 39~40, 43~4, 53, 77, 130, 139, 144~5, 150~1, 155, 159, 162, 164~5, 172~7, 179, 184~6, 192, 206 213~4, 216 218, 240~1, 245, 248, 257, 267, 276, 284 286~9, 293~4, 298~302, 304, 308~9, 342
고르터, 헤르만 74, 86, 165, 167
공산주의 10~1, 16, 29~31, 36~7, 39, 57~8, 61, 75, 85~7, 91, 97~9, 144~5, 149~152, 155, 159~160, 164~5, 167~8, 173~7, 179, 221~3, 225~8, 230~2 239~40 242, 251, 255, 270~1 284, 308, 318, 320, 340, 345 377
공산주의자 9, 58, 73, 91, 95~6, 116, 135, 15~8, 165, 167, 169~70, 173, 237, 269
공장평의회 57, 167
공적 소유 339
국가기계 152, 341

국가 자본주의 60, 61, 65, 72, 226, 244
국가형태 7, 28, 31, 38, 44, 223~5, 227, 234, 295, 297, 314~5, 324
그람시 17, 167, 172, 294
『그룬트리세』 123, 155, 158
금융자본 185, 202, 203, 205
기회주의 69~70, 72, 79, 303
꼬깔레라(cocalera) 219

ㄴ

남한 199, 278, 189
네그리, 안또니오 40, 174, 176~7, 185, 213, 277, 279~80
네그트, 오스카 35, 81
노동거부 174, 176, 183
노동계급 10, 15, 31, 36, 41, 53~6, 59, 61, 70, 76, 82, 97, 133, 135~7, 139~40, 156, 158, 169~70, 174~5, 177, 185, 187, 190, 196, 226~7 230~3, 236~7, 239~40, 246~7, 250, 253, 258, 260, 263, 265~7, 269, 275, 288, 300, 302~3, 306, 342
노동력 31, 155, 157, 207, 210, 225, 273, 280, 288, 333, 338
노동운동 71, 137, 139, 174, 288~9, 291~2,

300, 306, 314, 316

노동의 변증법 41, 143~5, 156~8, 160, 173, 360

노동자 국가 29, 44, 60, 165, 169~71, 174, 222, 227, 234, 237, 245

노동자 운동 41, 65, 67, 70~1, 73, 78, 82, 84~5, 99, 135~6, 140, 258, 261, 315

노동자평의회 53~5, 59, 90, 94, 97, 165, 168, 170, 173, 176

녹색당 316, 319

ㄷ

대중파업 77 , 79~80, 82, 86~7, 165

대항권력 238, 279, 280, 341

도구적 이성 293, 303

뜨로쯔끼 17, 29, 45~7, 55, 60, 63, 166, 169~71, 233, 244~5

뜨로쯔끼주의 28, 45~6, 169~1, 271

띠쉴러 11, 16, 27, 40, 283, 377

ㄹ

러시아 혁명 17, 29, 41, 43~4, 47~50, 53, 60, 63~4, 67~8, 79, 90, 92~4, 99 166, 173~5, 258, 267, 271, 275, 295~7

레닌 10, 13~7, 28~30, 39~1, 50~3, 57, 61, 63~70, 72, 89, 91~2, 94, 96~7 99, 101~2, 106, 114~5, 122~3, 125, 132, 135~42, 160, 163~6, 171, 179, 181~3, 185, 222, 226~7, 229~31, 237, 240~2,

244~5, 255~69, 273, 275, 277, 281, 287~98 315, 320~1, 325, 340, 358, 370

레닌주의 10~1, 15~9, 25, 27~30, 39~40, 45, 63~4, 73~4, 81, 96, 137, 179, 182, 225~7, 231~2, 235, 237, 239, 241~2, 246~8, 256, 277, 283, 285~9, 294~6, 298~9, 302, 308~9, 373

레닌주의적 주체 18, 179, 283, 285, 373

루카치 16, 88, 95~6, 154, 172, 289

루크, 마이크 39, 143, 221, 377

룩셈부르크, 로자 16, 30, 39, 52, 68, 70~1, 73~4, 78~84, 86, 90, 100, 160, 165, 231, 273, 293, 301~3, 320

륄레, 오토 16, 85, 88, 167,175

리카도 31, 114, 121, 151, 153, 304

리프크네히트, 칼 74, 78, 84~5, 88, 91, 165

ㅁ

마르께스, 가르시아 27

마르꼬스 284

마르쿠제 230, 245, 251

마틱, 파울 32, 33, 98, 242

맑스, 칼 9~10, 17, 29, 31, 36~9, 41, 53~5, 63, 69, 73, 79, 81, 87, 90, 101, 103~4, 106~7, 111~27, 130, 132, 134~5, 143~54, 156~61, 163~4, 168, 172~6, 182, 221~3, 226~8, 233~41, 244, 246~8, 250~1, 253, 257~9, 269, 272~3, 276, 287, 294~5, 300, 306,

317, 319, 327 343

맑스-레닌주의 101~2, 138, 235, 243

맑스주의 14, 16~8, 25, 28, 30, 39, 41, 50,
52~3, 65~6, 69, 79, 87~8, 93~4,
101~2, 104~5, 114~5, 122, 126, 128,
132, 134~41, 158, 160~5, 168~9,
172~7, 182, 202, 207, 246~7, 256,
258, 266~7, 271, 273~4, 286~7, 295,
300, 304, 308~9, 343, 358

메링, 프란츠 84~6

멕시코 194~5, 199, 207, 209, 214~6, 270,
277, 284, 348

멘셰비키 46~7, 66, 68, 141, 165

무정부주의 75, 77, 80, 104

문지가·자본 340~1, 344~5, 347~8

물신주의 9~10, 95, 153, 155, 156, 170,
247~8, 293

물신화 154, 175, 179, 206, 219, 286, 294,
304, 306, 308

물화 95, 150, 154~5, 159, 161~2, 169,
172~6, 287, 289, 293, 308

민족주의 34, 171, 205

민족국가 34, 208, 271~2, 274~6, 295~6,
299

ㅂ

바꾸닌 104, 136, 258, 324

반-권력 308, 342

반란 17, 41, 43~8, 56, 58~60, 75, 183, 187,
234, 260, 277~8, 284, 311, 314, 329,
335~6, 340, 346, 376

반레닌주의 16, 25, 27, 39, 63, 91

반발 311, 331~4

반-신자유주의 205

반유대주의 35

반의회주의 77

반인종주의 273~4

반자본주의 28, 30, 34, 186, 218~9, 255,
269~70, 273~6

반자본주의 운동 28, 34 219, 255, 270, 273

반전운동 85

반제국주의 274

반지구화 28, 34, 37, 279, 281

반지구화운동 256, 276~7, 281

반혁명 44, 46~7, 93, 233~4, 236, 238, 278

베렌스, 디에트하르드 39, 63, 377

베른쉬타인 78~9, 160, 269

베버, 막스 8, 290~3, 315

베벨 65, 77~8

벤야민, 발터 283, 297 304~8

변증법 40~1, 53, 66, 70, 81~2, 101, 106,
108~10, 117, 121~8, 134~5, 137,
143~52, 156~63, 171~5, 179, 184,
206, 287, 289, 299, 300~4, 360

변증법적 유물론 41, 53, 101, 106, 125, 127,
134~5, 161

보르디가 99, 176

보크 87~8

본네뜨, 알베르또 16, 40, 181, 377

본펠드, 워너 11, 16, 18, 27, 32, 40, 221,
304, 377

볼셰비즘 17, 44, 85, 91, 93, 95, 137, 164, 166, 298

볼셰비키 15, 30, 41, 44~7, 51~61, 66~8, 91, 94~6, 120, 164~7, 234, 268, 296

부르주아 혁명 17, 30, 48, 50, 52~3, 70, 92, 94~5, 166

부정성 9, 151, 307, 343

부채 179, 184, 192~202, 206~7, 210, 214~5, 217, 279

부채 위기 194, 198, 217

부채의 사회화 179, 184, 192, 200, 202, 206

불복종 16, 40, 186, 188~9, 191, 205, 213, 218~9, 332

브라질 32, 187~8, 199, 205, 208~9, 219, 348

브래디 플랜 199, 201, 201, 215

브레턴 우즈 186

브렌델, 카요 39, 43, 234, 377

블랑끼, 오귀스뗴 53, 69, 95, 231, 302, 306

블로흐 235, 242

비변증법 115, 155

비자본주의 139, 346

ㅅ

사빠따주의 285~6

사빠띠스따 15~8, 40, 179, 216, 219, 277~8, 280, 283~5, 294, 307~8, 345, 348, 373

사빠띠스따 봉기 18, 216, 277~8, 284

사적 소유 90, 144, 149~50, 224, 226, 243~4, 339

사회관계 9, 31, 36, 51, 71, 81, 118, 147, 152~3, 174, 210, 240~1, 246~7, 249, 276, 287, 289, 306, 337~9, 345~6

사회적 노동 37, 151, 157, 172, 225~6, 249, 280

사회적 생산 129, 133, 157, 250, 252

사회적 자율 11, 37, 40, 179, 225~6, 236, 242~3, 254

사회적 조직화 37, 157, 238, 243, 332

사회주의 13~5, 29, 39, 44, 50~1, 58, 63~7, 71~6, 78~9, 85~6, 90, 95, 98, 103~7, 135~6, 138~41, 151, 153, 162~3, 165~6, 168~74, 232~5, 240, 242, 244, 246, 264, 266, 269, 296, 301~3, 317, 344

사회혁명 225, 229~30, 239, 271~6

산 노동 187, 191, 219, 252

상부구조 49, 129~30, 253, 256, 288, 300

상품물신주의 9, 150, 152~5, 158

생디칼리스트 74~6, 85, 91, 97

생디칼리즘 77~8, 88, 90, 97, 165

생산관계 49, 52, 65, 129, 133, 343

생산력 65, 72~3, 112~3, 128~30, 133, 162, 170, 228, 250~1, 343

생산자본 191~2, 202, 205

생태 14~5, 250, 272~4

성 프란체스코 280~1

소외 71, 122, 144~5, 147~50, 152~4, 156~9, 228, 273, 306

소유관계 107, 169~70, 226

소통 모델 265, 267, 276

스딸린 29 ,45~6, 63, 81, 94, 98, 116, 142,
    168~71, 173~5, 183, 242, 244, 268,
    270~1, 296, 298, 320

스미스 31, 114, 118, 121, 151, 304

스파르타쿠스 동맹 85, 88~9, 306

신용 팽창 189, 193~4

신자유주의 14~7, 19, 25, 31~2, 205,
    278~9

ㅇ

아그놀리, 요하네스 5, 7~8, 16, 35, 40, 313,
    323, 377

아나코-공산주의 170

아나코-생디칼 74, 77, 80

아나키즘 74, 76, 97~8

아도르노 35, 295, 304

아르헨티나 32, 34, 181, 187~8, 195,
    199~211, 215~6, 219, 329~30

아시아 32, 92, 187, 189, 199~201, 209

아직-아님 9, 248, 303

엥겔스 41, 53, 66, 75 106~7, 111, 113~8,
    122, 124~7, 135, 160~1, 164, 237,
    239, 287, 323

여성운동 314~6

역사유물론 17, 29, 105~6, 112, 119, 125,
    135, 137, 161, 164

영구혁명 60, 166, 233~4, 271

오뻬라이스모 16

오크라나 260~2, 276, 281

위데포드 176

유물론 41, 53, 66, 94, 101~3, 106~29
    134~5, 137, 145, 147~9, 151, 160~1,
    163~4

이윤율 186~7, 196, 207

이행 140, 168, 227, 231, 238, 240, 251, 271,
    273, 332, 345

인간적 협력 248~50

인간해방 9~10, 28, 30, 37~41, 143, 150,
    179, 221~3, 229~30, 235, 237,
    239~41, 251, 254, 315, 360

인민주의 39, 41, 101~7, 128, 132, 134~41,
    205

ㅈ

자기가치화 280

자기결정 9~10, 53, 74, 179, 221, 225, 228,
    232~4, 238~43, 246, 254, 308, 367

자기조직화 30, 37, 83, 235, 238~9, 253,
    303

자발성 51, 81~3, 85, 97, 261

『자본』 17, 112, 122, 145, 151~2, 155~6,
    158, 160, 182, 258~9, 289, 295, 306

자본관계 151, 153~4, 156, 295, 336

자본주의 7, 9~10, 16~7, 28, 31~4, 36, 38,
    40, 48, 50~2, 54, 60~1, 65, 71~3, 79,
    90, 92, 95, 99~100, 102, 104~5, 121,
    129, 131, 133, 137, 140~1, 145,
    151~4, 157, 162, 169, 174, 179,
    181~6, 188~9, 191~8, 202~7, 210,

212, 217~9, 222~7, 234~7, 240~1,
244~7, 249~50, 253, 257~8, 267, 269,
271, 273~4, 276, 278, 291~2, 296,
298, 301, 303, 307, 311, 314, 319,
321~2, 330~3, 335~6, 338, 341,
345~6

자유와 필연 111, 120, 128, 144

자율성 95, 171, 204, 212, 225~6, 243 291

자율주의 16, 176~7

자코뱅 51, 53, 68~9, 93, 95

재구조화 33, 95, 182, 188, 194, 197, 199,
201, 215, 255, 274

전위주의 66, 346

정치투쟁 81, 139, 287

정치혁명 169~70, 226, 234, 271~2, 275

제국 14, 40, 49, 277~9

제국주의 14, 40, 182~3, 185, 204, 267, 269,
299

좌익 반대파 73~4, 169

좌파 공산주의 91, 96~8, 167, 169, 175

좌파/평의회 공산주의 167, 173, 175

중국 혁명 49

지구화 16~7, 33~5, 40, 212, 269~70,
272~3, 275, 279~80, 326

지향력 342~6

ㅊ

창조성 219, 343, 348~9

총체성 10, 35, 127, 304

체르니쉐프스키 101, 103 132, 139, 257

치아빠스 15, 34, 278, 280, 284

ㅋ

카우츠키 64~6, 78, 86~7, 96, 138~9, 160,
166, 170, 268, 287, 289

카펜치스, 조지 16, 40, 255, 377

칸트 7, 126, 146, 269

케인즈의 35, 186, 189, 192, 198, 202, 213

코르쉬, 칼 16, 30, 88, 95~6, 163, 167, 172

코뮌 61, 102, 140~1, 170, 234, 238~9, 258

콜라코프스키(Kolakowski) 63 66

크니에프, 요하네스 86 74

크론슈타트 17, 39, 41, 43~8, 55~6,
58~62, 94, 233~5, 355

크론슈타트 반란 17, 41, 43~8, 58~60

클락, 사이먼 18, 39, 101, 377

클리버, 해리 174 257, 267, 371

ㅌ

탈맑스주의 14

탈물신화 308

탈상품화 146, 157

테러리즘 14, 32, 137, 275

투기자본 34 203

투쟁의 유통 16, 40, 264, 278

ㅍ

파시즘 97, 187, 283

판네쾨크, 안톤 16, 30, 39, 74, 86~8, 160,
　163~5, 167
페미니즘 274
평의회 16, 30, 55, 57~8, 61, 91, 94~5,
　98~9, 167~70, 174~5, 242, 318, 377
평의회 공산주의 16, 30, 95, 99, 167~70,
　175
포이에르바하 102, 107, 111~6, 118~21,
　124~5, 127, 134, 145, 148~9, 159~61,
　327
푸코 287, 303
프롤레타리아 17, 30, 41, 43~4, 47~8,
　50~2, 54~5, 59~62, 66, 69~70,
　74~5, 78~9, 81~3, 87, 93~5, 97, 99,
　104~5, 120, 132, 136, 139~42, 144,
　157, 160~7, 169, 171~5, 222, 226,
　228~9, 233~40, 242, 245~6, 265, 276,
　281, 292, 301~2, 320
프롤레타리아 독재 140, 235, 237~40,
　245~6
프롤레타리아 혁명 59, 61 94 164
프렘프페르트, 프란쯔 74, 84~5
플레하노프 41, 53, 64, 66, 101~2, 105~8,
　112~5, 118~20, 122, 124, 128~9, 132,
　134~5, 137~8, 141, 160, 163~4, 171
피께떼로(piqueteros) 34, 219

ㅎ

하트, 마이클 40, 277, 279~80
해방운동 317, 324

해방이성(Vernunft) 30, 326
헤겔 9, 31, 41 102, 106~12, 114~6, 118,
　120~8, 132, 144~50, 158~60, 172,
　244
혁명-생산의 소통 모델 265, 269, 280
혁명운동 9, 16, 101, 105~6, 135~8, 141,
　145, 257, 267, 294, 347
혁명적 실천 53~4, 145, 172
혁명적 조직의 소통 모델 275, 277
혁명적 주체 15~6, 38, 230, 285, 287, 305
혁명정당 19, 25, 29, 35, 37~8, 140~1, 230,
　247, 268, 287, 289, 342
호르크하이머(Horkheimer) 84, 248, 304
홀러웨이, 존 16, 32, 40, 229, 284~5, 294,
　308, 329 377
화폐자본 179, 184~5, 191~4, 197~200,
　202, 205~7, 209~13, 216~9
활력 16, 273

A~Z

GDR(독일민주공화국) 317, 321
KAPD(독일 공산주의 노동자당) 85, 87, 91,
　167
KPD(독일 공산당) 85, 90~1, 96
NEP(신경제정책) 47, 55, 142, 234
PT(브라질 노동자당) 209
SPD(독일사회민주당) 75, 77~8, 85~6, 88,
　97,
USPD(독일 독립 사회민주당) 85, 88~9, 90